U0470726

ANNUAL REPORT
ON DEVELOPMENT OF SCO

(2016)

上海合作组织发展报告

[2016]

主　编·贝文力

时事出版社

书名：上海合作组织发展报告（2016）
ANNUAL REPORT ON DEVELOPMENT OF SCO（2016）

主编：贝文力
本书为2011 年教育部哲学社会科学发展报告项目（培育）《上海合作组织发展报告》（项目编号：11JBGP031）的阶段性成果

出版单位：教育部人文社会科学重点研究基地华东师范大学俄罗斯研究中心

序　言

上合组织：一个弥足珍重的国家群体组合

冯绍雷*

上海合作组织是中国作为创始成员国而参与的第一个区域合作组织，也是所在地区参与成员国最多、影响力最大、覆盖面最为广泛的一个区域国际组织。

上合组织成立十多年来所克服的困难和挑战，所取得的成就和进步，受到了国际社会的高度关注。同时，正当目前国际社会处于高度动态变化，具有相当不确定性的发展前景的时刻，上合组织的今后走向进一步引发各方的思考和研究。

就上合组织的成员国而言，既包括中国、俄罗斯、中亚五国等创始成员国，也包括来自欧亚、南亚、中东等地的诸多观察员国和对话伙伴国。这样的一种构成，体现了来自不同的次区域、不同的社会经济发展水平、不同的社会制度和意识形态、不同的文明和宗教、甚至于不同的地区军事安全组织的成员，出于追求地区合作与发展、安全与稳定的目标，自觉自愿走到一起的客观现实。这一事态本身就清晰地表明了上合组织存在的巨大意义。

上合组织建立以来的十多年，在一系列国际重大事务中表明了自己的声音和立场，与重要的国际组织确立了合作关系；在从国家元首一直到各国各界人士的各个层次上建立了大量双边和多边的交往机制；在地区和全球反恐领域做出了特殊的贡献；为推动成员国的经济合作与发展创造了很多条件；积极实施了各类人文交往措施，为成员国人民相互之间加深了解

* 冯绍雷，教育部人文社会科学重点研究基地华东师范大学俄罗斯研究中心主任、上海市高校智库—周边合作与发展协同创新中心主任。

提供了重要的铺垫。历史地看，上合组织在上述领域所取得的进展，在这一地区国家间、文明间相互交往的漫长时段中，还是从未有过的现象。从这一角度来看，上合组织乃是一个弥足珍重的国家群体组合。

由于当今全球化进程受阻，区域层面的竞争与合作成为国家间博弈的主要方面。而在这一层面上，要么是乌克兰危机、叙利亚战争一类伴有意识形态背景的地缘政治冲突连绵不绝，要么是北约与欧盟的不断扩张引发尖锐争议，要么是 TPP、TTIP 等一类新近筹划中的区域组织还未正式“登基”就遭解体的厄运。在这样的背景之下，上合组织凭借其包容而非排他、渐进而非革命，以及追求合作发展、互利共赢这样一种崭新的区域合作模式，具有了无可取代的特殊意义。应该说，上合组织是当今世界多元化发展潮流的一个鲜明体现，也是当下混乱而动荡的时局之下，人们探寻公正与秩序、富足与安定的普遍愿望的一个突出例证。

既然上合组织是在这样一个史无前例的历史条件之下得以发展起来的，那么其本身发展将会面临无数从来没有遇见过的困难，还会不断地出现曲折与反复。在有着相当高的民主和市场发展水平，也有着丰厚的地区治理经验的欧盟尚且会遭逢如此艰难时世的背景之下，上合组织遇到一些挑战，也完全是意料之中的事情。值得关注的倒是，当我们面临挑战和困难的时候，是否有足够的信念和勇气，坚信地区合作与发展的必要、正当与合理，坚信上合组织能够通过自己的努力闯出一片新天地。而近期以来上海合作组织在扩员、反恐、战略合作等领域的最新发展证明了其强大的生命力和发展前景。

任何重大国际合作进程，都不能够离开对于相关知识、理论与思想的深入探讨，都不能够没有有志于发展这一崭新国际议程的专业人员的认真研究和系统探讨。从目前来看，对于上合组织这一类崭新国际现象的研究，不是已经足够，而是远远不足。我们究竟还能否坚持以问题为导向的真正学术研究，从理论和实践相结合的角度，为上合组织的发展提供真知灼见，这可能是未来上合组织是否能继续顺利前行的一个非常必要的前提条件。

2017 年 4 月 27 日

目　录

第一部分　总论

第二部分　上海合作组织合作领域研究

第三部分　国际关系视角下的上合组织

Contents

Part I General Review

Part II Cooperation Field Studies of the SCO

Part III The SCO from the Perspective of International Relations

第一部分

总　　论

报告一

从乌法到塔什干：上合组织的新发展

王海运*

【内容提要】2016 年适逢上海合作组织（简称“上合组织”）成立 15 周年。对于一个地区合作组织而言，可以说进入了“青年时代”。回顾上合组织从 2015 年 7 月乌法元首峰会到 2016 年 6 月塔什干元首峰会一年里取得的新发展，分析组织建设面临的新形势，提出解决制约组织建设紧迫问题的新思路，对上合组织的未来具有特别重要的意义。

【关键词】上合组织峰会　上合组织建设　上合发展新思路

一、上合组织的新发展

从乌法峰会到塔什干峰会，上合组织秉承与弘扬以“互信、互利、平等、协商、尊重多种文明、谋求共同发展”为核心的“上海精神”，坚持政治、安全、经济、人文四大合作并举的方针，各领域建设都取得了积极进展。

（一）政治合作领域

在政治合作领域，一年来上合组织给出了亮丽的答卷：努力弘扬“上海精神”，不断增强战略互信、强化战略共识；在重大国际和地区问题上向世界宣示了上合组织的原则立场，扩大了上合组织在全球治理中的积极影

---

* 王海运，中国国际战略学会高级顾问。感谢中国社会科学院博士生高焓迅提供的帮助。

响；启动了首次扩员进程，为上合组织的发展注入了新的活力。

弘扬“上海精神”，坚定正确的发展方向。体现上合组织根本原则和战略理念的“上海精神”，是上合组织顺利发展的独特源泉。正如习近平主席所说，必须弘扬“上海精神”，坚持本组织发展之本。① 在塔什干峰会上，成员国元首高度评价上合组织15年来在“上海精神”指引下，在战略互信、机制建设、法律准备等方面取得的积极进展，一致认为继续坚持“上海精神”对于上合组织的健康发展具有重大意义。

旗帜鲜明地宣示在重大国际问题上的原则立场。上合组织以联合声明形式集体发声，表达了共同维护世界和平和地区稳定的原则立场。在乌法峰会上，各成员国元首针对当前国际和地区热点问题，特别是上合组织区域内及西亚北非地区形势、乌克兰危机及阿富汗安全与重建等国际与地区重大问题交换了意见，明确表示必须在严格遵守公认的国际法准则基础上采取政治外交手段解决各类地区冲突。上合组织乌法峰会的另一看点是与“金砖国家”峰会同在乌法举办，并且发出了同一种声音，显示出新兴力量加强团结与合作的共同意志。在塔什干峰会上，成员国元首们在建设性和友好气氛中审议了上合组织成立15年来的主要成果，签署了《上海合作组织成立15周年塔什干宣言》。宣言强调：支持巩固联合国在国际关系中的核心地位，遵守《联合国宪章》和国际法的宗旨和原则，就联合国改革进行广泛协商、寻求“一揽子”解决方案；进一步加强上合组织与其他国际和地区组织特别是联合国及其专门机构的相互协作。上合组织的两次元首峰会均有联合国、独联体、集体安全条约组织（集安组织）、东盟和亚信（即“亚洲相互协作与信任措施会议”的简称）等国际和地区组织的高级代表出席。上合组织秘书处代表团出席了联合国所属机构的多个重要会议，表明上合组织已经成为具有广泛国际影响的地区合作组织。2016年5月，上合组织成员国外交部长塔什干会议发表新闻公报，专门就南海问题阐明了原则立场，明确支持中国政府维护南海和平稳定的努力。可以说，上合组织在参与全球治理、构建新型国际秩序及维护国际正义问题上展现出了前所未有的积极姿态。

隆重纪念二战胜利70周年。2015年正值中国抗日战争胜利和世界反

---

① “习近平发表题为《弘扬上海精神 巩固团结互信 全面深化上海合作组织合作》的重要讲话”，新华社2016年6月24日电。

法西斯战争胜利70周年，上合组织成员国领导人共同出席了中国与俄罗斯举行的纪念抗日战争胜利和战胜法西斯德国盛大阅兵式。在乌法峰会上，成员国元首一致通过了《上海合作组织成员国元首关于世界反法西斯战争暨第二次世界大战胜利70周年的声明》，旗帜鲜明地表达了共同维护二战战胜国所确立的战后和平秩序的决心，对某些国际势力颠覆二战历史、矮化中国和苏联历史贡献的企图予以迎头痛击。

正式启动上合组织扩员进程。基于上合组织的开放性原则，乌法峰会决定启动接收印度、巴基斯坦正式加入上合组织的程序，给予白俄罗斯观察员的地位，接受阿塞拜疆、亚美尼亚、柬埔寨和尼泊尔为对话伙伴国的申请，并且决定"根据既定标准研究伊朗加入上合组织问题"。① 在塔什干峰会上，成员国批准了关于印度和巴基斯坦加入上合组织义务的备忘录，重申"成员国愿与赞同《上海合作组织宪章》和本组织其他基础性文件规定的目标和任务的国家，以及国际和地区组织加强联系与合作"。② 上合组织扩员进程迈出了实质性步伐，体现出成员国对此问题的高度重视和积极姿态。

中俄在上合组织建设上的战略协作进一步深化。一年来，上合组织两个重要成员国——中国与俄罗斯在上合组织建设上的战略协作不断深化，对上合组织各领域合作起到了重要带动作用。2015年5月中俄两国元首签署联合声明，决定以上合组织作为"一带一盟"对接合作的平台。在随后的乌法峰会上，上合组织成员国就此问题形成了广泛共识，决定赋予上合组织以"一带一盟"对接合作主要平台的重要使命，从而为上合组织建设注入了新的动力，为"丝绸之路经济带"建设和欧亚经济联盟发展提供了新的依托。

中亚国家间的相互关系出现积极动向。中亚地区是上合组织的中心地区，中亚国家的相互关系对于上合组织的发展具有重要影响。一年来，中亚国家领导人互访频繁。吉尔吉斯斯坦总统阿坦巴耶夫、塔吉克斯坦总统拉赫蒙和乌兹别克斯坦总统卡里莫夫均对哈萨克斯坦进行了国事访问或赴

---

① 《上海合作组织成员国元首理事会会议（乌法）新闻公报》，新华社2015年7月11日电。

② 《上海合作组织成员国元首理事会会议（塔什干）新闻公报》，新华社2016年6月24日电。

哈出席国际会议。其中，乌、塔两国关系在多个领域取得了历史性突破，哈、塔两国建立了战略伙伴关系。① 在外部挑战加剧、内部问题积累较多的情况下，中亚国家政治互信的增强、双边关系的提升，对于促进上合组织的团结、增强上合组织的凝聚力产生了积极作用。

在上述各项政治合作中，上合组织秘书处、成员国外长会议和协调员会议均发挥了重要作用。

（二）安全合作领域

回顾从乌法峰会到塔什干峰会的一年时间里上合组织域内的安全形势，总体看基本稳定，但是安全挑战明显增多。其中，既有毗邻地区伊斯兰极端势力泛起给上合组织造成的安全压力，也有域内国家社会矛盾积累所带来的失稳隐忧。针对这种情况，上合组织进一步加强了打击“三股势力”、维护地区稳定的安全合作。

安全合作机制加速运转，重要文件接连出台。乌法峰会通过了《上海合作组织成员国边防合作协定》《上海合作组织成员国打击恐怖主义、分裂主义和极端主义2016至2018年合作纲要》等文件，审议了《上海合作组织反极端主义公约》草案和《2017—2022年上海合作组织成员国禁毒战略》草案，为上合组织深化安全合作、应对世界及地区新威胁和新挑战指明了方向。塔什干峰会就加强上合组织安全合作达成了更加广泛的共识：支持合作打击“三股势力”，预防民族、种族和宗教歧视以及极端思想和排外思想扩散；决定加快《上海合作组织反极端主义公约》的制定工作，巩固该领域合作的法律基础；支持联合国尽快通过反恐公约，主张建立应对地区安全挑战的广泛高效合作平台。2015年6月和2016年6月，上合组织成员国国防部长会议分别在莫斯科、阿斯塔纳举行，签署了《上海合作组织成员国国防部长联合公报》等文件，明确反对个别国家和国家集团无限制地加强反导系统，支持国际社会采取措施防止太空军备竞赛，并且决定进一步加强反恐情报的交流与共享。2015年6月，上合组织地区安全与稳定问题高级别会议在莫斯科举行，重点讨论了维护上合组织地区的安全稳定，打击国际恐怖主义、毒品贩运、跨国犯罪等问题。同年9月，上合

① “哈萨克斯坦与塔吉克斯坦签署战略伙伴协议”，哈通社2015年9月14日电。

组织地区反恐机构理事会第 27 次会议在塔什干举行，会议通过了执委会 2016 年工作计划及成员国边防部门 2016 年专家工作组计划，就联合打击“三股势力”制定了一系列专门措施。10 月，上合组织第三次反恐合作研讨会在塔什干举行，重点就打击“伊斯兰国”，防范“伊斯兰国”对上合组织成员国渗透等问题展开了系统研讨。11 月，哈萨克斯坦国防部举办了“上合组织成员国武装力量的建设与发展”经验交流会，各成员国就武装力量发展规划、军队改革、作战训练等问题进行了深入探讨。

联合军演针对性强，显示出维护地区和国际安全的坚定决心。作为震慑“三股势力”的有力举措，2015 年 5 月和 8 月上合组织成员国中国和俄罗斯分两个阶段先后在地中海东部海域、彼得大帝湾和克列尔卡角地区以及日本海海域举行了“海上联合—2015”联合军事演习。2016 年 5 月，中俄举行了“空天安全—2016”首次首长司令部联合反导演习。此次联合军演是两军“首次计算机模拟空天防御首长司令部联合军演”，旨在演练两国受到弹道导弹和巡航导弹攻击时的联合行动。演习中，两军实现了反导数据链的对接，充分反映出两国两军的高度战略互信。2016 年 6 月，上合组织成员国军队总参谋部代表团在吉尔吉斯斯坦某军事基地举行第三轮会谈，决定于 2016 年 9 月在吉国伊塞克湖州“雪绒花”训练中心举行“和平使命—2016”联合反恐首长司令部演习。据悉，这是该国历史上最大规模的军事演习。①

针对网络安全等新型安全挑战，上合组织也采取了相应措施。2015 年 5 月，中俄两国外长签署了《中华人民共和国政府和俄罗斯联邦政府关于在保障国际信息安全领域合作协定》。10 月，上合组织成员国主管打击网络犯罪部门在厦门市举行了代号为“厦门—2015”的网络反恐演习，检验了上合组织框架下网络反恐协作的有效性，这是上合组织首次举行的针对网络恐怖主义活动的联合演习。②

此外，在两次元首峰会之间，上合组织还举行了司法部长、总检察长、最高法院院长等执法部门领导人会议，就加强司法合作、维护社会稳定达成了广泛的共识。

---

① 腾讯军事，2016 年 6 月 24 日。

② 张文伟：“上海合作组织信息安全合作——必要性、现状及前景”，《俄罗斯东欧中亚研究》2016 年第 3 期。

（三）经济合作领域

受世界经济形势总体低迷、国际大宗商品价格持续走低、西方对俄罗斯进行经济制裁等外部因素的影响，俄及中亚国家经济增长乏力，对外贸易普遍出现下滑。在此背景下，上合组织在加紧制定经济发展规划、加强经济合作机制建设的同时，充分利用中国提出的“丝绸之路经济带”倡议推动上合组织经济合作，并且启动了“一带一盟”对接合作，使之成为上合组织深化区域经济合作新的增长点。

加紧制定经济发展规划，完善经济合作机制建设。乌法峰会通过了《上海合作组织至2025年发展战略》草案，呼吁成员国尽快批准《上合组织成员国政府间国际道路运输便利化协定》，决定制定《2017—2021年上海合作组织进一步推动项目合作的措施清单》。塔什干峰会通过了《〈上海合作组织至2025年发展战略〉2016—2020年落实行动计划》，要求尽快落实已经达成的合作意向。2015年12月，上合组织成员国政府首脑（总理）理事会第14次会议在河南郑州举行，会议发表了《上海合作组织成员国政府首脑（总理）关于区域经济合作的声明》等重要文件，分析了各成员国经济发展面临的新问题，探讨了加强各成员国经贸合作的新思路，强调要加强上合组织框架内的多边经贸合作，并且就推动成员国间务实合作达成了广泛共识，确定以基础设施合作、产能合作、建立国际运输走廊作为优先方向。为了落实元首峰会达成的共识，上合组织还举行了经贸部长、救灾部门领导人、实业家委员会和银联体理事会会议。

共同推动“丝绸之路经济带”建设，加紧磋商大项目合作。中国提出的“丝绸之路经济带”倡议是推动“区域经济大合作”、造福于地区国家的宏大战略倡议。“丝绸之路经济带”所弘扬的“丝路精神”与上合组织秉持的“上海精神”高度契合，因而受到上合组织成员国的普遍欢迎。在塔什干元首峰会上，成员国元首们重申支持中国关于建设“丝绸之路经济带”的倡议，继续就落实这一倡议开展工作，并且将其作为推动区域经济合作的重要手段。利用上合组织两次峰会之机，中、俄、蒙三国国家元首还就建设“中蒙俄经济走廊”进行了专门磋商。哈萨克斯坦则积极推动本国的“光明大道”计划与“丝绸之路经济带”建设相互融合，目前已签署

52 个早期收获项目。[①] 在“丝绸之路经济带”建设框架下，中国同上合组织各成员国就能源、交通等大型基础设施合作展开了积极磋商，一些拖延多年的重要项目得以启动。

充分利用上合组织合作机制，为“一带一盟”对接合作提供平台保障。为了强化“丝绸之路经济带”建设与欧亚经济联盟建设的相互协作、避免相互掣肘，2015 年 5 月，中俄两国元首签署了《中华人民共和国与俄罗斯联邦关于丝绸之路经济带建设和欧亚经济联盟建设对接合作的联合声明》。《联合声明》强调，上合组织是“一带一盟”对接合作的重要平台。[②] 12 月，两国总理签署的《中俄总理第二十次定期会晤联合公报》进一步指出，“双方认为上海合作组织是实现丝绸之路经济带建设与欧亚经济联盟建设对接的最有效平台，愿同其他国家一道，最大限度利用上海合作组织的现有发展潜力”。[③] 2016 年 5 月，在哈萨克斯坦举行的最高欧亚经济理事会第四次会议上，欧亚经济联盟成员国元首通过了启动与中国经贸合作伙伴协定谈判的决议。[④]

此外，上合组织多个专业部门分别举行了工作会议，例如电子商务专门工作组会议、财务预算专家专门工作组会议，会议就经济各领域合作中的具体问题进行了深入磋商。

（四）人文合作领域

“国之交在于民相亲”，人文合作对于多样文明并存的上合组织来说意义尤为重大。一年来，上合组织框架内成员国政府和民间的双边、多边人文交流亮点纷呈，教育、科技、卫生、旅游、文化合作稳步推进。

教育合作成为上合组织人文合作的亮点。在上合组织成员国政府首脑（总理）理事会第 14 次会议期间，李克强总理宣布：“中方承诺在未来 5

---

① “哈萨克斯坦总理年内二度访华 中哈打造国际产能合作‘新样本’”，中国政府网，http：//www. gov. cn/zhengce/2015—12/15/content_ 5024267. htm。

② 《中华人民共和国与俄罗斯联邦关于丝绸之路经济带建设和欧亚经济联盟建设对接合作的联合声明》，新华社 2015 年 5 月 8 日电。

③ 《中俄总理第二十次定期会晤联合公报》，《人民日报》2015 年 12 月 18 日。

④ “商务部：尽快启动与欧亚经济联盟经贸合作伙伴协定谈判”，新华网，2016 年 6 月 1 日，http：//news. xinhuanet. com/fortune/2016—06/01/c_ 129034386. htm。

年每年向成员国提供2万人次的政府奖学金名额，落实好3年内为成员国培训2000名人才的目标。"① 上合组织还成立了由成员国75所院校组成的上合组织大学联盟，上合组织大学项目带动了成员国的多边教育交流活动，俄罗斯总理梅德韦杰夫盛赞"上合组织大学是（上合组织）最成功的倡议之一"。②

科技合作出现积极进展。2015年8月，上合组织成员国常设科技合作工作组例行会议在北京举行，会议讨论了《〈上海合作组织成员国政府间科技合作协定〉落实措施计划》草案等文件。9月，中国批准"上海合作组织科技伙伴计划"，并决定于2016年正式启动实施。成员国地方政府也表现出推动科技合作的积极性，中国新疆维吾尔自治区政府拟每年安排1000万元财政资金，用于支持中国—中亚科技合作中心建设及农业园区、示范推广基地建设。③

卫生合作扎扎实实推进。2015年7月，上合组织成员国卫生部长第二次会议在莫斯科举行，会议就本地区卫生防疫领域所面临的威胁和挑战、主要传染性疾病的预防和控制、大型活动期间的卫生防疫、保障食品质量安全与风险评估等议题进行了讨论。④ 9月，上合组织成员国举行环境保护专家第七次会议，讨论了成员国环境保护合作倡议草案。针对传染性疾病暴发与传播等风险，建立了上合组织成员国跨境传染病疫情通报制度和卫生应急处理协调机制，决定构建区域传染病联防联控工作网络。10月，中国国家卫生与计划生育委员会公布了《关于推进"一带一路"卫生交流合作三年实施方案（2015—2017）》。该方案认为，加强与"一带一路"沿线国家卫生交流与合作、提高联合应对突发公共卫生事件的能力，将为维护我国及沿线国家卫生安全和社会稳定提供有力支撑，为"一带一路"建设

---

① "李克强在上海合作组织成员国总理第十四次会议大范围会谈时的讲话（全文）"，新华网，2015年12月15日，http：//news. xinhuanet. com/world/2015—12/15/c _ 1117471152. htm。

② ［俄］梅德韦杰夫："上合大学是上合组织最为成功的倡议之一"，环球网，2015年12月15日，http：//world. huanqiu. com/exclusive/2015—12/8184701. html。

③ "上海合作组织科技伙伴计划在我区正式启动实施"，新疆自治区科技厅网站，2016年2月5日，http：//www. xjkjt. gov. cn/xjzzqkjt/zzjg/zsdw/xjkjbs/2016/242388. htm。

④ "我代表出席上合组织成员国卫生防疫部门领导人会议"，中国政府网，2015年4月22日，http：//www. gov. cn/xinwen/2015—04/22/content_ 2851386. htm。

保驾护航。①

旅游合作成果引人瞩目。上合组织成员国高度重视具有“拉动民间交流、促进经济增长”双重功能的旅游合作。上合组织成员国政府首脑（总理）第14次会议期间，各国政府首脑（总理）支持在业已形成的文化、历史和经济联系基础上促进人员往来便利化，加强旅游领域经验交流，密切主管机关和行业组织之间的联系，发展并扩大旅游领域的多双边平等互利合作。② 2015年12月，中国与哈萨克斯坦签署了《关于便利中国公民赴哈萨克斯坦共和国团队旅游的备忘录》。2016年5月，上合组织成员国参加了由中国政府和联合国世界旅游组织在北京举办的首届世界旅游发展大会。随着“丝绸之路经济带”等合作项目的推进，旅游合作正在成为上合组织繁荣经济、促进交流的新热点。

文化交流互动频繁。一年来，上合组织基于各成员国的强烈意愿，通过各方的共同努力，文化交流进入稳步发展阶段。2015年是中俄“青年友好交流年”，中俄分别在两国高校举办了有关纪念二战题材的圆桌会议和历史讨论会，共同发起了“两国青年联合搜寻苏联烈士遗骸”活动。③ 2015年7月，上合组织成员国主要媒体负责人论坛在莫斯科举行，重点讨论了“建立上合组织共同信息空间”问题，并达成一系列共识。2016—2017年是中俄“媒体交流年”，中俄双方确定了280多个活动项目。④

从以上回顾可以看出，一年来上合组织成员国推动各领域合作的姿态是积极的，不论是政治、安全还是经济、人文合作都取得了可喜的进展，并且展现出广阔的发展前景。与此同时也必须看到，由于存在种种复杂原

① “国家卫生计生委办公厅关于印发《国家卫生计生委关于推进‘一带一路’卫生交流合作三年实施方案（2015—2017）》的通知”，中国国家卫生与计划生育委员会网站，http：//www. nhfpc. gov. cn/zhuzhan/gjjl/201510/7c6079e5164c4e14b06a48340bd0588a. shtml。

② “上海合作组织成员国总理第十四次会议提出：成员国积极参加首届世界旅游发展大会十分重要”，中国国家旅游局网站，2015年12月16日，http：//www. cnta. gov. cn/ xxfb/jdxwnew2/201512/t20151216_ 755142. shtml。

③ “中俄将首次联合在华搜寻苏军烈士遗骸”，环球网，2015年2月14日，http：//world. huanqiu. com/hot/2015—02/5688481. html。

④ “俄外交部发言人：‘俄中媒体交流年’拉近两国人民距离”，中国经济网，2016年6月24日，http：//intl. ce. cn/specials/zxgjzh/201606/24/t20160624_ 13167310. shtml。

因，上合组织的行为能力仍然受到诸多制约，各领域合作的潜力尚未得到充分释放。

二、上合组织建设面临的新形势

上合组织建设面临的新形势，既与组织建设取得的进展、国际和地区形势的变化直接相关，也与成员国安全与发展的战略需求紧密相连。

（一）上合组织启动扩员进程，打破原有的地区格局，覆盖地域将更加广阔

上合组织坚持开放性原则，扩员进程已经正式启动。印巴两国即将成为上合组织正式成员国。多年前伊朗即已提交成为正式成员国的申请，审议其成员国资格问题已经提上议事日程。其他不少国家也表达了正式加入或者成为观察员国、对话伙伴国的愿望。

随着上合组织扩员工作的有序展开，成员国构成正在突破“中国 + 前苏联部分国家”的局限，覆盖地域也将由东亚、中亚向南亚、西亚扩展。这不仅意味着上合组织的发展壮大，同时也意味着组织建设面临新的情况：新成员国在政治制度、经济发展、安全环境、历史文化等方面与原有成员国差异较大，其对组织建设、作用发挥的诉求必然更加多元。在此情况下，如何确保上合组织的决策效率和行动能力、避免沦为“清谈俱乐部”，成为各成员国必须面对的重大课题。

（二）欧亚经济联盟的建立与“丝绸之路经济带”建设的展开，为上合组织建设注入了新的助力，提出了新的任务

欧亚经济联盟已于 2015 年 1 月宣告正式启动。这一高度一体化合作组织的多个成员国同时也是上合组织成员国，两个组织在功能方面亦存在诸多相近之处。在此情况下，如何推动两个组织相互对接、相互协作，避免相互竞争、相互掣肘，成为上合组织必须直面处理的紧迫问题。

中国于 2013 年 9 月提出“丝绸之路经济带”建设的倡议，并于 2015 年 3 月发布了《推动共建丝绸之路经济带和 21 世纪海上丝绸之路的愿景与

行动》文件。在文件规划的6大经济走廊中，有3条需要经过上合组织现有成员国所在地区，① 如果再加上即将成为上合组织正式成员国的印度和巴基斯坦，则有5条之多。在"丝绸之路经济带"建设、"一带一盟"对接合作中，上合组织亦是重要平台。如何充分利用上合组织既有合作机制保障"丝绸之路经济带"战略的实施、将"丝绸之路经济带"建设变为上合组织发展的新动力，如何发挥"一带一盟"对接合作主要平台的作用、确保实现"双赢"，是摆在上合组织面前的重要任务。

（三）伊斯兰极端势力在毗邻地区泛起，对上合组织成员国构成重大安全挑战

近年来，美国等西方大国肆无忌惮地推行新干涉主义，发动局部战争，策动名曰"阿拉伯之春"的"颜色革命"，不仅将中东地区多个国家拖入了战乱不已、民不聊生的灾难深渊，而且打破了地区内政治力量的平衡，造成某些国家的无政府状态，推倒了伊斯兰极端势力泛起与扩张的"防火墙"。美国等西方大国极其傲慢地宣扬"西方文明优越论"、"西方价值观普世论"，蓄意制造文明冲突，引发伊斯兰世界的集体焦虑。与此同时，伊斯兰两大教派间的矛盾被激活，进一步加剧了地区局势的混乱，给予伊斯兰极端势力以更大的发展空间。战乱和动荡还破坏了中东国家的经济发展环境，地区国家普遍陷入贫困，这又给伊斯兰极端势力提供了发展坐大的社会土壤。美国发动的阿富汗战争持续了十几年，越打越乱、越反越恐，塔利班卷土重来，阿富汗面临再次成为极端势力扩张策源地的现实危险。在上述因素的综合作用下，伊斯兰极端势力进入活跃期，其所制造的暴力恐怖活动进入多发期。

上合组织中亚成员国与中东国家及阿富汗毗邻而居，相互间边界线漫长且缺少天然屏障，加之民族跨境、语言相通、文化相近，并且同为逊尼派穆斯林，伊斯兰极端势力自中东地区向中亚地区扩张有极大的便利条件。

---

① 国家发改委、外交部和商务部于2015年3月联合发布的《推动共建丝绸之路经济带和21世纪海上丝绸之路的愿景与行动》确认，"一带"的发展愿景包括建设六大国际经济合作走廊，即新亚欧大陆桥、中蒙俄、中国—中亚—西亚、中国—中南半岛、中巴、孟中印缅经济走廊。

中亚国家已经成为伊斯兰极端势力觊觎的重点目标，“伊斯兰国”已将中亚多国纳入“大哈里发”版图，并且加紧招募、培训这些国家的“圣战”分子。据报道，赴“伊斯兰国”参加“圣战”的中亚公民已达2000—4000人。① 阿富汗塔利班也在加紧向中亚国家渗透。这不仅将增大中亚地区发生恐怖暴力活动的危险，而且可能导致极端情绪蔓延、社会失稳危险增大。上合组织如何以强有力的举措应对这一安全挑战，如何在国际社会的反恐努力中做出“负责任地区合作组织”的贡献，成为上合组织必须面对的重大课题。

（四）国际格局大变动、国际秩序大调整，对上合组织建设提出了新的要求

随着美国霸权日趋衰落、新兴国家群体式崛起，世界进入由单极霸权向多极制衡过渡的“准多极时代”。一方面，国际格局加速变动，国际秩序加快调整，多极世界隐约可见；另一方面，霸权国家及其附庸为了维护既得利益而拉帮结伙、制造危机，加大了对新兴大国的遏制和围堵力度，甚至明确将上合组织两大成员国中国与俄罗斯定义为“主要战略对手”，不断在中俄家门口“生乱、生战”。

上合组织是世界级和地区级新兴大国最为集中的地区合作组织，因而被某些守成大国视为“异类”，双方在国际秩序、国际规则问题上的矛盾可能进一步加剧。共同应对霸权国家及其附庸的打压与遏制、维护地区和全球战略稳定，成为摆在上合组织面前的重大战略任务。上合组织必须发挥集结新兴力量主要平台的作用，在构建新型国际秩序、维护新兴国家和发展中国家权益问题上发挥更大作为。

美国加紧推行“新丝绸之路计划”，并且推动北约向上合组织成员国渗透。欧洲大国、日本也纷纷推出新的中亚战略，极力拉拢上合组织成员国。日本甚至竭力离间中亚国家与中国、俄罗斯的关系。在此情况下，上合组织某些成员国出现向西方大国靠拢的动向，不仅继续参与北约“和平

---

① 据国际危机组织（International Crisis Group）2015年初发表的报告称，“伊斯兰国”对中亚地区安全稳定的影响和冲击不断上升，过去三年中有2000—4000名中亚人加入“伊斯兰国”，其中来自乌兹别克斯坦的超过千余人。

伙伴关系计划”，甚至还直接参加北约集团的军事活动。一些中亚国家实行“大国平衡、多方获益”外交战略，迎合域外大国的笼络，这对上合组织内部团结的消极影响不容低估。

目前，欧亚地区的大国博弈正在升温。这要求上合组织加强团结、增强凝聚力，确保组织建设不因外部势力的牵制而失去活力。

（五）中国外交战略转型、俄罗斯外交战略调整，赋予上合组织建设新的战略使命

中国正在崛起为具有重大国际影响力的世界大国，外交战略正在向具有中国特色的大国外交加速转型。新的外交战略要求中国更好地发挥负责任的大国作用，将周边地区建设成为睦邻友好带、安全稳定带、经济合作带，成为经略海洋的地缘战略纵深。中国倡议的“一带一路”建设，更是以上合组织所在地区作为重点地区，从而提升了上合组织在中国国际战略中的地位。俄罗斯“融入西方”的迷思破碎，欧亚大国的定位日益明确，“转向东方”的步子加大，上合组织在俄外交战略中的地位也明显提升。俄高层更加重视上合组织在维护国家安全、支撑国家发展中的重要作用，一些战略理论家明确提出以上合组织为基础构建“大欧亚共同体”的战略构想。[①] 随着国际压力的不断增大，中俄对共同战略处境、共同战略利益的战略认知不断强化，两国在国际舞台上的战略协作日益密切。2016 年 6 月，两国元首签署的《中华人民共和国主席和俄罗斯联邦总统关于加强全球战略稳定的联合声明》表明，中俄均希望彼此在国际战略问题上采取更多“协调一致的联合行动”。[②]

鉴于上合组织两大成员国的这种战略取向，必然要求上合组织发挥更加突出的战略协作平台作用，从而赋予了上合组织以更加宏大的战略使命。

---

① “大欧亚共同体”概念系由俄罗斯外交与国防政策理事会荣誉主席卡拉加诺夫等国际问题专家于 2015 年提出。按其构想，“大欧亚共同体”亦可称为“泛亚洲共同发展空间”，是新兴国家的制度体系与经济联盟。目标是集结新兴力量，构建新的欧亚格局。卡设想，要打造“大欧亚共同体”应当“发挥中国经济的引领作用，并且以上合组织作为基础性平台”。

② 《中华人民共和国主席和俄罗斯联邦总统关于加强全球战略稳定的联合声明》，新华社 2016 年 6 月 25 日电。

三、解决影响上合组织建设突出问题的新思路

目前，上合组织建设已进入新阶段，成员国的安全与发展需求赋予了上合组织新的使命，国际与地区形势的变化亦对上合组织提出了新的要求。为了遂行新形势下的新任务，上合组织必须努力解决影响组织建设的一些突出问题。

（一）适当调整上合组织建设的战略目标，使之更好地适应国际形势发展的需要及各成员国的战略利益

上合组织的定位是“地区合作组织”，迄今组织建设的战略目标可以概括为：深化成员国间的睦邻友好合作关系，确保所在地区的安全稳定，推动成员国经济社会的共同发展，促进不同文明间的包容互鉴。从具体实践看，上合组织在安全合作领域着力较多、成效显著；经济合作虽然取得积极进展，但是远未实现一体化合作目标；政治合作领域在强化成员国政治关系方面作用突出，但是作为国际组织的影响力发挥有限；人文合作领域发展势头可喜，但是在应对西方大国挑起的文明冲突等问题上作为不够突出。

鉴于高度一体化的欧亚经济联盟已经成立，“丝绸之路经济带”建设也主要集中于经济合作领域，上合组织扩员后实现经济一体化的难度进一步增大。加之国际形势趋于严峻、构建新型国际秩序的任务更加艰巨，成员国及国际社会对上合组织发挥“新型地区合作组织”作用的呼声不断增高，因此有必要对上合组织的战略目标做出与时俱进的调整。

在新的形势下，上合组织仍应坚持政治、安全、经济、人文“四大合作”并举、“四个轮子”同时转动的基本方针，但是不宜继续追求“紧密型经济一体化”，而应将经济一体化合作的任务交由“丝绸之路经济带”和欧亚经济联盟去完成。与此同时，应赋予政治合作、安全合作和人文合作更为宏大的使命：政治合作应着眼于发挥“负责任国际组织”作用，就地区和全球治理的各种重大问题及时发出强有力的声音、施加积极有效的影响，特别要在集结新兴力量、平衡国际战略格局、构建新型国际秩序上承担起“新兴国家战略协作平台”的功能；安全合作不应局限于打击“三

股势力”，而应扩展为抵制某些大国新干涉主义肆虐、地缘政治扩张和战争冲动，抑制伊斯兰极端势力扩张，维护地区和全球战略稳定；人文合作则要在抵制“西方文明优越论”、“西方价值观普世论”、应对西方挑起的文明冲突问题上实现更大的作为。

（二）强化对上合组织战略价值的战略认知，增强上合组织的凝聚力

上合组织对于各成员国的安全与发展都具有重大战略价值，但是成员国对其战略价值的战略认知远未到位。因此，需要就上合组织战略价值问题展开深入的讨论。必须认识到，上合组织是各成员国共同培育的秉承新型国际战略理念的地区合作组织，不仅可以造福于各个成员国，而且符合时代的潮流，拥有光明的发展前景。

为了增强上合组织的凝聚力，特别需要消除成员国相互间的战略疑虑。习近平主席已经明确宣示，中国“不谋求地区主导权、不经营势力范围”,① 并且正在以实际行动践行这一承诺。俄罗斯则应以新的思维看待并且明确宣示抛弃不合时代潮流，必然引发中亚国家担忧且影响中俄战略协作的“势力范围思维”。对于成员国参与敌视上合组织的北约集团的军事活动问题，亦有必要依据《上海合作组织长期睦邻友好合作条约》的规定采取适当规范措施。

（三）确保上合组织扩员进程积极稳妥，争取新成员平稳融入

上合组织扩员符合上合组织建设的战略需要，但是可能会带来一些技术性、操作性问题。因此，在扩员问题上，上合组织既应持积极姿态，争取新成员平稳融入，在新的基础上形成新的发展局面；同时也应坚持“一致同意”的原则，严格接收新成员国的条件和程序，力求避免引发这样那样的矛盾。

新成员国必须认同“上海精神”，承认和签署上合组织成立宣言、宪

① 引自习近平主席2013年9月6日在哈萨克斯坦纳扎尔巴耶夫大学的演讲。此前，2011年9月中国国务院新闻办公室发表的《中国的和平发展》白皮书即已提到，“中国不谋求地区霸权和势力范围”。

章、条约以及历次元首峰会通过的重要决议。对于新成员国与现有成员国之间存在的矛盾和争端，应通过“一对一”的谈判达成某种谅解。在吸收印巴问题上，还应要求两国就缓解相互冲突做出具有法律效力的承诺。

（四）局部改变“协商一致”原则，增强组织的行动能力

重大问题议而不决，在应对成员国失稳事态、宣示对重大国际问题立场等方面缺少大的作为，是上合组织各领域合作的一大“短板”。随着扩员进程的启动、成员国的日渐增多，如果继续实行所有问题均需“协商一致”的决策原则的话，上合组织的确存在“论坛化”的危险。因此，有必要在坚持重大问题“协商一致”原则的同时，在一般问题上改行“简单多数”或者“2/3 多数”原则，同时适当扩大秘书长和国家协调员会议的授权，以保证上合组织能够在涉及地区稳定的重大问题上及时采取针对性行动，在重大国际问题上及时发出强有力的声音。

考虑到以往在成员国国内发生动乱时无所作为的教训，上合组织必须尽快在强化联合维稳机制问题上推出新的举措、制定新的规则，确保在成员国局势失稳时能够及时采取有力举措。

（五）推动上合组织建设与“丝绸之路经济带”建设相互融合，与欧亚经济联盟建设相互协调

“丝绸之路经济带”建设及“一带一盟”对接合作均明确以上合组织作为主要平台，这对于上合组织既是机遇亦是挑战。上合组织有必要召开专门会议、制定专门纲要。建议尽快启动“一带一盟”对接合作各国国家元首和政府总理会议，成立对接合作政府间混合委员会，建立议会、政党、智库对接合作机制。

要充分利用上合组织与欧亚经济联盟的既有合作机制，发挥上合组织在“一带一盟”对接合作中“基础性平台”的作用。要贯彻扎实推进、务求实效的对接合作方针，特别要就践行“共商、共建、共享”原则，发挥互补优势，规避各种宏观环境风险等问题展开积极而富有成效的磋商。

（六）积极应对伊斯兰极端势力扩张，构建“四反”统一战线

上合组织从建立伊始即以打击“三股势力”作为重大使命，而伊斯兰极端势力与“三股势力”同根同源，即使从打击“三股势力”的需要考虑，上合组织也应当积极参与到打击伊斯兰极端势力的国际行动之中。

上合组织建立有打击“三股势力”的专门反恐机构，成员国军事力量多次进行联合反恐演习，有能力为打击伊斯兰极端势力做出重要贡献。上合组织多个成员国参加的集体安全条约组织在打击“三股势力”方面更具行动能力，上合组织可以与集安组织就打击伊斯兰极端势力展开协调一致的联合行动。上合组织新成员国巴基斯坦深受伊斯兰极端势力威胁之苦，在这一斗争中特别是在防止阿富汗反对派极端化问题上可以发挥独特作用。上合组织的观察员国伊朗是中东地区有影响力的大国，亦可在上合组织框架内与其他成员国联手发力。

上合组织应积极推动构建“四反”统一战线，即反对宗教极端化、反对国际恐怖主义、反对新干涉主义、反对反恐双重标准。这一统一战线应当争取世俗伊斯兰国家和温和伊斯兰国际组织的积极参与；应当在两大教派之间努力劝和促谈，共同应对极端势力的严峻挑战；应当积极推动不同文明的相互尊重、包容互鉴，努力防止任何宗教走向极端化和暴力化。

综上所述，一年来上合组织建设取得新的成就、新的进展，同时面临新的形势、新的任务。上合组织必须确立更为远大的战略目标，展现更多的“新型地区合作组织”作为，既为各成员国的稳定与发展发挥高效合作平台的作用，又为新时代的地区和全球治理做出历史性贡献。

报告二
上海合作组织成员国经济形势综述

王海燕*

【内容提要】2015年，在世界经济形势依然低迷、国际能源等大宗原材料产品价格大幅下滑、俄罗斯经济整体下降和汇率降幅明显的连带作用下，上海合作组织成员国整体经济形势普遍不容乐观。各国经济增幅为历年来新低，工农业产值普遍减少，产业结构调整的压力加大；汇率均大幅下降，各国吸引的投资普遍减少，财政金融状况恶化。展望未来，上合组织成员国的经济风险仍然较大，面临西方国家经济制裁的俄罗斯经济能否遏制下滑势头还未可知。比较依赖外部经济的哈萨克斯坦、吉尔吉斯斯坦和塔吉克斯坦能否企稳回升，经济相对独立的乌兹别克斯坦的经济能否保持较高增速，依然面临多种变数。

【关键词】上合组织经济发展　上合组织工农业发展　上合组织经济风险

自2015年以来，受世界经济增速放缓、油气等大宗产品价格低迷和俄罗斯经济不景气等影响，上海合作组织成员国①经济增速持续下降，各项产业均受影响，汇率降幅明显，外贸普遍下滑，能源工业和交通运输业出现了新的趋势，亚欧经济一体化迷雾重重。展望未来，上海合作组织各成员国越来越与全球经济同步，经济复苏之路崎岖不平。

---

* 王海燕，经济学博士，华东师范大学国际关系与地区发展研究院暨上海合作组织研究院、教育部人文社会科学重点研究基地俄罗斯研究中心副研究员。

① 在2015年举行的上合组织乌法峰会上，上合组织正式启动了印度和巴基斯坦加入上合组织的程序，目前上合组织正式成员国依然只包含6个创始成员国，因此本报告只涉及除中国之外的其他5个成员国。

一、上合成员国经济普遍下滑

2015年，世界经济增速放缓，全球复苏之路崎岖艰辛。① 世界工业生产低速增长，贸易持续低迷，金融市场动荡加剧，大宗商品价格大幅下跌。发达国家经济复苏缓慢，新兴经济体增速进一步回落，世界经济整体复苏疲弱乏力，增长速度放缓。② 2015年世界经济增长率比2014年下降0.3个百分点。其中，发达经济体经济增速为2.0%，比2014年上升0.2个百分点；新兴市场与发展中经济体经济增速为4.0%，比2014年下降0.6个百分点。新兴市场与发展中经济体整体增速下滑程度加大，俄罗斯、巴西等国陷入负增长。2015年新兴市场与发展中经济体GDP增速持续下滑，且下滑幅度继续扩大。2013年增速下降0.2个百分点，2014年下降0.4个百分点，2015年下降幅度扩大到0.6个百分点。新兴市场和发展中亚洲经济体依然是世界经济中增长最快的地区，2015年增长率约为6.5%，但相比上年下降了0.3个百分点。③

2015年，据国际货币基金组织报告称，受国际能源价格走低、俄罗斯经济衰退和乌克兰政局动荡等因素影响，外高加索和中亚地区国家经济形势严峻。上述国家经济增速降低，暴露了俄乌地缘政治局势紧张带来的负面影响。此外，因国际能源价格下跌，有关国家的能源领域就业岗位随之大幅减少。除了乌兹别克斯坦依然保持高于发展中亚洲经济体6.5%的增速、以8.0%的相对高速继续2000年以来的匀速增长外，俄罗斯与中亚其他国家经济和世界经济同步，普遍减缓了自2000年以来高速增长的势头，进入低增长乃至负增长阶段。

---

① 张宇燕、姚枝仲："2015—2016年世界经济形势分析与展望"，《光明日报》2016年1月20日，第16版。

② "世界经济增长乏力 外部环境更趋复杂——2015年世界经济回顾及2016年展望"，国家统计局，2016年3月7日，http://www.stats.gov.cn/tjsj/sjjd/201603/t20160307_1327685.html。

③ IMF（国际货币基金组织），http://www.imf.org。

表 2.1　1995—2015 年上海合作组织成员国 GDP 值与上年同比（%）

	1995年	2000年	2001年	2005年	2008年	2009年	2010年	2012年	2013年	2014年	2015年
俄罗斯	95.9	110.0	105.1	106.4	105.2	92.2	104.5	103.4	101.3	100.6	96.3
哈萨克斯坦	91.8	109.8	113.5	109.7	103.3	101.2	107.3	105.0	106.0	104.4	101.2
乌兹别克斯坦	99.1	103.8	104.2	107.0	109.0	108.1	108.5	108.2	108.0	108.1	108.0
吉尔吉斯斯坦	94.6	105.4	105.3	99.8	108.4	102.9	99.5	99.9	110.9	103.6	103.5
塔吉克斯坦	87.6	108.3	109.6	106.7	107.9	103.9	106.5	107.5	107.4	106.7	106.0

资料来源：作者根据独联体统计委员会 2016 年 3 月发布的统计报告整理制作。Статкомитета СНГ：Содружество Независимых Государств в 2015 году（краткий сборник предварительных статистических итогов），выпуск март 2016 года。

从宏观经济指标来看，2015 年俄罗斯和中亚国家除农业总产值、固定资产投资和零售贸易总额有所增长外，其他主要经济指标如工业总产值、进出口贸易等普遍负增长，工业品价格指数和消费品价格指数却有较大增长，这对工业生产和人民生活极为不利。

表 2.2　2015 年上海合作组织成员国宏观经济指标
（2015 年与 2014 年同比%，按不变价格）

	GDP	工业总产值	农业总产值（所有领域）	固定资产投资（所有资金来源）	货运（不含管道运输）	零售贸易总额（所有销售渠道）	出口	进口	工业品价格指数[1]	消费品价格指数[1]
俄罗斯	96.3	96.6	103.0	91.6	97.1	90.0	68.9	63.3	110.7	112.9
哈萨克斯坦	101.2	98.4	104.4	103.7	99.7	99.6	57.5	73.1	95.2	113.6
乌兹别克斯坦	108.0	107.3[3]	106.6[3]	109.9[3]	104.3[3,5]	115.1[4]	…	…	…	…
吉尔吉斯斯坦	103.5	95.6	106.2[2]	108.0	102.7	106.0	89.0	71.0	112.1	103.4
塔吉克斯坦	106.0	111.2	103.2	121.2	103.8	105.5	91.1	79.9	103.0	105.0

续表

	GDP	工业总产值	农业总产值（所有领域）	固定资产投资（所有资金来源）	货运（不含管道运输）	零售贸易总额（所有销售渠道）	出口	进口	工业品价格指数[1]	消费品价格指数[1]
独联体平均	97	96.7	101.4	93.3	97.6	91.3	67.7	67.1	110.8	143.3

注：[1] 2015 年 12 月与上年同比。

[2] 包含农业、林业和渔业。

[3] 2015 年 1—9 月与上年同比。

[4] 包括餐饮企业的营业额。

[5] 包括管道。

资料来源：作者根据独联体统计委员会、乌兹别克斯坦和土库曼斯坦统计署网站的数据整理制作。

俄罗斯成为上合组织成员国唯一经济负增长的国家。2015 年，俄经济持续恶化，国内生产总值（GDP）下滑 3.7%，① 被列为 93 个经济体中 GDP 增速最慢的五国之一；② 2015 年俄罗斯经济自由度指数在 178 个国家中居第 153 位，比 2014 年降低 10 位。2015 年俄农业总产值同比增长 3%，工业生产同比下降 3.4%。③ 其中，制造业降幅约 5%，农机制造业、制药业、化工业、军工综合体等领域均实现增长。在国家拨款支持下，汽车工业降幅较预期减少 50%。④ 2015 年全年工业生产者价格指数同比增长 12.4%，其中采矿业同比增长 11.3%，加工业同比增长 14%。⑤ 2015 年 12 月，俄制造业 PMI（采购经理人指数）由上月的 50.1 降至 48.7，产量跌

① 《俄罗斯国家统计局统计公报》，2016 年 1 月 25 日。

② 俄罗斯经济新闻社，2016 年 1 月 11 日，据彭博新闻社对分析师的问卷调查结果，委内瑞拉、巴西、希腊、厄瓜多尔和俄罗斯被列为 93 个经济体中 GDP 增速最慢的五国。

③ 俄经济新闻社，2016 年 1 月 25 日。

④ 国际文传电讯社，莫斯科，2016 年 12 月 29 日。

⑤ 《俄联邦国家统计局统计公报》，2016 年 1 月 29 日。

幅创2009年5月以来新高。[①] 2015年俄电商交易规模达6500亿卢布（按2015年平均汇率折算约107亿美元），增速仅3%，是近五年来最低增速，而同期线下同类产品销量下跌13%；同时，俄消费者在海外电商公司订单总数增长75%，海外订单在全部订单中的占比由2014年的24%增至34%；[②] 90%以上的网购用户在俄电商网站购物。[③] 2015年，俄50%以上的网购用户曾在中国电商网站购物，俄中电商贸易额增幅超过50%。[④] 2015年俄罗斯全年通胀率为12.9%，达2008年以来最高值，其中食品类通胀率14.3%，高于总体通胀率。[⑤] 据俄经济专家组通报，2014—2017年因金融制裁和原油价格下跌给俄经济造成的损失约6000亿美元，其中因制裁造成的损失将达1700亿美元，原油及天然气出口收入减少4000亿美元。油价下跌和制裁所带来的负面影响不仅是累计相加，而且是相互加强。据估测，俄罗斯2014—2017年四年内的经济增长速度损失将达8.4%，或每年2.1%。[⑥]

哈萨克斯坦经济增幅较小。2015年GDP增长1.2%，农产品产值为2.749万亿坚戈，[⑦] 同比增长4.4%。其中，畜牧产品1.261万亿坚戈，同比增长3.2%，种植产品产值1.479万亿坚戈，同比增长5.6%。[⑧] 哈工业产值下降1.6%；采矿业下降2.5%。零售贸易总额为6.37万亿坚戈，同比下降0.4%。其中，贸易企业零售额同比减少3%，市场和私人零售额同比增长2.6%；食品类商品占销售总额的35.2%，非食品类占64.8%；截至2016年1月1日，贸易企业的零售商品储备额为3631亿坚戈。2015年，哈国内固定资产投资为7.025万亿坚戈，同比增长3.7%。各行业中，“吸金”能力最强的行业是矿上开采和原料加工业，吸收固定资产投资占所有行业的32.6%；其次是运输和仓储业，占16.6%；排名第三的是房地产行

---

① 国际文传电讯社，莫斯科，2016年1月3日。

② 俄《公报》2016年1月21日。

③ 《俄罗斯报》2015年12月15日

④ 国际文传电讯社，莫斯科，2016年12月17日。

⑤ 俄经济新闻社，2016年3月3日。

⑥ 俄《报纸》网，2016年2月5日。

⑦ 2015年美元与坚戈平均汇率1∶365.23。

⑧ 国际文传电讯社，阿斯塔纳，2016年1月14日。

业，占 11.4%。① 2015 年，哈建筑总额为 2.856 万亿坚戈，同比增长 1.3%。②

乌兹别克斯坦是独联体经济增幅最大的国家。根据世界经济论坛的权威排名，基于 2014—2015 年的结果以及 2016—2017 年的增长预期，乌兹别克斯坦进入了世界经济增长最快的五国之列。2015 年，乌 GDP 共 171.369 万亿苏姆，折算约 676.55 亿美元，③ 同比增长 8%；农业产值增幅近 7%，工业生产总值增长 8%，建筑业增长近 18%。在全球贸易增长速度放缓、外部需求减弱、重要出口商品价格下跌的背景下，乌成功实现对外贸易顺差，保证了国家黄金外汇储备的增长。2015 年，乌年度预算盈余占 GDP 的 0.1%，通货膨胀率为 5.6%，处于预期范围内。乌银行系统得到进一步巩固，银行的资本化水平提升，投资积极性扩大，银行系统总资产较 2014 年增长 23.3%，达到 7.8 万亿苏姆（约合 27 亿美元），近 5 年来该数据增长了 1.4 倍；银行系统资本充足率达 24%，是国际公认标准的 3 倍。④

吉尔吉斯斯坦经济低幅增长。2015 年，吉国内生产总值为 4236.355 亿索姆，约合 65.72 亿美元，⑤ 同比增长 3.5%；人均 GDP 为 74400 索姆（约合 1154 美元），同比增长 1.4%。吉经济增长主要依靠的是农业、建筑业、服务行业等发展的拉动，工业对 GDP 的贡献表现欠佳。若不计“库姆托尔金矿”产值，吉国内生产总值为 3933.516 亿索姆（约合 61.02 亿美元），同比增长 4.5%。农业丰收，农林牧业的总产量为 1970.658 亿索姆（约合 30.57 亿美元），同比增长 6.2%，其中种植业占 50.3%，畜牧业占 47.6%，农业服务占 2%，林业和狩猎占 0.1%；畜牧业产量有所提高，生产畜禽肉 38 万吨，同比增长 3%。吉工业总产值为 1751.64 亿索姆（约合 27.27 亿美元），同比下降 4.4%。建筑业总产量 1161.172 亿索姆（约合 18.01 亿美元），同比增幅 13.9%。固定资产投资为 1208.789 亿索姆（约

① 国际文传电讯社，阿斯塔纳，2016 年 1 月 14 日。

② 国际文传电讯社，阿斯塔纳，2016 年 1 月 15 日。

③ 2015 年美元与苏姆的平均汇率为 1∶2530。

④ 李垂发、李遥远：“乌兹别克斯坦未来 15 年内 GDP 将翻番”，中国经济网，塔什干，2016 年 1 月 19 日。

⑤ 2015 年美元与吉尔吉斯斯坦索姆的全年平均汇率为 1∶64.46，美元兑索姆上涨 10.9%。

合18.75亿美元），同比增长8%。国内各类服务业的总产量为5687亿索姆（约合88.23亿美元），同比增长6%。通信服务的总收入为276.993亿索姆（约合4.3亿美元），同比增长5.3%。其中移动通讯产值233.549亿索姆，行业占比84%；互联网产值26.868亿索姆，行业占比10%。[①]

塔吉克斯坦宏观经济在艰难中发展且仍有较高增长，实属不易。受俄罗斯经济下滑和塔主要出口商品国际市场价格疲软、外劳侨汇收入大幅减少等因素影响，塔经济总体形势严峻，经济下行趋势明显，国家财政资金十分紧张，外汇储备不断减少，外汇市场持续震荡，国内消费需求明显减弱。2015年塔GDP总额为78.52亿美元，同比增长6%，经济增速同比下降0.7个百分点，经济下行速度有所加大。其中，农业增长3.2%；工业产值超过121亿索莫尼（约合18.31亿美元），增长11.2%；黄金产量同比增长31.6%，约4.2万吨；固定资产投资增长21.2%；零售贸易总额增长5.5%。塔外贸总额为43.26亿美元，同比下降18%。[②] 2015年，塔本币索莫尼兑美元贬值41%。[③] 据俄央行统计，2015年自俄汇入中亚国家的侨汇总额为66.5亿美元，仅为2014年的50%；其中，塔自俄侨汇为12.77亿美元，占2014年侨汇金额（38.31亿美元）的1/3。[④]

横向看，在世界经济论坛对全球140个国家进行考量和排名后发布的《2015—2016年全球竞争力报告》中，俄罗斯排第45位，哈萨克斯坦排第42位，塔吉克斯坦和吉尔吉斯斯坦分别排在第80和第102位；在2015年世界GDP排名前50名国家中，俄罗斯排名第9位，哈萨克斯坦排第45位。总体看，俄罗斯经济随世界经济起伏波动较为明显，因为独联体地区诸多国家经济发展依赖于来自于俄的“侨汇”，联合国专家称俄经济下滑拖累独联体地区经济发展，在2016年还将继续呈现。[⑤] 中亚国家由于国家制度建设低效、创新水平不足、金融市场成长性较弱等因素影响，竞争力增长受到阻碍。[⑥] 各国经济均面临自2000年持续近15年高增长以来前所未有的下行压力，这种压力还在持续。

---

① 《吉尔吉斯斯坦国家统计委员会统计公报》，2016年2月5日。

② 塔吉克斯坦“Avesta”通讯社，2016年1月25日。

③ 2015年美元兑索莫尼平均汇率为1∶6.1645。

④ 塔吉克斯坦“Avesta”通讯社，2016年4月22日。

⑤ 俄新社，2016年1月21日。

⑥ 《吉尔吉斯晚报》2015年10月13日。

二、上合成员国农业增长成为亮点

2015 年，上合成员国农业普遍丰收，农产值有所增长。而且，各国采取了不同措施扶持农业生产，出现了一些新的趋势。

（一）俄罗斯农业丰收

2015 年，尽管俄经济形势复杂，而且部分联邦主体发生干旱、水灾和火灾，但主要农作物仍获得了高产和丰收，分别收获小麦、玉米、燕麦 6179 万吨、1269 万吨、1755 万吨，均比上年有所增加（2014 年分别为 5970 万吨、1130 万吨、2040 万吨），谷物总计收获 1.043 亿吨（2014 年为 1.053 亿吨）。[①] 2016 年由于俄农业收成看好，预计俄小麦和玉米出口量将创新高，其中小麦出口将增长 3%，达 2200 万—2300 万吨（2015 年出口 2190 万吨）；计划出口粮食 3100 万—3200 万吨。[②] 玉米出口量将达 460 万吨。在全球小麦价格低迷、供应过剩的条件下，2015 销售年度俄罗斯首次成为全球第二大小麦出口商，出口量仅次于欧盟。[③] 2015 年全年蔬菜产量达 1610 万吨，较 2014 年的 1550 万吨增长 3.9%，高出近 5 年平均水平 12.3%；土豆总产量为 3360 万吨，较近 5 年平均水平提高 15.9%；水果和浆果产量为 290 万吨，较近 5 年平均水平提高 9%。[④] 2015 年俄捕鱼和海产品产量约为 440 万吨，创 15 年来新高，约占世界捕鱼量的 4.5%，[⑤] 居世界第五或第六位，其中 40% 的捕鱼量用于出口。[⑥] 2015 年，俄粮食产品及生产粮食产品的原料出口额占出口总额的比重从 2014 年的 3.2% 提高至 4%，但出口额下降了 13.6%；燕麦出口量增长 35.5%。[⑦] 俄 2015—2016

---

① 俄国际文传电讯社，2015 年 12 月 29 日。

② 俄塔斯社，2016 年 3 月 3 日。

③ 俄《消息报》网，2016 年 4 月 21 日。

④ 俄《消息报》网，2015 年 12 月 31 日。

⑤ 俄联邦渔业署副署长萨夫丘克对媒体表示，近 20 年来世界捕鱼量总体维持在 8800 万—9600 万吨。

⑥ 俄新社，2016 年 4 月 26 日。

⑦ 《俄海关统计公报》，2016 年 2 月 8 日。

农业年度粮食出口达2596.2万吨，较上年度（出口粮食2514.9万吨）增长3.2%，其中小麦出口1924.4万吨，大麦363.2万吨，玉米286.8万吨，其他农作物21.8万吨。① 2015年俄自国外进口食品减少了1/3，为270亿美元，肉、禽肉进口减少了约2/3；出口食品160亿美元，比10年前增长5倍。② 其中，2015年出口中国大豆、玉米和油菜等近55万吨，2016年可能增加到100万吨。③ 最近10年在复杂的农业形势下，俄农产品产量增长了40%。

目前，俄自己生产的粮食、油料、糖和土豆已能够完全保障国内市场需求。多年来，俄肉类生产首次达到和超过食品安全理论门槛，国产化率达89%（2014年为82%）。④ 2015年俄农业机械生产商的拖拉机产量同比增长一倍，这种情况是自20世纪30年代以来首次出现，其他类型的农业机械的产量亦出现两位数增长，这表明俄农民开始回归使用国产设备，这也是俄近年来在该领域实施进口替代计划的成果。⑤

俄罗斯持续采取各种措施大力扶植本国农业。一是制定农业扶持发展规划，俄工贸部制定2017年度俄农业扶持发展规划，拟定政府规划资金为1400亿卢布（约合18.18亿美元），其中预算补贴1273亿卢布（约合16.53亿美元）；俄工贸部将会同其他有关部门在2016年前三季度确定资金来源和主要流向；同时，作为规划重点，将部分资金用于俄贫困家庭购买俄产农副产品的生活补贴。⑥ 二是扶持地方种植业，在俄联邦2013—2020年度农业发展和农产品市场调控规划项下，2016年度向俄79个联邦主体拨款126亿卢布（约合1.64亿美元），用于支持地方农业种植，发展种植业产品市场物流体系。⑦ 三是提高粮食产量，俄农业部在其拟定的《2030年前俄粮食市场发展战略》草案中，计划于2030年前将俄粮食产量提高25%，出口量增长61%，使俄在世界粮食市场上的份额达到10.4%；2030年前，俄政府将向农业领域拨款2.9万亿卢布（约合382亿美元），

---

① 《俄海关统计公报》，2016年3月11日。

② 俄塔斯社，2016年3月3日。

③ 俄经济新闻社，2016年12月23日。

④ “食品安全理论的门槛是85%”，俄塔斯社，2016年3月3日。

⑤ 俄塔斯社，2016年6月3日。

⑥ 俄塔斯社，2016年2月5日。

⑦ 俄“yandex”新闻网，2016年2月9日。

并计划吸引私人投资3.1万亿卢布（约合408亿美元）。[①] 四是提高蔬菜自给率，为达到5年后俄产蔬菜占国内市场90%份额的目标，国家给予补贴、资本投资和支持良种培育，2015年已投入10亿卢布（约合1600多万美元），2016年、2017年将分别投资30亿卢布（约合4500万美元）、50亿—60亿卢布（约合7600万—9100万美元），并将暖棚设施的资本回收期从之前的10—13年缩短至现在的5—7年。[②] 五是增加对畜牧业的投入，为发展畜牧业、畜产品加工、畜产品市场基础设施建设和物流保障，2015年俄政府对畜牧业追加资助51.08亿卢布（约合0.82亿美元）；加上2015年联邦预算中用于该领域的资助金额241.38亿卢布（约合3.86亿美元），对畜牧业的资助总额为292.46亿卢布（约合4.68亿美元）。[③] 六是提高对农业的贷款额，2015年俄农业银行占农业类贷款市场的比重从2014年的44%上升至2015年的60%，贷款总规模增加17.8%，达212.5亿美元（1美元约合80卢布）；对农工综合体贷款增加41%，总规模达137.5亿美元。其中，对法人贷款增加20.6%，对自然人贷款增加5.7%。[④] 七是在农业领域实施进口替代政策，将粮食作为主要出口产品。在世贸组织决定停止农业出口补贴，[⑤] 国际油价下跌引发卢布贬值，俄罗斯出口谷物产品价格更为低廉的不利情况下，俄决定从2015年2月15日起禁止从美国进口大豆和玉米以及西方国家的多种食品，同时增加本国农产品出口，为俄农业发展创造条件，提高国家食品安全，改变乡村的生活条件，逐步降低供应本国的食品价格。2015年，俄出口农产品150亿美元，[⑥] 较10年前增长4倍；2016/2017市场年俄将成为世界粮食市场上最大的小麦出口国；未来5年内，将增加粮食出口500万—1000万吨。[⑦] 在国际粮食出口市场

① 俄《报纸》网，2016年2月25日。

② ［俄］《消息报》2016年4月13日。

③ 俄新社，2015年10月27日。

④ 俄新社，2016年1月26日。

⑤ 根据世贸组织农业出口竞争达成的协议，发达国家必须立即取消农产品补贴政策，发展中国家必须在2018年底前终结对农产品的直接出口支持，这是世贸组织成立20年来在农业领域达成的最为重要的成果。驻俄罗斯联邦经商参处：世贸组织决定停止农业出口补贴，http：//ru.mofcom.gov.cn/article/jmxw/201512/20151201215572.shtml。

⑥ 2016年1月平均汇率为1美元约合76.25卢布。

⑦ 俄新网，2016年2月11日。

上，俄已成为美国、加拿大的竞争对手。美国农业部预计，2016 年美国粮食出口量将达 44 年以来最低值——2180 万吨，而俄罗斯粮食出口量将达 2350 万吨。① 八是改变农产品进出口流向，一方面为扩大俄本国产品的销售市场，使国家在财政赤字情况下减少支出，对进口食品实行采购限制，俄农业部向政府提交了对进口食品国家采购进行限制的决议草案，建议对 23 种进口食品实行采购限制，商品涉及鱼制品、肉制品、奶制品、大米、盐和白糖等；② 另一方面有选择地加大农产品进出口比重。如自 2016 年初以来，俄自乌兹别克斯坦柑橘类、蔬菜、葡萄产品进口分别是原来的 54 倍、10 倍、20 倍；③ 同时，针对目前东盟国家自其他国家年进口农产品总量达 860 亿美元，而俄对东盟国家年出口农产品和食品总量仅 9600 万美元的情况，俄拟增加对东盟国家农产品出口。④ 九是大力扶持农机制造。目前，俄农用机械正处于更新换代阶段，为使俄国内能生产更多优质、有市场竞争力的农用机械，俄总理已批准 2016 年农机制造扶持计划，该计划包括更新教学生产基地、为农机生产商提供补贴等。⑤

表 2.3 上海合作组织成员国农业总产值同比增长率（%）

	2001 年	2005 年	2010 年	2011 年	2013 年	2014 年	2015 年
与上年同比							
俄罗斯	106.9	101.6	88.7	123.0	105.8	103.5	103.0
哈萨克斯坦	117.3	107.3	88.3	126.8	110.8	100.8	104.4
乌兹别克斯坦	104.2	105.4	106.9	106.6	106.8	106.9	106.6[1]
吉尔吉斯斯坦	107.3	95.8	97.4	102.0	102.9	99.4	106.2[2]
塔吉克斯坦	106.6	101.6	106.8	107.9	107.6	104.5	103.2
独联体平均	107.7	102.8	93.3	119.0	107.2	100.7	101.4
与 2000 年同比							

① 俄《报纸》网，2016 年 2 月 8 日援引《华尔街日报》报道。

② 俄《报纸》网，2016 年 3 月 31 日。

③ ［俄］《消息报》2016 年 4 月 27 日。

④ 俄新社，2016 年 5 月 17 日。

⑤ 俄塔斯社，2016 年 3 月 29 日。

续表

	2001 年	2005 年	2010 年	2011 年	2013 年	2014 年	2015 年
俄罗斯	107	112	119	—	147	152	157
哈萨克斯坦	117	132	141	179	163	164	172
乌兹别克斯坦	104	136	182	194	222	237	—
吉尔吉斯斯坦	107	114	124	127	132	131	139
塔吉克斯坦	107	153	217	234	278	290	300
独联体平均	108	120	132	157	163	169	171

注：1. 1—9 月同比。2. 包括农业、林业和渔业。

资料来源：Индексы Объема Продукции Сельского Хозяйства. Межгосударственный статистический комитет СНГ 2016 г.

（二）哈萨克斯坦农业增幅较大

2015 年，哈萨克斯坦国内共生产谷物和豆科作物 1867.3 万吨，同比增长 8.8%。油料作物产量基本与 2014 年持平，土豆产量同比增长 3.2%，蔬菜产量增长 3%，瓜果产量增长 8.3%。① 截至 2016 年 1 月 1 日，哈国内牛饲养量 606.7 万头，同比增长 0.6%；山羊 231.1 万头，增长 2.9%；猪 86.1 万头，增长 2.7%；羊 1548.1 万头，增长 0.4%；马 198.4 万匹，增长 2.4%；禽类 3663.5 万只，增长 4.7%。② 2015/2016 市场年，哈已向伊朗和中国出口粮食 75 万吨，其中向伊朗出口 66.69 万吨，包括小麦 22.34 万吨，大麦 44.34 万吨；向中国出口小麦 8.675 万吨。2016 自然年哈共对外出口粮食约 400 万吨，主要出口国家仍是中亚国家、阿富汗、伊朗和中国。③

哈萨克斯坦国采取多种措施保障农业生产，扩大农业领域的优势。哈国土面积位居世界第九位，拥有独特的农业资源。从地理位置上看，哈位置便利，靠近传统地区市场和中国、印度及中东地区等新兴市场。首先，哈国认为其拥有的大规模农业资源对于吸引本国和外国投资者具有巨大的

① 国际文传电讯社，阿斯塔纳，2016 年 2 月 10 日。

② 国际文传电讯社，阿斯塔纳，2016 年 1 月 14 日。

③ 国际文传电讯社，阿斯塔纳，2016 年 2 月 17 日。

尚未开发的潜力。① 哈积极投资和补贴农业，2015 年哈国家粮食控股公司向国内农工综合体投资 3170 亿坚戈，占农工综合体总贷款的 43%，其中 2030 亿坚戈（65%）用于“租赁和贷款规划”的实施。② 其次，哈国农业优先发展的方向是推动加工业中可确保高附加值生产的行业发展。2015 年，哈计划实施 15 个外资参与的大型农业项目，涉及一系列禽肉加工、牛奶加工、谷物深加工和油脂品加工项目，总投资额达 1900 亿坚戈。③ 第三，哈积极扩大耕种面积。2016 年哈国内农作物耕种面积为 2160 万公顷，同比增长 2%，较 2015 年增加了近 41.3 万公顷。④

（三）乌兹别克斯坦农业保持稳定增长

2015 年乌兹别克斯坦农业领域出现了深刻的结构性变化。棉花产业一直是乌支柱产业，棉花产值约占其农业总产值的 40%。近年来，乌年产籽棉 350 万—380 万吨，约占世界棉花总产量的 5%，居世界第 6 位，出口量占第 3 位，约 60% 的棉花出口到国外；去籽加工的皮棉年产量 100 万—120 万吨，年出口量 70 万—90 万吨，出口量居世界第 2 位。乌人口在中亚最多，已超过 3000 万，粮食生产能够实现自给并有盈余出口。据估计，乌具有生产 1000 万吨果蔬产品的能力，但目前只生产 170 万吨水果和 500 万吨蔬菜，一直是出口独联体国家瓜果的重要供应者，市场前景广阔。乌共有农业用地 2237 万公顷。其中，耕地 360.85 万公顷，牧场 1285 万公顷。耕地中，约 150 万公顷种植棉花，约 150 万公顷种植粮食作物，约 35 万公顷种植土豆、蔬菜和水果。⑤ 世界银行于 2013 年 12 月发表的报告《提高乌兹别克斯坦农业抵御气候变化能力》指出，气候变化会直接或间接对乌农业人口带来影响，未来 40 年乌气候将会发生强烈变化，平均气温将提高 2—3 度，除山区外，降水量将增长 40—50 毫米，气温和降水变化将导致

---

① 国际文传电讯社，阿斯塔纳，2015 年 6 月 4 日。

② 国际文传电讯社，阿斯塔纳，2016 年 2 月 22 日。

③ “哈萨克斯坦将开发 1900 亿坚戈的农产品加工项目”，http：//kz. mofcom. gov. cn/article/ sqfb/201505/20150500970308. shtml。

④ 国际文传电讯社，阿斯塔纳，2016 年 2 月 19 日。

⑤ “乌兹别克斯坦农业情况”，中国农业部，2013 年 12 月 24 日，http：//www. agri. cn/ V20/ZX/sjny/201312/ t20131224_ 3723019. htm。

苹果、棉花、马铃薯、西红柿、春小麦产量降低 1%—13%。乌农业严重依赖灌溉，因此未来将会出现水资源紧缺现象，世界银行通过一系列项目对乌灌溉系统进行修复和现代化改造。① 在一系列保障措施下，2015 年乌在气象条件恶劣的情况下，仍获得农业大丰收，粮食产量达到 750 万吨，棉花产量 350 万吨。②

为保持和提高农业发展水平，自 2015 年以来乌兹别克斯坦增加了在农业领域对外合作的力度。如欧盟与乌地方政府、农场和农企合作，支持乌农村地区稳定发展特别规划，传播欧洲先进的农副产品工艺，提高乌农村地区社会经济发展水平。规划时间为 3 年，预算超过 930 万欧元，规划融资来源于欧盟和德国国际合作机构，法国农村地区农业、粮食和发展国际合作署，意大利畜牧业协会和保加利亚创业和发展中心。重点发展农副产品领域（畜牧业、园艺业、果蔬业和服务业）高附加值的产业链；提高经济活动参与者、尤其是年轻人的技能，推广现代技术；整修农场并完善农产品加工工艺；提高地方政府的发展规划水平。③ “乌兹农用机械制造控股”公司还与韩国、德国和法国的企业进行招商引资谈判，以实施对拖拉机、棉花收割机、拖车等农业机械提高生产的现代化改造项目，④ 巩固其在中亚地区农业机械生产的优势地位。

（四）吉尔吉斯斯坦农业增幅较大

2015 年，吉尔吉斯斯坦农业种植面积 118.59 万公顷，同比增加 4700 公顷。收获谷物 172.31 万吨，同比增长 29.8%；小麦 70.46 万吨，同比增长 23%。⑤ 吉烟草和棉花的种植方面，农民缺乏动力和积极性，籽棉 4.41 万吨，同比下降 36%；烟草 1300 吨，同比下降 69.3%。2015 年，畜牧业

① “世界银行助力乌兹别克斯坦农业发展”，http：//www. mofcom. gov. cn/article/i/jyjl/m/ 201402/20140200481087. shtml。

② 国际文传电讯社，阿斯塔纳，2016 年 1 月 15 日。

③ “欧盟将投入 930 万欧元支持乌兹别克斯坦农村地区发展”，http：//uz. mofcom. gov. cn/article/jmxw /201603/20160301271019. shtml。

④ “‘乌兹农用机械制造控股’公司计划投入 1.278 亿美元对所属企业进行现代化改造”，http：//uz. mofcom. gov. cn/article/jmxw/201603/20160301275932. shtml。

⑤ 《吉尔吉斯斯坦农业部统计公报》，2015 年 11 月 10 日。

产量有所提高，生产畜禽肉38万吨，同比增长3%；牛奶148.11万吨，同比增长2.4%；鸡蛋4.33亿枚，同比下降2.9%。农业、林业和渔业的固定资产投资同比增长30%，其83.7%来自外国贷款和无偿援助以及财政拨款。①

吉国农业现代化改造在艰难中推进。吉独立后即实行农业私有化改革，目前吉耕地约80%归私人所有。由于缺乏整体规划，可耕种面积大多闲置、荒芜，沙化和土质下降程度严重，如不及时采取有效措施予以挽救，将对吉国粮食产量和安全造成极大威胁。为遏制这种趋势，吉政府下决心予以整改，大力发展水利灌溉事业，以期逐渐恢复和增加可耕地面积，增加农业收入，满足粮食自给需求。吉农业部2013年拟订了在“2013—2017年国家稳定发展战略”框架内实施的农业领域投资项目清单，其中含有对全国耕地灌溉系统的现代化改造、修建水利设施、力求每年增加1万公顷可耕农用地等在内的26个水利设施项目，总金额为1.57亿美元，② 目前部分项目还在进行当中。此外，吉加大对农业的扶持力度，2014年国家向15496家小微公司发放优惠贷款52.849亿索姆，2015年该项工作继续进行。同时，2015年国家计划增加农作物的播种面积4000公顷，达到118.5万公顷；计划缩减未使用耕地面积2.28万公顷，从而使得未使用耕地面积从2014年的10.04万公顷缩减到2015年的7.76万公顷。2015年，规划将暖棚数量从350个提高到500个，提供1500台农机具用于租赁经营，通过上述种种方式挖掘和提升吉国家农产品的出口潜力。③

（五）塔吉克斯坦农业略有增长

截至2015年9月初，塔吉克斯坦谷物收成为78万吨，同比增加7.7万吨。④ 2015年1—9月塔农业生产总值达146亿索莫尼（22亿美元），同比增长5%。其中农作物产量增长5.3%，畜牧业增长4.3%，粮食产量为

---

① 《比什凯克晚报》2015年10月28日。

② “吉尔吉斯将大力发展农业水利灌溉”，2013年8月19日，http://kg.mofcom.gov.cn/article/jgjjqk/ny/201308/20130800254839.shtml。

③ 吉尔吉斯斯坦资讯，2015年1月23日。

④ 塔吉克斯坦“AVESTA”网，2015年9月10日。

110 万吨，同比增长 8.4%；马铃薯产量为 67 万吨，同比增长 13.5%。① 尽管塔每年马铃薯收成约 50 万吨，但为了满足本国市场需求，马铃薯还需要进口，主要进口国是巴基斯坦。②

塔不断调整农业生产结构。塔国农业是经济的主导部门，农业产值占塔国一半以上，在塔国地位极其重要。首先，种植业占塔农业总产值的 70%。其中，水稻产量占塔国农业的一半以上，水稻亩产约为 300 公斤左右。粮食不能自给，确保粮食安全是塔三大发展战略之一，但该国农业生产技术水平和效率相对较低，粮食需求每年缺口达 50 万吨左右，主要从哈萨克斯坦进口。2012 年以来，中国河南省黄泛区实业集团有限公司利用在良种、技术、管理、农机等方面的优势，在塔成立农业开发公司，示范推广先进农业技术，提升当地农户种植水平。经过两年多的探索，开展的小麦—玉米“一年两熟”种植试验获得成功，改变了塔“一年一熟”的农业种植模式，有利于该国粮食安全问题得到较好解决。③ 其次，棉花一直是塔主要的战略农作物，尤以出产优质细纤维棉花闻名于世，是该国继铝之后的第二大经济支柱，在国民经济中占有重要地位，塔 40% 的可耕地用于种植棉花，籽棉产量约 200 公斤/亩。近几年，由于国内外形势的变化，棉花在塔国民经济的地位和占国家出口额的比重在下降。近两年，塔政府一方面积极利用中国等先进的棉花育种、种植技术，开发可耕地面积；另一方面，在棉花深加工方面，塔政府制定了纺织行业发展纲要，规定到 2015 年彻底禁止棉花出口；在全国每个棉区恢复原有和新建工厂，积极吸引外资，鼓励外资新建和在原有老企业基础上并购，对其进行现代化改造，建立从纺纱到织布、漂染和成品生产一条龙的生产体系。

三、上合成员国工业生产均有所下降

2015 年，世界能源和其他大宗产品价格大跌，整个独联体工业呈现负增长，对依赖资源出口型的部分中亚国家影响较大，工业产值普遍大幅下滑，形势堪忧。俄罗斯和中亚国家工业各有侧重领域，2015 年各国采取了

① 塔吉克斯坦“AVESTA”网，2015 年 10 月 19 日。

② 塔吉克斯坦“AVESTA”网，2015 年 10 月 30 日。

③ 《河南日报》2015 年 8 月 21 日。

不同的措施并重点发展工业。然而，除乌兹别克斯坦较为稳健外，其他国家工业发展都不尽如人意。

（一）俄罗斯工业总产值负增长，并低于独联体均值

2015 年，俄罗斯工业生产同比下滑 3.4%。按照细分领域的统计数据，食品工业、化学工业多种产品产量增幅可观。但由于投资积极性下降和需求萎缩，俄主要建筑材料产量同比下滑约 10%，金属切割机床产量同比减少 11.2%，俄轻工业也处于停滞，成衣生产仍主要依靠进口。① 油气工业、机械工业等是俄罗斯重要的支柱产业，近年来由于国际油气价格下跌等各种因素影响，俄工业结构也在发生变化。俄油气部门在俄 GDP 中的比重已经从 5—7 年前的 14% 降至目前的 9%。俄正致力于非能源产品的生产和出口，目前机械产品的出口正在逐步提升。② 2015 年，尽管国际油价持续走低，但俄原油开采量仍然达到了 5.34 亿吨，较 2014 年增加 1.4%，创历史纪录。2015 年俄向非独联体地区出口原油 2.2 亿吨，同比增加 10.6%。天然气开采量为 6353.5 亿立方米，同比减少 1%。③ 2015 与 2016 年，俄油年供中国达 3200 万吨石油，“俄石油”对与中国合作前景坚定不移。④ 2015 年，全俄天然气化率已超过 66%，农村地区达到 56%。⑤ 尽管俄政府投入巨资扶持，俄汽车产量仍下滑 27%。2015 年，俄汽车市场销售 160 万辆，⑥ 其中轿车生产同比下降 27.7%，共生产 121.3 万辆，仅俄最大的轻型汽车制造厂——伏尔加汽车制造厂净亏损就达 9.35 亿美元；⑦ 载重汽车生产同比下降 14.7%，共生产 13.1 万辆；⑧ 有 56 万辆汽车是在俄政府出台的激励机制项下售出，主要针对俄各大汽车经销商，包括给予汽车租赁优惠措施，提供优惠汽车购买信贷等，俄政府根据市场反馈情况拟延长有

---

① 《俄罗斯报》2016 年 1 月 25 日。

② 俄总统网，2015 年 10 月 27 日。

③ 俄国际文传电讯社，2016 年 1 月 5 日。

④ 俄新社，2016 年 2 月 10 日。

⑤ 俄国际文传电讯社，2016 年 3 月 1 日。

⑥ 俄经济新闻社，2016 年 1 月 14 日。

⑦ 1 美元约合 79 卢布。

⑧ ［俄］《消息报》2016 年 5 月 3 日。

关激励机制。受俄经济衰退影响，2016 年汽车产量下降 5%；2017 年汽车产量将有所提高，俄汽车市场将开始逐步恢复。2015 年俄亏损企业占比 28.1%，与 2014 年持平。其中，采掘业亏损企业比例由 36.9% 降至 35.2%，加工业由 28.2% 降至 26.6%，电、水、气生产及供应增长了 0.2%，达 49.2%，零售、修理行业由 19.9% 降至 19.6%，不动产、租赁及服务业由 26.2% 上升至 28.4%，建筑业由 22.9% 上升至 25.6%。①

俄罗斯采取多种措施促进工业发展。首先，俄拟集中国家资源发展进口替代，对于未来将成为俄经济发展基础的优先领域，俄政府将保证对其拨款，并将集中于对国家资源发展具有经济影响力和进口替代力的领域。② 进口替代计划获大笔资金支持，俄工业发展基金会批准了一系列项目的贷款，可向企业提供年利率为 5% 的长期贷款。政府向工业发展基金会账户划拨了 100 亿卢布（约合 1.5 亿美元）的资金用于国内生产，2016 年该基金会预算总额为 237 亿卢布（约合 3.6 亿美元），计划向“Gecsa”钢铁公司等四家企业提供 8 亿卢布（约合 1200 多万美元）贷款。③ 2016 年，俄政府在进口替代计划框架下，向农机制造业生产商提供 100 亿卢布（约合 1.3 亿美元）补贴。此外，还向俄农业部附属教育机构提供 5 亿卢布（约合 649 万美元）资金，用于设备更新。④ 在进口替代计划框架下，俄在国家采购中限制购买 420 种进口商品，这将导致国家采购成本上升 40%，需要限时采取对本国产品的保护措施。⑤ 俄方预计，俄农业领域进口替代已取得初步成绩，工业领域进口替代将在 2—3 年后显现成效，油气开采所需关键设备的进口替代工作将是长期工程，目前该领域进口替代正在进行，但进展程度不一。⑥ 第二，俄制订反危机计划确定扶持重点。俄制订完成 2016 年反危机计划，重点支持地方和工业发展，拟动用预算资金 5000 亿卢布左右（按现行汇率，约 63.2 亿美元），其中 3100 亿卢布（约 39.2 亿美元）将主要用于机械制造等工业领域，重点支持汽车制造、交通机械制

① 《俄联邦国家统计局统计公报》，2016 年 3 月 7 日。
② 俄新网，2016 年 1 月 25 日。
③ ［俄］《消息报》2016 年 4 月 21 日。
④ 俄新社，2016 年 1 月 28 日。
⑤ 俄塔斯社，2016 年 2 月 3 日。
⑥ 俄新社，2016 年 1 月 20 日。

造、住房和轻工业四个领域，需1000亿卢布（约合12亿美元）财政资金，[①] 并主要向地方生产制造业倾斜。此外，250亿卢布（约3.2亿美元）将用于银行资本重组和业务经营。[②] 第三，俄拟创造性地建设各类新型工业区。一方面，至2020年，俄希望在本国至少建设50个工业园和20个高新技术产业园区，[③] 俄联邦政府拨款用于支持并补贴俄发展工业园区基础设施建设，主要用于俄地方对工业园交通、通信、水电等基础设施的建设、改造及现代化等。[④] 同时，俄拟在国外建设专属俄的工业区，如俄与埃及政府签署合作备忘录，计划在埃及苏伊士河沿岸建设俄专属工业区，以俄资企业为主，且更侧重于俄交通运输类企业；并同意在2017年前，两国政府向工业区项目提供建设资金、用地及行政支持。[⑤] 另一方面，为促进经济多元化发展、提高投资吸引力、解决地区发展和就业等问题，俄拟分别在罗斯托夫州的古科沃市、鞑靼斯坦共和国的卡马河畔切尔尼市新建跨越式发展区，[⑥] 在远东地区共建立9个跨越式社会经济发展区，预算投资与吸引私人投资的比例达到1比15。[⑦] 因为没有投资商入驻，俄还拟关闭不涉及工业生产和技术研发的10个旅游休闲和港口类经济特区。[⑧] 第四，能源依然是俄重要的支柱产业。俄新增储量可保障未来能源开采量，2015年俄石油蕴藏量增长7.3亿吨，天然气1.095万亿立方米；[⑨] 2016年俄罗斯石油蕴藏量将增长5亿吨，2017年将拍卖27处油气田；俄原油储备资源可使俄数十年保持年均5.15亿—5.2亿吨的原油开采量。[⑩] 受欧美制裁影响，俄油气设备，特别是大陆架勘探设备技术来源中断，迫使俄加速进口替代计划，俄工贸部成立油气设备发展科技委员会，会同各方研究制定相

---

① 俄新网，2016年1月27日。

② 俄塔斯社，2016年1月26日。

③ 俄新社，2016年3月1日。

④ 俄瑞固姆网站，2016年1月25日。

⑤ 俄瑞固姆网站，2016年2月4日。

⑥ 俄新社，2016年2月1日。

⑦ 俄新网，2016年1月29日。

⑧ 俄经济特区始建于2005年，截至2016年1月1日，在30个俄联邦主体有33个经济特区，包括工业生产类9个、技术研发类6个、港口类3个和旅游休闲类15个。俄新网，2016年8月8日。

⑨ 俄新社，2016年4月27日。

⑩ 俄罗斯石油公司网站，2016年1月12日。

应发展规划、项目及筹集资金。2015 年末，委员会征集并支持启动了 70 个石油、天然气领域进口替代项目，计划至 2018 年全部投产运营；① 其中作为实施进口替代计划的重要步骤之一，俄石油公司与本国先进企业合作签署石油管道供应协议，实施大陆架项目和难开采的陆上油田管道产品进口替代项目，开发符合“俄石油”需求的新型、高技术性能管道产品。② 俄还根据国际天然气市场行情变化不断调整能源进出口比重：一方面作为土库曼斯坦天然气最主要买主，从 2008 年经济危机前，俄年进口土约 500 亿立方米，到 2015 年只进口 40 亿立方米，再到 2016 年 1 月 1 日起停止自土进口天然气；③ 另一方面，俄将增加对乌兹别克斯坦天然气的购买量。④ 俄政府批准了俄石油化工业 2016—2030 年发展规划，旨在推动实施俄石化业设备更新、改造以及现代化建设，建立新型符合环保、安全、节能等标准的生产体系，并对俄石化企业融资给予贴息等支持。⑤ 第五，俄从多方面扶持汽车工业。俄政府正在研究动用国家财政预算对汽车工业予以 3 年期的扶持，以使其积极发展并形成市场。⑥ 俄总统普京命令政府制定“2025 年前确保汽车产品和技术进口替代的汽车工业和汽车零件生产发展战略”，包括汽车技术出口市场参数预测，发展俄罗斯汽车制造业的科技优先方向，研究电动汽车规模化生产的世界趋势，研究扩大政府和集团采购份额及支持出口机制，制定发展汽车零部件生产的本地化机制。⑦ 一是资金支持。2015 年是俄国产汽车行业不平凡的一年，动用了约 430 亿卢布（约合 6.5 亿美元）的国家资金，才得以避免大幅下滑；⑧ 2016 年上半年俄政府将为汽车工业拨款 200 亿卢布（约合 2.5 亿美元），全年国家扶持汽车工业的资金将增至 500 亿卢布（约合 7.7 亿美元）。俄政府提高对车企补贴，根据 2015 年 12 月 30 日通过的 1492 号政府令，提高对轮式交通工具生产企业补贴额度，用于补偿车企能耗成本、符合“欧 4”和“欧 5”标

---

① 俄塔斯社，2016 年 4 月 21 日。
② 俄新社，2015 年 12 月 25 日。
③ 俄新社阿什哈巴德报道，2016 年 1 月 4 日。
④ 俄《报纸》网，2016 年 1 月 4 日。
⑤ 俄塔斯社，2016 年 5 月 24 日。
⑥ 驻俄罗斯联邦经商参处，2016 年 6 月 2 日。
⑦ 《俄罗斯报》2016 年 1 月 18 日。
⑧ 俄塔斯社，2015 年 12 月 3 日。

准车辆的生产成本以及车企为维持就业岗位数量所发生的支出。① 二是出台扶植规划和优惠政策。俄总统普京责成俄政府在2016年3月1日前起草并批准2025年前俄汽车工业发展战略，重点发展产品和技术进口替代，并对市场形势和汽车出口情况进行预测，保证汽车工业在当前形势下高效运行；继续采取优惠租赁、购车优惠贷款、以旧换新等措施刺激消费需求。② 三是鼓励外国投资。中国长城汽车股份有限公司将投资约2亿美元在图拉州乌兹洛瓦亚工业园区投资建设整车生产基地，产能总体规划为年产15万台，预计分两期进行建设。③ 第六，俄通过补贴等支持轻工业发展。俄政府批准2016年主要针对本土产品现代化及产能提高的轻工业支持计划，延长对轻纺织工业补贴至2016年，首先是部分补偿用做补充流动资金贷款的利息支出。④

表2.4　上海合作组织成员国工业总产值同比增长率（%）

	2001年	2005年	2010年	2011年	2013年	2014年	2015年
与上年同比							
俄罗斯	102.9	105.2	107.3	104.7	100.4	101.7	96.6
哈萨克斯坦	116	114	118	103.8	102.3	100.2	98.4
乌兹别克斯坦	107.6	103.8	108.5	106.3	108.8	108.3	108.0
吉尔吉斯斯坦	105.4	87.9	109.8	111.9	134.3	98.4	95.6
塔吉克斯坦	115.0	109.7	109.2	105.7	103.9	105.1	111.2
独联体平均	104.9	105.5	107.8	104.7	100.4	100.7	96.7
与2000年相比							
俄罗斯	103	131	144	—	156	159	154
哈萨克斯坦	112	153	201	209	215	216	213
乌兹别克斯坦	108	145	210	224	302	327	—
吉尔吉斯斯坦	105	101	115	129	139	137	131

① 俄新社，2016年5月31日。

② 俄《生意人报》网站，2016年1月18日。

③ 俄《报纸》网，2016年1月14日。

④ ［俄］《共青团真理报》2016年1月29日。

续表

	2001 年	2005 年	2010 年	2011 年	2013 年	2014 年	2015 年
塔吉克斯坦	115	173	198	209	240	252	280
独联体平均	105	137	154	164	167	168	163

资料来源：Индексы Объема Продукции Промышленности. Межгосударственный стат - истический комитет СНГ, 2016 г.

（二）哈萨克斯坦工业首次负增长

2015 年哈萨克斯坦工业出现了 2000 年以来的首次负增长。油气工业和采矿业是哈国主导产业之一。2015 年世界能源价格下跌，影响到哈国，哈采油量下降 1.7%，采煤下降 5%，铁矿开采下降 22%。目前，在哈的经济中，工业占 1/3。矿山开采业提供了 2.5% 的就业和 18% 的经济增加值，对开采业固定资产投资占总投资的 30% 以上，而对加工业的投资仅占 12%。作为石油等开采业产品出口的领军者，哈的人均出口量超过所有独联体国家，但哈加工业产品的人均出口量比俄罗斯低一半。自 2000 年以来，哈经济对石油出口收入的依赖性持续增加，近几年，石油收入已占哈国家所有收入的一半左右。据国际货币基金组织 2013 年 9 月公布的国别报告，哈经济中已出现了“荷兰病”的迹象。2003—2013 年，资源性产品在哈出口中的占比由 64.5% 增至 80%。哈加工业保障了不少于 7% 的就业和 12% 的附加值，但其生产率水平比经合组织国家的平均水平低 2 倍，就业率比经合组织所有国家的水平都低。①

哈为了实现经济多元化发展、摆脱对资源性商品和外部市场的巨大依赖，实施“加速工业创新发展国家纲要”，重心逐步转向加工业，并确定了加工业优先发展方向和行业，形成以生产资源、能耗较高和大吨位产品为主的基础性行业，以及面向国内和区域大市场需求的市场导向型加工业行业。2015 年是哈实施工业创新发展纲要第二个五年计划的开局之年，哈多方融资，投资分别涉及食品、化学、制药、医疗设备、木材加工、轻工和建材等多个生产和加工制造业领域，国家对工业化主体在使用基础设施

---

① 李硕：“哈工业发展状况概述”，2014 年 7 月 10 日，http：//kz. mofcom. gov. cn/article/ ztdy/ 201407/ 20140700655980. shtml。

方面予以扶持。但由于哈加工业的投资积极性较低；缺乏拥有所需技能水平的人力资源；交通物流、电力和供水设备等基础设施薄弱；国有企业占绝对优势和中小企业发展水平较低；加工业竞争水平不高；资源利用效率不高和工业能耗较大；经济中的不良贷款率较高等问题，哈产业结构转型还有很长的路要走。

（三）乌兹别克斯坦工业继续高速增长

乌兹别克斯坦 2015 年保持了工业的高速增长。其中，以下几家有代表性的大型国企的带动作用较大：一是“乌兹汽车工业”国家股份公司，前身为“乌兹大宇汽车”合资企业。2007 年，乌兹汽车工业公司和美国通用汽车公司建立“通用乌兹别克斯坦”合资公司，是中亚唯一一家能生产全系轿车的汽车生产企业，2015 年对俄出口汽车 20451 辆，同比下降 46%。二是“乌兹别克轻工”国家联合股份公司，是乌兹别克斯坦最大的轻工企业。2015 年，该公司生产 188 种轻工产品，价值超过 3 万亿苏姆（约 10.68 亿美元），其中超过 1 万亿苏姆（约 3.56 亿美元）在国内销售，其余用于出口；2015 年出口额超过 10 亿美元，其中高附加值产品出口超过 42%，即 4.2 亿美元。① 三是“乌兹医药工业”公司，是乌最大的药品生产企业，针对独联体国家的药品市场高度依赖进口，医药工业仅占各国国内生产总值的 0.5%，药品生产潜力巨大的现实，使乌对进口药品的依赖不断降低，其出口也不断扩大。目前，该公司可向本国居民提供几乎所有的常用药，2015 年利用投资 1.142 亿美元，实施了 19 个项目；药材出口额达 1120 万美元。②

工业生产本地化和工业比重增加是乌近几年产业发展的重点。乌是中亚工业体系较为完备的国家，拥有机器制造、飞机和汽车制造、电力、有色金属、轻工业和食品工业等。目前已经建立了一些既有一定规模又有一

① “‘乌兹别克斯坦轻工’国家联合股份公司计划将出口规模扩大到 11 亿美元”，中国商务部驻乌兹别克斯坦经商参处，http://uz.mofcom.gov.cn/article/jmxw/201603/20160301275038.shtml。

② “‘乌兹医药工业’公司计划在 2016 年将药品出口规模扩大到 1450 万美元”，中国商务部驻乌兹别克斯坦经商参处，http://uz.mofcom.gov.cn/article/jmxw/201603/20160301275039.shtml。

定竞争力、在中亚乃至独联体都是独一无二的强大企业，代表了乌从独立时起的重工业为主，到轻工业和农产品加工业、科技含量高的生产部门并重的全产业结构布局，近年来开始显现出发展的优势。乌总统 2015 年 3 月批准了“2015—2019 年乌兹别克生产本地化纲要”，总进口替代金额达 175 亿美元，纲要包括实施生产竞争力强的进口替代和出口导向产品项目，使本地化水平到达 36% 以上；实施本地化纲要的企业，给予为期 3 年的一系列优惠政策，包括免征海关税费、免征利润税财产税等。① 2016 年乌经济发展的最优先方向是继续已启动的经济结构转型，加速发展以及保护私有资本、企业及小商业的利益、保证宏观经济的平衡。2016 年，乌提出 2016—2030 年间实现国内生产总值翻一番的任务，年平均增长率达到 4. 8% 的水平。实现这一目标的重要措施是加快工业的发展，使工业产值在国内生产总值的比重从目前的 33. 5% 提高到 40%，农业产值的比重从 16. 6% 下降到 8%—10%。同时，在经济发展中广泛使用节能技术，降低能耗，使国内生产总值的能源消耗减少 50%。②

（四）吉尔吉斯斯坦工业在中亚国家中跌幅最大

吉尔吉斯斯坦工业的多个领域都不景气。2015 年，受资金不足、国内市场需求疲软、采购方支付困难、原材料欠缺、税收政策不稳定以及经常断电等因素影响，吉工业产值大幅下跌。其中，除采矿业产量为 79. 934 亿索姆（约合 1. 24 亿美元），同比增长 63. 8%；煤炭开采量 188. 2 万吨，同比增长 3% 外，其余皆下降。③

近年来，吉致力于扶持更有可能发展起来的产业。吉国产业结构较单一，除采矿业之外，近几年纺织品加工业异军突起。从 2006—2012 年，吉国内工业品生产翻一番，这种增长主要是依靠国际市场上黄金价格的持续上涨，现阶段，与“库姆托尔”金矿相关的黄金加工，尤其熔炼与精炼，仍在吉工业生产领域占主导地位，但近几年的收益不断减少。值得关注的

---

① ［乌兹别克斯坦］《新世纪报》2015 年 3 月 2 日。

② 李垂发、李遥远：“乌兹别克斯坦未来 15 年内 GDP 将翻番”，中国经济网，塔什干，2016 年 1 月 19 日。

③ 《吉尔吉斯斯坦国家统计委员会统计公报》，2016 年 2 月 5 日。

是，纺织业尽管在工业总产值中的比重不大，但绝大多数为中小型私营企业，提供就业岗位约20万，占吉国轻工业总人口的2/3，占吉国内工业领域中逾一半的就业岗位。吉国的纺织缝纫业年产值约1.9亿美元，其中1.6亿美元的产品出口到俄、哈，是吉国附加值较高的产业和出口产品；吉国每年进口纺织品约3.7亿美元，是出口纺织品总额的1倍多。① 吉政府拟采取为纺织业投资项目提供便利条件、制订本国纺织产业保护机制、严格进口纺织品清关程序等措施，推动纺织业的发展。美国通过美国国际开发署的经济增长计划早在2014年就与吉服装加工企业合作，利用吉当地的加工和市场开发优势，拓展俄罗斯乃至整个欧洲几十亿美元的出口市场，目标直指连锁店和专卖店。在2015年美国国际开发署举办的吉B2B服装企业推介会上，该计划达到高潮，吸引大量的各国分销商签订了100亿美元主要是男式西装的合同。在美国支持下，22个主要制造商加入该计划，不但将提高吉服装生产及市场开发能力，还将助力吉服装出口到欧洲和美国市场。②

（五）塔吉克斯坦工业涨幅最大

塔吉克斯坦2015年工业出人意料地获得较大增长。过去，铝业在塔工业中的占比较高，塔吉克斯坦铝业是中亚最大的铝冶炼企业，1975年3月31日正式投产，生产出第一块铝锭。该厂名义上年产能为51.70万吨，但却从未达到这一水平；1989年的铝产量触及峰值，达到45.51万吨。因需求及价格低迷，同时无法承担库存费用，近年来不断下调产量，年产量在15万吨左右徘徊，铝业在塔国工业中的占比不断下降。2015年，矿产资源的开发和中资企业的大举参与成为塔工业发展的新亮点。

塔不断推动矿产开采等领域的优先发展。塔有优势的工业领域很有限，铝业在下降，水电因为跨境水资源纠纷等难以大发展，剩下唯一可大力发展的就是矿产开采。塔矿产资源丰富，已知矿产有50多种，目前已探明待开发的矿床600多个；在金属矿产资源中，银、锑、铅、锌、金等是该国

---

① 吉尔吉斯斯坦“卡巴尔”国家通讯社，2016年1月20日。

② “美国掷子中亚——助力吉尔吉斯斯坦服装加工业”，《China Textile》2016年3月15日。

具有优势的矿产资源，其中银、铅、锌、铀等矿产资源在中亚储量占第一位。近几年，中国企业对塔市场考察、洽谈活动呈现活跃态势，合作领域包括矿产资源勘探、开采及冶炼加工，已成功进行了金矿与铅锌矿的开发。2015 年塔黄金产量同比增长 31.6%，约 4.2 吨。① 目前，中国紫金矿业公司在塔合资的“泽拉夫尚”公司为塔最大黄金生产企业。塔吉克斯坦煤的储量较为丰富，有很大开发潜力，已有中资企业在进行开采活动。塔历来被认为是油气资源贫乏的国家，但最近经过外国公司的勘探在塔南部发现了数量可观的油气资源，引起包括中国在内的世界各大石油公司的关注，并有可能为关联产业提供投资机会。② 塔工业发展也存在许多需要克服的困难：一是塔交通、电力基础设施落后导致工程承包及投资项目的设备、原材料及产品成本较高，运输周期较长，经常无法按期到达，矿产开发企业无一不为道路建设和企业供电付出很大成本；二是塔政府部门执法过程中随意性较强，政府部门办事效率较低，勒拿卡要等腐败现象较为严重和普遍，致使项目启动阶段期限较长，加大了在塔中资企业，尤其是中小型企业的经营风险；三是塔 GDP 总量及人均指标均较低，获取融资的难度和成本较大，使塔产业结构的层次较难提高。塔工业发展的基础还较薄弱，发展将是长期艰巨的工程。

四、上合成员国第三产业降幅较大

（一）中亚国家内贸总体增长，外贸大幅下降，投资增减不一

2015 年，俄罗斯内贸降幅最大，低于独联体平均值；中亚国家内贸除哈大幅下降外，其他国家基本保持上年增长势头，且远远高于独联体 9% 的负增长率，乌、土甚至是两位数的增长，中亚国家内贸的发展可以看做是独联体地区的亮点。由于俄罗斯等中亚主要经贸伙伴遭遇经济金融危机，各国外需不振，国际市场的黄金和原油价格大幅下降，哈、吉等国加入欧亚经济联盟后各国实行更为严格的海关制度等原因，2015 年与上年同比，俄罗斯和中亚国家的对外贸易（参见表 6）均下跌 1/4 左右及以上，且俄、

① 塔吉克斯坦“Avesta”网站，2016 年 1 月 28 日。

② 塔吉克斯坦“Avesta”网站，2016 年 1 月 15 日。

哈为大额顺差，吉、塔等国均为大额逆差。尽管各国营商环境排名普遍上升，但吸引外资大幅下降。据2015年度世界营商环境报告，哈排名从上年的第50位升至第41位，吉从68为升至67位，乌从146位骤升至87位，塔从第166位跃升为132位。①

表2.5 上海合作组织成员国全口径零售贸易指数（按不变价格）

	2001年	2005年	2010年	2013年	2014年	2015年
与上年同比%						
俄罗斯	111	113	107	104	103	90
哈萨克斯坦	116	114	118	116	108	99.6
乌兹别克斯坦	110	105	114	113	113	115
吉尔吉斯斯坦	106	114	98	109	109	106
塔吉克斯坦	101	110	108	119	107	106
独联体平均	112	114	108	106	102	91
2000年 = 100						
俄罗斯	111	169	257	304	312	281
哈萨克斯坦	116	184	278	408	440	438
乌兹别克斯坦	110	129	274	414	469	540
吉尔吉斯斯坦	106	165	231	308	337	357
塔吉克斯坦	101	202	314	472	504	532
独联体平均	112	175	275	340	347	317

资料来源：Индексы Физического Объема Оборота Розничной Торговли Через Все Каналы Реализации. Межгосударственный статистиче-ский комитет СНГ, 2016г.

俄罗斯内贸和外贸跌幅都最大，外国投资也锐减。2015年，俄罗斯内贸降幅达10%；进出口贸易额5304亿美元，同比下降33.2%，其中出口3459亿美元，同比下降31.1%，进口1845亿美元，同比下降36.7%，顺

① “吉尔吉斯的2014年全球营商环境排名为第68位”，2013年10月31日，http：//kg. mofcom. gov. cn/ article/jmxw/201310/20131000372989. shtml；塔吉克斯坦“A-vesta”网站，2015年11月2日。

差1614亿美元，同比减少489亿美元。[①] 2015年俄自非独联体国家进口1615.71亿美元，同比下降36.4%。其中，12月俄自非独联体国家进口148.22亿美元，环比增长6.2%。[②] 2015年俄武器出口总额约150亿美元，仅次于美国，为世界第二大武器出口国；农产品出口总额160亿美元；俄IT产品出口额达70亿美元，创历史最高纪录。2012—2014年间，俄IT产品出口额持续攀升，分别为46亿美元、52亿美元和60亿美元。[③] 俄马格尼塔、欧尚、吉克西等大零售商纷纷缩减直接进口商品。俄进口商品较2014年下降28.9%，商品规模下降14%。同期，各大零售商直接进口商品占销售的比例从2014年的6.5%，降至2015年的6%。进口下降主因是俄对欧美实施农副产品禁运。[④] 2015年由于国际油价持续走低，俄罗斯油气出现了产量和出口量双增长而收入锐减的情况，石油出口收入同比下降约50%。2015年1—11月石油出口收入为833.2亿美元，下降约42%；石油出口总额以货币计为780亿美元，同比减少约43%。其中，俄对独联体国家石油出口为2085万吨，出口额52.7亿美元，下降33.63%；对非独联体国家出口量为2.02亿吨，增长10.2%。[⑤] 2016年上半年俄油气出口收入479.04亿美元，同比减少31.6%，其中天然气出口收入149.75亿美元，同比减少31.6%，石油出口收入329.29亿美元，同比下降31.5%。[⑥] 2015年俄石油公司通过原油运输管道向欧洲出口1.542亿吨原油，其中"友谊"管道运输原油5230万吨；2016年拟通过俄石油运输管道向欧洲出口1.355亿吨原油，其中通过"友谊"管道运输5000万吨原油。2015年，俄罗斯食品进口总额260亿美元（111万吨），同比下降35%。其中，俄肉类市场对外依存度仅为10%，而2014年为15%。进口禽肉25万吨，降幅40%以上，仅占俄禽肉市场的5%；进口猪肉35万吨，占俄猪肉市场份额的10%；进口牛肉62.5万吨，占俄牛肉市场的28%；进口食用杂碎53万吨。此外，2015年，俄还出口10余万吨肉。[⑦] 2015年俄网络经济发展迅

---

① 《俄联邦国家统计局统计公报》，2016年2月13日。

② 俄经济新闻社，2016年1月14日。

③ 俄《信息》网站，2016年3月2日。

④ 俄《报纸》网，2016年1月25日。

⑤ 俄《报纸》网，2016年1月14日。

⑥ 俄"Prime"网站，2016年8月5日。

⑦ 俄新社，2016年2月3日。

速，其规模占GDP的比重从2014年的1.6%增至2.3%。其中，2015年俄罗斯使用全球消费网络服务的用户数量增加了600万，达到8000万。有消费支付记录信息的人数从1200万人增加到1800万人。但是，西方制裁和油价下跌在一定程度也影响了网络经济，未达到美国“波士顿咨询公司”预测的，到2015年俄网络经济占GDP达3.7%的比重。① 俄罗斯人通过互联网在境外主要购买机器设备和电子仪器（32.3%）、服装（23.4%），购买最多的仍然是电话和智能手机、大型家用电器、计算机。其中，超过一半的商品价格低于22欧元。据俄罗斯网上贸易企业协会预测，2016年跨境贸易额或将增长37%，达到3000亿卢布（约合45亿美元）。②

2015年俄与前十大贸易伙伴国的贸易额降幅均超过1/4，贸易额和降幅分别为：中国，636亿美元，28.1%；德国，458亿美元，34.7%；荷兰，439亿美元，40.1%；意大利，306亿美元，36.8%；土耳其，234亿美元，26.1%；日本，213亿美元，30.7%；美国，209亿美元，28.1%；韩国，181亿美元，33.8%；波兰，138亿美元，40.3%；法国，116亿美元，36.2%。③ 其中，俄对华出口286.06亿美元，同比下降23.7%，进口349.46亿美元，同比下降31.3%，中国在俄进出口贸易总额中所占比重由上年同期的11.3%上升至12.1%；④ 在中国的主要贸易伙伴中，俄罗斯从2014年的第9位下降至2015年的第16位；中俄进出口贸易总额在中国进出口贸易总额中的占比从2014年的2.21%下降至2015年的1.67%，⑤ 因为石油价格下跌和贸易条件发生了变化，俄难以达到2020年前将中俄贸易额增加至2000亿美元，但不会放弃这一目标。⑥ 俄在2015年5月、9月、11月和12月共4个月里超越沙特成为中国第一大原油进口国。2015年全年俄对华出口原油4243万吨，同比增长28%，仅次于沙特的5055万吨（增长1.78%）；⑦ 其中通过输油管道和铁路对中国出口2302万吨。⑧ 2015

---

① 俄新网，2016年5月11日。

② “新闻俄罗斯”网站，2016年5月17日。

③ 《俄联邦国家统计局统计公报》，2016年2月13日。

④ 《俄罗斯海关统计公报》，2016年2月13日。

⑤ 俄新社，2016年1月21日。

⑥ 俄新社，2016年1月18日。

⑦ 俄塔斯社，2016年1月26日。

⑧ 俄经济新闻社，2016年1月19日。

年，俄罗斯与欧盟双边进出口贸易额为2300亿美元（2014年3800亿美元），同比下降40%，欧盟在俄贸易总额中所占比重为44.5%，俄对欧盟出口和进口同比分别下降37.7%和41.5%。俄对欧出口商品中原油占32.8%，石油制品占26.7%。[①] 俄日贸易额10年间增长了3倍，2013年达到顶点。由于国际原油价格下降，2015年俄日贸易额下降近40%。日俄经贸合作的主要方向为能源领域，启动了萨哈林1号和2号合作项目；2011年建成东西伯利亚—太平洋石油管道，日本目前8%的原油是俄供应，俄是其仅次于中东国家的最大石油供应国；日本企业正在俄开设汽车、工程机械和工业设备的工厂，俄境内生产的汽车中有14%是日企在俄投资的工厂生产的；[②] 俄拟向日本进一步开放油气领域，考虑给予日本企业在俄油气大项目中的控股权，并邀请日本企业参与南千岛群岛（日称北方四岛）新型经济开发区建设。[③]

投资领域，在世界银行2015年10月公布的“2016—营商环境”评级中，俄位居51名，较上一年提高了11位。俄政府希望借鉴新加坡和新西兰的经验改善营商环境，如给建筑行业发放许可证、法人登记指标等减少行政壁垒，提高政府有关机构工作的透明度。[④] 2015年俄资本净流出569亿美元，仅相当于上一年资本净流出额的三分之一强。[⑤] 俄非银行领域直接投资为67亿美元，同比下降63.8%。[⑥] 俄罗斯经济发展部长预计，2016年俄资本外流将继续下降至300亿—400亿美元。[⑦] 在吸引外资方面，在由俄战略倡议署和俄媒体监督与分析公司共同评定的俄最具投资吸引力地区排行榜中，鞑靼斯坦共和国和克里米亚分别居于第一和第二位，其次是滨海边疆区、车里雅宾斯克州和图拉州。[⑧] 2015年，俄罗斯天然气工业公司债务融资达到70亿美元，包括在国内、欧美发行债券，从中国获得俱乐部

---

① 俄经济新闻社，2016年1月13日。

② 俄新社，2016年3月2日。

③ 俄塔斯社网站，2016年2月22日。

④ 俄塔斯社，2016年5月22日。

⑤ 俄经济新闻社，2016年1月18日。

⑥ 国际文传电讯社，2016年1月18日。

⑦ 俄罗斯“Prime”网站，2016年4月13日。

⑧ 俄塔斯社，2016年5月31日。

贷款15亿美元。[①] 2016年该公司投资总额将达8419.99亿卢布，[②] 其中7673.27亿卢布投向基建设施项目的建设和改建。[③] 俄气将投资920.66亿卢布建设“西伯利亚力量”天然气管线。[④] 2015年，俄远东地区开始新的引资机制，获得投资9885亿卢布（约合140亿美元），其中748亿卢布（约合10.6亿美元）为预算投资，9137亿卢布（约合130亿美元）为私人投资，预算投资与私人投资的比例达到1比12；[⑤] 到2016年1月，远东有36个国家支持的投资方案，方案投资申请达104份，将在未来数年吸引约合200亿美元的投资。[⑥] 2016年1月底，俄总统普京签署批准《中华人民共和国政府和俄罗斯联邦政府对所得避免双重征税和防止偷漏税的协定》及其修订议定书，将有利于促进两国相互投资。[⑦] 俄拟吸引日本投资，2016年5月，俄已向日本投资者提出总额为160亿美元的29个远东地区投资项目，包括向日本出口能源、油气化工项目等，均为生产效率高和资本密集型产业。在对外投资方面，2015年半数以上俄直接投资流向欧盟国家，大部分集中在意大利（占15%）、德国（占9%）、英国（占6%）、保加利亚（占5%）和塞尔维亚等国。除欧洲国家外，土耳其（占9.1%）、伊拉克（占8.1%）、印度、巴基斯坦和孟加拉等亚洲国家也获得不少俄直接投资。[⑧] 中亚也是俄对外投资的重点地区，从2008至2015年，俄罗斯向中亚国家提供金融援助67亿美元，其中双边无偿金融援助逾40亿美元，通过联合国援助5.7余亿美元，通过世行和其他机构援助13余亿美元，通过欧亚经济联盟援助5.92余亿美元；截至2015年底，俄对中亚投资达180亿美元，共有6600余家俄资企业在中亚从事经营活动。此外，每年在俄高校就读的中亚国家学生共有15万名，其中4.6万名学生由俄国家预算承担费用（约1亿美元）。[⑨] 2015年俄向吉尔吉斯斯坦投资增长约一

---

① 俄新网，2016年1月3日。

② 按照美元与卢布现行汇率：1∶78。

③ 俄新社，2016年1月25日。

④ 俄罗斯天然气工业公司网站，2016年1月27日。

⑤ 俄远东发展部网站，2016年1月12日。

⑥ 俄远东发展部网站，2016年1月11日。

⑦ 俄塔斯社，2016年1月31日。

⑧ 俄新社，2016年1月6日。

⑨ 俄瑞固姆新闻社，2016年5月20日。

倍，达到1.182亿美元，占吉吸引外资总额的15%；[①] 俄还免除了乌兹别克斯坦8.65亿美元债务。[②] 近年来，俄加大了与东南亚国家的相互投资力度，与泰国最大的农业控股公司——正大集团签署在俄建设总造价为10亿美元的俄最大奶业综合体协议，[③] 在印尼共同建设原油炼化项目，[④] 与越南合作在越南沿海大陆架开发天然气资源，[⑤] 在柬埔寨设立原子能信息中心并成立原子能和平利用联合工作组。[⑥]

哈萨克斯坦内贸是中亚唯一负增长的国家，外贸下降1/3以上，吸引外资下降约1/3。2015年哈外贸额759亿美元，同比下降37.1%；出口额457亿美元，同比下降42.5%；进口额302亿美元，同比下降27%；顺差155亿美元，同比下降58.1%；对欧亚经济联盟国家出口额49亿美元，同比下降31.7%；自欧亚经济联盟国家进口额109亿美元，同比下降27.1%。哈产品主要出口目的地国家为意大利（占比17.8%）、中国（12%）、荷兰（10.9%）；外国产品主要来源国为俄罗斯（33.9%）、中国（16.8%）、德国（6.6%）。[⑦] 值得关注的是，欧盟与中亚的经贸合作不断加强。2015年哈与欧盟贸易额达312亿美元，占哈外贸额51.4%，欧盟取代俄罗斯，一跃成为哈第一大贸易伙伴；过去10年双方贸易额增长12倍，欧盟对哈投资增长9倍，哈在欧盟最大的30个贸易伙伴中排名26。2015年12月，哈与欧盟签署的双方扩大伙伴关系与合作协议，将促进双方外贸额进一步增长并深化相互合作，欧盟国家拟参与哈第二个工业发展五年规划和“光明之路”国家基础设施发展规划。[⑧] 由于世界经济领域所面临的全球挑战对直接投资产生了影响，直接投资流向更有保障的发达国家市场，2015年哈吸引外国投资额约下降30%—40%，主要表现在油气、采矿领域，降幅为70%；建筑领域下降50%。[⑨]

---

① 俄新网，2016年6月2日。
② 俄《报纸》网，2016年4月5日。
③ 俄《报纸》网，2016年5月18日。
④ 俄国际文传电讯社，2016年5月18日。
⑤ 俄国际文传电讯社，2016年3月9日。
⑥ 俄瑞固姆网站，2016年5月18日。
⑦ 国际文传电讯社，阿斯塔纳，2016年2月15日。
⑧ 国际文传电讯社，阿斯塔纳，2016年2月9日。
⑨ 国际文传电讯社，阿斯塔纳，2016年1月15日。

表 2.6　上海合作组织成员国对外贸易额（百万美元）

	2000 年			2014 年			2015 年[1]		
	总额	其中		总额	其中		总额	其中	
		往独联体国家	往其他国家		往独联体国家	往其他国家		往独联体国家	往其他国家
	出口								
俄罗斯[2]	103.1	13.8	89.3	497.8	64.0	433.8	316.6	41.4	275.2
哈萨克斯坦	8812	2337	6475	79460	11053	68407	42758	7342	35416
吉尔吉斯斯坦	511	214	297	1884	894	990	1304	469	835
塔吉克斯坦	784	374	410	977	246	731	804	208	596
独联体共计[2]	137.7	26.3	111.4	695.8	114.0	581.8	434.3	70.6	363.7
	进口								
俄罗斯[2]	33.9	11.6	22.3	286.7	32.8	253.9	167.8	19.5	148.3
哈萨克斯坦	5040	2732	2308	41296	17547	23749	27857	11793	16064
吉尔吉斯斯坦	558	302	256	5735	2779	2956	3682	1964	1718
塔吉克斯坦	675	560	115	4298	2160	2138	3134	1671	1463
独联体共计[2]	65.6	30.1	35.5	451.9	101.7	350.2	278.9	65.0	213.9
	盈余								
俄罗斯[2]	69.2	2.2	67.0	211.1	31.2	179.9	148.8	21.9	126.9
哈萨克斯坦	3772	-395	4167	38164	-6494	44658	14901	-4451	19352
吉尔吉斯斯坦	-47	-88	41	-3851	-1885	-1966	-2378	-1495	-883
塔吉克斯坦	109	-186	295	-3321	-1914	-1407	-2330	-1463	-867
独联体共计[2]	72.1	-3.8	75.9	243.9	12.3	231.6	155.4	5.6	149.8

注：1. 1—11 月与上年同比。2. 十亿美元。

资料来源：Экспортно-Импортные Операции. Межгосударственный статистический комитет СНГ，2016г.

乌兹别克斯坦内贸大增，进口替代政策成效显著，乌中贸易有所下降，吸引外资增长。2015 年，乌内贸以 15 的高比例增长，说明乌人口众多的内需红利开始显现。乌自 1998 年开始推行进口替代政策。2014 年，进口替代政策框架内生产的产品占乌工业产品的20%。2015年2月，乌时任总统卡里莫夫批准了《2015—2019年成品本地化和生产纲要》。纲要包括本地矿产深加工在内约800个项目，拟每年达到进口替代效果35亿美元，并创造1.33万个新岗位，总目标为达到175亿美元的进口替代效果。2015年，乌有820种产品实现本地生产，其中220种出口国外，进口替代效果达15.6亿美元。① 2015年1—8月，中乌双边贸易额为24.1亿美元，同比下降7.74%。其中，中方出口15.1亿美元，下降7.95%；中方进口9亿美元，下降7.37%，中方贸易顺差6.1亿美元。中国对乌出口主要商品为工程机械、空调、冰箱等机械设备及器具，电机、电气、音像设备及其零附件，塑料及其制品和天然气管道等钢铁制品等；中国自乌进口主要商品为棉花、天然气、铀等。② 2015年乌共接受投资161.5亿美元，同比增长9.6%，其中外国投资和贷款占总投资额的21%，同比增长9.1%；从投资结构来看，非政府投资占78.2%，其中30.9%为经济主体的自有资金，增长12.6%。③

吉尔吉斯斯坦内贸增长，外贸下降近1/4，外国投资增加。2015年，吉内贸以6%的比例增长，超过独联体负增长9%的均值。吉出口目的国89个，进口商品来源国136个，对外贸易总额为57.46亿美元，同比下降24.6%。其中，出口16.76亿美元，下降11%；进口40.7亿美元，下降29%。吉外贸结构中，出口占29.2%，进口70.8%，外贸逆差为23.94亿美元，同比下降37.9%。④ 独联体依然是吉主要贸易伙伴，2015年吉对独联体国家出口7.712亿美元，占比51.3%；进口21.777亿美元，占比53.5%。其中，吉向哈出口服装、蔬菜和水果，向乌出口橡胶制品，向俄出口航空煤油、棉花等；其次，向瑞士、阿联酋出口黄金仍占主导地位，向土耳其出口果蔬、航空煤油等。进口仍以从俄罗斯进口石油及其制品为主，从哈萨克斯坦进口谷物、小麦和天然气等，同时从中国进口服装和金属制品。⑤ 2008—2014年，中国曾连续7年为吉第二大贸易伙伴。2015年，双边贸易额8年来首次下落，占吉外贸总额的18.5%，但中国仍是吉

---

① 《乌兹别克斯坦经济部统计公报》，2016年3月1日。

② 《中国海关统计公报》，2015年10月8日。

③ 《乌兹别克斯坦经济部统计公报》，2016年2月17日。

④ 《吉尔吉斯国家统计委员会公报》，2016年2月29日。

⑤ 《吉尔吉斯国家统计委员会公报》，2016年3月1日。

第二大贸易伙伴、进口来源国和第六大出口目的国。2015 年，吉中贸易额为 10.65 亿美元，同比下降 13.7%，其中，吉方出口 0.36 亿美元，增长 9.4%；吉方进口 10.29 亿美元，下降 14.3%。在吉中贸易结构中，吉方出口占 3.4%，进口占 96.6%，吉方贸易逆差为 9.93 亿美元，占吉整体外贸逆差额的 41.5%。① 2015 年吉共吸引外来直接投资总额 8.188 亿美元，同比增幅 12.6%。主要投资领域依次为职业教育和科技、加工业、建筑业等。独联体国家投资额 1.847 亿美元，占比 22.6%，独联体以外国家投资额占比 77.4%；欧洲国家投资上升，仅英国与荷兰的占比就达 36.1%；投资额下降的国家有加拿大和中国，分别下降 29% 和 51%。②

塔吉克斯坦内贸小幅增长，外贸下降近 1/5，吸引外资小幅增长。2015 年，塔与世界上 88 个国家有外贸关系，塔对外贸易总额超过 43 亿美元，同比下降 18%，塔方逆差 25 亿美元。其中，塔出口 8.9 亿多美元，同比下降 8.9%；进口 34 亿多美元，同比减少 20.1%。俄罗斯仍为塔第一大贸易伙伴，贸易额超过 11 亿美元，第二、第三位分别是中国（7.93 亿美元）和哈萨克斯坦（近 7 亿美元）。③ 塔 2015 年最大宗进口商品——粮食，主要进口国为哈萨克斯坦，其中小麦进口 85.9 万吨，价值 2.45 亿美元，同比增长 11%；面粉进口 14 万吨，价值 5710 万美元，同比下降 26%。④ 塔最主要出口商品——棉花，2015 年出口 10.8 万吨，总值 1.45 亿美元，主要出口国为土耳其（占比 35%）、伊朗（占比 23.6%）、俄罗斯（占比 19%）和巴基斯坦（占比 13.6%）等。⑤ 2015 年，中塔双边贸易总额为 18.47 亿美元，同比下降 26.62%，其中中国对塔出口 17.97 亿美元，下降 27.23%；中国自塔进口 5020 万美元，增长 5.26%。中国对塔出口主要商品有：机械设备、纺织品、电机电器、鞋类、车辆及零配件等；中国自塔进口主要商品有：矿砂矿渣、棉花、生皮及皮革、食用水果及坚果等。⑥ 2015 年前 9 个月，外国对塔直接投资额约为 7.2 亿美元，同比增加了 2060

---

① 《吉尔吉斯斯坦海关统计公报》，2016 年 2 月 29 日。

② “2015 年吉为推动经济发展投资超过 8 亿美元”，2016 年 3 月 15 日，www.knews.kg。

③ 塔吉克斯坦“Asia-plus”通讯社，2016 年 1 月 22 日。

④ 塔吉克斯坦“Avesta”网站，2016 年 1 月 29 日。

⑤ 塔吉克斯坦“Avesta”网站，2016 年 2 月 2 日。

⑥ 《中国海关统计公报》，2016 年 2 月 2 日。

万美元，塔吸引直接投资的主要领域为地质及矿产开采、建筑、农业、工业、金融服务等；[①] 欧洲复兴开发银行加大对中亚投资力度，截至2015年底，对中亚地区累计投资额已超过100亿欧元，其中在塔累计投资5.8亿欧元，2015年投资1.66亿欧元，主要项目有CASA－1000输变电项目、欧尚大型超市、可口可乐公司等。[②]

（二）中亚国家财政金融状况不容乐观

2015年，俄罗斯和中亚国家财政赤字普遍增加，货币急剧大幅贬值，金融形势恶化。

俄财政金融状况喜忧参半。财政领域，一是预算赤字大幅增加。2015年，俄联邦预算收入13.5万亿卢布，[③] 支出15.5万亿卢布，俄联邦统一预算赤字2万亿卢布，而上年同期的预算盈余为6665亿卢布；[④] 2015年12月，俄财政部动用45.2亿美元、41.4亿欧元和6.7亿英镑弥补联邦预算赤字，上述金额共折合7106.7亿卢布。[⑤] 二是外债减少。2015年，俄外债由上年的5990.41亿美元下降至5152.54亿美元，同比减少14%；[⑥] 截至2016年4月1日，俄罗斯外债总额为5161亿美元，较年初的5158.5亿美元增长0.04%，处于近五年来的最低水平，超过92%的外债发生在银行及其他经济部门。[⑦] 三是储备基金大幅减少。截至2015年底，俄储备基金总额3.64万亿卢布，约合499.5亿美元；全年俄储备基金按卢布计价共减少26.5%，按美元计价减少43.2%。到2016年4月，俄国际储备3870亿美元，已重回2014年初水平。[⑧] 金融领域，一是俄国际储备充裕。2015年俄黄金产量达到289.47吨，同比增长0.5%，[⑨] 俄国际储备中的货币黄金储

---

① 塔吉克斯坦“Avesta”网站，2016年1月15日。
② 塔吉克斯坦“Toptj”网站，2016年1月15日。
③ 按美元兑卢布现行汇率为1∶80。
④ 俄经济新闻社，2016年1月21日。
⑤ 俄新社，2016年1月13日。
⑥ 俄经济新闻社，2016年1月20日。
⑦ 俄《报纸》网，2016年4月13日。
⑧ 俄国际文传电讯社，2016年4月14日。
⑨ 俄新社，2016年2月11日。

备增加208.4吨，增长17.2%。俄持有美国国债数量恢复增长，自2014年12月开始，俄有计划地缩减外汇储备中的美国国债，到2015年4月减少至665亿美元，之后持有美国国债数量开始增长，到12月增长到921亿美元，一年内增长了147亿美元。①

二是俄银行业利润骤减。2015年俄储蓄银行净利润为2363亿卢布，同比下滑22.7%；② 银行业利润总额1920亿卢布，同比减少67%；全年俄银行业资本总额增长6.9%，达83万亿卢布；俄银行共向非金融机构及自然人提供43.99万亿卢布贷款，同比增长7.6%。③ 同时，2015年俄逾期贷款数量增长30%，而居民贷款需求仍然高企。④ 2016年俄银行系统面临三大困难：贷款方因当前复杂经济形势难以偿还贷款，银行坏账滞账增多，银行经常需追偿债款；居民收入下降影响银行部分存贷款业务；自2017年俄将对银行贷款风险做出更严格的限制，银行系统迫切需要改革业务结构。⑤ 三是货币贬值幅度大。2015年全年，俄卢布相对美元贬值24%，最大跌幅一度达到1美元兑73.63卢布；俄卢布相对欧元贬值14.6%，最大跌幅一度达到1欧元兑83.63卢布。⑥ 四是外资银行因退出俄市场遭受损失，已放弃在俄开设分支信贷机构的外资银行遭受损失约20亿美元；2012年1月1日，俄共有外资银行77家，到2016年1月1日已减少到68家；遭受损失最大的银行是比利时KBC集团，损失6.91亿美元；英国巴克莱银行，损失6.25亿美元；塞浦路斯银行，损失4.438亿美元；还有其他四家外资银行因未找到买家，直接取缔了在俄的分支机构，为此损失了全部投资。⑦ 五是俄支持与不同国家使用本币结算。除几年前就开始与中国采用本币结算之外，2016年以来，俄分别与土耳其⑧和日本讨论了在双边贸易中使用本币的问题，以及发展卢布、日元挂钩的本币贸易结算体系问

---

① 俄新网，2016年3月16日。
② 俄《报纸》网，2016年1月15日。
③ 俄《报纸》网，2016年1月25日。
④ 俄塔斯社，2016年2月8日。
⑤ 俄新社，2016年4月20日。
⑥ 俄塔斯社，2016年1月3日。
⑦ 俄塔斯社，2016年5月24日。
⑧ 俄新网，2016年7月26日。

题。[①] 六是俄建立一系列金融新机制，如俄银行业将建立反恐融资机制，俄央行成立由多家大银行组成的制定反恐融资机制的试点小组。[②] 俄罗斯首个伊斯兰银行中心在喀山成立，其融资规则遵循东南亚及中东地区国家融资伙伴的原则，这是俄国内第一家运行规则完全符合马来西亚、阿联酋、巴林等东南亚和中东地区一些国家通用的伙伴融资原则的银行机构。[③] 俄还拟推动地下博彩业合法纳税经营，藉此增加财政收入。[④]

哈萨克斯坦财政金融状况趋于恶化。2015 年，受净出口指标缩减影响，哈现金交易账户赤字 53 亿美元，较 2014 年的 60 亿美元略有盈余，金融账户资本净流入 111 亿美元。现金交易账户赤字已通过支付平衡的金融账户交易和使用 2015 年第二、三季度央行储备资产进行了再融资，2015 年整体上央行储备资产通过支付平衡交易减少约 8 亿美元。[⑤] 2015 年，哈对外债务总额为 1535 亿美元，同比下降 2.5%，缩减近 40 亿美元，是哈历史上首次出现债务减少，由于非国家担保债务减少 81 亿美元，哈对外债务才得以确保积极势头。但是，由于按美元计算的 GDP 总量和出口商品及服务减少，长期债务的相对指标仍趋于恶化。由于财政部从外部市场吸引资金以弥补国家财政赤字，国家债务额增长近 42 亿美元。银行外债为 79.7 亿美元，缩减 22 亿美元，而“公司间债务”则在 2015 年增加 23.9 亿美元。[⑥] 根据与 34 个国家的货币实际有效兑换汇率指数计算，2015 年本币坚戈实际贬值 29.9%，从 2014 年初到 2015 年 12 月贬值 25.6%。其中 2015 年坚戈对卢布实际贬值（实际兑换汇率）29.3%，从 2014 年初起坚戈实际贬值 19%；坚戈对美元实际贬值 36.5%，对欧元贬值 27.7%，对人民币贬值 34.4%，对吉尔吉斯索姆贬值 24.6%，对白俄罗斯卢布贬值 4.7%。[⑦]

乌兹别克斯坦金融形势相对稳定。一是乌银行和金融体系呈现稳定、可持续发展态势。2011—2015 年乌银行业主要指标年均增长率为：资本增长 25%，资产增长 28%，贷款增长 31%。资本充足率 24%，不良贷款低

---

① 俄塔斯社网站，2016 年 3 月 1 日。

② 俄新社，2016 年 3 月 24 日。

③ 俄新网，2016 年 3 月 24 日。

④ 俄国际文传电讯社网站，2016 年 4 月 21 日。

⑤ 国际文传电讯社，阿斯塔纳，2016 年 2 月 10 日。

⑥ 《哈萨克斯坦中央银行央行公报》，2016 年 4 月 14 日。

⑦ 国际文传电讯社，阿拉木图，2016 年 2 月 10 日。

于1%，投资性贷款占贷款总额的70%。[①] 截至2016年1月1日，乌银行资产同比增长25.1%，达65.2万亿苏姆（按官方汇率折合约229.8亿美元）；银行服务在金融服务结构中占88%，同比增长30%。[②] 目前乌共有26家商业银行，在各类国际评级机构中均被评为“稳定”，共设立有847个分支机构，4294个迷你银行和专柜。仅2015年上半年，乌银行总资产同比增加24.3%。截至2015年9月，乌银行资本充足率达到23.74%，超过巴塞尔银行监管委员会设立标准的两倍；乌银行业流动性达到64.58%，是国际最低标准的一倍多。[③] 二是乌外债比重较低。到2015年11月，乌外债占乌国内生产总值的16%，债务服务占预算支出低于1%，短期外债为4%，85%以上的外债为优惠性质的贷款，期限超过15年。[④] 三是乌国内汇率差异较大，外汇缺乏。作为中亚唯一实行外汇管制的国家，乌兹别克斯坦美元黑市价格与官方价格差别较大，2015年2月3日，美元兑苏姆的黑市和官方汇率分别为1:4050和1:2442；[⑤] 2016年1月12日，在乌兹别克斯坦，美元兑苏姆的黑市和官方汇率分别上涨到1:6100和1:2821。[⑥] 乌大多数商品的价格基本上都取决于黑市。2015年乌货币官方贬值幅度不大，但黑市价格大幅上升造成乌主要消费市场的物价总体上扬。

吉尔吉斯斯坦财政金融已达崩溃边缘。首先，吉财政危机发展到难以为继的地步。由于2015年下半年吉加入欧亚经济联盟以及出口下降给吉经济造成影响，国家预算收入无法达到预期指标，吉只能指望俄方提供的3000万美元援款以及2015年底前欧盟提供的3.97亿美元的优惠贷款用于冲抵国家预算赤字。[⑦] 其次，吉外债越过“红线”。一方面，由于吉外借大额贷款实施国家级基础设施项目，外债币种大多为美元；另一方面，尽管2015年吉GDP同比增长3.5%，但吉国本币索姆对美元贬值29%导致吉

---

① “乌兹别克斯坦投资环境不断改善”，2016年3月3日，http：//uz.mofcom.gov.cn/article/ztdy/201603/20160301267470.shtml。

② 《乌兹别克斯坦中央银行公报》，2016年2月17日。

③ 乌兹别克斯坦外经银行消息，2015年9月10日。

④ 《乌兹别克斯坦中央银行统计公报》，2016年2月17日。

⑤ 中亚新闻网，2015年2月3日，http：//www.yaou.cn/news/201502/05/14574.html。

⑥ “俄罗斯和中亚国家货币急剧贬值”，http：//uz.mofcom.gov.cn/article/jmxw/201601/20160101234691.shtml。

⑦ “吉国家财政依靠俄罗斯援款冲抵预算赤字”，2015年10月22日，www.for.kg。

GDP 换算为美元时实质大幅减少。截至 2015 年 12 月底，吉外债总额为 36.06 亿美元，占 2015 年 GDP 比例达 64.6%，已超越吉议会此前设置的 60% “红线”；目前吉国政府恐不能再外借贷款，或须设法修改该限制性条件。吉前 5 个债权方依次为：中国进出口银行，贷款余额 12.96 亿美元，占吉外债总额的 35.9%；世界银行下属的国际开发协会，6.39 亿美元，占 17.7%；亚洲开发银行，5.75 亿美元，占 16%；俄罗斯，3 亿美元，占 8.3%；日本国际协力机构，2.29 亿美元，占 6.4%。[①] 第三，吉外汇储备大幅缩水。截至 2015 年 9 月底，为干预稳定汇市，吉外汇储备缩水 3.27 亿美元。[②] 第四，吉汇率波动较大。美元与索姆汇率从 2015 年 1 月 27 日的 1∶58.90 上涨到 2015 年 12 月 1 日的 1∶75.86，[③] 到 2016 年 3 月底又降至1∶70 左右。[④] 2016 年第一季度，吉国家银行出售美元 17 次，共计 7740 万美元，回购美元 10 次，共计 6230 万美元。此外，为刺激经济，促进企业投资，吉国家银行已于 2016 年 3 月 29 日将银行贴现率从 10% 下调至 8%，以实现索姆升值到 1 美元兑换 60 索姆。[⑤]

塔吉克斯坦财政金融也难以为继。第一，塔财政一直处于困境。由于进口商品额急剧下降导致海关收入减少、国家财政收入减少，2015 年塔国家计划财政收入总额为 152.78 亿索莫尼（按塔央行汇率约合 22 亿美元），2015 年前 10 个月，塔国家财政收入按进度未达标额为 4.27 亿索莫尼（约合 6300 万美元），财政吃紧。[⑥] 第二，塔多方融资成为常态。塔吉克斯坦中央银行拟向 IMF（国际货币基金组织）借款 5 亿美元，IMF 向塔提出停止外汇管制，进行金融机构改革等一系列条件；同时，塔拟向世界银行借款 3000 万美元，向欧亚基金借款 2000 万美元。[⑦] 第三，塔为降低本国货币索莫尼贬值压力拟进行外汇多元化。鉴于人民币已被国际货币基金组织

---

① 《吉尔吉斯斯坦财政部统计公报》，2016 年 3 月 8 日。

② “为稳定汇市，吉尔吉斯外汇储备一年间缩水 3.27 亿美元”，2015 年 11 月 11 日，http：//kg.mofcom.gov.cn/article/jmxw/201511/20151101160923.shtml。

③ 亚欧网，http：//www.yaou.cn/news。

④ 吉尔吉斯斯坦国家银行数据，2015 年 11 月 11 日。

⑤ 吉尔吉斯斯坦“卡巴尔”国家通讯社，2016 年 3 月 31 日。

⑥ 《亚洲快讯》2015 年 12 月 1 日。

⑦ 塔吉克斯坦“Avesta”网站，2015 年 1 月 8 日。

纳入“特别提款权”货币，塔国家银行将投入100万元人民币用于外贸结算。① 塔央行通过多种方式向民众宣传，号召民众尊重本币索莫尼。② 第四，塔外汇大幅贬值。2015年1—10月，塔本币索莫尼兑美元贬值26.7%，为打击外汇市场非法倒卖外汇的违法行为，塔央行决定关闭所有外汇兑换点。③ 第五，塔偿还部分外债成为亮点。截至2015年10月初，塔政府外债余额为20.5亿美元，其中近50%来源于中国，中国成为塔第一大贷款来源国；截至2015年上半年，中国政府通过中国进出口银行已对塔发放超过9.42亿美元贷款，主要用于各类投资项目；塔政府还接受了来自法国、德国和沙特阿拉伯等国家的贷款。④ 2015年，塔全部偿还对乌兹别克斯坦800万美元和对哈萨克斯坦1220万美元的外债。⑤

五、前景展望

展望未来，俄罗斯和中亚国家经济形势开始出现新的分化。由于世界油气价格大跌等因素影响，俄罗斯经济可能负增长；哈萨克斯坦经济将延续始于2014年的低速增长态势，前景不容乐观；乌兹别克斯坦因为相对自己自足的经济环境和较为健全的产业分工体系且多年布局，将持续稳健增长的态势；吉尔吉斯斯坦和塔吉克斯坦经济自足性不够，仍旧会以依靠外来援助和贷款为主，前景堪忧。

根据世界银行发布的《全球经济展望》报告，中亚地区国内生产总值2016年经济向好，预计增长3.2%，2017年4.8%，2018年4.9%。其中，哈新石油产地投产、国际油价趋稳和俄罗斯经济复苏将带来有利影响，预计2016年GDP增长1.1%，2017年3.3%，2018年3.4%；乌2016年7.5%，2017—2018年7.7%；⑥ 而吉尔吉斯斯坦与塔吉克斯坦经济具有同质性，都对来自俄罗斯的侨汇依赖性较大，世行预计吉2016年、2017年

---

① 塔吉克斯坦“Avesta”网站，2015年12月2日。

② 塔吉克斯坦“Avesta”网站，2016年3月1日。

③ 塔吉克斯坦“Avesta”网站，2015年12月4日。

④ 塔吉克斯坦“Avesta”网站，2016年1月18日。

⑤ 《塔吉克斯坦财政部通报》，2016年2月2日。

⑥ “世界银行预计中亚国家2016年经济向好”，http：//uz. mofcom. gov. cn/article/jmxw/2016 01/20160101234694. shtml

和2018年的经济增幅分别为4.2%、3.4%和4.3%；① 塔2016年、2017年和2018年的经济增幅分别为4.8%、5.5%和5.5%。

根据世界经济形势和世界油价波动情况等，2016年3月亚洲开发银行将哈萨克斯坦2016年GDP增速预测由3.3%下调至0.7%，② 与哈萨克斯坦政府将2016年哈GDP增长预测降至0.5%较为接近；③ 低于世界银行1月从1%调整为1.1%的预测值。④ 彭博新闻社根据全年平均失业率和通胀率，以及近3个月的经济数据拟定了63个国家组成的经济状况“最不走运”的国家名单，哈萨克斯坦（16.7分）排第10名，列入10个经济状况“最不走运”的国家。⑤ 目前普遍认为，由于世界原材料价格下降，“供需”关系正在重新形成，世界经济重建将长达5年。因此，中亚国家经济正在进入一个新的发展阶段，中亚各国政府和央行正在重新制定新的中长期政策。

俄经济依然处于困境中。由于世界油价下跌、西方制裁、俄经济缺乏结构改革等原因，2016年6月，经合组织下调俄2016年经济增长预期，2016年俄实际GDP下降1.7%（2015年11月预测为下降0.4%），2017年增长0.5%（1.7%）。⑥ 由于地缘政治原因、油价回升乏力以及俄央行的货币政策等因素影响，欧盟委员会将2016年俄经济下滑幅度由2月预测的1.2%上调至5月预测的1.9%，同时将2017年俄经济增速由0.3%上调至0.5%。⑦ 俄经济发展部在日前拟定的俄经济发展宏观预测报告中称，俄经济发展部根据国际油价预测俄经济还有3年衰退期；⑧ 在年均油价40美元/桶的条件下，预计2016—2019年期间俄资本外流量将达1150亿美元，其中每年的资本外流量将分别达400亿、300亿、250亿和200亿美元；如果年均油价降至25美元/桶，则2016—2019年俄资本外流量将达1300亿美

---

① 吉尔吉斯斯坦“卡巴尔”国家通讯社，2016年1月11日。

② 国际文传电讯社，阿斯塔纳，2016年3月30日。

③ 国际文传电讯社，阿斯塔纳，2016年2月23日。

④ 国际文传电讯社，阿斯塔纳，2016年1月7日。

⑤ 国际文传电讯社，阿斯塔纳，2016年2月5日。

⑥ 俄新社，2016年6月1日。

⑦ 俄新网，2016年5月3日。

⑧ 俄国际文传电讯社，2016年3月3日。

元。[①] 由于世界经济深层次变化，世界经济正向新常态过渡，即使国际油价重返 50 美元/桶以上的高位，俄经济也不可能重返以前 7% 的年增长率。[②] 一是影响俄经济发展的因素较多，除以上因素外，根据普华永道会计师事务所日前对俄企高管进行的调查显示，92% 的高管认为卢布汇率波动是在俄经商面临的最主要问题；86% 的受访者认为俄政府政策有损俄营商环境，对企业——尤其是私企的经营造成困难。其他主要问题包括：地缘政治风险、缺乏投资、负有外债之累的预算赤字、国家过度干预经济、利率和税费上涨、在国际市场融资受阻及社会不稳定等。大部分受访者认为目前俄营商风险较三年前有所增加，六成受访者表示，经济危机并未给企业业绩增长创造机会。[③] 二是西方对俄制裁将继续，欧盟为俄罗斯 2014 年合并克里米亚半岛而实施的对俄制裁持续至今。尽管在欧盟内部有反对延长对俄制裁的声音，匈牙利、塞浦路斯、希腊、意大利、斯洛伐克等国主张减轻或取消对俄制裁，然而德国总理默克尔认为尚无取消对俄制裁的任何理由，德国政府坚持实施《明斯克协议》。[④] 欧盟于 2016 年 6 月 17 日决定再延长 1 年到 2017 年 6 月 23 日。[⑤] 三是俄大宗商品的供需仍不乐观，俄能源部预计 2035 年前俄石油开采量或将下降，俄能源部日前制订了 2035 年前俄石油领域发展总路线图，该路线图以 2014 年作为基准，根据路线图，在乐观的情况下，2035 年前俄石油开采量将较 2014 年下降 1.2%，在危机情况下，2035 年俄石油开采量将较 2014 年下降 46%；为此，俄能源部提出允许私企参与北极大陆架油田开发、降低油企税负，及鼓励加工高硫原油、高粘原油等措施，以防止石油开采量下降。[⑥] 由于建筑和机械制造行业的需求大幅减少，2015 年俄钢铁需求较 2014 年减少 9%，2016 年市场对钢铁的需求仍继续减少，预计较 2015 年减少 6%。[⑦] 在欧美制裁等背景下，俄经济停滞并下滑，居民收入减少，购买力下降，被迫节约药品开支，2008 年以来俄药品市场首次出现萎缩。2016 年 1—3

① 俄《报纸》网，2016 年 4 月 29 日。

② 俄塔斯社，2016 年 5 月 23 日。

③ 俄《报纸》网，2016 年 1 月 27 日。

④ 俄新社，2016 年 6 月 1 日。

⑤ 中国新闻网，2016 年 6 月 18 日。

⑥ 俄《消息报》，2016 年 3 月 9 日。

⑦ 俄塔斯社，2016 年 5 月 24 日。

月，俄药品销售额2703亿卢布（约合42.23亿美元），同比下降10%，同期销售量为11.8亿份，同比下降14%。① 四是俄消费者信心指数持续下降，该机构的数据显示，2016年一季度俄消费者信心指数为负30%，环比下降4%，是该指标连续第5个季度出现下降。俄联邦国家统计局调查显示，认为经济前景将恶化的俄民众比例高达75%，同比上升9%，仅5%的民众认为俄经济前景将好转，另有20%民众对此持中立态度。② 五是俄经济依然不乏亮点。据彭博社分析家对世界各国一系列关键指标的评估打分，评估指数主要包括创新投入、生产附加值、科技产能、科学中心的效率、集中研究、发明专利数量、高科技企业密集度等8项。俄罗斯在创新方面获得78.85分，被列为世界第12大创新经济体，超过了奥地利、挪威、比利时、英国、荷兰、加拿大和中国等国。③ 俄清廉指数世界排名提升，"透明国际"2015年度各国清廉指数排名（共168个国家，排名越靠后说明腐败情况越严重）中，俄位列119位，综合评分29分，较2014年名次靠前，与阿塞拜疆、塞拉利昂等国看齐。④ 六是俄政府正在考虑改变经济发展模式，在起草2016年反危机计划过程中，俄政府也考虑到了此问题。在低油价条件下，联邦政府很难将联邦层面税收拨付给地方政府，因此地方政府应更有效地组织税收管理工作，以增加预算收入。⑤ 俄经济发展部公布了法律草案，将在莫斯科国立大学和科学院研究所基础上创建科技谷，莫斯科市长建议科技谷吸收国际经验，充分考虑到基础教育、应用科学、新工艺和产品及未来商业应用三级模式，提高科研院所的研究能力，拉动经济发展。同时成立国有独资的管理公司，负责管理科技谷。⑥ 俄将继续发展"绿色"经济，发明新的能源生产技术，合理利用自然资源，扩大自然保护区和国家公园网，完善自然保护法。2017年将是俄"生态年"，这为落实必要的环保计划提供了可能，俄将采取一切必要措施提高国家生态安全。⑦

① 俄瑞固姆网站，2016年6月1日。
② 俄金融市场网站，2016年4月8日。
③ 俄新社，2016年1月21日。
④ 俄《报纸》网，2016年1月27日。
⑤ 《俄罗斯报》2016年2月20日。
⑥ 俄新网，2016年3月4日。
⑦ 俄《消息报》网站，2016年6月6日。

哈政府将制定2025年前新国家发展战略计划，涉及哈经济发展的新趋势和新方向；① 自2016年3月1日起，为支持油气领域和采矿行业发展，哈实行与国际油价挂钩的出口关税浮动税率制。② 哈为进入世界上30个最发达国家行列，落实五大改革目标的国家百步计划自2016年1月1日起正式进入实质性阶段，目前59项新法律法规已经生效，为经济发展和社会进步创造良好的法制环境。③

近年来，乌大力推行私有化，改变所有制结构，高度重视中小企业发展，为企业经营提供最宽松的政策环境。乌中小企业和私营企业占国内生产总值的比重从2000年的31%提高至2015年7月的56%，增幅为25%。全国劳动力的77%在中小企业和私营企业就业。④ 乌时任总统卡里莫夫签署总统令，扩大中小企业和私企出口扶持基金权限。⑤

自2016年1月27日起，吉开始享受欧盟的超普惠制待遇（即GSP+），吉方将拥有向欧盟国家以及与欧盟缔结关税同盟条约的国家出口6000余种商品的免关税通道，这将吸引外国资金在吉建厂，并生产加工农产品、纺织缝纫品等商品，向欧盟出口的前景将变好。⑥ 为冲抵库姆托尔金矿减产的负面影响，吉政府将推动塔尔德布拉克金矿、博泽姆恰克铜金矿和凯迪金矿等全力增产，将其年产量提高到2—3吨，同时推动北—南公路、卡姆巴拉金2号水电站和一系列小型水电站等能源与交通领域项目实施，力争实现2016年吉国民经济增长5.2%的预设目标。⑦

塔认为，2016年对全世界，特别是对独联体国家而言是艰难的一年，塔总统号召各部门采取有效措施发展国内生产，提高进口替代商品产量，节约使用国家预算资金，采取有效措施稳定本币汇率，保障塔消费市场的物资供应。⑧ 塔政府有关部门正在审议新修订的“至2030年塔吉克斯坦国

---

① 国际文传电讯社，阿斯塔纳，2016年2月24日。

② 国际文传电讯社，阿斯塔纳，2016年2月15日。

③ 国际文传电讯社，阿斯塔纳，2016年1月6日。

④ “乌兹别克斯坦小企业和私营企业占国内生产总值比重达56%”，http://uz.mofcom.gov.cn/article/jmxw/201507/20150701060126.shtml。

⑤ “乌兹别克斯坦总统卡里莫夫签署命令扩大小企业和私企出口扶持基金权限”，http://uz.mofcom.gov.cn/article/jmxw/201603/20160301286924.shtml。

⑥ 吉尔吉斯斯坦“卡巴尔”国家通讯社，2016年2月3日。

⑦ 吉尔吉斯斯坦“卡巴尔”国家通讯社，2016年2月25日。

⑧ 塔吉克斯坦“Avesta”网站，2016年1月21日。

家发展战略”，除保留原有的能源独立、粮食安全和走出交通困境三大国家发展目标外，未来上述目标的内涵将有所变化：能源独立将逐渐转为能源高效利用；走出交通困境将向建设交通枢纽国家过渡；粮食安全将向保障人民享有优质食品过渡。①

俄罗斯经济低迷乃至负增长的状态将可能持续 3—5 年，21 世纪以来，中亚国家保持了 10 余年的高速增长阶段正在发生转折，多数国家越来越与世界经济同步，步入低增长的调整时期。俄罗斯和中亚国家越来越深刻地认识到开展国际合作共度时艰的重要性，更多地选择多元化的合作伙伴、自主的发展路径等发展道路，并越来越重视和依赖与中国的经济合作关系，越来越积极地融入中国的“一带一路”建设，迈入与中国务实合作的新阶段。展望未来，俄罗斯和中亚国家的经济可能在低谷徘徊，与周边国家的联系将越来越紧密，各国经济提振则尚需时日。

---

① 塔吉克斯坦“Avesta”网站，2016 年 3 月 24 日。

报告三

上海合作组织人文教育合作综述

贝文力　顾　恒*

【内容提要】2015—2016 年，国际形势复杂多变：地缘政治博弈加剧，金融秩序变化深刻，各种思潮竞争激烈，极端主义影响上升，地区不确定因素增加，热点问题频发。在此背景下，上海合作组织作为当代国际关系中具有巨大影响力的国际组织，以保障地区安全、稳定和可持续发展为使命，继续秉持“上海精神”，同时将其视为发展国家间关系、应对全球威胁和挑战、解决国际分歧的重要指针。在人文合作领域，上合组织尊重多样文明，注重“民心相通”，丰富交流形式，加大合作力度，全面深入夯实文化发展基础，增强组织内部各国人民间的相互理解和友谊。

【关键词】上合组织　人文合作　民心相通

一、多边交流巩固人文纽带

（一）人文合作机制不断扩大

人文合作作为上海合作组织成员国合作的重要组成部分，其作用和意义，包括合作机制的建设与发展，始终受到各方的极大关注和重视。

2015 年 12 月 14—15 日，上海合作组织成员国政府首脑（总理）理事会第十四次会议在中国郑州举行。在会议结束后发表的《联合公报》中，

---

* 贝文力，华东师范大学国际关系与地区发展研究院总支书记、教育部人文社会科学重点研究基地华东师范大学俄罗斯研究中心副主任；顾恒，华东师范大学附属紫竹小学教师。

总理们积极评价了上合组织成员国人文领域的合作成果，认为，这有利于加强上合组织地区人民的相互理解，增进文化互鉴与交融，了解彼此的传统和风俗。除了对文化、教育交流依然予以高度重视外，文件还对科技、旅游、卫生、救灾等领域的合作方向采用了指导性的表述，并首次将社会保障、媒体合作等纳入关注范围。这表明，上合组织人文交流正朝着全方位、宽领域的方向深入发展。

2016 年 6 月 25 日，上合组织峰会第十六次会议在乌兹别克斯坦首都塔什干举行。各国元首在《上海合作组织成立十五周年塔什干宣言》中指出，上合组织在加强经济和人文关系方面合作成果丰硕，在贸易、投资、项目合作、文化、科技、应对自然灾害和生产事故及其他领域，通过并落实了发展合作的长期纲要和计划。元首们在《上合组织成员国元首理事会会议新闻公报》中强调，有必要特别关注文化、卫生、科技、教育、环保、体育和旅游领域的双边、多边合作，共同研究和保护上合组织地区，包括在丝绸之路沿线的文化和自然遗产。成员国授权代表签署了《上海合作组织成员国旅游合作发展纲要》，为扩大上合组织成员国在旅游领域的合作，构建共同旅游空间，加强旅游往来迈出了积极步伐。

上海合作组织成员国文化部长会议和教育部长会议是具体规划和落实人文交流合作的主要平台。首次文化部长会议和首次教育部长会议分别于 2002 年、2006 年在北京举行。十多年来，成员国文化、教育部长会晤逐渐形成常态化机制，并已轮流在各成员国成功举办，有效地推动了成员国间的人文交流与合作。

2016 年 6 月 22 日，上合组织成员国文化部长第十三次会议在塔什干举行。上合组织秘书长阿利莫夫在发言中强调，上合组织成员国关系源远流长，“伟大的丝绸之路”不仅增进了经贸关系，而且极大地推动了文化和文明间对话，以及经验和知识的广泛交流。各成员国部长就“一带一路”背景下实现上合组织文化的传承和创新展开了集中讨论，表示在“丝路沿线国家文化遗产研究和保护，防止盗窃、盗掘和非法进出境文化财产，创建建筑文物数据库和名录，培养文化遗产保护、艺术品修复领域的专家”等领域的合作需要得到积极推动。[①] 中国文化部长雒树刚回顾了《上海合

---

① “深化不同文化间对话的新步伐”，上合组织官方网站，2016 年 6 月 22 日，http：//chn. sectsco. org/news/20160622/103440. html。

作组织成员国政府间文化合作协定》签署以来，各成员国在上合组织文化领域开展交流与合作的成果，并就如何加强和深化上合组织框架内各成员国间的文化合作提出三点建设性意见：秉持“上海精神”的基本原则，继续夯实多边合作的基础；开拓创新，丰富充实上合组织多边文化活动；加强与上合组织观察员国和对话伙伴国的交流合作。中方建议得到与会各方的积极评价和广泛认同。

上合组织的人文合作不断向卫生、体育、旅游、环保、救灾等领域扩展和深入，并建立相关的合作平台与机制。

2015 年 7 月 7 日，上合组织成员国第二次卫生部长会议在莫斯科举行，会议探讨了加强本地区在保障居民健康安全领域的多边合作问题及其发展前景。各方同意，随着成员国间一体化进程的不断加强，需要综合协调采取联合行动以保障居民健康安全：继续推进上合组织成员国卫生体制改革，将保证居民健康安全作为总体目标；在上合组织成员国境内积极开展打击医药产品掺假行为的合作；进行基本药物清单制定领域经验交流以保障基本医疗救助；进行卫生领域国家立法信息交流；加强医疗产品实验室监控机构间的经验交流；通过开展科技研讨会，论坛等形式进行先进经验、方法的交流。① 2015 年 9 月 15 日，上合组织成员国环境保护专家第七次会议在上合组织秘书处举行，各方就环保领域项目的梳理、《〈上合组织成员国多边经贸合作纲要〉落实措施计划》和《2017—2021 年上合组织进一步推动项目合作的措施清单》等问题交换了意见。② 2015 年 11 月 11 日，上合组织成员国紧急救灾部门领导人举行了第八次会议，回顾了 4 月在俄罗斯举办的灾害心理援助研讨会、6 月在哈萨克斯坦境内举办的主题为“毁灭性地震组织与应对工作”的上合组织国际救灾演练和 8 月在塔吉克斯坦举办的第五次上合组织边境地区紧急救灾部门领导人会议的情况，梳理了近年来塔吉克斯坦和周边地区发生的重大紧急情况以及开展的救灾和应对工作，并就进一步加强上合组织框架下紧急救灾领域合作交换了意见，商定

① “上海合作组织成员国第二次卫生部长会议新闻公报”，上合组织官方网站，2015 年 7 月 8 日，http：//chn. sectsco. org/news/20150708/25563. html。

② “上海合作组织成员国举行环保专家会”，上合组织官方网站，2015 年 9 月 16 日，http：//chn. sectsco. org/news/20150916/25770. html。

各方应加强紧急救灾领域的务实合作，加强紧急救灾领域人员培训合作。①

（二）人文合作空间不断拓展

2015—2016 年，对应并契合各成员国发展战略，上合组织与时俱进、不断创新，开掘合作潜力、丰富合作内涵，在“一带一路”文化建设、纪念二战胜利 70 周年、联合考古保护文化遗产、运用新媒体弘扬“上海精神”等方面开拓出人文合作的新空间。

1. “一带一路”同心打造文化交流新高地

2015 年，“一带一路”倡议从愿景迈向行动，并成为世界主要关注议题之一。在上合组织框架内，“一带一路”的文化建设行动步伐加快，力度加强。以丝路为标志的文化工程逐个启动，以丝路为主题的艺术创作蓬勃开展，与丝路有关的智库机构纷纷成立。作为实现“五通”中民心相通的重要途径，“一带一路”文化交流在 2015—2016 年进展显著。

（1）关键词一：丝绸之路。“一带一路”的前身就是古丝绸之路。从古代欧亚互通有无的商贸大道到沟通东西方文化的友谊之路，它承载和见证了欧亚民族几千年来的历史变迁与文明演进。因此，对于上合组织成员国而言，它具有一种无比的“亲和性”。中、哈、吉三国联合申报的“丝绸之路：长安—天山廊道的路网”成功入选《世界遗产名录》（2014 年 6 月 22 日）。中国成立了海上丝绸之路联合申遗城市联盟（2016 年 6 月），携手推动海上丝路遗产的整体保护申遗工作的展开。这些项目的实施，有助于向世界复原古代形成的经济动脉景象，激发沿线各国人民对丝路文化复兴的探究热情，同时也极大地推动了丝路旅游的可持续发展。2015 年，中国举办“丝绸之路旅游年”，中国云南丝路旅游签约 50 个项目，金额达 800 亿元，西安丝路旅游签约 37 个项目，金额达 345 亿多元。② 与俄罗斯等国的合作，开局良好，收获喜人。据统计，2014 年中国已成为俄罗斯最大旅游客源国。2016 年上半年，在团队旅游互免签证框架下赴俄旅游的中

① “第八次上海合作组织成员国紧急救灾 部门领导人会议新闻稿”，上合组织官方网站，2015 年 11 月 13 日，http：//chn. sectsco. org/news/20151113/26092. html。

② “中国‘丝路旅游年’国际合作形势喜人”，新华社，2016 年 6 月 11 日，http：//news. xinhuanet. com/2016—06/11/c_ 1119021881. htm。

国游客达到约23万人次，比2015年同期增加43%。2016年7月15日，中哈两国宣布正式启动中国团队赴哈旅游业务，这标志着相关团体签证政策正式落地实施。同年8月7日，中国公民赴哈萨克斯坦首发团从乌鲁木齐出发，56名游客为期8天的旅行为中哈两国旅游合作掀开了新篇章。2016年7月9日，“丝绸之路莫斯科—北京2016”拉力赛在莫斯科红场启程，该拉力赛穿越俄罗斯、哈萨克斯坦和中国，经历15个赛段角逐，跨越10735公里，7月24日抵达北京。

（2）关键词二：民心相通。随着“一带一路”建设的推进，“民心相通”的归结点的作用日益得到凸显。民心相通的基础和前提就是对文化的包容理解和相互认同。这不仅需要通过艺术创作的形式对丝路精神进行深度诠释，还需要拓展丝路文化的内涵，以环保、医疗、科技、教育等项目合作的方式，在不同文化的对话中逐步实现。

2015年9月7日，第二届“丝绸之路国际艺术节”在西安开幕，艺术节聚焦“丝路核心、中华文化、国际元素”三大主题，以加强人文交往、促进民心相通为主旨，充分展示了世界文化多样性和中华文化的恒久魅力。文艺惠民是本届艺术节的重要着力点。除实施低票价惠民政策外，艺术节还专门设置了文艺惠民演出。来自俄罗斯等国家和地区的表演团体，将43场惠民演出送进了学校、社区、厂矿和敬老院。① 2015年9月14日，第二届“丝绸之路国际文化论坛”在莫斯科举行。开幕式上，中、俄、哈三国代表共同签署协议，决定成立“丝绸之路欧亚文化合作组织”，以期最大限度地为不同民族的互鉴合作创造良好条件。此外，论坛还正式宣布每年将资助丝路沿线国家的100名青年艺术家进行文化交流和互访，同时将继续从沿线各国选择100个对丝路文化工作做出突出贡献的个人、组织进行资助。借助这些项目，使丝绸之路的文化内涵得到切实丰富与发展。② 2015年10月18日，“‘一带一路’艺术节圆桌论坛”在上海举行，论坛发出“一带一路”艺术节合作发展倡议书。倡议书提出，要成立“一带一路”

---

① “追寻丝路精神 打造文化交流新高地”，对外文化联络局，2015年9月24日，http：//www. mcprc. gov. cn/whzx/bnsjdt/dwwhllj/201509/t20150924_ 458076. html。

② “‘一带一路’的有力文化行动”，《光明日报》2015年10月2日，http：//epaper. gmw. cn/ gmrb/html/2015—10/02/nw. D110000gmrb_ 20151002_ 2 -07. htm？div = -1。

艺术节合作发展网络，推动创建艺术各节间紧密交流的国际合作与工作机制。① 2015 年 11 月 28 日，第十二届“乌兹别克斯坦汉学暨丝绸之路文化”学术研讨会在塔什干举行。研讨会围绕古丝绸之路中乌贸易合作往来、汉语教学和汉学研究、中国经济、政治、文化以及中乌关系等话题进行了热烈讨论。2016 年，“‘一带一路’沿线国家文化遗产保护交流合作论坛”、首届中俄哈蒙“万里茶道文化带”国际研讨会、乌兹别克斯坦第二届“伟大丝绸之路上的普世价值观与民族价值观：语言、文化和教育”国际学术研讨会、“丝绸之路沿线国家音乐学院院长论坛”、“丝绸之路国际博览会”等活动相继举行，丝路艺术和思想的火花在上合组织成员国各地绽放。

2016 年 6 月，习近平主席在塔什干乌兹别克斯坦最高会议立法院发表题为《携手共创丝绸之路新辉煌》的重要演讲，提出要着力携手打造“绿色、健康、智力、和平”四大丝绸之路。这四大指向的人文合作具有巨大发展潜力，成为实现民心相通的新路径。

2. 纪念第二次世界大战胜利共同释放捍卫世界和平信号

2015 年是第二次世界大战胜利 70 周年。上合组织各成员国都为战争的胜利付出了巨大牺牲、做出了重大贡献，“引以为豪的伟大功勋，并肩战斗的记忆，以及牢不可破的友谊，是我们捍卫自由独立的共同财富，也是为世界公正与安全而斗争的道义指南”。上合组织元首《乌法宣言》《世界反法西斯战争暨第二次世界大战胜利 70 周年的声明》以及《中俄第十一轮战略安全磋商关于第二次世界大战及联合国成立 70 周年的联合声明》，都表达了成员国缅怀历史、呼吁和平的心声，强调“纪念活动对于团结国际社会共同应对全球挑战与威胁至关重要”，并且重申“这段历史要求我们竭尽全力，防止新的反人类的危险思想抬头”，呼吁坚决反对从道德和法律上歪曲二战成果，以及忘记这一全人类悲剧教训的图谋，表示“上海合作组织成员国将继续在互信、互利、平等、协商、尊重多样文明、谋求共同发展的基础上，同所有有关国家和国际组织加强全方位合作，以实现各国持久和平、发展与进步”。

中俄两国分别用举办阅兵仪式这样高级别的制度安排来纪念这一标志性重要节日，上合组织成员国领导人全部出席。俄、哈、吉、塔更是派出

---

① “‘一带一路’艺术节圆桌论坛举行 发合作发展倡议书”，《解放日报》2015 年 10 月 19 日，http：//www. sh. xinhuanet. com/2015—10/19/c_ 134726211. htm。

各自方队参加了天安门广场的阅兵式。在出席北京纪念活动时，俄罗斯总统普京表示："信任和团结是反法西斯战争胜利留给世人的遗产，是维护世界稳定的关键。为了和平，我们要牢固树立人类命运共同体意识，世界各国应该共同维护以联合国宪章宗旨和原则为核心的国际秩序和国际体系，积极构建以合作共赢为核心的新型国际关系，共同推进世界和平与发展的崇高事业。"① 哈萨克斯坦总统纳扎尔巴耶夫表示，"阅兵式对中国和全世界来说都具有标志性意义，它将再次提醒人们，史上最血腥的战争有多恐怖，告诫人们建立在种族优越论基础上的侵略战争将导致什么样的后果"。② 吉尔吉斯斯坦外交部长阿卜杜勒达耶夫表示："70 年前，苏联人民和中国人民为人类历史上最惨痛的战争结束而欢庆。今年，我们这些胜利者的后代缅怀先辈，并无比珍视他们用鲜血为我们留下的和平遗产。我们将阅兵视为中吉两国军队兄弟般情谊的最高水平体现，这有助于维持和巩固中亚地区乃至全世界的和平与稳定。"③

与此同时，上合组织成员国还举行了各个层次、各种形式的纪念活动，包括"中苏联合抗击法西斯胜利 70 周年档案展"、"中苏抗战将领后代见面会"、俄哈"我们共同抗击纳粹"国际展、俄哈"胜利——大家共享"邮票展、"胜利：1945—2015！俄罗斯美术作品展"等。上合组织秘书处在北京总部举办了二战海报展，展品包括中国、哈萨克斯坦、吉尔吉斯斯坦和乌兹别克斯坦在二战期间绘制发行的海报。上合组织前秘书长梅津采夫表示，纪念战胜法西斯七十周年是一个无比重要的事件，它应该能成为我们反思历史并且不允许篡改历史——不仅在道德评价体系中，而且在尊重历史事实体系中——的因素。④

---

① "纪念中国人民抗日战争暨世界反法西斯战争胜利 70 周年大会在京隆重举行"，人民网，2015 年 9 月 4 日，http：//politics. people. com. cn/n/2015/0904/c1024 - 27544103. html。

② "致敬英雄历史 共捍和平未来——写在中国人民抗日战争暨世界反法西斯战争胜利 70 周年纪念活动之际"，新华网，2015 年 8 月 31 日，http：//news. xinhuanet. com/2015—08/31/ c_ 1116427728. htm。

③ "吉尔吉斯斯坦视参加大阅兵为中吉军队兄弟情谊最高体现"，新华网，2015 年 8 月 22 日，http：//news. xinhuanet. com/world/2015—08/22/c_ 1116339109. htm。

④ Мы вместе. Страны ШОС совместно отметят год 70-летия победы над фашизмом. http：//ugra-news. ru/article/9641。

3. 联合考古倡导先进理念，展示现代科技

近年来，联合考古成为上合组织人文合作的一个新的增长点，它对于各国科研水平的提高、丝路文化的保护以及传统友谊的巩固都具有重大意义。

2011 年，中国社科院考古研究所与乌兹别克斯坦考古研究所达成中乌联合考古的合作意向。2015 年 8—10 月，中乌考古队在乌兹别克斯坦明铁佩遗址进行了第四次发掘。费尔干纳盆地是中亚地区文化发达的区域之一，也是与中国空间距离最近的区域，对该地区古代文化，尤其是城市文明进程的研究，中国学者占有可以参考古典文献的优势。同时，以明铁配城址的发掘为中心，深入开展费尔干纳地区古代城市化进程的研究，有助于推动对古代东西方文化交流的研究。具体实施时，既采用了中国都市遗址考古的工作方法和经验，又结合中亚城址堆积、保存的自身特点。2015 年的工作成果体现在对道路等线性遗迹的追索、对城内的地层堆积情况的了解和与城址有关的自然环境的认识上。作为和平、合作、共享的新丝绸之路精神的体现，中乌在花剌子模州历史文化遗迹修复项目上，也展开了积极有效的合作。花剌子模在古代历史上享有盛誉，也是古丝绸之路上的重要节点。花剌子模州希瓦古城是乌兹别克斯坦首个世界遗产，在乌具有重要地位。中乌合作希瓦古城保护修复项目是习近平主席 2013 年访乌重要成果之一。2014 年，中乌双方共同决定将希瓦古城内的阿米尔·图拉经学院和哈桑·穆拉德库什别吉清真寺及周围环境整治作为援助项目内容。2015 年 9 月，中方正式委托中国文化遗产研究院编制设计方案，并承担具体施工，目前已完成文物建筑与周边环境的现场勘测勘察、技术难度预测等前期工作和设计方案编制，并针对文物本身出现的险情进行了抢救性保护。①

在成员国各高校、研究院层面上也展开了积极的考古学术交流。2015 年 8 月，西北大学赴塔吉克斯坦开展考古研究，了解塔境内青铜时代至粟特及贵霜时期主要遗址的分布情况，为双方下一步全面系统的考古调查与发掘打下基础。同年 9 月，南京大学与俄罗斯阿尔泰国立大学的师生共同前往阿尔泰边疆区南部，发掘卡勒望湖遗址。两校签订了为期 5 年的合作

---

① “雒树刚视察中国援助乌兹别克斯坦花剌子模州历史文化遗迹修复项目”，文化部网站，2016 年 6 月 22 日，http：//www. mcprc. gov. cn/whzx/whyw/201606/t20160622_462357. html。

协议，旨在探索额尔齐斯河在古代人群迁徙、家畜和冶金技术方面的作用。成员国间的考古合作为研究东西方文明起源和古代社会结构及演变过程提供了一条新的途径，也为增强成员国科研团队间的互相理解和友好团结搭建了新的平台。

4. 媒体开放平台积极传播上合声音

媒体在当今社会发挥着无比重要的作用。加强上合组织框架内媒体合作，加强对话，相互协调，构建共同信息空间已成为成员国的共识。上合组织成员国媒体间的交流合作有着牢固的基础，推动这一交流与合作，符合各方利益和共同愿望，是促进共同发展的需要，也是共同应对挑战的需要。2015 年 7 月 28 日，俄罗斯新闻出版与大众传媒署和“今日俄罗斯”国际新闻通讯社在莫斯科联合举办“构建上海合作组织共同信息空间”论坛。来自上合组织成员国、观察员国和对话伙伴国媒体代表分析了影响媒体发展的政治、经济和技术因素，并就媒体面临的挑战以及应对措施、媒体在国际关系中的作用等问题进行了讨论，提出了分享媒体产业发展经验、共同应对网络空间挑战、建立双边和多边新闻互换机制开展人员培训与交流、建立共同的信息空间，向国际社会传播上合组织的原则和观点等建议。“今日俄罗斯”通讯社社长德米特里·基谢廖夫指出，“我们需要交流那些用以应对信息侵略的构想。这一想法是为了至少平衡主流媒体在世界范围内的垄断”。①

顺应时代发展的潮流，上合组织以更加开放的姿态近距离地面向社会大众。2016 年 6 月，上合组织秘书长阿利莫夫在人民网进行在线访谈，吸引了 244668 位网友。同月，上合组织开通了自己的官方微博，短短几天，日均访问量就超过 23 万，评论总数超过 10 万条。官微以非常亲民、诙谐的口吻向新媒体时代的网络用户介绍上合组织动态，回应各类热点问题，使网民获得上合组织一手咨询成为现实。与此同时，网络和官微等媒体也肩负着把握正确舆论导向的责任。

（三）教育合作步伐日益加快

2015—2016 年，上合组织开展了大量务实有效的教育合作。“教育无

① “上海合作组织举行成员国主要媒体负责人论坛”，上合组织官方网站，2015 年 7 月 30 日，http：//chn. sectsco. org/news/20150730/25632. html。

国界”教育周回顾十年历史，展望未来前景。上合组织大学完善组织架构，明晰发展思路。值得指出的是，近年来多边框架下的青少年交流呈现日益频繁的趋势，大学生活动也显得愈发有深度了。

1. “教育无国界”教育周：回顾与展望

2008 年创设的“教育无国界”教育周是上合组织教育领域合作的创新模式和重要平台，旨在促进成员国之间教育交流与合作，为上合组织各领域全面合作提供人力资源保障。2016 年是上合组织教育合作 10 周年，5 月 17 日在中国大连举行的教育周以“上海合作组织教育合作十周年：回顾、实施与展望”为主题，来自区域学、生态学、能源学、IT 技术、纳米技术、经济学和教育学等七个方向的近 80 位上合组织成员国专家学者围绕主题进行总结探讨，同时通过“上合组织大学人才培养各方向圆桌会议”、“上合组织大学各方向教师及专家研讨交流”、“上合组织成员国教育合作十周年图片展”等活动对上合组织教育合作十周年的工作进行了回顾、总结与展望。中国教育部副部长刘利民在开幕式上做主旨发言时指出，十年来，上合组织成员国在教育、人文领域的合作取得了长足进展。中方将一如既往地支持成员国间教育合作，继续向成员国各国增加提供中国政府奖学金名额，并邀请成员国各国青年学生来华参加夏令营活动。塔吉克斯坦共和国教科部副部长波扎尔·奥季纳耶夫在致辞中说，塔吉克斯坦的八所大学加入了上合组织大学体系，塔吉克斯坦正在与包括中国、俄罗斯在内的多个成员国广泛开展教育合作，并取得了积极的成效。俄罗斯教科部国际司副司长伊戈尔·甘申在致辞中强调，上合组织成立至今，已建立了日益完善的教育合作体系。教育周期间，大连外国语大学“一带一路”人文交流机制协同创新中心揭牌成立，该中心将打造成为中国领先的“一带一路”人文交流机制人才培养基地、科学研究智库和实践操作平台，为国家战略与地区经济社会发展提供服务。

2. 上合组织大学：完善组织架构

俄罗斯总理德米特里·梅德韦杰夫曾把上合组织大学称为是“上合组织最成功的倡议之一”。办学 8 年来，上合组织大学的组织规模不断扩大，至 2016 年 5 月，已经拥有 82 所项目院校，进行着区域学、生态学、能源学、IT 技术、纳米技术、经济学和教育学等七个学科领域的联合培养。其中，区域学方向已经成功开展了本科生层面的交流工作，该方向的首批硕士研究生也顺利毕业。各成员国教育部正在进行《关于建立上合组织大学协议》草案的起草工作，《协议》签署后将成为上合组织大学开展各项活动的法律基础。

3. 青少年活动：走近“上合”

以青少年为对象，旨在加强对上合组织的了解、促进“民心相通”的活动日益增多。2016 年 4 月 22 日，首届“上海合作组织模仿秀”在北京上合组织总部举行。活动中，来自上合组织成员国的学生们模仿各国代表参加上合组织成员国国家协调员理事会会议，就上合组织在维护和平与地区稳定发展问题上所发挥的作用交换了意见，提出了在不同领域深化多边合作的建议。① 活动增强了青少年对上合组织的兴趣和认识，锻炼了他们的口才和应变能力，具有特别的教育意义。2016 年 6 月 3 日，“全球儿童友好相处”国际儿童画展开幕式在北京俄罗斯文化中心举行，展出了上合组织成员国、观察员国和对话伙伴国少年画家的作品。画展为上合组织国家儿童创作能力的提高、通过艺术表现自己的思想情感提供了机会，并由此深化了上合组织国家人民间的文化联系。② 2016 年 7 月 1 日，上合组织总部面向中国优秀中小学生开放。在参观过程中，上合组织秘书长阿利莫夫回答了学生们提出的许多问题，并对孩子们寄予了“追寻梦想，加入本组织队伍”的殷切希望。从青少年抓起，以游戏、展览、参观等多种形式将上合组织的良好形象传递到孩子们的心间，对于帮助他们成长为适应上合组织发展需求的人才具有重要作用。

4. 大学生学术研讨：聚焦热点

2015 年 7 月，主题为“纪念伟大胜利、促进和平发展、增强了解融合”的第六届“上海合作组织成员国和观察员国大学生暑期学校”在中国华东师范大学举办。围绕主题，暑期学校安排了专题讲座、汉语学习、文化考察、圆桌会议、创意大赛和民俗体验等活动，促进了各国年轻学生的相互交流和理解，加深了彼此的团结和友谊。2015 年 8 月 24 日，首届上合组织大学生领袖峰会在俄罗斯阿尔泰边疆区举行，来自上合组织成员国、观察国和对话伙伴国的大学生们，对如何建设学生组织来促进教育质量的

---

① “孩子们参与上海合作组织互动游戏”，上合组织官方网站，2016 年 4 月 22 日，http：//chn. sectsco. org/news/20160422/80458. html。

② “‘上合大家庭’的儿童们友好相处”，上合组织官方网站，2016 年 6 月 3 日，http：//chn. sectsco. org/news/20160603/97961. html。

提高交换了经验，并讨论了上合组织空间内学生国际合作的开展以及学生权利的维护等热点问题。会议指出，峰会将成为大学生领袖直接讨论事务的重要平台。① 2015 年 12 月 1 日，在俄罗斯教育科学部的支持下，俄罗斯人民友谊大学召开科技和教育合作国际研讨会，会议指出，在世界多极化背景下，俄罗斯高等教育的国际合作比较薄弱，因此提高俄罗斯高等教育的质量、吸引力和竞争力是关键；② 2016 年 5 月 26 日，上合组织大学生论坛在俄罗斯新西伯利亚州举行，大学生们就寻找学术流动的新方式、青年创业以及上合组织成员国青年跨文化协作等问题展开了热烈讨论。③

二、双边交流夯实互信基础

2015—2016 年，上合组织成员国不断推升双边友好关系，多方位构建互利合作框架。中俄主题年庆、中乌联合考古、中哈科技协作、中塔救灾互助等亮点纷呈。各成员国共同分享丝路建设机遇，共同纪念二战胜利 70 周年，谱写出双边合作的新篇章。

（一）高层对话提升双边合作

中国和俄罗斯双方一致认为，两国关系处于历史最好时期。2015 年 5 月至 2016 年 6 月，习近平主席同俄罗斯总统普京举行了 7 次会晤。双方签署了《中华人民共和国和俄罗斯联邦联合声明》《中华人民共和国主席和俄罗斯联邦总统关于加强全球战略稳定的联合声明》《中俄第十一轮战略安全磋商关于第二次世界大战胜利及联合国成立 70 周年的联合声明》《中华人民共和国和俄罗斯联邦关于深化全面战略协作伙伴关系、倡导合作共

① Лидеры студенчества стран ШОС впервые соберутся на Саммите，университет ШОС，2015，7. 31. http：//uni-sco. ru/news/47/2015_ 07_ 31. html.

② Семинар-совещание научной общественности по проблемам международного научно-технического и образовательного сотрудничества，университет ШОС，2015，11. 30. http：//uni-sco. ru/news/48/2015_ 11_ 30. html.

③ НГУЭУ будет представлен на областном студенческом форуме Шанхайской организации сотрудничества，НГУЭУ，2016，5. 25. http：//nsuem. ru/university/news-and-announces/ detail. php？ ID =91667.

赢的联合声明》《中华人民共和国主席和俄罗斯联邦总统关于协作推进信息网络空间发展的联合声明》和《中华人民共和国与俄罗斯联邦关于丝绸之路经济带建设和欧亚经济联盟建设对接合作的联合声明》等 6 份联合声明。中俄全面、平等、互信的战略协作伙伴关系提升至全新水平。2015 年 5 月 8 日，习近平主席与普京总统共同宣布 2016—2017 年举办“中俄媒体交流年”，活动对于增进两国人民的相知互信，巩固中俄关系的社会基础和促进双方媒体在全球范围开展新闻报道合作具有积极意义。此外，双方互设文化中心，成立医科大学联盟、新闻教育高校联盟、青年企业家俱乐部，组织青年议员、外交官、记者、学生互访，互办艺术节、电影周，让“中俄世代友好理念深入人心，让中俄友好事业薪火相传”。①

中国和哈萨克斯坦关系呈现加速发展的势头，双方着手对接“一带一路”与“光明之路”建设，已经成为真正意义上的利益和命运共同体。双方大力推动人文、旅游、卫生、科技等方面的合作。《中华人民共和国和哈萨克斯坦共和国关于全面战略伙伴关系新阶段的联合宣言》和《中华人民共和国政府和哈萨克斯坦共和国政府联合公报》等文件都包含互设文化中心、开展联合科研、筹办“中国旅游年”等内容，积极规划两国未来的人文合作。2015 年 12 月，中国文化部部长雒树刚在会见哈萨克斯坦文化和体育部部长穆哈梅季乌雷时表示，文化交往作为沟通民心的重要渠道，已经成为中哈两国关系发展中不可或缺的重要组成部分。近年来，两国多次互办大型文化活动，互派文艺团组访演，开展专业领域人员交流，促进了两国间的文化互鉴。希望下一步双方共同推动互设文化中心的进程，并围绕“一带一路”主题开展合作。②

2015 年 12 月，中吉发表联合公报指出，双方将加强人文合作，共同办好文化日活动，鼓励两国高校建立直接联系，深化旅游合作，扩大媒体交流，深化两国影视、文学作品翻译合作。吉尔吉斯斯坦副总理基尔表示，中吉两国不仅在经济和安全方面开展积极合作，也应该重视在文化和软实力建设方面加强合作。不仅是加强中吉双边合作，也应该在中亚和欧亚地

---

① “中国驻俄罗斯大使李辉：高层交往推动中俄关系高水平运行”，新华网，2015 年 4 月 27 日，http：//news. xinhuanet. com/world/2015—04/27/c_ 1115104437. htm。

② “文化部部长雒树刚会见哈萨克斯坦文化和体育部部长”，文化部网站，2015 年 12 月 14 日，http：//www. mcprc. gov. cn/whzx/whyw/201512/t20151214_ 459714. html。

区加强合作。为此，他建议可以在“丝绸之路经济带”框架下举办“文化达沃斯论坛”活动。

2016 年，以共建“一带一路”为主线，以上合组织塔什干峰会为契机，中国与乌兹别克斯坦将双边关系提升为全面战略伙伴关系。习近平主席在乌媒体发表署名文章《谱写中乌友好新华章》并指出：近年来双方在互派留学生、汉语教学、地方交往、联合考古、互译文学作品方面合作取得新进展。要精心打造中乌民心相通工程，通过深化文化、教育、旅游、考古、地方合作，提升中乌作为丝绸之路古国的自豪感和自信心。①

自 2015 年 1 月 1 日欧亚经济联盟正式启动运行以来，俄罗斯和哈萨克斯坦两国的人文交往日益活跃。哈萨克斯坦通过多种形式向俄罗斯人民宣传其历史、文化遗产和价值观，提升哈萨克斯坦的国家形象。两国大使馆在共同纪念卫国战争 70 周年、寻找抗击法西斯的相关档案、促进俄哈创新型知识分子合作方面展开了大量有效的工作。②

（二）人文艺术闪耀友谊光辉

近年来，中俄人文合作主要由两个重要机构牵头和开展：莫斯科中国文化中心和中俄友好、和平与发展委员会。

莫斯科中国文化中心是中国政府根据《中华人民共和国政府和俄罗斯联邦政府关于互设文化中心的协定》在莫斯科设立的官方文化机构，也是中国在独联体国家和东欧地区设立的第一家多功能文化中心。莫斯科中国文化中心，以“优质、普及、友好、合作”为宗旨，围绕“文化交流、教学培训、思想对话、信息服务”等职能，在俄罗斯广泛开展各种活动，全面、持续地推广和传播中华文化，为文化交流互鉴提供稳固平台。中心自 2012 年 12 月成立以来，结合俄罗斯实际，积极探索创新发展之路，实现了从“请进来”到“走出去”，从楼里到网上，从“要我讲”到“我要讲”，从客人到“家人”，从“自发”到“自觉”，从点状、线性文化传播

---

① “习近平在乌兹别克斯坦媒体发表署名文章”，新华网，2016 年 6 月 21 日，http：//news. xinhuanet. com/world/2016—06/21/c_ 129080140. htm。

② Культурно-гуманитарное сотрудничество Казахстана и России в 2015 году, Посольство Республики Казахстан в Российской Федерации. http：//www. kazembassy. ru/ru/dvustoronneesotrudnichestvo/kulturnogumanitarnoevzaimodeistvie.

模式到多维立体化发展的六大转变。具体表现为：推出数字图书馆系统、开通具备机构认证资质的微信公众平台、将武当武术推广到海外、创立品读中国文学翻译奖、倡议并推动中俄两国间大规模互译文学作品，使中俄各领域的文化活动保持“长流水、不断线”。

中俄友好、和平与发展委员会是1997年4月由中俄两国元首倡议成立的民间友好组织，得到两国政府大力支持，并被确定为中俄民间友好交往主渠道。委员会吸引了双方社会各界代表广泛积极参与，为促进中俄世代友好、深化双方各领域合作、推动两国民间交往做了大量卓有成效的工作。随着中俄政治关系不断加强，两国人文合作的渠道和交流手段向“官民并举”转变，作为民间组织的“中俄友好、和平与发展委员会”发挥着越来越重要的作用。2015年，委员会由7个分委会扩大为14个理事会，涵盖媒体、科技创新、智库专家、妇女、宗教、健康、青年等多个领域。在委员会的组织下，“我选择运动——健康马拉松”群众健身运动、“中俄中小企业论坛”、“战争与少年”图片展、“中俄青年妇女论坛”等民间活动全面展开，增进了两国人民间的了解和友谊。

2015年6月，阿拉木图举办“纪念冼星海诞辰110周年音乐会”。同年9月，北京举办纪念哈萨克斯坦诗人阿拜诞辰170周年诗会。通过演绎邻国艺术家的作品，表达两国人民对彼此文化的敬重和对文化连接民心的感念。

2015年12月，吉尔吉斯斯坦国家图书馆中国文化教育中心的扩建开放是中吉年度文化盛事之一。2016年1月9日，浙江金华邮电工程有限公司和吉尔吉斯斯坦德隆电视台联合举办的“新丝路·新起点”中吉文化交流音乐盛典，具有更广泛的社会影响力。来自中国、吉尔吉斯斯坦、俄罗斯等国的演艺明星汇聚一堂，呈现不同音乐风格的迷人魅力。这是浙江金华与德隆电视台在开通“丝路频道”后的又一举措，以文化交流为先导和平台，推助贸易交流、共同发展。

2015年11月，中塔文化研究与交流中心在中国兰州文理学院揭牌，中心以中国与塔吉克斯坦民族文化为研究基础，以促进中塔文化融合与发展为导向，力求在研究与交流中取得丰硕的成果。

“中国电影周”、“中国风——中国文化系列展”（展出中国书画、陶瓷、玉器、民族服饰、图片、中国图书等）和“上海之窗”摄影展等则构成中乌年度人文交流的重要内容。中国驻乌兹别克斯坦大使孙立杰在“中国风”开幕式上强调，近两年，在习近平主席和卡里莫夫总统的战略引领和亲自推动下，中乌成为名副其实的战略伙伴，两国各领域合作展现出蓬勃的生机与活力。在不断密切的相互交往中，两国人民相互了解的愿望越来越强烈，对对方文化的兴趣也日益浓厚。中乌双方在促进文化交流、民间往来、让两国人民的相处更加“和美”方面做了很多努力。

（三）媒体交流凝聚双边共识

继成功举办“国家年”、“语言年”、“旅游年”、“青年年”后，中俄两国政府启动了“媒体交流年”，为两国人文交流注入了新的动力。“今日俄罗斯”通讯社与中国国际广播电台签署了“媒体年”框架协议，双方就“你好中国”、“难忘的声音：纪念二战胜利”、“丝路中俄”等主题展开了密切合作，节目在双方电台播出后获得了广泛的好评。2016 年 4 月，中国首次大规模引进俄罗斯高清优质影视，包括 52 部电视剧和 189 部俄罗斯电影。这些影视剧以不同于英、美、日、韩剧的表述方式，诉说当代俄罗斯的世相人情。① 同年 5 月，贵州·中俄少儿媒体营在贵阳启动，中俄共同举办儿童艺术团访问演出，小记者、小摄影家交流活动，通过这些媒体交往互通互访，提升少儿类媒体的国际知名度，少儿类媒体将发挥更大影响力。2016 年 6 月 1 日，“中国联合展台”亮相俄罗斯莫斯科春季世界内容市场交易展。该展会是俄罗斯境内召开的规模最大的媒体展会之一，包括俄语地区的主流媒体在内来自 40 个国家和地区的超过 480 家企业 1100 余人参加了此次展会。展会集中展示了中国的优秀影视节目，包括反映当代生活、传统文化、中俄交往历史和在俄语地区受众关注度高的、热播的以及已译制成俄语的节目。中俄双方的影视传媒业代表还以“深化影视合作，共筑友谊之桥”为题进行了深入的探讨，规划未来的交流与合作。2016 年 6 月 25 日，中俄两国元首共同出席两国主流媒体联合采访活动启动仪式，体现了对媒体交流的高度重视和支持。两国举办“媒体交流年”有助于进一步向对方民众反映各自的国情、发展水平以及今后的发展前景。同时，也可以向国际社会展示中俄双方在哪些问题上有着共同的利益和立场。

---

① “中国首次大规模引进俄罗斯高清优质电视剧”，人民网，2016 年 6 月 2 日，http：// bj. people. com. cn/n2/2016/0602/c82846 –28444418. html。

与此同时，中国与上合组织中亚成员国的媒体合作也在不断扩大。2015 年 5 月 25 日起，中国央视俄语频道在吉尔吉斯斯坦国家电视台获得独立的栏目时段用于植入播出整档新闻节目。截至 2016 年 4 月 30 日，俄语频道累计植入播出 256 档新闻，时长总计 3840 分钟，合 64 小时。[①] 2016 年 1 月，中国新疆电视台本土化语言译配的中国优秀纪录片《超级工程》，在吉尔吉斯斯坦国家公共电视台播出，这也是该台本土化语言译配的中国影视作品，继塔吉克斯坦之后，又一次在中亚国家播出。《超级工程》聚焦《港珠澳大桥》《上海中心大厦》等中国五大重点尖端科技工程，展示了中国现代科学技术的发展水平和改革开放取得的巨大成就。

私营广播电视的合作也风生水起。浙商张素兰在吉尔吉斯斯坦兴办德隆电视台已逾 10 年。目前，该台已拥有俄、维、中、英等语种 118 个频道，其中不间断地转播中国的频道有 15 个，还自办了 4 套节目，成为在中亚地区范围内用户覆盖最广、服务网点最多、最具影响力的海外华语电视播出平台。从 2012 年起，吉尔吉斯阿勒玛斯广播电台就开始每天 7 小时向当地听众“广播中国”。2014 年和 2016 年，阿勒玛斯先后创办了一个专门介绍中国的网站和一个链接中国电视节目的网站，以满足当地年轻人对中国的“爆炸式兴趣”。在 2016 年 5 月召开的第十一届“面向未来的合作”国际媒体论坛上，吉尔吉斯斯坦哈巴尔通讯社社长塔巴尔蒂耶夫表示，近年来，中国在独联体国家的影响力日渐增加，尤其是在“丝绸之路经济带”范围内开展了卓有成效的媒体合作。中亚各国媒体在这一过程中证明了自己的水平，并将进一步扩大对华媒体合作。

（四）经典译介展示国家形象

书报杂志作为一种媒介，在传递民族价值观、展示国家形象上扮演着重要角色。2015 年，中俄联合出版《中国与苏联关系文献汇编（1952—1955）》《共抗法西斯》；中哈共同出版《我们和你们：中国和哈萨克斯坦的故事》……国与国之间的合作出版，反映了两国不断加深的政治互信。2015 年 11 月，中吉联合出版发行《丝路新观察报》。该报是吉尔吉斯斯坦

① “俄语频道在吉尔吉斯斯坦国家电视台植入播出一周年”，央视国际俄语频道，2016 年 6 月 2 日，http：//www. aiweibang. com/yuedu/121363286. html。

唯一一份由吉尔吉斯文、中文、俄文三种文字出版的周报，成为连接中国和中亚人民的心灵桥梁和亲情丝带。2016 年 5 月，中国第一本以“一带一路”为主题的外文期刊《丝路瞭望》杂志（俄文版、哈文版）在哈萨克斯坦首都阿斯塔纳举办了首发式。杂志由中国外文局所属人民画报社主办，哈萨克斯坦最大的俄文报纸《共青团真理报》负责代理杂志在中亚地区的印刷和发行。目前，《丝路瞭望》也是中国唯一一本面向中亚地区的国家级俄文及中亚国家文种月刊。杂志积极阐释“丝绸之路经济带”的重要意义，记录中国与中亚各国开展对接合作进程中的生动故事、感人细节和精彩瞬间，为中国与中亚各国互利共赢、共同发展提供强有力的舆论支持。哈萨克斯坦外交部代表阿斯卡尔表示，《丝路瞭望》杂志的创办是中哈友谊的见证，将极大地推动两国人民的相互了解和交流。该杂志内容丰富、可读性强，契合了时代的脉搏。① 2016 年 6 月，《百名摄影师聚焦中国》画册暨《中国观察报》俄文版首发式在莫斯科举行。画册精选了中俄两国摄影师自 2000 年以来在中国海峡两岸三地拍摄的 270 余幅佳作。其中，俄总理梅德韦杰夫提供了四幅风光照片。

除了共同编纂出版书报杂志之外，互译经典也成为 2015—2016 年度内人文交流的热点。2015 年 6 月，在圣彼得堡中俄媒体论坛上，双方商定将“中俄经典及现当代文学互译出版项目”规模由翻译出版 100 种图书扩大至 200 种，除文学作品外，还包括其他体裁的人文作品。项目由中国文字著作权协会和俄罗斯翻译学院组织实施。中方参与的出版社有：人民文学出版社、上海译文出版社、中国青年出版社、北京大学出版社、华东师范大学出版社、黑龙江大学出版社、西南师范大学出版社、昆仑出版社、接力出版社等。俄方参与的出版社有：东方文学出版社（莫斯科）、科学出版社（圣彼得堡）、海波龙出版社（圣彼得堡）、圣彼得堡东方学出版社、课文出版社和双耳罐出版社（莫斯科）等。截至 2016 年 8 月，已翻译出版 44 部作品，其中中方翻译俄罗斯作品 26 部，俄方翻译出版中国作品 18 部，包括《红楼梦》《三国演义》《水浒传》在内的 10 部中国文学经典作品译本已在俄罗斯面世。除古典名著外，俄罗斯读者还能读到新翻译的十几部当代作品，包括冯骥才的《一百个人的十年》、麦家的《暗算》、张炜

① “蒋建国为外文期刊《丝路瞭望》创刊发表书面致辞”，人民网，2016 年 5 月 25 日，http：//world. people. com. cn/n1/2016/0525/c1002 –28376607. html。

的《古船》、王安忆的《长恨歌》等，其中大部分作品是首次被翻译成俄文。2015—2016 年度中方翻译出版的俄罗斯文学作品包括已出版的 20 多部作品，如《脑残》（奥尔加·斯拉夫尼科娃）、《美狄娅和她的孩子们，索涅奇卡》（柳德米拉·乌利茨卡娅）、《模仿者》（谢尔盖·叶辛）、《回到潘杰鲁德》（安德烈·沃洛斯）、《野兽的印记》（奥列格·叶尔马科夫）、《伊杰娅》和《莫斯科佬》（米哈伊尔·波波夫）等。上述图书不仅将进入书店，还将被大图书馆收藏。

2015 年，《猫城记》的乌兹别克语译本出版，这是第一部用乌语出版的中国现当代文学作品，引起了乌官方、汉学界及媒体的高度关注。由于该书在乌深受欢迎，《中国智慧》乌兹别克语版格言集也将筹备出版。

中国文学“走出去”已经成为政府大力支持、海外读者欢迎的重要项目。然而，目前能够代表俄罗斯等国当代文学水平的作品被译成中文的数量还相当有限。翻译也主要是在中俄文之间进行。小语种翻译人才的短缺、翻译水平的薄弱、文学素养的不足都成为制约译介工作进一步发展的瓶颈，也是各国人文教育合作亟须解决的问题。

（五）语言学习培养专业人才

语言提供了进入一种文化的通道，从一种文化进入另一种文化的能力。思想的表达和理解需要语言的传递，社会的交际和调试需要语言的沟通。

为加强汉语和俄语语言教学合作，中俄制定了 2020 年 10 万人留学计划，成立了数个高校联盟（见表 3.1），筹建了深圳北理莫斯科大学。目前，汉语已成为俄罗斯中小学教学中继英语、法语、德语、西班牙语之后第五大语言，约有 3.7 万名在校中小学生在学习汉语。2015 年，俄政府首次把汉语考试列为国家统一考试（类似中国高考）的试点项目，并将在 2017 年正式列为俄罗斯全国统一考试科目。俄罗斯还在符拉迪沃斯托克开设了俄语培训中心，为中国的俄语老师提供培训，也教俄罗斯人学汉语。①

2016 年 6 月，哈萨克斯坦首个政府机构汉语培训项目正式开班授课。由中国知名语言文化教育培训品牌“快捷汉语”派遣专业对外汉语教师赴

① “俄罗斯副总理戈洛杰茨：人文合作是俄中关系的坚实基础”，新华网，2016 年 3 月 22 日，http：//news. xinhuanet. com/world/2016—03/22/c_ 1118407802. htm。

哈授课，首期开班3个月。哈外服局代局长库珀巴耶夫表示，哈方愿以举办汉语培训班为契机，提高政府机构工作人员的汉语水平，以便在今后工作中更好地服务和推动哈中各领域友好交往与合作。

乌兹别克斯坦东方学院等高等院校开设了汉语系或汉语课堂，两所孔子学院办学成效良好。2015年，塔什干孔子学院扩大了招生数量。在校学生由2013年的300多人增加到2015年的660多人。为了满足儿童学习汉语的需求，塔什干孔子学院开办了幼儿班，并将2014年开设的2个幼儿班增加到2015年的4个。中国中央民族大学、上海外国语大学和西北民族大学也分别开设了乌语课程，上海大学还设立了乌兹别克斯坦国情研究中心。这些语言教学平台的搭建为跨文化专业人才的培养起到了重要的推动作用。

表3.1　中俄大学联盟（截至2016年7月）（%）

大学联盟名称	成立时间	中方院校数	俄方院校数
中俄工科大学联盟	2011年3月	25	25
中国东北地区和俄罗斯远东、西伯利亚地区大学联盟	2012年9月	62	26
中俄经济类大学联盟	2013年11月	13	13
中俄教育类高校联盟	2014年4月	6	6
中俄医科大学联盟	2014年7月	46	46
中俄交通大学联盟	2015年12月	42	18
中俄文化高校联盟	2016年1月	7	19
中俄新闻教育高校联盟	2016年7月	21	14

注：本表为笔者自制。

（六）科技协作促进创新驱动

在包括科技在内的各领域开展多元创新合作模式，以促进经济的增长和社会的发展，已成为成员国的共识。

创新驱动发展是中俄两国共同的战略选择，双方在创新领域互补性强，合作潜力巨大。2015年7月7日，第六届俄罗斯国际创新工业展开幕，中国作为首个主宾国参加本届展会，共有130多家中国企业参展。2015年10

月26日，中俄总理定期会晤委员会科技合作分委会第十九届例会在俄举行，双方商定，将积极推动两国科研机构就重离子超导同步加速器（NICA）、先进托卡马克装置（EAST）等大科学项目联手研究，加强中俄在核聚变领域的互利合作。双方还探讨了建立中俄技术产权交易中心的可能性。① 2016年6月27日，《中华人民共和国科学技术部与俄罗斯联邦经济发展部关于在创新领域开展合作的谅解备忘录》在莫斯科签署，这标志着中俄创新对话机制正式建立。

中哈在科技领域的合作2015—2016年度内也有新的进展。2015年10月23日，中哈合作委员会科技合作分委会第七次会议商定，将积极落实建立超算和云计算中心的合作意向，并以此为契机加强两国在云计算和大数据等领域的科研合作。2015年举办的欧亚经济论坛科技分会上，中哈双方在科技合作方面达成共识，成功签署了10项合作协议，欲在农业、新能源、公共基础设施建设等方面加强合作与交流。2016年7月，“中哈新兴城市生态屏障建设技术合作研究项目”在哈启动，该项目致力于成为“丝绸之路经济带”生态建设的示范工程。

中乌高科技合作扎实推进。新疆农业大学与塔什干国立经济大学联合创办中乌科教中心，华为公司依托塔什干信息技术大学设立信息与网络技术学院，中国科学院在乌建立综合性药物研发中心以及多个先进实验室。为填补中亚资源环境的研究空白，中国科学院还牵头带领中国及中亚五国469名科研人员，历时5年，于2016年7月完成了国家国际科技合作专项——“中亚地区应对气候变化条件下的生态环境保护与资源管理联合调查与研究”。该项目促进了中国与中亚科技合作新机制的建立，为“一带一路”倡议的实施提供了重要支撑。

三、人文交流述评与愿景

（一）文化先行：新“丝路”要有新“思路”

“一带一路”不仅是一个空间概念和经济合作倡议，它更属于一个建

① “中俄总理定期会晤委员会科技合作分委会第十九届例会在俄罗斯杜布纳举行”，科技部，2015年11月11日，http://www.most.gov.cn/kjbgz/201511/t20151111_122286.htm。

立在历史文化概念影响基础之上的文化影响力范畴。① 它涉及上合组织的所有成员国以及沿线几十个国家的数十亿人口，佛教、伊斯兰教、东正教等各种宗教文明和文化都在这里交织融合。这些文明只有通过不断地交流和互鉴，才能让沿线的人民产生精神共鸣，从而为建设“新丝路”打下民心相通的情感基础。因此，文化先行“思路”是成员国分享“丝路”光明的必要条件之一。

思路一：加快基础设施与文化产业平台建设。“一带一路”沿线国家在社会制度、经济水平、文化基础上都存在着较大差异。一些中亚虽有文化“软件”，却没有文化发展的“硬件设施”，譬如交通建设、通信网络、产业园区等，而与之相匹配的文化产业发展机制、法律政策等更是不够健全，这就容易造成文化交流上的沟通不畅。因此，文化实力较强的国家有必要提供财力、物力和智力上的支持，帮助其他沿线国家推进文化基础设施、基础产业和基础市场的形成，推动投资贸易、文化创意、遗产保护等文化平台的建设，从根本上缩小区域经济发展差距，促进经济文化双轨并行，形成良性互动。

思路二：拓展文化交流内涵和形式。近两年来，“一带一路”沿线国家的文化交流形式越来越新颖，内容也越来越丰富。围绕丝路主题开展文化年、艺术节、论坛会议等各种活动，以丝路建设为核心的文化合作项目也数量众多。然而，丝路文化不应仅局限在这些人文艺术表现形式上。正如习近平主席所要求的那样，可以从绿色环保、医疗卫生、人才培养、安全保卫等多个途径去进行文化交流，打造绿色、健康、智力、和平的丝绸之路，通过这些新的合作形式和内容传播丝路文化，弘扬丝路精神。

（二）教育奠基：联合培养国际化人才

作为人文交流和跨国教育的一种组织形态，上合组织大学办学 8 年来，项目院校逐年增多、招生规模不断扩大、运行机制也日趋完善。各成员国颇具特色的教育模式为实现上合组织教育国际化提供了广阔的平台。上合组织大学开设的区域学、能源学、IT 技术、纳米技术等 7 个专业，培养方

---

① 隗斌贤：“‘一带一路’背景下文化传播与交流合作战略及其对策”，《浙江学刊》2016 年第 2 期。

向都是走在时代前沿且极具发展潜力的，每个项目院校所提供的也是本组织在这些领域最优质的高等教育资源。因此，在这里学生能够学习到丰富的课程知识，接触到多元的文化思想，领略到先进的科学技术，对他们形成国际化的思维和视野极为有利。这些优势都为培养促进上合组织未来发展的复合型人才奠定了坚实的基础。

然而，随着上合组织大学办学模式的逐步清晰，如何保证和提高人才培养的质量已是当务之急。眼下，各专业的培养方案和教学计划都不够明确和科学。一些高校往往采用本国的教育标准进行教学和评价，却忽视了外国学生在语言水平、专业基础等方面的差异性。俄罗斯国际事务委员会指出，上合组织大学这一雄心勃勃的多边项目面临着重大的技术复杂性。第一，各成员国的教育大纲和标准不同，譬如，俄罗斯和中亚国家的研究生培养计划是 2 年，而中国是 3 年；培养毕业生所需的学时和学分，以及相对应的必修课和选修课数量都互不相同；第二，俄、哈、吉、塔、乌学生都掌握俄语，而为了与中国进行教育交流，就必须使自身的汉语水平达到和俄语相匹配的程度；第三，学生从本科到硕士以及从一所高校转向另一所高校读研的流动机制还没完全建立。① 这就要求上合组织大学根据不同国家的教学特点和不同层次生源的培养目标制定出适合本组织发展需求的培养方案。这个方案应该全面考虑教学计划、教学语言、教材编写、师资配备、质量管理等多重问题，因此需要各国教育专家进行深入的探讨和研究。

（三）媒体助力：打造国际舆论新版图

在现代条件下，媒体对社会生活、公众意识的影响是巨大的。西方主导的媒体，对上合组织成员国，尤其是对中俄两国的态度并不十分友好。它们不是站在自己国家政治或文化的立场，就是从商业利益出发，常常以“守门人”的姿态对各种信息进行挑选、阐释，让受众在不知不觉中被其观点所导引。“长期以来，中俄面对的是西方强势的传媒定义，两个国家的国际形象一度是神秘、模糊，乃至消极、邪恶，西方国家以自我为中心，

① Шанхайская организация сотрудничества：модель 2014 – 2015：рабочая тетр. № 21/2015 / С. Г. Лузянин（рук.）и др. М.：Спецкнига，2015.

将‘被传播’的中俄形象输送给受众，其中难免出现各种政治曲解和文化误读。”①

面对这样的信息垄断，中俄媒体主动应对，携手共进，通过互办“国家媒体年”等活动，争取更多的话语权。不论是在全面战略协作伙伴的双边关系中，还是在上合组织、亚信机制、金砖国家等多边合作框架下，中俄都拥有诸多共同的利益和立场，这为两国媒体的合作打下了坚实的政治和社会基础。2015 年 5 月，两国又签署了《关于丝绸之路经济带建设与欧亚经济联盟建设对接合作的联合声明》，双方努力将“丝绸之路经济带”建设和欧亚经济联盟建设相对接，确保地区经济持续稳定增长，加强区域经济一体化，维护地区和平与发展。“一带一盟”对接又为中俄媒体带来了重大的合作契机。在“一带一盟”背景下，中俄媒体应当保证这一概念的正确解读，消除西方公众对中俄双方搞联盟建设的误解，推动国际社会充分理解对接合作赋予推动欧亚经济一体化进程的深刻意蕴。

中俄以及上合组织其他成员国应继续携手，加大媒体领域合作，积极应对挑战，打造国际舆论的新版图。

① “中俄媒体论坛签 9 份务实协议 定义国际舆论新版图”，《环球时报》2015 年 6 月 26 日，http：//world. huanqiu. com/exclusive/2015—06/6773344. html。

第二部分

上海合作组织合作领域研究

报告四

加强上合组织互联网建设
有效应对信息安全威胁

王宪举*

【内容提要】上海合作组织成员国在互联网领域取得了不同程度的发展，在保障本国和欧亚地区的信息安全方面，采取了系列措施，并取得一定成效。但是，上合组织及其成员国在互联网技术、法规、机制等方面仍存在不少问题，面临信息安全的严重挑战和威胁。上合组织应该切实执行业已通过的有关信息安全的各项文件，采取新的举措加强信息安全合作，包括建立新的信息监督和分析中心，使之对保障欧亚地区特别是中亚地区的安全、稳定与发展发挥更加重要的作用。

【关键词】上合组织　上合信息安全　欧亚安全　中亚稳定

上海合作组织自成立以来，各成员国在互联网建设领域均取得了长足的发展，建立起本国互联网系统并积极应对各种信息安全威胁。但是，上合组织成员国在互联网建设方面尚存在不少问题，当务之急是加快互联网技术发展，采取新的举措加强地区范围内的合作，应对信息领域的各种威胁，不仅在本国内部，而且在整个上合组织地区保障信息安全。

一、上合组织成员国在互联网领域的发展和存在的问题

自20世纪90年代以来，互联网技术在独联体国家逐步发展起来。

* 王宪举，国务院发展研究中心欧亚社会发展研究所研究员、中国人民大学—圣彼得堡国立大学俄罗斯研究中心副主任。

2001 年 6 月上合组织成立以后，其成员国更加重视互联网建设以及加强信息空间的安全问题。

据 2015 年 12 月联合国专门机构国际电信联盟（ITU）发布的《衡量信息社会报告（2015）》显示，上海合作组织观察员国白俄罗斯在世界“信息通信技术发展指数”（IDI）中排名第 36 位（7.18）、俄罗斯排名第 45 位（6.91）、中国排名第 82 位（5.05），吉尔吉斯斯坦第 97 位（4.62）。

根据互联网数据统计机构的材料，到 2014 年底，上海合作组织成员国共有网民 8 亿多，约占全球网民的 23.9%。互联网平均渗透率（网民数量占人口总数的比例）为 51.2%，略高于 46.4% 的全球互联网平均渗透率。①

（一）互联网在中国迅速发展

自 1994 年 4 月 20 日中国第一条 64K 国际专线接入国际互联网，中国互联网已有 22 年历史。截至 2016 年 6 月，中国网民人数达 7.1 亿人，互联网普及率达 51.7%，超过全球平均水平 3.1 个百分点，网民规模连续 9 年位居全球首位。② 手机网民达 6.56 亿人，网民中使用手机上网人群占比为 92.5%。2016 年上半年，中国网民人均每周上网时长为 26.5 小时。

2010 年 7 月，“中国域名”.CN 正式纳入全球互联网域名体系，全球网民可通过联网计算机在世界任何国家和地区无障碍访问中国域名。2014 年 8 月 6 日，中文域名网址开始正式在全球开放注册。但是，毋庸讳言，互联网在中国迅速发展的同时，仍存在不少问题，主要是：

1. 中国的网民渗透率为 46%，美国为 83%，中国的网民数还有很大的发展空间。

2. 城乡差距大。城镇地区互联网普及率超过农村地区 35.6 个百分点。

3. 网络安全隐患不少。网站被攻击的事件时有发生，各种病毒侵袭也屡见不鲜。

---

① 张文伟：“上海合作组织信息安全合作：必要性、现状及前景”，《俄罗斯东欧中亚研究》2016 年第 3 期。

② “我国网民规模首超 7 亿人”，《长春晚报》2016 年 8 月 4 日。

4. 虽然中国已开始使用中文域名，但今后相当长的时期内，在中国国内以英语为基础的域名（即英文域名）仍然是主流。中国大陆地区内只有6组根服务器，虽能自己解决域名解析问题，保证国内网络正常使用，但对美国支配的互联网系统的抵御能力仍然比较弱。

此外，还有线路不够稳定、网速过慢、服务收费过高、诈骗等网络犯罪比较严重、色情网站屡禁不止等问题。上述问题都不同程度地对中国信息安全造成威胁。

（二）俄罗斯互联网用户在欧洲国家位居第一

1994年4月7日，俄罗斯国家域名.RU正式注册，这一天被定为俄罗斯互联网（RuNet）日。从2011年起，俄罗斯成为欧洲互联网用户最多的国家，数量达7000万。2013年增加到9000万。2015年夏，俄罗斯一个月内使用网络的人数为7750万人，占18岁以上人口的66%。一半的成年人几乎每天都在使用网络。2015年5月，俄罗斯的网站数量为584.6万个，排世界第六位。2012年俄罗斯网络媒体引用量排名前五位的是：Lenta.ru、Gazeta.ru、Lifenews.ru、Vesti.ru、Bfm.ru。俄罗斯第一大搜索引擎Yandex公司创建于1993年，2011年5月在美国纳斯达克上市，员工5600多人，现已成为一个提供搜索、图片共享、社交网络、网络支付、免费网站托管以及其他服务的门户网站。2015年9月10日，该网站在上海设立代表处，将其亚洲目标对准了规模将达6.5万亿元的中国跨境电商市场。据报道，2013年Yandex网站收入首次超过了俄罗斯中央电视一台。

俄罗斯移动上网人数已占市民总数的40%，形成了一个特殊社会群体——手机上网用户。俄罗斯网络数字化产业也有了较快发展，网络电视、网络媒体、电子书、网络音视频等数字化网络，改变了俄罗斯人的生活方式。俄罗斯有3500万个用户活跃在社交网络上，每个月发布6.2亿条信息。互联网已经取代电视成为俄罗斯人获取新闻信息的主要来源。互联网不再像发展初期那样，只是被国家权力控制的大众传媒工具，而是民众表达社会情绪、多元社会舆论形成、新的政治势力滋生的网络公共领域。

俄罗斯互联网存在的问题是：

1. 俄罗斯网民所占成年人口的比例（66%）虽超过巴西和中国（巴西是54%，中国为46%），但与西方国家仍有差距（美国以2.87亿互联网用户名列第3位，但其互联网国民普及率为世界第一）。

2. 继2011年后，俄罗斯2012年再度成为全球互联网安全风险最高的国家。俄罗斯计算机用户面临来自互联网的风险水平上升到58.6%。

3. 网络犯罪现象比较严重。仅2012年就有180个网站被俄罗斯大众传媒署列入黑名单，其中40%的网站是因为散布麻痹毒害人们的信息，30%的网站是因散布自杀信息，10%是因为散布儿童淫秽信息。

（三）哈萨克斯坦互联网在中亚国家中发展最快

1994年9月19日，哈萨克斯坦在集团公司和互联网公司基础上，正式建立了以.kz为国家互联网域名的哈萨克斯坦互联网。1995年6月出现了第一批网站，1997年12月第二批互联网站登记注册。

2006年。哈萨克斯坦政府通过《哈萨克斯坦信息安全构想》，旨在形成哈萨克斯坦统一的信息空间，创造条件高质量地发展互联网事业。接着，又通过《2008至2012年哈萨克斯坦形成并发展信息空间的互联网构想》。

同时，哈还通过了《2006年至2009年哈萨克斯坦发展信息空间竞争能力的构想》，强调在发展国有互联网同时，大力发展私营互联网站，提高网站信息的质量。此后，不仅国家积极建设互联网，私营商业机构、互联网领域的运输公司和通信公司也积极建立互联网，形成了竞争局面。

2011年，在全球167个国家和地区中，哈萨克斯坦IDI排名第58位。2011年9月30日，纳扎尔巴耶夫总统颁布命令，批准《哈萨克斯坦至2016年信息安全构想》。这些文件和政策推动了哈互联网系统迅速发展。2006年至2011年，哈萨克斯坦博客用户增加两倍，影响最大的社交网是Vesti. kz，相当于俄罗斯的B Kontakte。其他几个互联网是Liveinternet. kz、On. kz、Pautina. kz。哈萨克斯坦大量使用俄罗斯和西方网站，其中Мой Мир的用户占哈全国互联网用户的62.4%，Одноклассники的用户占25.9%，ВКонтакте的用户占22.7%。哈萨克斯坦最新IDI指数值为6.20，高于全球平均水平（5.03），显著高于亚洲国家平均水平（4.70）和发展中国家平均水平（4.12）。

目前，哈有三个主要博客平台：Your vision、Afftor. kz和blogs. kz。哈萨克斯坦的电子政府非常发达（egov. kz），2014年排名全世界（190个国家）第28位，比2013上升了10位。因为加了很多贴心服务，足不出户可以办理日常90%的问题，如汽车上牌、违章查询缴费、各种生活缴费、留学服务、全民医疗、房地产地皮过户查询等等。每一个街区也有自己的全民服务中心。哈所有政府官员都会使用互联网，政府所有成员都在自己所在部门的网站上建立了博客，还有很多人在推特网上建立自己的博客。但是，他们在网上的言行都很谨慎，因为有关信息法律规定，不能随意发布信息，发布评论也要承担责任。博客使用者也要对自己网上的信息和评论承担责任。

哈的互联网社交领域在开始阶段大多数是外来产品，但是最近几年有不少哈萨克斯坦自己的产品，如 iTys（哈国第一个聊天软件）。哈萨克斯坦最活跃的博客群 Блог-платформа Your Vision，最大的视频分享网站 Казахстанский видео，最活跃最大的问答网站 http：//szh. kz/，深受中国哈萨克族喜欢的 http：//okok. kz/ ... 等。

哈萨克斯坦互联网存在的主要问题是：

1. 互联网系统还不发达，比较脆弱，不是国内所有地区都能使用互联网技术。到2011年还有53. 1%的居民未使用互联网，原因之一是哈政府主要发展全国的互联网系统，而不是发展地方的信息资源。由于人口较少，发展较晚，哈萨克斯坦IT产业还没有展现出应有活力，投资者无法确定项目的可行性。不过有总统基金（Фонд Первого Президента Республики Казахстан）、全民族基金、哈萨克语发展基金（Мемлекеттік тілді дамыту қоры）、信息和通信等等，非常多的组织设立了投资和扶持初创公司的部门。

2. 哈萨克斯坦的互联网社交领域基本上被欧美社交APP所垄断，大多数公民对是否支持国内开发自己的社交APP没有明确意识。投资者对互联网及信息技术发展关注不够，认为已经有了国外受欢迎的社交APP，为什么还要花钱自己开发？政府应把更多的资金投入到基础设施、教育、医疗、能源、农业等领域中，而不是投入到信息科技的开发。哈萨克斯坦的IT业潜力很大，互联网公司从业者工资在哈国内高出平均线不少，有些公司具备较好的发展条件。

3. 多数网站不能及时更新内容。一些网站自发存在和随意经营，未考虑到国家法律、道德伦理、关系准则和国家利益。哈萨克斯坦语的网站很少，网站的主要语言是俄语和英语。

（四）乌兹别克斯坦加快发展互联网

1995 年 4 月 29 日，乌兹别克斯坦开始以 . uz 为乌国域名登记注册。2004 年 7 月 1 日，乌全国网民数量为 56. 8 万人，每百人中上网人数约 2. 3 人。为加快信息通信设施的更新改造，提升网络化、信息化水平，乌政府陆续出台了一些相关的法律法规，鼓励外资及本国私有企业发展信息产业，培育信息通信服务市场。一批独资、合资信息通信企业纷纷出现，引进了新设备和新技术。乌政府还与联合国开发计划署共同制定了《数字发展倡议》纲要，对代表信息产业发展水平的各项指标逐一提出了分阶段的达标要求。从 2002 年 8 月开始实施的这项计划对乌信息产业的发展起到了一定的促进作用。

2004 年 12 月 1 日，乌全国移动电话用户达到 51 万人，比 2004 年初增长了 60%。目前，乌全国共有 8 家移动电话运营商，分属于 7 家公司。其中，较有实力的有乌美合资的“Uzdunrobita”公司、韩国独资的“DaewooUnitel”公司和乌国有的“Uzbektelecom”公司。“Uzdunrobita”公司的无线服务网已覆盖乌 90% 以上的国土面积。①

2012 年 3 月，乌政府通过《2012 至 2014 年进一步发展信息交流技术纲要》。4 年来，全国有 4 个运营商占据了互联网的主要市场，它们是：UzNet、SHarp Telecom、Sarkor Telecom 以及 Tps。2016 年 8 月初，乌互联网用户数量已达 1540 万人，占乌全国人口总数的 51%，比 2015 年同期增加 6. 1%。乌兹别克斯坦是中亚地区互联网用户最多的国家，在独联体国家中位居第四。② 最常用的几个网站都是俄语的：Gazeta. ru、UzReport. com、Anons. uz、Olam. uz、Vesti. uz、Afisha. uz 以及 Kultura. uz，主要报道乌国内政治、经济、社会、文化事件。乌国家通讯社网站 www. uza. uz 和 www. ИАЖАХОН、www. jahonnews. uz 是最普及的。用 www. gov. uz 材料的社交网络和博客最活跃。在推特、脸书、同学网站共有 85 万人登记。其中

① “乌兹别克斯坦信息产业的发展现状及前景”，中国商务部欧洲司综合处供稿，《俄罗斯中亚东欧市场》2006 年第 12 期。

② “乌在全球互联网用户数量排名中名列第 37 位”，中国商务部驻乌兹别克斯坦经商参处，2016 年 8 月 4 日，http：//www. mofcom. gov. cn/article/i/jyjl/e/201608/20160801372232. shtml。

在“我的世界”有62.5万人、“脸书”5万人，“推特”1000多人，博客网 lifejournal 也很普遍。

反对派组织在博客上表现也很活跃。尤其是2005年安集延骚乱事件表明，在乌兹别克斯坦通过互联网动员公民参加政治活动是可能的。只要一出现批评政府的信息，马上就会出现几百条匿名支持批评的评论。这使政府提高了警惕，加强了对网站和博客的审查制度。互联网上批评政府的信息被删除，特别严控 Ferghana.ru、Uznews.net、Centralasia.com 和 Uzmetronom.com 等网站，而脸书、同学、联络网站等仍稳定运行。

2011年9月1日，乌兹别克斯坦政府创办了 muloqot 网，以便对网民特别是青年施加影响。到2012年初，该网站已有2万多用户，但仍难以同联络、同学和脸书等网站竞争。

乌互联网存在的主要问题是：

1. 互联网在城乡发展不平衡。乌经济发展较快的城市地区互联网基础设施情况良好，使用互联网的机会较多、成本较低，有利于居民整体素质的提高和寻找合适的发展机会。互联网在塔什干、撒马尔罕、布哈拉等大城市发展较快，而在农村主要用手机上网。

2. 乌兹别克斯坦语的互联网不发达。64%的网站使用俄语，只有21%的网站用乌兹别克斯坦语。来自俄罗斯的移动电话公司逐渐收购、掌控了乌几家主要移动电话公司。2004年夏，俄罗斯“Мобильные Теле Системы”（MTC）公司出资1.2亿美元，收购了乌通信市场上最大的运营商——乌美合资企业“Uzdunrobita”公司74%的股份，成为其最大的股东。双方还签订了为期三年的购股协议。按照该协议，MTC公司有权在三年内以3800万美元的价格购买该企业余下的26%的股份。2004年12月下旬，乌另一家规模较小的移动电话运营商——印度尼西亚独资经营的“Buztel”公司100%的股份也被俄罗斯“Alfa-Group”集团旗下的“Alfa-Telecom”低价收购，这使得乌移动通信市场上的“俄罗斯势力”越来越大。

3. 互联网服务费用高是乌互联网发展比较慢的重要原因。由于目前农村人口占乌人口总数的60%，消除贫困还是乌政府的重要任务之一，所以在未来5年至10年内，乌信息化程度不会有大的提升。

4. 在乌要正式动员民众参加类似“阿拉伯之春”的行动不大可能，但政治反对派仍利用互联网积极活动，有办法跳出防火墙，对互联网用户特别是青少年施加影响。

（五）塔吉克斯坦的互联网发展历史和现状

1996年，荷兰一家公司在塔吉克斯坦首都杜尚别开通了AMPS制式模拟手机业务，塔第一家移动通信公司TajikeTel由此成立。2000年以后，随着塔国内经济的恢复，塔通信业得到了快速发展，目前共有10家移动电话运营商。其中，较有实力的是最大私营通信公司Babilon-Mobile、塔俄合资的MLTMobile、塔美合资的Indigo以及中塔合资的TKMobile。

塔移动电话共采用5种技术标准：AMPS、GSM、CDMA450、CDMA2000 1X和3G－UMTS。移动电话网络基本形成，信号已能覆盖全国各大中城市、主要交通干线及其邻近地区和居民点，但广大农村和偏远山区仍是一片空白。随着塔开通独联体第一家3G（第三代通讯）业务，移动服务不仅能够拨打国内国际电话，而且可以提供互联网、可视电话和远程教育等服务。

1995年美国非政府组织——美慈组织驻塔办事处CADA首次在杜尚别接入国际互联网，提供邮件服务。到1999年，“Телеком Технолоджи”开始为塔吉克斯坦居民提供互联网接入服务。现在塔主要互联网接入提供商为MLT、Megafon、Tcell、Intercom和Babilo等。据“互联网世界统计”（Internet World Stats，简称IWS）调查显示，塔吉克斯坦互联网用户为112万人，互联网普及率为13%，在亚洲的排名仅高于土库曼斯坦。而根据塔方统计，塔互联网的普及率为50%，这是因为把手机用户也计算在内。2014年4月，塔吉克Tcell公司开始提供4G服务。

2001年，塔吉克斯坦通过了《关于建立共和国转发和发送信息的网站以及规范地接受世界信息的网站》的文件。接着，塔吉克斯坦政府于2003年制订国家信息安全构想，这是中亚地区第一个制订国家信息安全构想的国家。该文件指出，信息领域是社会生活的重要方面之一，国家在保障信息安全中发挥主要作用。

2011年塔有600多个互联网站，60万网民，比周围几个国家都少。建立了社交网站mymlt. tj和from. tj，前者主要是娱乐节目，后者则讨论各种政治和社会问题。塔目前已经形成信息网市场，使用俄、英、塔吉克三种语言。在Avest媒体集团的“亚洲＋”通讯社网站，每天有7000多个用户上网。2012年3月，脸书有2.6万个用户，是全国唯一能够自由讨论尖锐问题和批评政府的网站。但是，后来脸书也受到塔政府部门的阻挠。

塔政权对互联网实行严格的限制和控制。2013 年总统选举前夕，塔政府电信部门向互联网服务商下发关闭 131 个网站的指示，其中包括普通的社交网、音乐和视频资源等。①

"塔互联网存在的最大问题是互联网速度慢，且价格高。2014 年，2M 带宽的上网费用每月需要 1000 美元左右"。② 这使生活水平很低的居民对互联网望而生畏，不敢问津。

（六）吉尔吉斯斯坦互联网是中亚地区最自由化的信息网站

吉尔吉斯斯坦互联网发展较快，互联网发展速度超过中亚邻国，互联网用户超过 200 万人，占总人口的 39%。手机用户为 759 万人，超过全国居民的数量，其中 20% 的用户与全球网络联结。

据吉全国统计委员会的资料显示，90 万居民在社交网络上登记注册，主要是推特、脸书、联络、我的世界和同学等社交网络。他们是近 600 万居民中最活跃的人群，在 DIESEL FORUM 等网上积极讨论所关心的问题。

虽然国家主导互联网市场，但是吉尔吉斯斯坦有 37 个私营互联网公司，它们对国家经营者构成竞争，其中最大的私营公司是 ELCAT、SAIMA 和 Telecom. Aknet。2009 年，根据巴基耶夫总统的决定，把 AзияИнф. kg 网站的管理权转给了国家专利局，以便对互联网加强监督。但是巴基耶夫下台后，2012 年 3 月 27 日，国家又把吉尔吉斯斯坦电信公司私有化。

吉互联网的国家域名是 . kg，于 1995 年注册，但现在用户只有超过 4000 个，主要原因是价格高。以 . com，. net.，. org，. ru，. info 为例，它们的收费标准一般为每月 7 美元，而 . kg 却要 50 美元。为了降低费用，2009 年吉政府开始在吉南部建立利用塔吉克斯坦和中国光纤线路的网站，但此网未与其北部相连（吉首都在北部），缺乏一个统一的信息安全系统，所以用户依旧不多。

---

① "塔吉克斯坦准备关闭上百个网站"，俄罗斯之声，2012 年 12 月 22 日，http：//sputnik news. cn/radiovr. com. cn/2012_ 12_ 22/98910238/。

② "塔吉克斯坦的通信基础设施"，中国驻塔吉克斯坦大使馆经商参处网站，2014 年 7 月 23 日。

吉互联网存在的主要问题是：

1. 绝大多数网站是俄语的，吉语的互联网站很少。

2. 未形成统一的信息资源系统。法律上对信息和网站等相关规定有不同解释，并且互相矛盾。国家所属的媒体大多有自己的网站，而吉法律规定，微信网站不是大众传媒，所以地方信息公司之间矛盾重重。

3. 反对派竭力利用互联网。他们在网上批评政府，号召自己的支持者积极行动。阿卡耶夫执政时期如此，巴基耶夫统治时期也是如此。在互联网领域最有影响的是 Vesti. kg、Comment. kg、24. kg、kabar. kg 和 Parus. info。吉尔吉斯斯坦语的报纸 СуперИнфо 和 Азза-тык 很受欢迎，因为它们的报道比较客观及时。反对派及其国外支持者根据政治需要，经常在吉网站上发表关于现政权的材料。巴基耶夫统治时期曾想在媒体和互联网上限制言论自由，于是 2010 年春夏之交，反对派在互联网发表了严厉批评政府和总统的言论，有些社交网络和博客大力动员广大群众，在政变中起到推波助澜的作用。

（七）土库曼斯坦互联网发展比较缓慢且相对保守

土库曼斯坦的信息技术起步较晚。虽然 1997 年就注册了 . tm 的国家域名，但 2007 年尼亚佐夫总统病逝、别尔德莫哈梅多夫上台后，土才开始发展互联网。新总统明白，在全球信息化时代，需要在全球信息空间更广泛地宣传土库曼斯坦，以便吸引投资者。

在中亚的这个中立国家，苏联时代的《报刊和其他新闻媒体法》依然有效。2007 年土库曼斯坦出现了第一批网吧，但是到 2012 年 6 月，互联网用户仍只有 12 万个，其中在 . tm 登记注册的为 3800 个用户。主要原因是价格高（互联网费用比邻国高出几倍）、控制严。例如土库曼斯坦政府规定，去网吧者须出示个人身份证件，因此至今土库曼斯坦仍是中亚各国互联网领域中最封闭的国家。土的主要电信公司——土库曼斯坦电信公司、俄罗斯公司移动电话公司（MTC）除提供手机电话服务外，还控制互联网服务。政府对信息控制很严，只要有人批评政权，其网络或博客马上就会被关闭。土政府对“土库曼斯坦自由电台网站”、土反对派和持不同政见者组织的网站、国际人权组织的网站，以及英国广播公司、德国之声、美国之音广播电台等，也是如此。社交网络和博客未获发展，因为政府限制英语、俄语等社交网络，而致力于建立和发展土库曼斯坦语的互联网如 Teswirlar. com 和博客 Talyplar. com。

二、上合组织成员国面临的信息安全威胁

近年来，“伊斯兰国”等“三股势力”以及西方一些敌对势力对上海合作组织成员国信息安全领域的威胁日趋严峻，成为上合组织地区安全与稳定的主要挑战之一。

（一）极端恐怖组织通过互联网招募人员

自 2014 年以来，“伊斯兰国”极端恐怖组织通过人员介绍和互联网在俄罗斯和中亚国家招募人员。据塔吉克斯坦互联网管理中心人员称，目前“伊斯兰国”在社交网站上有 3 万多个账号用于传播极端主义思想，仅在“推特”上他们就有 1300 万读者和听众。2014 年 10 月 31 日，乌兹别克斯坦宗教委员会发表声明谴责“伊斯兰国”组织。该委员会指出，“伊斯兰国”在乌兹别克斯坦播放关于乌极端分子在叙利亚“打仗”的视频，企图以此招募“战斗人员”和破坏乌兹别克斯坦的稳定。俄罗斯与独联体反恐中心的专家说，“‘伊斯兰国’恐怖分子向俄罗斯与独联体地区招募了数千名成员”。“在俄罗斯并非仅仅招募穆斯林成员，目前招募的范围蔓延到俄罗斯中央联邦区和南部伏尔加地区。由于‘伊斯兰国’恐怖组织的各种需求，招募的成员都是掌握各种专业的年轻人，尤其是掌握英语、俄语等语言的青年，平均年龄 23 岁，不受性别限制，特别是高校的学生。”①

中亚国家情报部门透露，目前有 300 名哈萨克斯坦人、600 名吉尔吉斯斯坦人、300 多名塔吉克斯坦人和至少 200 名土库曼斯坦人，在叙利亚和伊拉克为“伊斯兰国”卖命。

据俄罗斯媒体报道，“伊斯兰国”武装组织中有一个名为“马维兰纳赫尔”的战斗小组，其成员来自中亚的哈萨克斯坦、乌兹别克斯坦、吉尔吉斯斯坦和塔吉克斯坦。对于在伊叙境内的那 600 名吉尔吉斯斯坦人，极

---

① “俄罗斯与独联体国家采取措施应对 IS 招募成员”，凤凰卫视，2015 年 12 月 8 日。

端组织企图把他们派回中亚，从吉尔吉斯斯坦西南部向乌兹别克斯坦渗透，期望在乌境内扎根壮大。

2015 年 9 月 5 日，独联体集体安全条约组织秘书长博尔久扎指出，近年来集安组织总共关闭了 5.7 万个极端分子为“伊斯兰国”组织招募人员的网站。这些网站主要是在中亚国家和中国新疆招募人员。

（二）极端伊斯兰势力利用互联网进行思想渗透和破坏活动

多年来，一些伊斯兰极端宗教势力，对俄罗斯北高加索地区及中亚国家的思想渗透相当严重。除了派遣“瓦哈比”宗教人士到俄罗斯和中亚国家外，极端伊斯兰势力的渗透主要通过互联网等信息技术进行。哈萨克斯坦安全部门表示，2012 年哈西部一系列恐怖袭击事件的组织者和执行者，主要是受宣传恐怖主义和极端主义思想网站的影响，其中部分恐怖活动是“哈里发战士”的成员所为。一些网站不仅散播极端主义言论，而且在网页上直接教授如何制造爆炸装置。

极端宗教组织还通过互联网发布恐怖袭击信息。2011 年 4 月 23 日，宗教极端组织在网站上发布信息，称将针对塔吉克斯坦当局发动恐怖袭击。同年 9 月 16 日，塔吉克斯坦“圣战”组织通过网络呼吁该国穆斯林发起反政府及异教徒的恐怖袭击。

据俄罗斯联邦安全局提供的资料显示，俄总统网站和议会上下院的网站每年遭到 1 万余次攻击。2011 年 9 月至 2012 年 8 月的一年间，就有 74% 的俄罗斯电脑遭受病毒感染，43% 用户的社交网站密码被窃取。①

2014 年 12 月，普京总统正式批准发表的新版《俄罗斯联邦军事学说》首次写入信息空间安全，其中指出，当信息安全威胁“阻碍俄联邦国家和军事指挥系统工作，破坏战略核力量和导弹预警系统、航天空间控制、核弹药存储设施和核生化医学药物工业或其他潜在危险设施职能”时，信息安全威胁被列为军事威胁；当“信息和通信技术用于军事政治目的，以实施违反国际法、破坏国家主权、政治独立和领土完整的行动，对国际和平安全、全球和地区稳定带来威胁”时，它被视为外部军事危险，而“旨在

① 马建光、陈文府：“漫谈俄信息安全机制建设”，《中国社会科学报》2015 年 1 月 12 日。

破坏俄联邦信息基础设施的行为则被视为内部军事危险”。

2015 年 3 月 4 日，普京在俄内务部会议上表示，从非法街头活动到社交网络上的公开宣扬仇恨，俄罗斯正成为“颜色革命”的目标。

2014 年，哈萨克斯坦便关闭了 700 家宣扬极端主义的网站。2015 年，在互联网上公布有哈萨克斯坦儿童受训视频后，哈又关闭了 500 多个网站。

国信办负责人指出，近年来网上暴力恐怖音视频已成为中国暴恐案件多发的重要诱因。从破获的昆明“3・01”、乌鲁木齐“4・30”、“5・22”等多起暴恐案件来看，制造暴恐事件的暴恐分子几乎都曾收听、观看暴恐音视频。2014 年以来，“东突”等分裂势力在境外网站发布的暴恐音视频数量较往年大幅增加，不断通过各种渠道传入境内，大肆宣扬“圣战”等暴力恐怖、极端宗教思想，其煽动性很强，危害很大。“疆独”组织各网站建立了以“世维会”为中心的联网体制，大量转载“世维会”文章。“疆独”组织还专门向国内用户提供“翻墙”软件，用以躲避中国有关部门的互联网监督，直接登录境外“疆独”组织网站。它们借用网络等现代传播媒介的功能与效应，一方面加大宣传攻势，另一方面进行思想和组织整合，对中国新疆大举进行渗透、分裂与破坏活动。“疆独”组织大都是通过互联网与境外恐怖组织取得联系、寻求支持，或者是利用互联网发展成员、接受和发布行动指令的。造成 7 人死亡、14 人受伤等严重后果的 2010 年阿克苏“8・19”事件就是“疆独”势力利用互联网传播宗教极端思想和制爆技术、煽动宗教狂热所致，是典型的自发式暴力犯罪活动。

此外，“藏独”组织和“法轮功”组织也在美国政府支持下，利用互联网进行非法宣传和破坏活动。《华盛顿邮报》2010 年 5 月 12 日报道称，美国务院决定向“法轮功”设立的号称“全球互联网自由联盟”的软件公司拨款 150 万美元，协助其研发“翻墙”软件。

（三）政治反对派利用互联网制造反政府事件

吉尔吉斯斯坦是受西方国家互联网入侵最严重的中亚国家。这一方面是由于吉尔吉斯斯坦本国的互联网技术落后，难以抵御西方互联网攻击。另一方面则是由于吉当局主观上就没有采取有效措施加以抵御。吉尔吉斯斯坦被西方誉为中亚地区的“民主岛”，任凭数以百计的非政府组织大行其道、为所欲为，结果深受其害的恰恰是前总统阿卡耶夫本人。2005 年春季吉尔吉斯斯坦议会选举前夕，美国向该国非政府网站、新闻出版等传媒单位提供大量技术设备和资金支持，帮助培训互联网技术人员，进行推翻阿卡耶夫政权的舆论准备。吉反对派利用美国非政府组织“自由之家”基金会资助的《MSN》等报纸不断爆料阿卡耶夫及其家人的奢华生活，激起民众对执政者的不满。当阿卡耶夫政权试图控制西方非政府组织和本国反对派组织的互联网站时，西方国家立即施加压力，要求吉当局取消对非政府网站所设置的各种限制。在西方敌对势力的支持下，阿卡耶夫政权被推翻，他本人逃亡莫斯科。

2010 年 4 月，吉再次发生政治骚乱。当局虽关闭了一些反对党和非政府组织的网站，但欧洲安全与合作组织立即对吉施加压力，致函吉外交部部长，要求吉政府允许民众自由登录互联网。在西方国家的推波助澜下，巴基耶夫总统重蹈阿卡耶夫覆辙，放弃政权，逃亡到白俄罗斯首都明斯克。

乌兹别克斯坦也遭受政治反对党和非政府组织网站的困扰。2011 年 5 月底，乌青年小组“Emap!”在“脸书”上发表呼吁书，号召群众 6 月 1 日自带干粮到首都塔什干独立广场集会示威，推翻政府。由于乌国家安全机构及时发现并采取措施，反对派的图谋未能得逞。

2015 年 12 月 31 日，普京签署新版国家安全战略，将利用信息和通信技术煽动极端主义、恐怖主义和分裂主义、破坏政治与社会稳定的行为列为主要安全威胁之一。

2014 年 10 月，塔吉克斯坦海外反对派组织“24 小组”利用“脸书”、“优兔”等互联网社交网络，号召民众走上街头推翻拉赫蒙政权，引起当局高度重视。塔吉克斯坦当局为防止“广场革命”在塔上演，及时屏蔽了“脸书”、“推特”等多家社交网站，关闭 200 多家网站，控制互联网接入，甚至还一度中断了手机短信服务，最终迫使反对派取消了游行示威活动。① 到 2012 年 3 月，“脸书”是塔国内唯一能够自由讨论最尖锐问题和批评政府的网站。在“脸书”的帮助下，塔国内组织了数十次行动。最严重的一次是 2012 年 3 月 5 日，反对派利用“脸书”，呼吁一群青年积极分子聚集在国家能源公司大楼前，象征性地毁灭能源公司，企图挑起镇压，但是政府保持了克制。此事件引起塔政府担心，国家安全委员会禁止

① 张文伟：“上海合作组织信息安全合作：必要性、现状及前景”，《俄罗斯东欧中亚研究》2016 年第 3 期。

TJKNews. com、Zvezda. ru 等网站，阻挠其转播极端分子的材料，其中包括关于塔吉克斯坦伊斯兰党的材料。

三、上合组织及其成员国采取一系列信息安全措施

20 多年来，上海合作组织成员国以及上合组织在保障信息安全方面采取了系列举措，积累了不少经验，但是依旧任重而道远。2000 年以来，中国政府颁布实施了《互联网信息服务管理办法》《他国人大常委会关于维护互联网安全的决定》等有关互联网的法律法规，互联网管理逐步被纳入法制轨道。俄罗斯在信息安全管理方面出台的法律最多，也比较完善。自 1999 年开始，俄罗斯相继颁布了《俄罗斯网络立法构想》《俄罗斯联邦信息和信息化领域立法发展构想》《信息安全学说》等纲领性文件，起草和修订了《俄罗斯联邦因特网发展和利用国家政策法》《信息权法》等 20 余部法律。特别是 2012 年 5 月普京第三次入主克里姆林宫以后，俄罗斯出台了《网络黑名单法》。网络监察部门拟定一份网站域名和地址的清单，禁止其内容和信息在俄罗斯传播。第一批进入黑名单的是含有色情、生产和使用毒品、宣传自杀方法等内容的网站。2013 年 12 月，俄罗斯通过了《封闭极端主义网站法案》。2014 年 1 月 10 日，俄罗斯联邦委员会公布了《俄罗斯联邦网络安全战略构想》（讨论稿），明确了国内外互联网政策方面的重点、原则和措施，切实保障俄罗斯联邦公民、组织和国家的网络安全。2015 年 4 月，俄罗斯国家杜马（议会下院）通过了《博主法案》，国家机构有权限制在互联网上有影响力的博客作者的活动。如果一个博客的网页一昼夜有 3000 以上用户访问，这个博主就要在一个特殊的名单上登记。2015 年，俄罗斯联邦通信、信息技术和大众传媒监督局成功测试了网络媒体在线监控系统，利用该系统加强对网络包括宣扬恐怖活动、极端主义和暴力等违法内容的监控。该系统向有关部门通报违规行为，并要求当事人尽快删除相关内容，这种做法值得我们借鉴。哈萨克斯坦政府通过了《哈萨克斯坦信息安全构想》《2008 至 2012 年哈萨克斯坦形成并发展信息空间的互联网构想》《哈萨克斯坦至 2016 年信息安全构想》等法律文件，在规范互联网使用、打击非法信息活动等方面确定了原则和办法。2010 年 9 月哈邮电部和新闻部发布命令，凡使用 . kz 域名的网站，都应使用哈萨克斯坦国内的服务设备，以便监督和控制网站。由于 Guljan. org 网站不使用

国内服务设备，遭到政府网站的攻击，致使其无法继续运行。但是，仍有不少网站对此规定置若罔闻，因为政府网站只能有重点地攻击一些网站，而不可能对所有违规的网站都攻击。乌兹别克斯坦议会和政府通过了包括《信息化法》《电子商务法》《数字电子签名法》《电子文件流通法》等在内的法律法规。乌当局认为，保护国家新闻和信息空间免受各种外国势力侵害，是国家信息政策的组成部分。2016 年 7 月，乌兹别克斯坦信息技术和通信发展部强制要求国内的互联网公司将用户所有的操作数据保留 3 个月。相关的法规草案已在乌兹别克斯坦统一的政务服务门户网站上公布，以供全社会进行讨论。① 塔吉克斯坦、吉尔吉斯斯坦和土库曼斯坦也在信息安全领域根据本国具体情况，采取了一些举措。其中，吉尔吉斯斯坦成立了总统直属的网络管理委员会，负责网络和信息通信事务的管理与协调。

上合组织也十分重视信息安全领域的合作。2006 年 6 月 15 日上海合作组织成员国元首上海峰会指出，“各成国在信息安全领域面临的具有军事政治、犯罪和恐怖主义性质的威胁，是需要立即采取措施共同应对的新挑战。责成成员国专家组在 2007 年本组织下次峰会前制定维护信息安全的行动计划，其中包括确定本组织框架内解决这一问题的途径和方式”。2014 年元首理事会公报重申，“网络安全威胁依然是影响上海合作组织地区安全稳定的不利因素”。

上海合作组织成员国 2006 年峰会发表了《上海合作组织成员国元首关于国际信息安全的声明》，指出“信息通信技术和当代威胁与挑战具有跨国性质，必须通过双边、地区和国际层面的合作，加大各国保障信息安全的力度”。

2013 年 9 月，上海合作组织发表《比什凯克宣言》，称“成员国致力于以尊重国家主权、不干涉别国内政原则为基础，构建和平、安全、公正和开放的信息空间，反对将信息通信技术用于危害成员国政治、经济和公共安全的目的，阻止利用国际互联网宣传恐怖主义、分裂主义和极端主义思想，主张制定统一的信息空间国家行为准则”。

2014 年 9 月，上海合作组织杜尚别峰会宣言指出，“成员国愿在尊重国家主权和不干涉别国内政的原则基础上，共同努力建立一个和平、安全、公正和开放的信息空间。成员国将合作防止使用信息通信技术危害成员国政治、经济和公共安全、稳定以及人类社会生活道德基础，阻止利用国际

---

① “乌兹别克斯坦拟要求网络公司保留用户操作数据”，亚欧网，www. yaou. cn，2016 年 7 月 26 日。

互联网宣传恐怖主义、极端主义、分裂主义、激进主义、法西斯主义和沙文主义思想。成员国支持所有国家平等管理互联网的权利，支持各国管理和保障各自互联网安全的主权权利”。

根据2006年6月15日的元首声明，上海合作组织成员国组建了国际信息安全专家组并多次召开会议，制定了保障各国信息安全的政府间协定。2009年6月15日，上海合作组织成员国在叶卡捷琳堡峰会上签署了《上海合作组织成员国保障国际信息安全政府间合作协定》，确定了成员国在上海合作组织框架内保障国际信息安全的途径和手段，强调各国通过双边、本组织内部和国际三个层面的合作，防止利用网络传播“三股势力”思想，防止个别国家利用网络干涉他国内政。2015年11月上旬，上合组织在北京召开国际信息安全专家组会议，强调上海合作组织通过的有关信息安全的所有文件对所有观察员国、对话伙伴国开放，研究在国际社会推进实施这些倡议的方法和前景。

2015年10月14日，上海合作组织成员国主管打击网络犯罪部门在厦门市举行代号为“厦门—2015”的网络反恐演习。

但是，总的来说，上述文件的落实不够有力。而且，对于信息安全领域的威胁与挑战依然主要处于被动应对状态，并没有处于积极、主动、进攻状态。

四、关于加强互联网建设应对信息安全威胁的建议

上合组织地区反恐机构执委会主任张新枫认为，打击网络犯罪和保障信息安全是上合组织当前面临的重要任务。他说，“三股势力”现在更多地利用互联网进行造谣、煽动，甚至组织一些行动性的破坏活动，我们要积极应对这种形势。①

（一）尽快建立中亚地区电子网络信息监控中心

信息安全和网络犯罪的重要特点是，它不受国家边界的限制，在打击

---

① “上合组织官员：‘三股势力’一直利用网络进行破坏活动”，新华网，http：//news. xinhuanet. com/legal/2013—05/22/c_ 124748229. htm。

网络犯罪和保障信息安全问题上仅靠一个国家、双边合作是力所不及的，因此要在上合组织所有成员国的范围内合作，采取大家都认为可行的措施打击网络犯罪。在上合组织这个安全平台上共同打击网络犯罪、应对安全挑战与威胁，这应是上合组织的重要工作。

应该建立一个全面监控上合组织成员国，特别是涵盖中亚国家，以及中国新疆地区的电子网络信息中心，因为这个地区的恐怖和极端势力之间是相互勾结的。只有全面地跟踪和监督它们的活动和联系，才能全面、准确和及时地掌控其情况，有力和有效地应对它们的威胁，打击它们的破坏活动。毫无疑问，这对于加强包括中国西部安全在内的上合组织各成员国的安全、推进“丝绸之路经济带”建设、保障“丝绸之路经济带”和欧亚经济联盟建设对接的开展具有重要意义，是加强上合组织各国特别是中亚地区安全的重要一环。

可以在上合组织地区反恐机构的基础上建立这一中心，也可以把该中心的机构设在比什凯克，以平衡当初地区反恐机构从比什凯克改为塔什干、而吉尔吉斯斯坦一直对此心怀不满。由于中国和俄罗斯在上合组织互联网技术方面处于领先地位，两国应该在该中心的技术、资金和工作人员组织配备方面承担主要责任。

（二）加强主动出击的意识和举措

上面已经指出，“三股势力”和一些西方国家在互联网和“信息战”中采取积极进攻的姿态。它们设有专门的机构和人员，有针对性地编造信息，无中生有地歪曲捏造，张冠李戴地混淆视听。由于通过手机播发微信、文字和音频材料以及电子邮件最为便捷，它们肆无忌惮地散播有害信息，影响用户。因此，上合组织成员国有关部门在加强监控的同时，不能守株待兔、被动应付，还应积极主动出击，比如主动发送正能量的微信和视频材料，占领电子网络市场，影响特别是青少年用户。中国的有关部门，除了中文外，还应发送维吾尔文的微信，去影响维吾尔族用户。

（三）着重对青少年做工作

在经常上网的人中，年龄在 18 岁以下的占 4.3%；18—25 岁的占

37.2%；26—40 岁的占 51.1%；40 岁以上的占 7.4%。从性别来看，上网人群中 88% 为男性。上网最多的是大学生和中学生，主要用于玩游戏、交往、娱乐和学习。利用网络来进行研究、准备教材和自我学习的教育工作者为数较少。① 因此，应该特别关注青少年这个群体。

---

① “乌兹别克斯坦信息产业的发展现状及前景”，《俄罗斯中亚东欧市场》2006 年第 12 期。

报告五
上合组织地区的跨国人口迁移新特点

强晓云*

【内容提要】上海合作组织成员国之间的跨国人口迁移对本组织内部的沟通交流具有十分重要的意义。2016 年度，随着“丝绸之路经济带”、欧亚经济联盟、大欧亚伙伴关系的提出与开始落实，地区内跨国人口迁移具有了新的特点。一是跨国人口迁移的方向与中心愈加鲜明。中国与俄罗斯成为欧亚地区国际迁移的两个中心。俄罗斯是来自中国、中亚的劳动移民的目的国——劳动迁移中心，中国是来自俄罗斯、中亚学生的求学目的国——教育迁移中心。此外，本地区的跨国人口迁移主要表现形式为劳动迁移与教育迁移。二是跨国人口迁移与本地区的发展状况同步。2014 年以来，上合组织成员国间的跨国人口迁移呈现出一个新的特点，即人口迁移的活跃不是全球化的结果，更多地是逆全球化的地区一体化的结果。三是向俄罗斯的迁移是上合组织内部人口迁移最为活跃的部分。因此，俄罗斯社会对于移民的接受度、俄政府对于移民的管理度均会对上合组织成员国人口迁移的态势产生不容忽视的影响。四是安全意识引导着本组织部分成员国的移民政策。

【关键词】上合组织跨国人口迁移　上合组织移民政策　上合组织国家安全

在上海合作组织覆盖的欧亚地区，跨国人口迁移现象一直存在，它并非是一个新兴的事物。2016 年度，在本地区发生的一些重大政治事件，为

* 强晓云，上海国际问题研究院全球治理研究所副研究员、俄罗斯中亚研究中心副主任。

区内跨国人口迁移赋予了新的意义。

2015 年 5 月 8 日，中华人民共和国主席习近平在访问俄罗斯期间，在莫斯科发表了《中华人民共和国与俄罗斯联邦关于丝绸之路经济带建设和欧亚经济联盟建设对接合作的联合声明》。2016 年 6 月 17 日，俄罗斯总统普京在圣彼得堡国际经济论坛上，呼吁建立大欧亚伙伴关系。“丝绸之路经济带”、欧亚经济联盟、大欧亚伙伴关系的提出与落实，都离不开本地区内人口的跨界迁移。促进资本、商品、人员的自由流动应是实现上述倡议的一个重要内容。

一、本地区跨国人口迁移的概况

在全球化与地区一体化共存的背景下，跨国人口迁移逐渐成为保障世界范围内劳动力市场正常运转的一个关键要素。很多世界发达国家的生存与发展都在很大程度上依赖于跨国人口迁移，它促进了劳动力的年轻化与代际更新，为一些人口缺乏国家补充了劳动力，并且维护着农业、建筑业、酒店业、旅游及其他服务产业的持久活力。

如果从全球范围内考察跨国人口迁移，可以看出，近年来，人口迁移大多集中在各个经济一体化发展较为活跃的地区。2014 年以来，这一趋势更为明显。全球移民政策协会的研究表明，依托人口自由流动制度，在欧盟、南方共同体市场、南部非洲发展共同体，这些地区内部的人口迁移分别占到了国际迁移的 50%—60%。而在本地区，80% 的国际迁移发生在俄罗斯与哈萨克斯坦等中亚国家之间，并且移民占到本地区（不含中国）总人口的 10%。①

当前，本地区的跨国人口迁移有三个流向：一是从中亚向俄罗斯的人口迁移；二是俄罗斯、中亚向中国的人口迁移；三是中国向中亚、俄罗斯的人口迁移。同时，俄罗斯、中国成为欧亚地区国际迁移的两个中心。俄罗斯是来自中国、中亚的劳动移民的目的国——劳动迁移中心，中国是来自俄罗斯、中亚学生的求学目的国——教育迁移中心。需要指出的是，留

① Патрик Таран. Миграция, глобализация и экономическая жизнеспособность: вызовы и возможности для России и Евразии. http: //russiancouncil. ru/inner/? id_ 4 = 6665#top-content.

学生并非是俄罗斯中亚公民向中国迁移的唯一形式，近年来，越来越多的企业家、商人也来到中国谋求更好更多的商业合作机会与工作机遇。基于篇幅与统计资料所限，本文主要考察的是本地区最主要的一种移民形式——劳动移民。

自20世纪90年代以来，独联体、中国的公民进入俄罗斯寻找工作机会。整个欧亚地区，大约70%的移民处于劳动年龄范围，劳动移民占到在俄移民总数的80%。① 2016年，在俄罗斯1000多万移民中，来自独联体国家的移民有870万人，40%为劳动移民。② 中国有许多来自欧亚地区的外国留学生。根据中国教育部的数据，截至2014年，俄罗斯在华留学生为17202人，留学生人数紧跟在韩国、美国、泰国之后。③ 截至2016年4月，哈萨克斯坦在华留学生人数为11764人。他们的经费来源既有根据国家项目资助的，也有自费的，其中有763人是哈中两国大学之间的交换生项目学生，其余为自费留学生以及市政府资助奖学金的获得者。④ 值得注意的是，不论是来自俄罗斯的留学生，还是哈萨克斯坦等中亚国家的留学生，自费前往中国留学的比例都远高于国家资助。

二、向俄罗斯的人口迁移

考察2016年度欧亚地区的跨国人口迁移数据，不难看出，无论是从移民的总数，还是移民的种类，俄罗斯都是本地区人口迁移最活跃的国家，也是中亚国家迁出移民的首要目的国。本文以俄罗斯作为典型案例来分析本组织内部的国际移民状况。

俄罗斯内务部的最新数据表明，至2016年7月，在俄居住的外国人为

---

① Патрик Таран. Миграция，глобализация и экономическая жизнеспособность：вызовы и возможности для России и Евразии.

② Глава ФМС：в 2015 году число мигрантов в России стабилизировалось. https：//news. mail. ru/society/24443511/.

③ "2014年全国来华留学生数据统计"，教育部，http：//www. moe. gov. cn/jyb_xwfb/gzdt_ gzdt/s5987/201503/t20150318_ 186395. html。

④ 萨乌烈·果沙诺娃、博塔果斯·拉基舍娃：《哈中两国战略合作框架下的哈萨克斯坦教育移民研究》，阿斯塔纳：ProfiMaxDK出版社，2016年版，第6页。

1000 多万人，比去年同期减少 100 万人。① 2016 年上半年，有 920 万外国人进入俄境内。2016 年初，俄联邦移民局前局长康斯坦丁·罗曼达诺夫斯基曾向媒体公布了在俄外国人的数量。2015 年，在俄罗斯的外国人减少了 10%，为 995 万人，其中约 870 万人来自独联体国家。而在 2014 年，在俄外国人为 1110 万人，来自独联体国家的为 910 万人。② 2015 年，俄罗斯的移民增量为 24.5 万人，略低于 2014 年，且增加的移民数量几乎都来源于前苏联国家。③ 从表 5.1 可以看出，2015 年度与 2014 年度在俄罗斯境内的移民概况。

表 5.1　2015 年俄罗斯联邦移民概况

移民概况	2015 年	2014 年
移民登记人数（人）	7 868 441	8 680930
境内外国人与无国籍人士总和（人）	9 948 099	10 969 093
承担行政责任人数（有记录案底）	2 225 017	2 324 912
缴纳行政处罚罚金（千卢布）	8 753 081	9 168 527
被判定禁止入境的外国人与无国籍人士数量（人）	490 893	644 918
其中，被禁止入境的外国人与无国籍人士（人）	481 404	682 893
遣返与驱逐（人）	117 493	139 034
发放的工作许可数量（个）	216 969	1 328 119
建立工作特许证（个）	1 788 201	2 386 641
预算入账（千卢布）	57 415 810	44 865 011
其中，特许证收入（千卢布）	34 060 896	18 311 659
办理永久居留证（份）	146 720	139 035
办理临时居住许可证（份）	365 161	296 767

① Число иностранцев, находящихся в РФ, сократилось с начала года почти на 1 млн человек. http://tass. ru/obschestvo/3454845.

② Глава ФМС: в 2015 году число мигрантов в России стабилизировалось. https://news. mail. ru/society/24443511/.

③ Численность и миграция населения РФ в 2015 году. Росстат. http://www. gks. ru/bgd/ regl/b16_ 107/Main. htm.

续表

移民概况	2015 年	2014 年
获得俄罗斯国籍（人）	209 799	157 791

资料来源：俄罗斯联邦内务部移民问题总局，Сведения по миграционной ситуации в Российской Федерации за 12 месяцев 2015 года. https：//гувм. мвд. рф/document/57512。

整体而言，2015 年在俄境内的移民人数略少于 2014 年的数量。至少有三个因素导致了在俄移民人数的减少。首先，2015 年，俄罗斯的国内经济形势并不理想。受到欧盟与美国的经济制裁以及国际油价下滑的双重影响，2015 年俄罗斯 GDP 出现了 3.7% 的负增长，通货膨胀率达到 12.9%，为 2009 年以来最高。2015 年前 11 个月，实际工资同比下降了 9.2%，这是自 1999 年以来的首次下降。① 经济下滑致使俄国内对于外来移民，尤其是劳动移民的需求缩减。

其次，俄罗斯货币卢布贬值使得移民的实际收入下降，移民向俄罗斯迁移的愿望也随之降低。以美元与卢布的汇率为例，2013 年 1 月，1 美元可兑 30.4 卢布，到了 2015 年 1 月 30 日，1 美元可兑换 68.8 卢布，至 2015 年 12 月 30 日，1 美元可兑换 73.20 卢布。在俄移民通常将劳动所得的卢布兑换成美元，卢布与美元汇率的下跌使得移民的收入锐减（超过一半），他们暂时不愿向俄迁移。

第三，2015 年，为了打击非法移民与管理移民，俄罗斯政府实行了一系列紧缩性新政，一些移民离开了俄罗斯。为严厉打击违反在俄居留制度的外国人，俄政府采取禁止入境的措施。依据违法的不同程度，禁止入境的年限也不同，最高为 10 年。同时，俄政府开始实行新的工作许可文件制度。例如入境时，未来的劳动移民必须在移民卡上注明“访问目的—工作”，并在入境 30 天内向相关移民部门提交发放工作许可证的申请书；外国公民要获得劳动许可证，必须通过俄语、俄罗斯历史、俄法律的相关考试；提高劳动许可证以及特许证的费用标准等等。这些措施在一定程度上减少了非法移民的数量，但是也增加了合法移民向俄罗斯迁移的难度。

① 左凤荣：“2015 年俄罗斯：经济疲软、外交强硬”，《学习时报》2016 年 1 月 11 日，http：//www. studytimes. cn/zydx/DDSJ/HUANQLW/2016—01—11/4402. html。

2015 年，有近 48. 1 万违法的外国人被禁止进入俄罗斯国境（详见表 1）。俄联邦移民局资料显示，2016 年初，俄罗斯有大约 150 万移民非法居留超过半年，其中超过 80 万人非法居留一年以上。①

在上述因素的共同作用下，2015 年上半年，部分外国移民离开了俄罗斯。然而，自 2015 年下半年起，随着上合组织其他成员国，尤其是中亚国家本国货币的贬值速度超过俄罗斯的卢布后，向俄罗斯迁移的趋势发生了变化——赴俄移民回流开始出现，2015 年底，从中亚赴俄的人数又恢复了增长。2015 年，中亚一些国家的货币也出现了贬值现象：塔吉克斯坦的货币索摩尼贬值 30%，乌兹别克斯坦货币苏姆贬值 50%，吉尔吉斯斯坦索姆与美元汇率下跌了 30%。本国货币的贬值，中亚各国长期的高失业率以及低工资，再加上原本对中亚劳动移民吸引力较大的中东国家现在因安全问题难以获得中亚民众的再度青睐，使得俄罗斯依然成为中亚国家公民来获取劳动机会的首要选择。

俄罗斯联邦统计局有关出入境的数据清晰地反映出这种变化。2015 年，进入俄罗斯国境的外国人共计 59. 86 万，比 2014 年多 13. 5%；出境外国人人数达到 35. 32 万，也比 2014 年多 13. 6%（详见表 5. 2、表 5. 3）。②从入境目的看，到 2016 年 4 月为止，劳动务工是外国人进入俄罗斯的主要目标之一，占到外国人总量的 40%，因私入境的占到 39%，旅游占 7%，留学占3%。③

从分析俄罗斯联邦统计局的数据还可以看出，2015 年移民来源的地理分布。

在所有入境的外国人中，独联体国家公民依然是赴俄外国人的主要组成部分——占入境外国人的 89%。2015 年，入境的独联体公民为 53. 62 万人，出境的为 29. 88 万人。④

---

① Глава ФМС：в 2015 году число мигрантов в России стабилизировалось.

② Численность и миграция населения РФ в 2015 году.

③ Информация Главного управления по вопросам миграции МВД РФ. 转引自 Екатерина Быркова. Миграционные итоги 2015 года：кто приезжает и уезжает из России? http：//провэд. рф/analytics/research/34147-migpatsionnye-itogi-2015--goda-kto-p - piezzhaet-i-uezzhaet-iz-possii. html。

④ Численность и миграция населения РФ в 2015 году.

表 5.2 独联体国家与俄罗斯的人口迁移（入境俄罗斯）（单位：人）

国别	2014 年	2015 年
乌克兰	126819	194180
乌兹别克斯坦	131275	74242
哈萨克斯坦	59142	65750
塔吉克斯坦	54658	47638
亚美尼亚	46568	45670
摩尔多瓦	32107	34026
吉尔吉斯斯坦	28543	26045
阿塞拜疆	26367	24326
白俄罗斯	17931	17741
土库曼斯坦	6038	6539

资料来源：Численность и миграция населения РФ в 2015 году，Росстат，http：//www. gks. ru/bgd/regl/b16_ 107/Main. htm.

表 5.3 独联体国家与俄罗斯的人口迁移（从俄罗斯出境）（单位：人）

国别	2014 年	2015 年
乌兹别克斯坦	94179	94910
乌克兰	32449	48049
塔吉克斯坦	35296	36276
哈萨克斯坦	18328	30983
亚美尼亚	22562	25137
摩尔多瓦	14533	16646
吉尔吉斯斯坦	13284	16110
阿塞拜疆	13973	13666
白俄罗斯	11174	12832
土库曼斯坦	3435	4219

资料来源：Численность и миграция населения РФ в 2015 году.

国别上，以乌克兰①公民为最多，全年进入俄罗斯境内的共计约 19.42 万人，与2014 年比较，增加了53%；其次是乌兹别克斯坦公民7.42 万人；哈萨克斯坦公民 6.58 万人，增幅为 11%。哈萨克斯坦公民进入俄罗斯的人数上升，一个主要的促进因素是哈俄两国同属于欧亚经济联盟成员，2015 年俄罗斯开始实行针对欧亚经济联盟成员国简化入境手续的法规。除乌克兰与哈萨克斯坦外，入境移民有所增加的还有来自摩尔多瓦与土库曼斯坦的移民。

然而，其他独联体国家赴俄移民的人数却呈下降趋势。降幅最显著的是来自乌兹别克斯坦的移民。2014 年，进入俄罗斯境内的乌兹别克斯坦公民约为 13.13 万人，2015 年则锐减为 7.42 万人。与此相应的，离开俄罗斯的人数也最多（在独联体国家公民中），2014 年约有 9.42 万乌兹别克斯坦公民离开了俄罗斯，2015 年为 9.49 万人。根据俄联邦内务部移民管理局的数字，至 2015 年 12 月 4 日为止，在俄罗斯境内的乌兹别克斯坦公民共有 188.055 万人，塔吉克斯坦公民 89.62 万人，哈萨克斯坦公民 67.01 万人，吉尔吉斯斯坦公民 54.29 万人。② 这还不包括非法移民。

乌兹别克斯坦公民大量离开俄罗斯，除了因为俄经济不景气、卢布贬值，还因为乌兹别克斯坦本国劳动政策发生了变化。乌兹别克斯坦是中亚人口数量最多的国家，人口基数大，还存在一定程度的失业率，使得大量本国人口去国外寻找工作机会。2014 年，乌兹别克斯坦政府开始关注本国劳动力外流的状况，研究制定新的《劳动保护法》草案，并于2015 年底成立了劳动部，加强对本国劳动力的保护。根据乌兹别克斯坦政府的信息，2015 年全年政府共创造了 89.6 万个工作岗位，为支持就业，政府还向就业中心拨款 238 亿苏姆（约合 830 万美元）。③

降幅较为明显的还有来自塔吉克斯坦的移民。这主要是由于俄罗斯日益收紧的移民法规不利于塔吉克公民进入俄罗斯。2015 年，塔吉克斯坦公民进入俄罗斯境内的人数比 2014 年减少了约 7000 人，而离境的人数则增

---

① 2014 年 3 月，乌克兰开始启动退出“独立国家联合体”（独联体）的程序。

② Сколько узбеков сейчас в России? http：//vesti. uz/index. php? option = com_content&view = article&id = 53840.

③ Екатерина Быркова. Миграционные итоги 2015 года：кто приезжает и уезжает из России? http：//провэд. рф/analytics/research/34147-migpatsionnye-itogi-2015-goda-kto-ppiez zhaet-i-uezzhaet-iz-possii. html.

加了近 1000 人。

表 5.4 非独联体国家向俄罗斯的人口迁移（单位：人）

年份	入境	出境
2010	19716	12372
2011	46033	14641
2012	53726	27179
2013	59532	38540
2014	61376	51283
2015	62460	54405

资料来源：Численность и миграция населения РФ в 2015 году，Росстат，http：//www. gks. ru/bgd/regl/b16_ 107/Main. htm.

与独联体国家不同的是，其他国家公民向俄罗斯的迁移呈递减趋势。从 2013 年开始，非独联体国家的外国公民进入俄罗斯的人数开始缓慢增长，但年增幅在 3% 以下，而出境人数的增幅则超过入境人数。例如，2015 年，约有 6.25 万非独联体国家公民进入俄罗斯，而这些国家离开俄罗斯的人数为 5.44 万人，比 2014 年多了 6%（见表 5.4）。

在非独联体国家向俄罗斯的人口迁移中，中国人既是入境最多的，也是出境最多的。2015 年，有 9043 位中国公民进入俄罗斯，而离开俄罗斯的中国公民则为 9821 人。2014 年入境 10563 人，出境 8607 人。以下三个因素使部分中国人离开俄罗斯：一是日益紧缩的俄移民政策。2015 年，一些移民新规的实行对中国人进入俄罗斯工作或做生意造成一定阻碍，例如俄语考试。与独联体国家移民相比，俄语、俄罗斯历史、俄罗斯基本法律的考试对于想到俄罗斯的中国人而言，还是有一定难度的。二是俄国内不景气的经济。卢布贬值、经济低迷，使得在俄工作的中国人收入并不理想。三是电商的冲击。在俄工作的中国人大多从事贸易活动，电商的兴起与快速发展在俄对从事批发轻工业产品的中国生意人造成不小的冲击。

在欧盟地区引发关注的难民问题，在俄罗斯并不显著。或许是基于俄罗斯经济状况，俄罗斯不如欧洲与北美那样具有吸引力，在俄罗斯并没有出现因叙利亚难民而引发的难民危机。在俄罗斯境内的难民主要来自于乌克兰。2015 年在俄联邦移民局各地区分部共计有 14.96 万乌克兰人获得临时避难资格，2014 年为 25 万人。①

三、移民政策的变化

本地区出现如此活跃的跨国人口迁移，对移民迁入国与移民迁出国社会经济都产生了一定的影响，也促使上合组织各成员国对人口迁移进行管控，表 5.5 列出了上合组织主要国家对于移民的主要类别——劳动移民实施管理的概况。

表 5.5　上海合作组织成员国（除中国外）管理外国劳动力相关政策概况

国别	开始管理的时间	劳动配额制度	劳动许可证制度
哈萨克斯坦	2001 年	有	有
吉尔吉斯斯坦	2006 年	有	有
俄罗斯	1994 年	有	有
塔吉克斯坦	2002 年	有	有
乌兹别克斯坦	1995 年	有	有

2014 年以来，一些移民迁入较多的国家（如俄罗斯）以及一些移民迁出的国家（如塔吉克斯坦、吉尔吉斯斯坦）也随着移民状况的变化，对原有的移民政策进行一定的修正或变革。

① Екатерина Быркова. Миграционные итоги 2015 года：кто приезжает и уезжает из России? http：//провэд. рф/analytics/research/34147-migpatsionnye-itogi-2015-goda-kto-ppiez zhaet-i-uezzhaet-iz-possii. html.

（一）俄罗斯的移民新政

2015年是俄罗斯落实《2025年前俄罗斯联邦国家移民政策构想》的第一阶段。《2025年前俄罗斯联邦国家移民政策构想》于2012年6月13日由总统普京签署。根据该构想，落实移民政策将经历三个阶段：2012—2015年、2016—2020年、2021—2025年。

尽管在制定与落实的进程中，不乏一些前后矛盾之处，但不容否认的是，《2025年前俄罗斯联邦国家移民政策构想》是俄罗斯移民管理政策的纲领性文件。从该构想的内容可以看出，俄罗斯政府开始强调吸引移民和管理移民，其前提是将移民管理提升到了战略的高度。《2025年前俄罗斯联邦国家移民政策构想》是国家发展大战略的组成部分，与未来的发展息息相关，同时还顾及未来20年俄罗斯国内和周边的发展环境。正如《2025年前俄罗斯联邦国家移民政策构想》总章中所提到的，构想是在《2025年前俄罗斯联邦人口构想》《2020年前俄罗斯联邦社会经济长期发展构想》《2020年前俄罗斯联邦国家安全战略》等战略规划文件的指导协调下制订的。"《2025年前俄罗斯联邦国家移民政策构想》的制订考虑到管理移民进程领域的国内和国际经验，并受俄罗斯联邦经济、社会、人口发展、俄联邦外交政策的预期前景，在独联体成员国、海关联盟、统一经济空间境内所进行的一体化进程，以及全球化世界趋势这些与移民政策战略方向相关联因素的制约。"①

与以往俄罗斯政府发布的移民政策比较，《2025年前俄罗斯联邦国家移民政策构想》具有更强的战略性，体现出俄政府希冀积极管理移民的清晰思路。首先，《2025年前俄罗斯联邦国家移民政策构想》首次以官方文件的形式明确界定了不同迁移种类的概念，为今后实行有差别的引进移民政策奠定了基础。按照迁移的期限，《2025年前俄罗斯联邦国家移民政策构想》将迁移区分为短期迁移（一年以内的迁移）、长期迁移（一年以上）；临时迁移（不改变固定居住地的国内国际迁移）、永久居留迁移（更换永久居留地的国内国际迁移）。根据迁移的目的，《构想》将迁移划分为

---

① Концепция государственной миграционной политики Российской Федерации на период до 2025 года. http：//президент. рф/acts/15635.

学术流动（学者和教师以从事学术交流、教学活动、研究成果展示以及其他职业目标为目的的国际迁移）、教育（学习）迁移（以获得或继续教育为目的的迁移）、劳动迁移［以就业和完成工作（提供服务）为目的的临时迁移、季节性劳动迁移（工作性质受季节限制只能在一年的某个期间内完成的迁移］。

其次，吸引国外高技术人才、企业家和投资者成为移民政策的优先方向。政府除要制定吸引高级技术专家、俄市场急需的技术熟练工人的规划外，还应简化带有商务目的的外国公民、参与投资和企业活动的外国公民、外国法人等的入境、出境及在俄罗斯联邦境内逗留的手续。

第三，在迁移吸引力尚未大幅提升的阶段，创造条件积极刺激海外同胞向俄罗斯的回迁，支持教育迁移和学术流动。第四，完善移民法律制度，保护移民的权利，促进移民融入当地社会是俄政府提升迁移吸引力的主要方式。而在协助移民的适应和融入方面，俄政府应“为移民的适应和融入创造条件，包括通过在来源国和移民流最多的俄联邦地区建立相应的基础设施，积极运用媒体资源以及在移民来源国的文化适应中心使移民从事俄语学习、法律培训，并获得有关文化传统和行为规范的信息”等等。①

依托该构想，2015 年，俄政府实行了一系列管理移民的新规。主要内容包括以下几个方面。②

首先，对外国人出入境采取区分化管理。自 2015 年 1 月 1 日起，非欧亚经济联盟成员的独联体国家的公民被禁止使用国内护照进入俄罗斯，他们必须使用出国护照。这一法规也适用于非难民身份的乌克兰公民。

其次，对外国人在俄罗斯境内的停留、居留进行细化规定。外国公民每 180 天内在俄累计停留时间不得超过 90 天（90 天可以是连续一次性停留，亦可以是间隔累计的，即每累计停留 3 个月须出俄境一次），否则 3 年内不得入境，工作和学习签证除外；在俄超期滞留 180 天以上、270 天以下（含）的外国公民，5 年之内不得入境；在俄超期滞留 270 天以上的外国公民，10 年之内不得入境。外国公民对违反入境规定的处罚有异议，须通过法院上诉，俄联邦移民局无权更改相关处罚决定；完善其他法律法规，

① Концепция государственной миграционной политики Российской Федерации на период до 2025 года.

② 具体可参见俄政府网站，http：//government. ru/govworks/11/main/。

如延长签证期限等。

表 5.6 俄罗斯现行劳动移民许可证制度的形式与程序

劳动移民的来源国	入境俄罗斯所需的文件	在俄劳动许可文件类别	基本程序
欧亚经济联盟成员国（亚美尼亚、白俄罗斯、哈萨克斯坦、吉尔吉斯斯坦）	出国护照、移民卡	不需	（1）劳动移民入境俄罗斯后，在 5 个工作日内根据居住地进行登记 （2）自签订与解除合同之日起 3 个工作日内，用人单位、雇主向移民局通知关于与劳动移民签订（解除）合同事宜
免签入境俄罗斯的前苏联国家（阿塞拜疆、摩尔多瓦、塔吉克斯坦、乌克兰、乌兹别克斯坦）	出国护照、移民卡	工作特许证 Патент	（1）劳动移民入境俄罗斯后，在 5 个工作日内根据居住地进行登记 （2）劳动移民自入境起 30 日内获得工作特许证 （3）签订与解除合同之日起 3 个工作日内，用人单位、雇主向移民局通知关于与劳动移民签订（解除）合同事宜
不免签的前苏联国家以及其他国家	出国护照、签证、移民卡	工作许可证 Разрешение на работу	（1）劳动移民入境俄罗斯后，在 5 个工作日内根据居住地进行登记 （2）用人单位、雇主获得吸引外国个人进入俄罗斯的许可证 （3）劳动移民自入境起 30 日内获得工作许可证 （4）签订与解除合同之日起 3 个工作日内，用人单位、雇主向移民局通知关于与劳动移民签订（解除）合同事宜

资料来源：Working Paper of Unescap，"The Role of Labor Migration in the Development of the Economy of the Russian Federation"，June 15，2016，p. 15，http：//www. unescap. org/resources/role-labour-migration-development-economy-russian-federation-english-russian.

第三，实行新的工作许可文件制度。新制度简化了劳动移民的合法化程序，但同时也严格了违法的责任。自 2015 年 1 月 1 日起，俄罗斯开始在跨越过境时，潜在的劳动移民必须在移民卡上注明“访问目的—工作”，并在入境 30 天内向相关移民部门提交发放工作许可证的申请书；免签国家的外国公民要获得工作许可，必须证明（通过考试）本人掌握俄语、俄罗斯历史、俄法律，没有严重疾病、具备资源医疗保险单，并交纳固定的费用，且俄法人与个体工商业者在雇佣许可证移民时不需获得劳动配额；对关于独联体国家公民工作特许证的新规定；简化工作许可证办理手续，为外国高级专家颁发 3 年的长期访俄签证等等。劳动许可新规的主要内容详见上表。

第四，实行考试制度。自 2015 年 1 月 1 日起，拟在俄工作或居住的外国公民须通过俄语、俄法律和历史的考试。目前，俄 5 所院校有权颁发考试合格证书，分别是：国立普希金俄语学院、莫斯科国立大学、人民友谊大学、圣彼得堡国立大学和太平洋国立大学。外国公民可在 450 多个考点参加考试。考试合格证书的有效期 5 年。

同时，俄政府还列出免考的条件，属下列情况的外国公民可免于考试：一是拟在俄办理短期居留或者长期居留身份的外国公民，如属以下情况：1. 无劳动能力者；2. 不满 18 周岁者；3. 65 周岁以上的男性；4. 60 周岁以上的女性；5. 拥有特殊专业技能者及其亲属；6. 母语为俄语者。二是拟在俄工作的外国公民，如属以下情况：1. 拥有高级专业技能的专家；2. 新闻机构从业者；3. 在俄高等院校任教者。

这些被外界视为“紧缩”政策的新规，在俄罗斯政府看来，则是对境内外国移民的有效管理措施。上述新政中的绝大多数都需要额外付费，增加政府的预算收入。与 2014 年相比，2015 年，办理工作许可证给俄罗斯带来的预算收入提高了 0. 8 倍，全年移民管理所获得的预算收入也比 2014 年增加了 28%。同时，实行新规后，俄罗斯的非法移民与移民犯罪率均有所下降。目前，俄罗斯有大约 150 万移民非法居留超过半年，其中超过 80 万人非法居留一年以上。仅 2015 年就有近 48. 1 万违法的外国人被禁止入境。俄境内外国人违法案件也在减少，与 2014 年相比，外国人受行政处罚案件减少了近 10 万起。[①] 然而，从外国移民的角度来看，新政的费用增加向俄迁移的成本，这就削弱了一些想要到俄罗斯打工的外国人的意愿。此

① 根据俄联邦内务部移民事务管理局数据整理，参见 https：//гувм. мвд. рф/document/575 12。

外，新政执行加大了雇佣外国劳动力的俄罗斯公司的税收压力，对于跨国人口迁移还是产生了负面影响。

（二）中亚国家保护本国在外移民的措施

上合组织成员国的中亚国家里，除哈萨克斯坦既是移民迁出国也是迁入国外，其余多为移民迁出国。与迁入国不同的是，移民迁出国的移民政策不仅涉及进入本国的外国人，而且更多地把重心放在如何保障在国外本国公民的权益，以及减少人口迁移对母国的影响上。

本地区跨国人口迁移活动在促进经济活力的同时，也产生了不可忽视的社会成本。例如，在移民迁入国（如俄罗斯）存在着非法雇佣现象，移民缺乏法律保障，不得不受剥削与歧视；部分移民从事的工作对健康有害，没有假期，居住条件恶劣，难以获得正规的医疗救助；由于长期无法与家庭共处所产生的家庭关系恶化、留守与移民儿童的受教育问题等等。

上述问题引起了移民迁出国政府的注意。例如，近年来吉尔吉斯斯坦一直采取措施，努力保障在俄的吉尔吉斯斯坦公民的权利。2010 年，吉政府成立了吉公民国外就业中心，隶属于劳动、迁移与青年部。同时，为了培养俄罗斯与哈萨克斯坦市场所需的技术人才，吉还开始进行职业技术教育系统改革，增设专业以使吉在外劳动移民更具竞争力。

成为欧亚经济联盟成员更加有助于吉保护本国的在外移民。2015 年 8 月，吉尔吉斯斯坦正式加入欧亚经济联盟。入盟后，吉公民的学历文凭被联盟内各成员国所承认，劳动移民可以加入工作所在国的工会，并享受与当地公民相同的权利和待遇，工龄计入社保体系，其子女可就地接受教育。作为吉的第一大贸易伙伴和其外出劳工的主要接收国，俄罗斯已取消了本国劳动力市场对吉尔吉斯斯坦的限制，在俄工作的吉公民不再需要入境一个月内向俄政府进行登记等烦琐程序。

此外，吉尔吉斯斯坦还倡导建立本地区统一的劳动力市场。但从当前条件来看，还为时过早。一方面，不论是上合组织还是欧亚经济联盟，都尚未将地区劳动力市场一体化列为迫切需要解决的问题；另一方面，建立统一的地区劳动力市场需要严谨的法律基础，需要统一各成员国在劳动权利、社会保障等方面的法律，而这显然不可能在短期内完成。

塔吉克斯坦政府则较为关注本国的劳动移民家庭的生活状况。2015 年

4 月，在与到访的俄罗斯外长拉夫罗夫进行会谈时，塔吉克斯坦总统拉赫蒙表达出对本国在俄劳动移民、留学生生活状态的关心。双方商定将签署四份双边文件，以解决在俄的塔吉克劳动移民权利保护等问题。鉴于许多劳动移民家庭的收入严重依赖于移民汇款，汇款往往是这类家庭的唯一收入来源。为了改变这种状况，联合国粮农组织于 2016 年秋季启动一项资助塔劳动移民家庭的项目，旨在鼓励塔劳务移民家庭发展小型农业，并为每户提供 5000 美元的补助金。① 该项目是联合国粮农组织全球和地区规划的组成部分，是在联合国粮农组织框架下、由俄罗斯政府出资实施的“加强高加索和中亚地区国家食品安全和饮食改善”的子项目。该项目于 2016 年秋季启动，这有助于将食品安全、营养改善、社会保障、教育和健康水平等问题整合为食品安全和饮食战略，同时在塔吉克斯坦、亚美尼亚和吉尔吉斯斯坦推进，分 3 年实施，总金额 600 万美元。

四、移民政策的特点

观察俄罗斯及中亚国家的移民政策，可以发现有一个共同的特征：安全意识主导着移民管理理念。

以俄罗斯为例，安全意识一向在俄罗斯的内外政策中占据特殊重要的地位，在移民管理上，依然如此。俄政府将人口迁移、国际移民提升到国家安全的高度，保障国家安全历来是俄罗斯移民管理政策最根本的目标和基本原则。②

第一，移民与俄罗斯的社会安全相关。大部分俄罗斯的精英和民众认为，外来移民与接收国和地区的犯罪率上升具有直接联系，正是由于移民的增多，当地社会治安状况下降，而跨国犯罪集团的活动则进一步恶化了接收国和地区的社会治安，给当地的社会安全带来威胁。非法移民问题是另一个一直困扰着俄罗斯政府的老问题。“伊斯兰国”（ISIS）影响的扩散、阿富汗问题向中亚地区的外溢，使得一些俄罗斯民众认为，少数来自中亚

① Проект по поддержке семей трудовых мигрантов запустят в Таджикистане，http：//avesta. tj/2016/07/13/proekt-po-podderzhke-semej-trudovyh-migrantov-zapustyat-v-tadz -hikistane/.

② 参见强晓云：“俄罗斯移民政策的调整——2025 年前俄罗斯联邦国家移民政策构想简评”，《世界民族》2013 年第 5 期，第 54—60 页。

的信奉伊斯兰教的移民极有可能是恐怖分子或宗教极端分子。打击非法移民、移民的犯罪行为是俄政府在移民管理方面的重要措施。2016 年度，在乌克兰危机爆发、欧洲出现叙利亚难民潮后，俄罗斯更是实行新规严控移民的非法滞留，加大处罚力度，加强了对非法移民的打击。自 2009 年开始，所有在俄外国人的信息都保存在俄联邦移民局（现为俄联邦内务部移民事务管理局）的信息系统里。该系统现存 1 亿 7000 万份外国人的资料，如有非法入境，系统会直接关闭。俄罗斯高层官员不止一次表示，“俄罗斯不是过道”，可以让所有人来去自如。①

第二，移民与俄罗斯的国土安全相关。1999 年科索沃战争的爆发及其结果，对于俄罗斯有着多重含义，它引发了俄罗斯民众重新审视移民与国土安全的关系。因为科索沃战争为“移民威胁论”的支持者提供了一个“假设性启示”：当一个地区的外来移民（尤其是单一民族）数量超过当地居民时，外来移民有可能通过多种方式（全民公决，甚至战争的方法）来获取独立。如果不对移民入籍加以严格控制的话，科索沃的例子可能会在远东、俄罗斯南部上演。尽管这种可能性发生的概率极低，但是俄政府对单个民族的移民流动仍较为谨慎。俄罗斯总理梅德韦杰夫曾在政府工作会议上指出，《2025 年前移民政策构想》旨在改善移民进程的管理，“重要的是不应出现负面现象，包括形成外国公民的飞地”，“很遗憾，在远东居住的人不多，保护我国远东领土不受邻国剩余公民扩张的任务仍然存在”。②

第三，移民与俄罗斯的经济安全相关。有观点认为，一方面，外国（主要是来自中亚）劳动移民分流了俄罗斯本国人的劳动机会，会恶化后者的就业环境；另一方面，移民向迁出国的汇款会造成俄罗斯资本流失，移民参与“影子经济”偷税漏税行为直接影响到俄罗斯的国库收入，不利于国家经济的发展。因而，俄罗斯在管理移民时，一方面对入境的外国劳动力设置配额，实行劳动许可制度；另一方面，对移民进入某些经济领域加以限制，以提供更多的劳动机会给本国居民。

俄罗斯政府每年都要确定在具体行业部门需要吸引的外国劳动力限额。2016 年度，俄罗斯在一些行业减少了对外国劳动力的需求。2016 年，俄政府批准的外国劳动力（对签证国家的外国工人）配额为 213929 人，相当

---

① Глава ФМС: в 2015 году число мигрантов в России стабилизировалось.

② http://www.rusnews.cn/eguoxinwen/eluosi_neizheng/20120809/43522568.html.

于俄经济活跃人口的0.3%，[①] 不会引起劳动力市场的波动。与2015年相比，配额俄罗斯减少了22%。如往年一样，俄政府规定，全面禁止外国移民在零售业、商亭以及商场工作。他们也不能从事药品销售。在啤酒与香烟贸易行业，外国工人的数量不能多于该企业总人数的15%，在体育健身行业则不多于25%。2016年，可以在汽车货运行业工作的外国人的份额从原来的50%缩减到35%（占企业总人数的比例），在其他陆上客运行业的份额，则从50%减少到40%。对于减少外国劳动力进入本国特定行业，俄罗斯官员与民众持积极态度。例如，俄工会主席克拉夫琴科就乐见这种变化。他认为，"劳动力市场发生了巨大的变化。由于工资水平以及卢布汇率下降，从俄罗斯离开了大量的移民。然而，这也有正面的意义，俄罗斯公民接受了这些工作岗位"。[②]

至于移民汇款及其对俄罗斯经济发展的影响，在俄罗斯社会一直存在争论。确实，在俄罗斯的移民每年向母国（迁出国）汇出大量汇款，俄罗斯一直是世界上移民汇出款项较多的国家之一。而乌克兰、塔吉克斯坦、乌兹别克斯坦是接受汇款最多的国家。世界银行的数据表明，2015年，乌克兰共接收移民汇款60亿美元，塔吉克斯坦31亿美元，乌兹别克斯坦26亿美元，吉尔吉斯斯坦17亿美元。移民汇款在上述国家GDP中的比重也比较高，塔吉克斯坦为36.6%，吉尔吉斯斯坦30.3%，乌兹别克斯坦的指数则下降到9.3%。[③] 依照俄罗斯中央银行的统计数据，2015年，移民从俄罗斯汇往中亚国家的汇款总计有50.65亿美元，比2014年减少了71.12亿美元，降幅为60%（2014年共计121.77亿美元）。其中，乌兹别克斯坦接收由俄罗斯的汇款总数为23.7亿美元，塔吉克斯坦12.78亿美元，吉尔吉斯斯坦10.83亿美元。[④]

---

① Постановление РФ от 12 декабря 2015 года №. 1359. http：//government. ru/docs/21067/.

② Рабочих мест для мигрантов в России станет еще меньше// Российская газета. http：//rg. ru/2015/12/21/migranti. html#.

③ "Migration and remittances (Recent development and outlook)", World Bank Group, April 2016, p. 28.

④ Переводы трудовых мигрантов из России в страны Центральной Азии в 2015 году рухнули на 60 процентов. Международное информационное агентство《Фергана》. 19 марта, 2016. http：//migrant. ferghana. ru/newslaw/переводы-трудовых-мигрантов- из-росси. html.

世界银行首席经济学家认为，劳动移民不仅向母国汇出劳动所得，同时也为迁入国经济做出贡献，且劳动移民对俄罗斯经济的贡献率为俄 GDP 的 5%—10%。然而，俄罗斯的学者依据俄国家统计局数据得出的结论比这一数字要低，2008 年达到峰值，占到俄 GDP 的 3.4%，2013 年为 3.12%。①

第四，移民与俄罗斯的文化安全相关。如果对移民数量和质量不加控制的话，过多的移民将涌入俄罗斯，可能会对当地原有的俄罗斯文化传统、道德价值观、宗教信仰造成冲击。基于此，在吸引外来移民方面，俄政府希望有更多的生活在俄境外的、同根同源的俄罗斯族人返回祖国。除了将俄罗斯族人作为首要选择外，俄罗斯还将吸引独联体国家的移民作为次要选择。因为来自那里的移民在文化、宗教、行为方式上与俄罗斯的认同感比来自于其他国家的移民要高。此外，俄罗斯社会还认为，移民与卫生安全、人口安全等都具有相关性。例如，如果对移民不加控制的话，可能会带来一些流行疾病的爆发，恶化俄罗斯的医疗卫生环境。因此，俄政府规定，外来移民必须持有健康证书，并且在一定期限之内要向当地移民机构卫生部门申报健康状况。

应该看到，部分俄罗斯民众对于移民的看法存在一定的片面性。跨国人口迁移确实与国家安全，尤其是非传统安全具有一定程度的相关性，但是引进移民并不意味着给迁入国必然带来安全威胁。

跨国人口迁移与安全存在一定程度的互动关系：一方面，不论是国际移民整体还是具体的某一类别的国际移民——如非法移民、难民——本身就是非传统安全的重要组成因素；另一方面，跨国人口迁移进程又与人口安全、经济安全以及社会文化安全等其他一些非传统安全因素紧密相连。跨国人口迁移一定会对国家传统和非传统安全各项因素带来影响，这种影响包括积极和消极两个方面，并且跨国人口迁移并不总是会引起移民安全问题，甚至成为国家安全的威胁之一，尤其是对移民接受国来讲。

从社会安全的角度看，移民的流入会使接受国和具体迁入地的社会秩序发生变化，但移民的流入并不总会引起接受国和具体迁入地社会秩序的

① Сергей Рязанцев. Роль трудовой миграции в развитии экономики РФ. UN ESCAP. http：//www. unescap. org/resources/role-labour-migration-development-economy-russian-federation-english-russian.

恶化和犯罪率的上升。移民对于接受国社会秩序的利弊影响并不在于移民的数量多少，而是移民质量的高低。而关于移民与犯罪的必然联系的论点实际上是将个别问题整体化。

移民是否会对社会秩序构成威胁甚至带来破坏，不仅取决于移民本身——与移民的素质水平直接相关，而且还取决于接受国、迁入地公众的社会意识和接受程度，以及给予移民的社会地位相关。如果公众对移民一味采取排斥态度和抵触情绪，长期下去必然会激发移民群体的自我保护意识，激化移民与迁入地民众之间的矛盾。一旦受到外部环境的刺激，原本隐藏在双方内心深处的心理矛盾就会集中爆发，并转化为身体的冲突对抗，或是烧、抢、砸移民的财产，冲击移民集中地区的市场、商店，造成社会公共秩序的严重破坏，对迁入国的社会安定造成严重的威胁。

同时还应看到，跨国犯罪活动不仅给移民迁出国，更是给移民接受国的社会秩序带来挑战，而与国际恐怖主义相勾结的跨国犯罪活动更是为接受国的国家安全带来严峻的考验。解决移民与社会秩序破坏问题，一方面需要展开打击跨国犯罪的国际合作，另一方面接受国政府应当采取适当的调控措施。如提升迁入移民的综合素质、加强对接受国国内整体社会秩序的治理、采取措施加快移民适应和融入新环境的速度，并弱化迁入地公众的排外思想等等。

此外，对于移民接受国而言，排除移民对社会秩序产生的负面影响还需要遵循这样的原则：就是应当从司法的角度，而不是从种族主义的角度来看待移民与社会秩序恶化的问题。只有这样，才能够得到相关国家的理解和合作。

从文化安全的角度看，由于移民承载的文化与接受国固有的文化存在着一定程度的差异，移民外来文化势必会对接受国的文化安全产生影响，对接受国原有的社会和文化造成一定的冲击。

移民与文化安全的互动具有双向性。对于移民而言，通过国际迁移的方式，一方面将自身的文化传播到迁入国，可能吸收到接受国文化的正面影响后使自身的文化安全得到加强；另一方面，移民带有的外来文化可能会被接受国文化消融，导致移民的文化安全受到冲击。

移民与国家文化安全互动的性质在很大程度上还取决于接受国的政策因素。许多冲突的产生往往是由于接受国没有处理好移民的适应工作，社会无力消化掉移民，结果文化安全受到冲击。

融合是一个漫长的过程，可能需要几代人的努力，改变传统的文化背景并使其与接受国的社会文化大背景相适应、相融合需要社会和民众的耐心，不能一蹴而就。更不能将文化差异与文明冲突等同起来，认为任何一种差别就意味着对立，而对立就会产生危机，危机则会导致冲突。同时，还应看到，教育移民、推进移民的社会文化认同更是个长期、持续性的过程。

从人口安全的角度看，移民对迁出国和接受国的人口安全均会造成深刻的影响。由于大部分发生的国际迁移都是从人口较多的一国流向人口相对较少的一国，对接受国而言，移民可以为接受国补充劳动力人口，促进接受国的科技力量的提高，是人口自然流失的补充剂。

在经济安全方面，移民对接受国和迁出国的经济安全都有所影响，主要表现在移民汇款、不同层次劳动移民对迁移两端经济安全的影响上。

对于移民迁出国来讲，移民汇款是迁移带给迁出国的最大收益，移民汇款可以增加迁出国的外汇收入，减少国内的贫困现象，有利于巩固和维护移民迁出国的经济安全。移民汇款对移民接受国而言，因为移民汇款往往与接受国的资本输出相关，所以经常会被视为经济安全的威胁。然而，部分国家的数据表明，移民为接受国经济做出的贡献要远远大于移民汇款所造成的损失。

移民对接受国劳动力市场的冲击也影响到移民接受国的经济安全。然而，移民对接受国劳动力市场究竟造成负面冲击还是正面影响、竞争还是补充？不同的国家有不同的看法。世界银行通过数据分析和模型分析的方法，得出这样的结论：劳动移民对接受国工人工资的影响不大，接受国可以从移民中获得巨大的经济效益。劳动力供应的增加能够提高资本回报率，降低生产成本。

值得关注的是，本地区国家对移民与安全的特殊情怀，不仅与其特殊的地缘政治地位、政治文化传统有关，更与其对移民本身的概念界定有关。俄罗斯及中亚国家受俄语、俄罗斯政治文化的影响，对于移民的概念并不总是与国际通用概念相吻合，移民现象在本地区也时常被等同于移民问题。

《辞海》中对“移民”一词的释义是：（1）迁往国外某一地区永久定居的人；（2）较大数量、有组织的人口迁移 。与这两种释义相对应的英文词语分别为 immigration 和 resettlement。学术界关于“移民”定义的多样性从一个侧面反映出移民这一社会现象的复杂性。综合各种科学著作对“人口迁移”和“移民”的界定，可以看出，“移民”概念的差别是基于对迁移的空间属性、时间属性、目的属性的强调上的差异。目前，关于“人口迁移”的定义主要分为以下三大类：

第一类是把人口在地理位置上的变动（空间属性的变化）称为“人口迁移”，这是以人口迁移的空间属性为核心的定义。如“迁移就是指居住场所的永久性或半永久性的变化”。第二类是在地理位置变动的基础上再加上时间属性或目的属性，其内涵增加，外延缩小。如“人口迁移是指人们为了定居的目的跨越一定边界的移动”。第三类是把时间属性、目的属性和空间属性同时作为界定的标准，如美国学者 W. 彼得逊在其论文《人口》中给“迁移”下的定义是“迁移是人们在某一特定时间内移动一定距离以改变其永久住处”。

实际上，在汉语中“移民”一词既是动词，也是名词。在本课题里，凡是涉及迁移行为的都运用“迁移”这一表述，“移民”则特指实施迁移行为的人。这样就把中文中“移民”的双重表述区分开来。

对于移民的类别，学术界也有着不同的看法。比较流行的是单一式的分类法以及强调移民政策因素的分类法。

单一式分类法。按照迁移的意愿，可以分为自愿移民与被迫移民；按照迁移的动机和目的，可以分为政治性移民、经济性移民和为了躲避自然灾害的环境性移民；按照移民的法律地位，可以分为合法移民和非法移民。非法移民中包括无合法文件的流动人员，这些人可能在某一特定时期的身份是非法或合法的。

按照迁移的时间，分为永久性移民和临时性移民；按照迁移的形式划分，可以分为个人的迁移和国家及有关机构组织的团体迁移，如签订合同的劳务输出；从迁移的性质划分，还可以分为劳动移民、技术移民、投资移民与家庭团聚移民等等。

尽管以上的分类法存在过于单一化的缺陷，但是它简单易懂。需要注意的是，在应用这种分类法时，要考虑到同一个移民极有可能同时具备数个类别属性。如一个劳动移民，他可能既是自愿移民——从意愿的角度考虑，又是合法移民——从法律的角度，又同时是经济性移民——从迁移的动机和目的的角度，有可能还是临时性移民——从迁移的时间角度。

从接受国国家政策的角度，可以将移民划分为定居移民（定居移徙）、劳动移民（移徙工人）、学生移民（移徙学生）、难民和寻求庇护者、身份正常化和非正常化的移民（身份正常化和非正常化情况的移徙者）。

在俄罗斯，关于“移民”的定义有很多。人口学专家认为，国际移民是指那些以定居为目的，完成跨国迁移并在新的居住地居住超过 12 个月的人 。按照这个定义，大部分在俄罗斯居住的中国人可能都不能算做是移民。因为留学生、旅游者、访问学者等都不会以定居为目的，也不能被列入移民的范围。虽然以此为衡量的定义较为权威，然而在俄罗斯人口学专家的实际阐述和数据引用中，又将这个定义与所有入境的外国人相等同，使得移民概念在界定和应用中存在一定的矛盾。

俄罗斯的法学家，尤其是国际法学家在界定移民的定义时，通常会从已有的法律文件中寻找关于移民的解释。由于大部分包括俄罗斯在内的独联体国家的国内法律中都没有对移民做出明确的司法解释，独联体经济法院于 1996 年专门审议了这个问题，并对移民做出如下定义：移民包括实现空间迁移的、不受迁移原因、迁移时间长短以及空间界线限制的所有人员。

而在俄罗斯政界，尤其是直接参与移民管理活动的俄罗斯内务部，对于移民又有着不同的定义。俄罗斯前联邦移民局被迫移民厅副厅长 O. 沃罗布耶娃认为，人口迁移是指与跨越内部和外部行政区划相关的人口的任一种地域移动，其目的是更换固定的居住地点或完成学业、劳动等活动而临时居留在某一地域内。实施迁移活动的人是移民 。另一位移民局的官员则对移民的界定更加明确：移民是指永久或在一定期限内（一天到若干年）以改变固定住所、工作、学习、休息等地点为目的，完成跨境迁移的人员。

在《2025 年前俄罗斯联邦国家移民政策构想》中，对于迁移的种类首次进行了明确界定，从中不难看出俄罗斯对于移民概念的诠释。根据《构想》，按照迁移的期限，将迁移区分为短期迁移（一年以内的迁移）、长期迁移（一年以上）；临时迁移（不改变固定居住地的国内国际迁移）、永久居留迁移（更换永久居留地的国内国际迁移）。根据迁移的目的，将迁移划分为学术流动（学者和教师以从事学术交流、教学活动、研究成果展示以及其他职业目标为目的的国际迁移）、教育（学习）迁移（以获得或继续教育为目的的迁移）、劳动迁移（以就业并完成工作（提供服务）为目的的临时迁移、季节性劳动迁移（工作性质受季节限制只能在一年的某个期间内完成的迁移）。

可以看出，相较于国际与我国流行的观点，俄罗斯关于移民的定义范围较为宽泛，而中亚国家也延续了俄罗斯的这种概念界定。

可见，观念影响着认知、认知影响着政策，跨国人口迁移对国家安全的影响具有两面性，如何趋利避害，更好地利用移民为迁出国、接受国社会经济发展发挥积极影响，与迁移两端国家的移民治理政策紧密相关，也是本地区国家需要思考的问题。

五、结论

综上所述，2016 年度，在上合组织覆盖的地区，成员国之间的跨国人口迁移出现了一些新的特点。

第一，跨国人口迁移的方向与中心愈加鲜明。当前，本地区的跨国人口迁移有三个流向：一是从中亚向俄罗斯的人口迁移；二是俄罗斯、中亚向中国的人口迁移；三是中国向中亚、俄罗斯的人口迁移。同时，中国与俄罗斯成为欧亚地区国际迁移的两个中心。俄罗斯是来自中国及中亚的劳动移民的目的国——劳动迁移中心，来自俄罗斯及中亚的学生到中国留学——教育迁移中心。此外，本地区的跨国人口迁移主要表现形式为劳动迁移与教育迁移。

第二，跨国人口迁移与本地区的发展状况同步。随着“丝绸之路经济带”倡议的持续落实，欧亚经济联盟的持续推进，以及这两个区域大倡议的对接，2016 年度，在上合组织成员国间的跨国人口迁移呈现出一个新的特点，即人口迁移的活跃不是全球化的结果，更多地是逆全球化的地区一体化的结果。这也是全球范围内人口迁移的特点之一。

第三，赴俄罗斯的迁移是上合组织内部人口迁移最为活跃的部分。尽管与 2015 年度相比，向俄罗斯的人口迁移在数量有所下降，但从中亚、中国向俄罗斯的迁移趋势并未停息，未来还有持续的可能。因此，俄罗斯社会对于移民的接受度、俄政府对于移民的管理度均会对上合组织成员国国内人口迁移的态势产生不容忽视的影响。

第四，安全意识引导着本组织部分成员国的移民政策。这在俄罗斯的移民管理政策上多有体现。

正是基于对安全的高度追求，俄罗斯的移民政策一直包含着一定的保守性。在移民管理的每个阶段，几乎每一次积极治理的念头与政策草案，最后都由于安全考虑而被反转，变为紧缩控制。尽管近年来，可以清晰地看出，俄罗斯社会对于外来移民的观念已经发生了积极变化，移民管理的思想也在悄然转变。但是，保障国家安全依然是俄罗斯移民政策的最根本目标和基本原则。从国家安全的角度出发，俄罗斯的移民政策正在努力解决三大问题：为什么引进移民？移民引进的目的是保障国家的人口安全和社会经济发展；如何引进移民？对移民的数量和质量加以控制；引进哪些移民？首选是境外的俄罗斯族人，其次是独联体国家的移民，再次是有利于俄经济发展的投资者、企业家和技术工人。俄罗斯政府在本年度实行的新政恰恰成为上述理念与思想的政策反映。

基于相似的政治文化与管理文化，部分中亚国家在管理移民时也多从安全角度考虑，采取了较为紧缩的移民政策。因而，其移民政策的主题是控制，而非治理。然而，一味地控制移民进入本国，并不利于欧亚地区一体化的发展，也制约了上合组织成员国人民之间的交往。本地区的移民治理理念应当以包容、开放为主，移民政策也应当以有效的国家治理为重。

报告六

上海合作组织与中亚跨境水资源治理：挑战与展望

李立凡　陈佳骏*

【内容提要】中亚跨境水资源问题被认为是中亚国家的“火药桶”，长期制约着地区的进一步发展。苏联解体后，西方国家和国际组织积极介入地区水资源治理，希望以此稳定地区政治环境。然而，以技术性援助、建设项目融资和直接参与管理为主的西方治理模式在中亚地区存在“水土不服”的状况，并未达到理想的预期。要彻底摆脱中亚水资源治理的困境，关键是要完善中亚国家自身内部机理的运作通畅，也就是经济持续发展、政治稳定健康。此外，中亚跨境水资源治理需要中亚国家以多边“抱团”的方式才能解决。在这方面，上海合作组织可以借助以往的合作经验与地区影响力，完善中亚的跨境水资源治理。在新形势下，上合组织自身也面临参与中亚水资源治理的内外部挑战。外部挑战来源于中亚国家“逆一体化”的发展趋势；内部挑战则是印度加入后将使成员国跨境河流问题更加复杂，不利于组织内部的水资源治理一致性。中国作为上合组织重要成员，应妥善协调好同印度的跨境河流问题，并在上合平台中协调处理中亚和南亚各国在水资源问题上的冲突，积极发挥自身所属的“亚洲水塔”地位，在上合组织框架内同其他成员国一道制定水规则和符合各方利益的水资源安全战略。

【关键词】中亚　跨境水治理　上海合作组织

* 李立凡，上海社会科学院上海合作组织研究中心秘书长、副研究员；陈佳骏，上海社会科学院国际问题研究所研究生。

长期以来，中亚地区的跨境水资源问题一直是制约地区国家进一步合作的“拦路虎”，随之而来的是气候变暖、地区人口膨胀，以及农业灌溉用水与水电建设的矛盾日益突出。尽管自苏联解体以来，越来越多的西方多边机构和国家开始参与中亚地区的水治理，并为其提供方案，但是这些努力并未成为激发中亚国家达成共识的动力源，相反，一些西方国家通过提供服务于自身的解决方案，加剧了地区国家间的对立。应该说，这些传统的西方式援助并未能充分发挥中亚国家的主观能动性，中亚国家也难以实现自身的利益诉求。

2016 年是上海合作组织成立 15 周年，15 年来上合组织不断发展壮大、根深叶茂，从最初的“上海五国”，即关注的议题也仅限于很窄范围的地区性机制，逐渐成长为以“互信、互利、平等、协商、尊重多样文明、谋求共同发展”的“上海精神”为指引的多边合作组织。近年来，上合组织的合作范围不断扩大，成员国对政治、安全、经济、文化、人文等领域的合作和共同发展的追求日益强烈，这也为以中亚国家为主的上合组织跨境水资源治理提供了契机。同时作为上海合作组织发展的重要引擎，中国与俄罗斯也积极参与中亚地区的跨境水治理，这不仅是因为中俄两国与中亚国家有着共同的跨界河流，而且中俄更希望能够借此为未来区域合作树立各方协作的模板。作为上海合作组织的重要创始成员国之一的中国，同中亚国家的水资源安全有着千丝万缕的联系。因此，中国更应以负责任的态度，在上合组织框架内积极参与中亚水资源的治理，为地区合作提供中国方案，促进中亚国家以及上合组织的可持续发展。

一、上合组织中亚成员国的跨境水资源挑战

中亚地区是世界上跨境河流最密集、最复杂地区之一。上合组织四大成员国哈萨克斯坦、吉尔吉斯斯坦、塔吉克斯坦和乌兹别克斯坦之间共享多条河流，因而四国之间时常因水资源的分配和利用问题产生尖锐的矛盾。

水资源问题困扰着上海合作组织成员国的内部发展，即“合作 + 共同开发”的模式，也为其他域外国家介入中亚水资源问题制造了借口。在上海合作组织成员国内部，即除土库曼斯坦之外的所有中亚国家都是水资源的依赖国，但各自对水资源的利用和表述不尽相同。如表 6.1 所示，除可用淡水资源储量较多的土库曼斯坦以外，其余四国基本都处于 1700 立方米

的人均水资源标准上下，属于水资源紧张国家行列。此外，中亚国家工业化水平普遍较低，除用于油气资源开采外，绝大部分水资源都用于农业灌溉。然而，中亚地区地表的河流水资源分布极不均衡，由于地势较高，位于上游的塔吉克斯坦和吉尔吉斯斯坦的地表水资源分别占整个地区的43.4%和25.1%，实际用水量却不足地区总用水量的10%；而下游的哈萨克斯坦、土库曼斯坦和乌兹别克斯坦三国的地表水资源总和只占地区的30%左右，但需求总量却超过总用水量的85%。① 又如在咸海流域，位于上游的塔吉克斯坦和吉尔吉斯斯坦两国拥有的水资源分别占整个咸海流域的48.4%和23.1%，合计约占整个咸海流域水资源的71.1%，而位于下游的乌兹别克斯坦、哈萨克斯坦和土库曼斯坦的水资源量总和仅占20.5%。② 因此，下游国家对上游国家的水资源依赖率很高，乌兹别克斯坦尤甚。

表6.1　中亚五国淡水资源使用情况

国家	可更新淡水资源总量（km^3/年）	人均可使用更新淡水资源量（m^3/人/年）	国内使用占比（%）	工业使用占比（%）	农业使用占比（%）	对外部水资源依赖率（%）
哈萨克斯坦	21.10	1339	4	30	66	31
乌兹别克斯坦	56.00	2015	7	3	90	77
塔吉克斯坦	11.50	1625	6	4	91	—
土库曼斯坦	28.00	5409	3	3	94	—
吉尔吉斯斯坦	8.00	1441	3	4	93	—

资料来源："Freshwater Withdrawal by Country and Sector（2013 Update）", The World's Water, http://worldwater.org/wp-content/uploads/2013/07/ww8-table2.pdf.

① 莉达："中亚水资源纠纷由来与现状"，《国际资料信息》2009年第9期，第26页。

② 姚海娇、周宏飞："中亚地区跨界水资源研究综述"，《资源科学》2014年第6期，第1176页。

（一）中亚跨境河流管理的矛盾突出

长期以来，上海合作组织的成员国围绕跨境河流开发与利用的矛盾主要是上游国家（塔吉克斯坦和吉尔吉斯斯坦）和下游国家（哈萨克斯坦、乌兹别克斯坦和土库曼斯坦）的利益纠葛。在上游国家中，吉尔吉斯斯坦在锡尔河右岸支流纳伦河上建设了托克托古尔水坝（Токтогульское водохранилище）用于发电，[①] 但每年的春夏季该水坝对下游哈萨克斯坦的泄洪却给哈国带来了严重的水患。塔吉克斯坦则从1975年起就计划在阿姆河支流瓦赫什河上修建罗贡大坝（Rogun Dam），但该工程由于苏联解体、塔吉克斯坦内战、洪水泥石流灾害而在20世纪90年代被迫停滞，其中也不乏下游国家如乌兹别克斯坦的强烈阻挠，至今未恢复。另外，距离罗贡大坝75公里的努列克大坝（Нурекская плотина）于1980年建成，是塔国80%的电力来源。由于上游国家使用大坝，农业灌溉用水本就稀缺的下游三国更加捉襟见肘，而且水流条件的变化也恶化了上下游的生态环境，上下游国家的用水矛盾日益突出。

苏联时期，通过将中亚水资源纳入地区整体能源框架，并建立“中亚统一能源体系”（Central Asia’s Unified Energy System，CAPS），中亚国家间的水资源利益纠纷得到较好的管控。[②] CAPS体系的中枢是对外部水资源依赖度最高的乌兹别克斯坦，该体系的控制中心坐落在乌首都塔什干（Tashkent），并且超过一半（51%）的生成电力分配给乌国，吉尔吉斯斯坦（13.8%）、哈萨克斯坦（9.1%）、塔吉克斯坦（15%）、土库曼斯坦（10%）分享剩余部分。该体系的利益平衡机制是：塔吉克斯坦和吉尔吉斯斯坦在涨潮期确保河流通畅，并向下游国家出口水电；下游的哈萨克斯坦、乌兹别克斯坦和土库曼斯坦则向上游两国供应成品油、天然气及火电。1988年，苏联还分别就阿姆河和锡尔河设立两个水域管理组织，并将总部

---

① 该水坝主要用于托克托古尔梯级水电站（Токтогульский каскад ГЭС）在吉境内的水利发电（笔者注）。

② Farkhod Aminzhonov，“Independence in an Interdependent region：Hydroelectric Projects in Central Asia”，*CABAR*，http：//cabar. asia/en/farkhod-aminzhonov-independence-in-an-inter dependent-region-hydroelectric-projects-in-central-asia/.

设于乌兹别克斯坦。①

苏联解体后，独立后的中亚国家开始追求水资源管理和能源政策的独立性。例如，土库曼斯坦和乌兹别克斯坦分别于2003年和2009年相继推出了CAPS体系，使得本已脆弱的中亚水环境雪上加霜。总体上看，当前中亚国家就水资源管理的矛盾主要有以下几个方面：

1. 上游发电与下游灌溉的矛盾

塔吉克斯坦是上海合作组织相对比较贫穷的国家之一，自苏联解体至今，塔仍未摆脱欠发达国家身份，国内生产总值仅排在全球第136位。②塔国总统拉赫蒙（Emomali Rahmon）致力于使全国摆脱贫困，因而极力推广国内基础设施建设。罗贡水电站的第一期计划于2018年投入使用。在项目修建完成的情况下，大坝的高度为335米，它将成为世界上最高的大坝。水电站的设计发电能力为3600兆瓦，年均发电量为131亿千瓦时。水电站将由6个功率均为600兆瓦的径向轴流水轮机构成。在满足塔国内需求的同时，还可大量出口，为塔国带来巨额收入。

乌兹别克斯坦虽然也是上海合作组织中中亚国家人口最多的地区大国，但由于是中亚主要水域的下游国家，因此长期以来一直强烈反对罗贡大坝的建设。2016年7月1日，塔吉克斯坦与意大利"Salini Impregilo S. p. A"公司在杜尚别签署了修建耗资39亿美元的罗贡水电站大坝的合同。之后，乌兹别克斯坦总理沙夫卡特·米尔济约耶夫（Shavkat Mirziyaev）于2016年7月19日致函塔吉克斯坦总理科希尔·拉苏尔佐达（Kokhir Rasulzoda），表明乌兹别克斯坦政府坚决反对瓦赫什河上罗贡水电站的立场。③

乌政府主要出于四方面的考量：第一，大坝建设将造成截流的后果，严重危及乌国赖以生存的农业灌溉与生产。目前，乌兹别克斯坦是世界第六大棉花生产国，全国有1/3的人口从事棉花行业，而棉花种植需要大量水资源。因此，上游国家的截流等于危害到了乌国的经济命脉。第二，大坝建设将破坏下游地区的生态环境。乌国认为下游地区的土壤盐碱化和沙

---

① "Water Pressure in Central Asia", *International Crisis Group Report*, September 2014, p. 3.

② "List of Countries by GDP", *Wikipedia*, https: //en. wikipedia. org/wiki/List_ of_ countries_ by_ GDP_ (nominal) .

③ "乌兹别克斯坦总理称建罗贡水电站对中亚是威胁"，中亚新闻网，2016年7月20日讯，http: //www. yaou. cn/news/201607/22/19555. html。

化与上游大坝建设有直接的关系。第三，出于对大坝安全性的担忧，即选址的担忧。乌国认为一旦遭遇特大地震，溃坝将对下游国家和地区造成毁灭性的打击。第四，大坝一旦建成，将极大地提升塔国的电力生产能力，并有可能成为向阿富汗、巴基斯坦、印度、中国等国出口电力的国家，从而侵占了乌国的电力出口利益。研究显示，大坝建成后将使塔国的电力出口价格从 3 美分/兆瓦降至 0. 65 美分/兆瓦，而乌国向阿富汗出口的电力价格为 10 美分/兆瓦。①

事实上，大坝的建设对下游国家的水资源枯竭和生态环境恶化的影响并不像乌国所担忧的那样严重。2012—2014 年期间，世界银行专家对该地区进行了持续的跟踪调查研究证实了这点。② 因此，乌国真正担忧的还是塔吉克斯坦的发展对本国经济发展和从苏联时期延续下来的地区电力中枢地位的冲击。乌国总统卡里莫夫在俄罗斯提出要帮助塔修建罗贡大坝时甚至不惜威胁道："控制中亚地区共和国的水资源将会引发全面战争。"③

2. 上游国家的边境冲突与水资源矛盾

上海合作组织发展至今，在区域治理和发展中有一个"真空带"，即费尔干纳盆地（Ферганская долина），该地带的划界问题自苏联解体以来纠纷不断。长期以来，该地区形成了"马赛克式"的族群杂居现象——吉尔吉斯族与塔吉克族民众相互嵌入式群居。两族民众冲突不断，近年来甚至多次出现武装冲突和流血事件。④ 当地国界划分模糊，以至于在该地民众中流传着这样的话："吉尔吉斯人就是吉尔吉斯斯坦的公民，塔吉克斯坦人就是塔吉克斯坦的公民。如果吉尔吉斯人住在哪儿，哪儿就是吉尔吉斯

① Hamidjon Arifov, Nurali Davlatov, "Hydroelectric Problems in Central Asia: The View from Tajikistan", *CABAR*, http://cabar.asia/en/cabar-asia-hydroelectric-problems-in-central- asia-the-view-from-tajikistan/.

② "Final Reports Related to the Proposed Rogun HPP", *World Bank Group*, September 2014, http://www.worldbank.org/en/country/tajikistan/brief/final-reports-related-to-the-proposed-rogun-hpp.

③ Mansur Mirovalev, "Are 'Water Wars' imminent in Central Asia?", *Al Jazeera*, 23 March 2016, http://www.aljazeera.com/indepth/features/2016/03/water-wars-imminent-central-asia-160321064118684.html#.

④ David Trilling, "Kyrgyzstan-Tajikistan: What's Next After Border Shootout?", *Eurasianet.org*, 13 January 2014, http://www.eurasianet.org/node/67934.

斯坦；如果塔吉克人住在哪儿，哪儿就是塔吉克斯坦。”① 上海合作组织多次力图在该地区实施人性化的边界治理和解决“安全真空”，但收效甚微。

例如，因为边界划分模糊与人员流动管理松散，大量塔吉克族人迁入巴特肯（Batken）地区。由于当地大部分吉尔吉斯人都到首都比什凯克和俄罗斯打工，巴特肯地区出现大量的房产闲置。而附近塔吉克斯坦的索格特州（Sughd Province）人口日趋饱和，因此该地的居民纷纷在巴特肯低价收购房产并迁居至此。② 巴特肯地区民族构成发生的颠覆性变化使当地民族矛盾日益尖锐，这种对立也转嫁到了对水资源的争夺上。由于苏联时期建设的基础设施老化问题，吉尔吉斯斯坦因为灌溉水渠的破旧流失了大量水资源，贫困的农村地区遭遇水源短缺，庄稼种植难以为继。当地的一些农民便自建了简陋的水坝设施，通过改变河流流向以满足自身的灌溉需求。这些行为使得下游村庄的水源遭遇干涸，在巴特肯地区，两族民众都声称河流为本族所有，吉尔吉斯人更是直接认为塔吉克人偷窃了当地的水资源，两国村民就灌溉水源的冲突已成为常态。③

3. 阿姆、锡尔两河配额矛盾

由于苏联时期所遗留下来的传统经济结构，即以棉花种植为主的经济生产方式，中亚国家对此产生了严重的路径依赖。为了保证该地区不因苏联解体引发的水资源纠纷而导致传统的农业体系遭受破坏，中亚五国在哈萨克斯坦的阿拉木图（Алматы）签订了《阿拉木图协议》（1992 年）。该协定延续了苏联时期对阿姆河和锡尔河在中亚五国间的水资源分配（见表 6.2）。

下游的棉花生产国分配了两河的大部分水量，而上游两个较落后国家的分配水量则较少。因此，协议签订不久，上游两国与下游国家的关系便变得紧张起来。吉、塔两国希望提高国内的农业生产能力，与此同时下游

---

① Natalia Yefimova-Trilling, David Trilling, “Kyrgyzstan & Tajikistan: Disputed Border Heightens Risk of Conflict”, *Eurasianet. org*, 2 August 2013, http: //www. eurasianet. org/ node/65744.

② Justin Vela, “Kyrgyzstan and Tajikistan: Is Batken Province Central Asia’s Next Flashpoint?”, *Euroasianet. org*, 7 June, 2011, http: //www. eurasianet. org/node/63640.

③ Katya Kazbek, Chris Rickleton, “Conflicts in Kyrgyzstan Foreshadow Water Wars to Come”, *Foreign Policy*, June 17, 2014, http: //www. foreignpolicy. com/articles/2014/06/17/ the_ water_ wars_ to_ come_ kyrgyzstan_ watercentral_ asia.

国家又在不断扩大自身的农业生产。凭借地理上的优势，上游国家一直利用水库的水电模式调节两河的流量，下游国家用水日趋紧张。例如，在阿姆河的配额分配问题上，土、乌两国争执不休：乌国认为，自身在人口、农业规模、境内河流长度等方面的规模要远大于土国，但两国配额却相当，这是极为不公平的。又如在水电用途广泛的锡尔河流域，上游国家吉尔吉斯斯坦加大发电力度使得下游水量急剧减少，危及下游国家的农业灌溉体系。令人欣喜的是，2016 年 3 月 11 日，哈萨克斯坦和乌兹别克斯坦在两国政府间双边合作联合委员会第 15 次会议上，就南哈州农业灌溉用水的锡尔河流域水量分配达成了协定。①

表 6.2 《阿拉木图协议》（1992 年）规定的中亚五国水资源配额

国家	锡尔河配额（%）	阿姆河配额（%）
哈萨克斯坦	38.1	0
吉尔吉斯斯坦	1.0	0.4
土库曼斯坦	0	43.0
乌兹别克斯坦	51.7	43.0
塔吉克斯坦	9.2	13.6
总计	100	100

资料来源：Bedford D. P，“International Water Management in the Aral Sea Basin”，*Water International*，1996，Vol. 21.

4. 咸海危机

应该说，上下游国家对咸海流域的阿姆、锡尔两河的管理缺失和水资源滥用，直接导致咸海面积的急剧减小，造成不可逆转的生态恶化。根据科学计算，从 1960 年到 2006 年，咸海面积由 69790 平方千米减少到 16460 平方千米，并在 1989—1990 年间分裂成南北两个小湖。② 咸海退化使得当地生态环境不断恶化，严重影响了当地居民的生存环境。例如，咸海干涸

① “哈萨克斯坦和乌兹别克斯坦达成锡尔河水资源分配协议”，哈通社阿斯塔纳讯，2016 年 3 月 11 日。

② 邓铭江、龙爱华：“中亚各国在咸海流域水资源问题上的冲突与合作”，《冰川冻土》2011 年第 6 期，第 1379 页。

形成了新的盐风暴和沙尘暴的发源地，这种盐沙风暴被吹到冰川后又加速了冰川消融，对毗邻地区的气候和环境都产生了较大影响。又如沙尘暴吞噬了咸海附近大量的耕地和牧场，对当地农业生产产生了恶劣的影响，而当地为保证农业产量又大量使用化肥，反过来又加剧土壤的盐碱化，生物多样性因而也遭到了破坏。俄罗斯专家认为，这是一场超乎切尔诺贝利核泄漏的悲剧。①

从地缘经济上讲，咸海地区是上海合作组织尚未开发的小“处女地”，这主要由于中俄都不愿意介入中亚国家对咸海的领土、水域和沿海经济专属区的申诉纠纷。倒是域外国家，如日本等积极介入咸海地区，为解决咸海的领土纠纷出谋划策。诚然中亚国家也意识到了咸海问题的危害，因而相继发布了《咸海宣言》（1995 年）、《阿拉木图宣言》（1997 年）等，希望通过国家间水资源利用的管理与合作，改善咸海流域生态环境状况。2015 年 9 月，乌兹别克斯坦政府也宣布计划在三年内拨款 43 亿美元治理咸海干涸所造成的生态灾难，其中约 15 亿美元将被用于恢复咸海地区的生物多样性。乌兹别克斯坦环境保护委员会提出了一项造林计划。根据该计划，每年将有 4 万—5 万公顷干涸海床得到绿化，至 2030 年，该地区森林覆盖面积将达到 100 万公顷。② 然而，尽管个别国家正努力改善当地的环境，但是正如前文所述，由于各国的民族主义思潮抬头、政治经济政策方面各自为政加之域外国家的影响等，咸海问题未能从根本上得到解决。

（二）中亚跨境水资源管理合作进程缓慢、合作模式松散

中亚国家自独立之初就意识到，该地区的跨境水资源问题难以靠单一国家解决，因而独立仅三个月（即 1992 年 2 月 18 日），中亚五国水利部长就签署了水资源的保护、利用和管理合作协议，即《阿拉木图协议》。该协议确定了流域各国用水量的限额，并确认组建国际水利管理协调委员会

① Ж. Шукуров. Аральский кризис продолжает требовать достаточного внимания// Источник. http：//www. centrasia. ru/newsA. php？ st = 1222718400.

② “乌兹别克斯坦计划在咸海干涸海床造林”，哈通社讯，2015 年 9 月 16 日，http：//www. inform. kz/chn/article/2818575。

（IWMCC），后改为水资源协调国际委员会（ICWC）。① 此后，中亚五国主要围绕咸海流域的环境保护和管理合作展开谈判。1993 年 3 月，五国签署《关于解决咸海及其周边地带改善环境并保障咸海地区社会经济发展联合行动的协议》，该协议确定成立咸海流域问题跨国委员会（ICAS），并建立拯救咸海国际基金会（IFAS）及隶属于 IFAS 的中亚国家间水资源协调委员会。1995 年 3 月，中亚五国元首签署了《关于咸海流域问题跨国委员会执委会实施未来 3—5 年改善咸海流域生态状况兼顾地区社会经济发展的行动计划的决议》；同年 9 月，在联合国的倡议下，中亚五国元首及有关咸海流域可持续发展的国际组织，就治理咸海流域进一步达成一致，签署了《努库斯宣言》，即《咸海宣言》。1997 年 2 月，五国共同发表《阿拉木图宣言》，决定将 IFAS 与 ICWC 合并，成立新的拯救咸海国际基金会，完善基金会的组织架构，并在 2 年后签署《关于认可拯救咸海国际基金会及其组织的地位的协议》，使该机制在地位和合法性上正式落地，日臻成熟。2008 年的联合国大会也赋予了 IFAS 联合国大会观察员地位。

表 6.3　中亚国家参与跨境河流合作协议一览

年份	签约国家	协议名称
1992	俄罗斯、哈萨克斯坦	《俄哈关于跨境水资源联合利用与保护协议》
1996	俄罗斯、哈萨克斯坦	《乌拉尔河流域水资源管理协调和跨境水联合利用与保护协议》
		《托博尔河流域水资源管理协调和跨境水联合利用与保护协议》
1996	土库曼斯坦、乌兹别克斯坦	《乌土关于水资源管理问题的合作协议》
2000	哈萨克斯坦、吉尔吉斯斯坦	《哈吉关于利用楚河与塔拉斯河跨境河流水利设施的政府间协议》
2001	中国、哈萨克斯坦	《中哈关于跨境河流利用与保护的合作协议》

① 苏来曼·斯拉木、泰来提·木明：“中亚水资源冲突与合作现状”，《欧亚经济》2014 年第 3 期，第 86 页。

续表

年份	签约国家	协议名称
2007	土库曼斯坦、伊朗	《土伊关于联合开发多斯特鲁克大坝的协议》

资料来源：邓铭江："哈萨克斯坦跨界河流国际合作问题"，《干旱区地理》2012 年第 3 期，第 369 页；Yegor Volovik，"Overview of Regional Transboundary Water Agreements，Institutions and Relevant Legal/Policy Activities in Central Asia"，*UNDP Report*，February 2011，pp. 18 – 21。

纵观中亚国家的水资源合作历程，其大致形成了以 IFAS 和 ICWC 的合作机制框架为主、以合作政策框架为辅，并以"宣言"的形式巩固现存的合作实践。但这种多边的实践方式在遇到需要解决地区水资源利用的具体方法时，仍显得效用不足。各国对具体执行方案仍各执己见，同时又缺少协商解决分歧的程序与法律基础，因而中亚的水资源多边合作总是显得"弱不禁风"。鉴于此，中亚国家也试图采取双边合作的方式以弥补多边合作效率低下的问题（见表 6. 3）。

（三）外部力量治理赤字不断扩大

苏联解体后不久，大量西方国际组织涌入中亚地区，为当地复杂的跨境河流管理和利用带来资金和项目支持。一是世界银行（World Bank）。世界银行是最早进入中亚地区参与水资源治理的国际主要机构之一。20 世纪 90 年代初期，世行在中亚地区推行了"咸海盆地援助项目"（Aral Sea Basin Assistance Program，ASBP），鼓励并帮助中亚五国建立了 ICAS 和 IFAS。项目推出后不久，中亚国家建议世行加强项目的融资能力，逐渐降低技术方面的援助。世行随即做出调整，与"全球环境基金"（Global Environment Facility）一道，发起了"水与环境管理项目"（Water and Environmental Management Project），并由 IFAS 负责实施。如今世界银行仍然积极参与中亚水资源问题的调解，对修建罗贡水电站的经济可行性进行论证，评估水电站对环境的影响；二是全球水资源管理合作组织（Global Water Partnership，GWP）。2000 年后，该组织将旨在对包括饮用水、灌溉水、水力发电用水和工业用水在内的人类用水进行统筹管理的"水资源联合管理"（Integrated Water Resource Management，IWRM）理念应用于中亚地区。但是，正如有学者指出，IWRM 项目信奉的是民主治理和新自由主义市场经济模式，因此在主要由威权政府管理的中亚国家是否能适应这种水资源管理方式，便存在很大的疑问。① 事实也证明，IWRM 概念提出后，尽管中亚各国跨国流域水资源的合作和开发利用进程加快，但实际效果不彰。② 三是亚洲开发银行（Asian Development Bank）。亚开行通过推行的“中亚地区经济合作项目”（Central Asian Regional Economic Cooperation，CAREC）与 ICWC 之间开展合作，并且同中亚各国开展双边合作，以支持各国国内水力、农业基础设施建设等。四是联合国相关机构，如开发计划署（UNDP）、环境规划署（UNEP）、联合国欧洲经济委员会（UNECE）、亚洲及太平洋经济社会委员会（UNESCAP）等。其中，UNDP、UNEP 与 ADB 共同出资支持“区域环境行动计划”（Regional Environmental Action Programme，REAP），跨境河流管理是该计划的五项内容之一。UNECE 与 UNESCAP 共同创立了“中亚经济体特别计划”（Special Programme for the Economies of Central Asia，SPECA），该计划主要支持一些跨境流域管理的分析项目。③

应该说，大量国际组织的参与在一定程度上强化了中亚国家管控跨境河流争端的能力，稳定了地区形势，为中亚国家创造了发展经济的外部环境。但是随着越来越多的西方大国夹杂着各自利益诉求、以不同的方式介入中亚水危机治理后，地区的均势被打破，地区水资源治理的赤字日益扩大。

首先，美国视中亚水资源问题为“民主改造”中亚的跳板，以延伸对中亚的影响力，遏制中俄在该地区的作用。作为俄罗斯的战略对手，美国在中亚具有重要的战略利益。一方面，美国希望通过自身力量的介入，防止苏联解体后造成中亚区域的政治混乱；另一方面，中亚地区是恐怖主义滋生的土壤，对中亚的有效介入也是美国全球反恐战略的重要组成部分。此外，美国在 2011 年提出了“新丝路”计划，以期打通其南亚与中亚的战

① Christine Bichsel，“Liquid Challenges：Contested Water in Central Asia”，*Sustainable Development Law & Policy*，2011，Vol. 12，Issue 1，p. 28.

② 苏来曼·斯拉木、泰来提·木明：“中亚水资源冲突与合作现状”，《欧亚经济》2014 年第 3 期，第 87 页。

③ “Strategy and Project Activities to Support Improved Regional Water Management in Central Asia”，*UNDP*，July 2004，p. 12.

略，扩大地区影响力。跨境水资源管理是其介入中亚地区实现上述战略目标的重要抓手。出于对地缘政治利益的考虑，美国支持 CASA—1000（中亚—南亚输变电线项目）。该项目将塔、吉两国生产的水电输往巴基斯坦，并且阿富汗可以从中收取“过境费”。借助该项目，美国希望：第一，借助支持上游国家的水电项目从而分化上下游国家，避免地区一体化的成形；第二，为阿富汗创造收入来源，使其向民选政府和平转型；第三，增加巴基斯坦的电力供应。①2014 年 2 月 20 日，吉尔吉斯斯坦、塔吉克斯坦、阿富汗和巴基斯坦四国能源部长在美国华盛顿正式签署实施“CASA－1000”项目政府间协议。②

其次，欧盟通过差异化的援助，试图阻碍俄罗斯在中亚影响力的提升。2016 年 3 月，欧盟已向乌兹别克斯坦提供 1200 万欧元用于改善供水状况和提高水力资源管理效率。项目执行期限为 4 年，主要内容是向乌地方政府、农场和私营企业传授先进技术，采购现代节水设备，在 5 个州的阿姆河和锡尔河流域修复和发展水资源供应和管理基础设施。项目执行技术顾问将由欧盟国家政府专业水资源管理机构担任。此外，欧盟还建议于 2016 年夏天前与乌方合作成立商务和投资委员会，以加强贸易实体之间的直接联系。③ 塔吉克斯坦认为，欧盟公开站在乌兹别克斯坦一方对其表示支持，主要是为了欧洲的“纳布科”天然气管道计划，该管道计划正是为削弱俄罗斯对欧盟的天然气控制而推出的。

最后，个别欧洲国家如瑞士、德国等也把中亚的水资源管理作为自身“水外交”的重点项目，以提升地区影响力。瑞士发展集团（The Swiss Development Corporation，SDC）在中亚地区水管理问题上非常活跃，如通过与国际水管理机构（International Water Management Institute）和 SIC－ICWC 合

---

① Bakhtiar Bakas Uulu，Kadyrzhan Smagulov，“Central Asiaſs Hydropower Problems：Regional States' Policy and Development Prospects”，*Central Asia and the Causasus*，2011，Vol. 12，Issue 1，p. 86.

② “‘CASA1000’项目协议在华盛顿签署”，中华人民共和国驻吉尔吉斯共和国大使馆经济商务参赞处，2014 年 2 月 21 日，http：//kg. mofcom. gov. cn/article/qyhz/201402/2014 0200495299. shtml。

③ “欧盟向乌兹别克斯坦提供 1200 万欧元改善供水并成立商务和投资委员会”，中华人民共和国驻乌兹别克斯坦共和国大使馆经济商务参赞处，2016 年 3 月 15 日，http：//uz. mofcom. gov. cn/article/jmxw/201603/20160301275035. shtml。

作，在费尔干纳盆地改善地区灌溉系统和农用水资源管理；提升地区国家水文数据收集、监控和信息共享能力；与 UNDP 一道加强吉、塔两国之间可饮水供应的跨境管理项目。总体而言，SDC 积极寻找地区合作机构，与这些机构一起为地区水资源管理能力建设提供方案。德国则采用类似于美国及欧盟的单边项目模式。2008 年，德国政府提出了自己的中亚战略，即“柏林进程”（Berlin Process）。该进程旨在推进中亚五国之间就水资源争议问题进行合作，加强各国自身水资源管理的能力建设。① 应当看到，这些国家推行的项目强调的是善治、法治、人权、民主化等西方价值观，其水管理模式对于处在较低经济发展水平以及与西方不同的政治制度的中亚国家来说，很不匹配。此外，这些方案也未能完全将中亚地区的民族格局、上下游国家的差异化发展模式完全考虑在内，因而这些治理方式的效用会大打折扣。

二、上海合作组织成员跨境水资源合作

中国和俄罗斯是上合组织中最重要的中亚域外国家。俄罗斯自苏联解体后，为维持其对中亚的传统影响力，一直对中亚水治理保持很高的参与度。相对而言，中国很少直接介入中亚地区的水纠纷，但是中国与哈萨克斯坦等国也共享跨境河流，且中哈两国长期以来成功开展了有关跨境河流问题的细节谈判和共同合作。因此，作为上合组织重要成员国的中国和俄罗斯应承担起更大的责任，汲取各自双边水资源合作的教训，推广双边合作的成功经验，鼓励和帮助其他成员国走出中亚水纠纷的窠臼。

（一）俄罗斯参与跨境水资源治理的动机与方式

俄罗斯是对中亚国家最有影响力的国家，其与中亚国家有着共同的跨境河流，且中亚国家视获得俄罗斯的支持为该问题主要保障，因此俄罗斯也是参与中亚水治理的最大的推动者。

---

① Behrooz Abdolvand et al.， “The dimension of water in Central Asia: security concerns and the long road of capacity building”， *Environ Earth Sci*， 2015， Vol. 73， p. 908.

表 6.4　俄罗斯在塔、吉两国水电项目投资一览

所在国	投资项目	所在河流
吉尔吉斯斯坦	阿克布龙（Akbulun）水电站	纳伦河
	纳伦 1 号、2 号、3 号水电站	
	卡姆巴拉金 1 期、2 期（Kambarata－1、Kambarata－2）	
塔吉克斯坦	桑格图达 1 期（Sangtuda－1）	瓦赫什河

资料来源：作者自制。

从动机上看，俄罗斯对中亚水资源冲突采取积极介入政策，以维持其地区影响力。作为在地区具有传统影响力的俄罗斯近年来开始积极介入中亚地区的水资源管理，特别是水电项目的投资。俄罗斯在中亚的水电项目主要是投在上游的吉尔吉斯斯坦和塔吉克斯坦两国（见表 6.4）。

根据吉、俄两国政府间关于建设上纳伦梯级水电站的协议，2014 年 9 月，吉政府批准划出 312 公顷土地用于阿克布龙水电站、纳伦 1 级两个水电站建设。两个水电站建成后发电量将达 5.33 亿度。上纳伦梯级水电站建设项目已在 2014 年年底前开工。① 此外，俄罗斯还就卡姆巴拉金 1 期②和 2 期水电项目同吉方磋商。2010 年，俄罗斯给吉国在纳伦河上的旗舰项目卡姆巴拉金 2 期 30 亿美元的贷款。而卡姆巴拉金 2 期全力运作的前提是 1 期也要投入运行，但是 1 期项目投入运行后的装机容量将达到 1900 兆瓦，每年产生 50 亿千瓦时的电力，规模甚至将超过争议不断的托克托古尔大坝，其运行将不可避免地改变纳伦河原有的流量和流向，对下游国家产生严重的影响。③ 为不破坏上下游国家间的关系，2015 年 12 月，吉、俄两国相关政府代表就上纳伦梯级水电站建设项目和卡姆巴拉金项目展开闭门磋商，

---

① “乌兹别克威胁说将为捍卫中亚水电资源开战”，中华人民共和国驻吉尔吉斯共和国大使馆经济商务参赞处，2015 年 10 月 15 日，http：//kg. mofcom. gov. cn/article/jmxw/201510/ 20151001134198. shtml。

② 早在 2009 年，吉俄两国就卡姆巴拉金 1 期水电站建设项目签署协议，后在 2012 年 9 月俄总统普京访吉时签署新协议，两国议会于 2013 年年初批准协议，卡姆巴拉金 1 期水电站建设项目由俄罗斯“INTER”公司实施。

③ Behrooz Abdolvand et al. ，“The dimension of water in Central Asia：security concerns and the long road of capacity building”，*Environ Earth Sci*，2015，Vol. 73，p. 904.

商讨后决定废除上述两份合作协议。①

从方式上看，俄罗斯积极开展双边政府间谈判与水检测机构合作，以保障本国水资源安全。俄罗斯和哈萨克斯坦两国的跨界河流大体分为哈东北部（额尔齐斯河）和哈西北部（乌津河）两大部分，双方在共同利用跨境河流的问题上一直面临很大的困难。一方面，在哈东北部，哈处于上游，俄处于下游。哈经常将工农业和生活废水、废物等直接排放到河流中，导致水质恶化。两国合作协议未就跨境河流的水质做出明确规定，因此经常需要协调水质污染等问题。另一方面，在哈西北部及西部地区以沙漠半沙漠为主，比较干旱。尤其是大、小乌津河水量少，人畜饮水问题较严重。为此，两国积极互动，成立政府间水资源合作委员会，共同签署《关于共同利用和维护跨境水利设施的协议》（1992 年），并不断加强两国水文监测站之间的合作。

（二）中国参与中亚跨境水资源治理的机遇

中国与周边国家拥有 80 多条国际河流，其中主要的有 16 条，涉及 14 个与中国毗邻的接壤国，5 个非毗邻的周边国家，影响人口约 30 亿，占全世界人口的 50%。② 从区域及类型划分上来看，中国东北部地区与俄罗斯、朝鲜两国的跨境河流主要为界河，涉及各方共同防止水资源污染的问题；西北部主要是与俄罗斯、哈萨克斯坦、蒙古三国的跨境河流，近年来各方已逐步就水资源的分配与利用达成谅解；西南部主要是与东南亚、印度的跨境河流问题，由于牵涉的国家多且同时涉及水量分配、蓄水发电、水环境保护等议题，西南方向跨境河流问题最为复杂。值得一提的是，2016 年 3 月 23 日，澜沧江—湄公河首次领导人会议在海南三亚顺利召开，这标志着中国同东南亚国家山水相连、一衣带水的命运共同体建设向实质化迈进，这为中国未来与中亚国家借助跨界河流深化一体化建设带来极好的示范效应。

对于中国来说，“构建人类命运共同体”、“实现 2030 年可持续发展议程”、“‘一带一路’建设”等任务和愿景赋予了中国参与中亚水治理的使

---

① “吉尔吉斯官方称废除与俄水电站协议不会影响吉俄两国关系”，中华人民共和国驻吉尔吉斯共和国大使馆经济商务参赞处，2016 年 1 月 29 日，http：//kg. mofcom. gov. cn/article /jmxw/201601/20160101246527. shtml。

② 李志斐：“中国周边水资源安全关系之分析”，《国际安全研究》2015 年第 3 期，第 115 页。

命。一方面，中国有丰富的水治理经验；另一方面，治理中亚水资源也是保障“总体国家安全”的必要前提。此外，在欧盟因内部分化导致力量衰减、美国国内孤立主义思潮抬头以及俄罗斯因为大宗商品价格低迷而遭遇沉痛的经济打击后，各方的参与治理能力都有不同程度的减退。因而，当前的中亚水治理现状为中国提供了宝贵的参与机遇。

首先，国家总体安全是中国参与中亚跨境水资源治理的根本目的。2014 年 4 月 15 日，中共中央总书记、国家主席、中央军委主席、中央国家安全委员会主席习近平主持召开中央国家安全委员会第一次会议并发表重要讲话。他强调，要准确把握国家安全形势变化新特点新趋势，坚持总体国家安全观，走出一条中国特色国家安全道路。总体国家安全观是集政治安全、国土安全、军事安全、经济安全、文化安全、社会安全、科技安全、信息安全、生态安全、资源安全、核安全等于一体的国家安全体系。① 对于中亚跨境河流而言，其一，它一直被誉为中亚冲突的“火药桶”和“导火索”，因此中国参与并帮助有效管控各方分歧，可以维护稳定西北边陲的安全环境。其二，为中亚跨境河流管理提供中国方案，能够有效维护当地生态环境。其三，有效管控跨境河流矛盾，使中亚国家间实现睦邻友好、和睦相处，将能够更好地促进中国与中亚国家间的经贸往来。结合起来看，这些最终都将有助于实现我国的政治安全（见图 6. 1）。

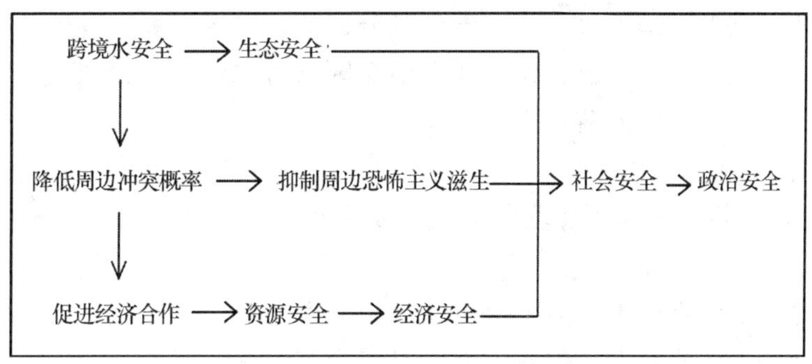

图 6. 1　跨境水安全与国家政治安全的关系图

资料来源：作者自己制作。

① “习近平：坚持总体国家安全观 走中国特色国家安全道路”，新华网，2014 年 4 月 15 日，http：//news. xinhuanet. com/2014—04/15/c_ 1110253910. htm。

其次，“一带一路”倡议是中国参与中亚跨境水资源治理的价值支撑。2013年9月和10月，中国国家主席习近平在出访中亚和东南亚国家期间，先后提出共建“丝绸之路经济带”和“21世纪海上丝绸之路”，即“一带一路”的重大倡议，得到国际社会高度关注。“一带一路”建设有利于促进沿线各国经济繁荣与区域经济合作，加强不同文明交流互鉴，促进世界和平发展，是一项造福世界各国人民的伟大事业。①“一带一路”的战略构想，为沿线国家的经济社会发展和区域合作带来了历史性的机遇。“一带一路”合作强调共商、共建、共享，强调坚持开放合作、和谐包容、市场运作和互利共赢。这些理念必将凝聚中亚国家的广泛共识，为中国与中亚国家开展跨境水资源合作提供重要的价值支撑。

再次，产能合作是中亚国家跨境水资源合作的实质需求。近年来，中国开始推动国际产能合作，将先进产能输出，帮助不同国家建立更加完整的工业体系和制造能力。2015年5月，国务院发布了《关于推进国际产能和装备制造合作的指导意见》，中国在产业布局上梳理了12个重点行业，包括钢铁、有色、建材、铁路、电力、化工、轻纺、汽车、通信、工程机械、航空航天、船舶和海洋工程。② 例如在农业方面，通过从育种、灌溉、施肥、管理等方面进行技术改造，在使小麦、玉米、棉花等产量大幅提高的同时，降低对水资源的过分依赖，可以有效缓解中亚地区的“水困局”。又如，通过中国风能、民用核能装备“走出去”，帮助完善中亚地区的电力体系，降低上游国家对水力发电的过分依赖，也将有效缓解上下游国家的矛盾。因此，通过产能合作，降低中亚国家对水资源的依赖，将为地区的经济发展带来光明的前景。

（三）中哈跨境河流管理合作的成功经验

中国与哈萨克斯坦作为上海合作组织的两个重要成员国，曾经也因为跨境河流问题时有龃龉，但双方并没有因为该议题的意见不合而互不相让

① “推动共建丝绸之路经济带和21世纪海上丝绸之路的愿景与行动”，新华网，2015年3月28日，http：//news. xinhuanet. com/finance/2015—03/28/c_ 1114793986. htm。

② “国务院印发《关于推进国际产能和装备制造合作的指导意见》”，新华网，2015年5月16日，http：//news. xinhuanet. com/2015—05/16/c_ 1115305230. htm。

甚至兵戎相见。相反，双方秉持上合组织所推崇的“上海精神”，以友好协商、不人为设定时限的方式，有效管控争议并推动双边合作的深入发展。

早年，中哈两国之间的水资源问题存在着两大误区。第一，哈方对水资源的需求上升，造成了中哈在水资源问题上的“不信任感”。哈萨克斯坦地表水资源中有40%来自跨境河流，哈国101.2立方公里地表水中只有56.3立方公里在哈境内生成，其余44.9立方公里源于哈中、哈俄、哈吉、哈乌间的跨境河流，而这其中23.6立方公里的水量来自中国，而且哈地表水中有33%过境流往邻国。中哈之间共有24条跨境河流，其中最大的是额尔齐斯河和伊犁河。处于中下游的哈萨克斯坦特别关注中国在上游地区对这两条河的水量使用，担心中国的筑坝、建水库、引水工程等危及哈自身用水。第二，中哈水资源争端是两国经济发展利益交汇冲突点。中哈两国于1992年1月正式建交，也正是在这一时期，中国开始对伊犁河和额尔齐斯河进行开发利用，哈方随后便提出了跨界河流问题。1992年哈向中方转交了涉及联合、合理使用界河水资源法律原则的建议，1994年又向中方转交了这一领域政府间协议草案的哈方方案。哈方担忧中国计划建设运河，将额尔齐斯河的河水引向新疆石油天然气中心克拉玛依会改变该河流现有水资源的平衡，坚持要求中哈两国就此问题展开谈判。

中方秉持睦邻友好、相互尊重的原则，积极与哈方就双方矛盾进行互动。1999年，中国邀请哈方专家小组访华进行首轮磋商，并于北京举行专家组会谈。2000年5月，双方批准了哈中界河联合专家工作组章程，在合理使用和保护跨界河流免遭污染方面做出规定，而且完全基于研究和绘图工作、进行联合评估的原则。此后几乎每年都会进行一轮专家组的磋商，以化解各自出现的新问题。2006年，双方签订了《关于开展跨界河流科研合作的协议》《关于相互交换主要跨界河流边境水文站水文水质资料的协议》和《关于中哈国界管理制度的协定》，对中哈两国在跨界河流域共同开展科学研究和技术交流做了安排。2011年4月15日，中国和哈萨克斯坦共同开建总投资为956万美元的霍尔果斯河友谊联合引水枢纽工程。2013年7月5日，该项目投入使用，其设计引水流量为每秒50立方米，中哈双方各每秒25立方米。

2013—2015年，中国向哈提出了关于合作的具体内容与规定，包括对伊犁河与额尔齐斯河水量分配、水污染情况的信息共享机制，以及对两河流域内生态系统保护以及防洪、发电通航、渔业、科研等方面合作提议，促进双边信息交换；组建中哈水资源联合机构等工作程序。2015 年 6 月 25 日，哈萨克斯坦第一副总理巴赫特江·萨金塔耶夫与国务院副总理张高丽会谈时提出，将哈国提出的“光明大道”新经济计划与我国“一带一路”倡议相衔接，并将跨境水资源利用纳入其中，进一步开拓哈中合作的新潜力。① 应当说，两国的诚意是推动双方协商解决问题、深化合作的重要原动力，这对于未来上合组织框架内其他成员国就跨境河流问题的谈判与合作提供了很好的样板。

三、上海合作组织框架内跨境水资源治理的意义与挑战

上海合作组织自 2008 年金融危机爆发后，加大了中亚水资源问题的讨论和研究：2008 年 10 月 7 日至 9 日在叶卡捷琳堡市召开“上合组织成员国生态安全”科学实践会议和第十届“俄罗斯纯净水”国际研讨会。会议涉及为上合组织成员国居民生活提供良好生态保障、中亚水资源管理、环保和生态安全以及气候变化引发的地缘政治等问题。2008 年 10 月 30 日，上海合作组织成员国政府首脑（总理）理事会例行会议在阿斯塔纳举行。与会的政府首脑（总理）们指出，合理和有效地利用水资源问题对确保中亚国家可持续发展具有特殊作用。② 在 2011 年上海合作组织峰会中各方也把该问题作为主要的议题来讨论。例如，各方就如何落实 2009 年中国国家主席胡锦涛在叶卡捷琳堡峰会期间宣布的向上合组织成员国提供 100 亿美元信贷资金，③ 如何使这些贷款为区域经济平衡发展起到进一步的推动作用，及落实该资金在农业和水利开发上的项目等展开讨论。此次峰会成员国的元首们还讨论了各方共同出资，共同设立上海合作组织发展基金和上海合作组织专门账户，期待加大对本区域内大项目前期投入的支持力度，其中就包括对水资源的清洁利用项目。

应该说，上合组织在处理中亚水资源的问题时是十分谨慎的，因为成员国间跨境水资源问题十分复杂，一旦处理不慎将会对成员国之间友好的

---

① “哈萨克斯坦提议成立哈中地区间合作论坛”，哈通社阿斯塔纳讯，2015 年 6 月 25 日。

② 引自“上海合作组织成员国政府首脑（总理）理事会会议联合公报（全文）”，《人民日报》2008 年 10 月 30 日。

③ “上海合作组织十年结硕果”，《环球财经》2011 年 7 月 7 日。

合作氛围带来冲击。但这并不意味着上合组织会对此望而却步，相反，上合组织成立 15 年来在打击“三股势力”、“毒品泛滥”等领域所积累的成功经验将会为中亚国家充分发挥主观能动性，解决地区跨境河流问题提供契机与支撑。

（一）上海合作组织参与中亚跨境水资源治理的意义

首先，上合组织参与中亚水资源治理是顺应人类可持续发展的应有之意。2015 年 9 月，联合国发展峰会通过了 2030 年可持续发展议程，议程包含 17 个目标和 169 个具体指标，覆盖经济、社会、环境三大领域。① 其中目标 6 指出，要“为所有人提供水和环境卫生并对其进行可持续管理”。通过上合组织的平台作用，可以帮助中亚国家农村人口实现脱贫，改善当地经济结构、提升生产效率，从而使其合理地运用当地稀有的水资源，确保淡水资源人人可及。事实上，贫穷和水资源是相互关联的，贫穷使得水管理和水服务方面出现赤字，同时贫穷又是不合理利用水资源的重要原因，例如简陋的灌溉系统导致大量水资源流失、不合理使用化肥又导致河流污染和土壤退化。因此，在上合组织平台就中亚水资源在地区国家间开展合作能够合理平衡各方利益、保护中亚河流水质、降低可能发生的水土流失危害。

其次，上合组织参与中亚水资源治理可为推动区域经济合作营造良好氛围。上合组织已拥有 18 个成员国，占全球 45% 的人口，其中 70% 年龄不到 50 岁，② 应该说，上合组织的未来极具发展潜力。因此，在 2015 年 12 月的上合组织政府首脑理事会上，与会的各国总理一致认为要加强区域经济合作和伙伴关系。上合组织将力推区域经济合作，并与安全合作一起实现组织的“双轮驱动”。中亚水资源治理从根本上来说是一个发展的问题，成员国可以通过上合平台以经济合作的方式共同治理。鉴此，中亚水资源治理可以成为上合组织区域经济合作的一项议题。与此同时，通过经

---

① 《改变我们的世界：2030 年可持续发展议程》（中文）全文，联合国网站，http：//www. un. org/ga/search/view _ doc. asp？ symbol = A/RES/70/1&referer =/english/&Lang = C。

② 《上海合作组织 15 周年：成就与展望》，上合组织秘书长拉希德·阿利莫夫在上海社会科学院的演讲，2016 年 5 月 5 日。

济合作改善中亚水环境可以使成员国间的敏感问题“脱敏”，中亚国家摆脱传统的隔阂，以更加开放包容的态度在其他领域开展进一步的交流。①

再次，上合组织参与中亚水资源治理将为国际社会树立合作的典范。上合组织从成立之日起，一直秉持互信、互利、平等、协商，尊重多样文明，谋求共同发展的“上海精神”。此外，在《上合组织宪章》中，规定组织框架内集体决策原则，即协商一致原则。有质疑的观点认为，上合组织的成立是因为成员国各方在与恐怖主义、分裂主义和极端主义“三股势力”斗争的过程中都具有共同利益，因此在此基础上形成一致达成共识并没有太大的难度。但当上合组织开启“双轮驱动”，打开区域经济合作大门时，通过协商一致这种国际关系民主模式达成共识将更具说服力。因为各方的经济诉求往往存在差异，甚至存在对立，中亚跨境河流治理便是一个很好的例子，当上合组织平台能够通过民主协商的方式，妥善解决棘手的跨境河流问题，将为国际社会树立一种令人信服的合作模式，并以此丰富国际关系的民主化实践。

（二）上海合作组织参与中亚跨境水资源治理的前景

2015 年 12 月 15 日，在郑州举行的上合组织政府首脑理事会第十四次会议上，中国国务院总理李克强提出重点打造上合组织六大合作平台，即“筑牢安全合作平台、搭建产能合作平台、加快建设互联互通合作平台、创新金融合作平台、构建区域贸易合作平台、打造社会民生合作平台”。② 六大合作平台的倡议与中国提出的建设“丝绸之路经济带”的倡议一脉相承，交相呼应。共建“丝绸之路经济带”在乌法峰会上正式成为上合组织区域合作的重要主题，而上合组织则成为“丝绸之路经济带”与欧亚经济联盟实现对接的重要平台。应该说，未来上合组织多重平台属性将可能极大地推动中亚水资源治理。

首先，金融合作平台将为中亚跨境水资源治理提供融资保障。上合组

---

① Каукенов Адиль. Внутренние противоречия Шанхайской Организации сотрудничества// Центральная Азия и Кавказ. 2013. №. 2. Том. 16.

② “在上海合作组织成员国总理第十四次会议大范围会谈时的讲话”，新华网，2015 年 12 月 15 日，http：//news. xinhuanet. com/world/2015—12/15/c_ 1117471152. htm。

织银联体于2005年10月在莫斯科成立，旨在按照市场化原则，依托成员国政府的推动作用和企业的广泛参与，创建适合本地区特点的多领域、多样化融资合作模式，共同为上合组织框架内的合作项目提供融资支持和金融服务。李克强总理指出，要“继续用好上合组织银联体机制，稳步推进银联体扩员，重点支持大型项目实施”。[①] 此外，随着“一带一路”相关金融机构亚洲基础设施投资银行（亚投行）的成立，加上金砖银行的介入以及日后可能成立的上合组织开发银行等，在上合组织统筹下形成多渠道金融合作平台，能够以一种开放透明、风险共担的方式解决困扰中亚国家治理跨境河流的资金缺乏问题。

其次，产能合作平台将从根源上解决中亚跨境水资源治理难题。中国通过上合组织平台与中亚国家开展产能合作符合各方利益。产能合作的首要要义是“互补”，中亚国家的优势在于能源、农业等传统领域，科技、创新领域相对落后；而在这方面，中国的发展经验更为丰富且成熟。因此，中国同中亚国家可以做到优势互补、共同发展。以中哈产能合作为例，双方产能与投资合作对话始于2014年，至今已举行了九次对话，成果丰硕。目前，中哈产能合作已形成52个早期收获项目，总投资270亿美元，涉及冶金矿产、能源资源、机械制造、建材化工、基础设施等领域。[②] 中哈产能合作的成功经验可在中亚国家间形成示范效应，从而打造上合“产能共同体”。通过优质的产能合作，中亚国家能够建立起现代化的农业及工业体系，从而降低对稀有水资源的过分依赖，降低了国家间水资源矛盾爆发的可能性。

最后，社会民生平台将搭建中亚跨境水资源治理的民意基础。一方面，中亚国家多为发展中国家，且有相当一部分民众还生活在贫困线以下，他们对食物、医疗、教育等的最基本需求尚未得到满足。通过上合组织的社会民生平台，结合产能合作、区域贸易合作与互联互通，可以刺激生产、带动就业，达到扶贫开发、改善沿线贫困地区人民生产生活条件的目的。

---

① “在上海合作组织成员国总理第十四次会议大范围会谈时的讲话”，新华网，2015年12月15日，http：//news. xinhuanet. com/world/2015—12/15/c_ 1117471152. htm。

② “优势互补、绿色、先进、符合当地需要：四大关键词推动中国中亚产能合作”，人民网，2016年6月21日，http：//politics. people. com. cn/n1/2016/0621/c1001 - 28467369. html。

这将极大缓解中亚各国边境少数民族间的对立，为日后开展进一步跨境河流合作提供民意“软基础”。另一方面，通过对成员国专业人员和青年人才的培训，开展各领域交流，能够促进中亚各国增信释疑，凝聚跨境河流合作的共识。

（三）上海合作组织参与中亚跨境水资源治理的挑战

尽管上合组织参与中亚水资源治理具有广阔的前景和深远的意义，但我们也无法回避当前的矛盾与挑战。正如有学者指出，中亚各国在共同利用水资源问题上的矛盾是由历史和现实的诸多因素积累而成的，因此克服这种矛盾并非是一朝一夕之事。① 鉴于此，我们有必要冷静地看待上合组织所取得的成功，并努力厘清未来中国在上合组织框架内参与中亚水资源治理所必须应对的挑战。

一是如何应对中亚国家的“逆一体化”趋势。当前中亚国家和上合组织呈现出一种“反向拉拽”的现象，即一方面中亚国家在上合组织框架内表现出较高的协同性；另一方面中亚国家间的政治关系却朝着自苏联解体后最坏的方向发展。因此，当前上合组织所表现出的协商一致很大程度上缺乏政治基础，且当部分中亚国家国内威权体制因权力交接不畅而产生外溢效果时，极有可能对当前上合组织的协同性产生颠覆性影响。其中，水资源分配问题、民族宗教问题等都是中亚国家“逆一体化”的罪魁祸首。在这之中，水资源分配问题往往又会激发民族主义甚至宗教极端主义，因此若要夯实中亚国家间关系的政治基础，中国和上合组织参与中亚水资源治理是建立中亚“一体化”良好政治氛围的关键。

鉴于水资源问题的敏感性，中国在上合组织框架内参与中亚水资源治理必须小心谨慎。首先，可以采取先易后难的方式，从咸海治理着手，打造良好的合作范式，再推广到处理更为复杂的上下游河流管理的问题。由于咸海危机关系到当地生态和生存环境，因而是中亚国家最为迫切想要解决的议题，通过参与咸海治理，扩大中亚国家有限的共识，并将治理的焦点从下游河流逐渐地缓慢向上推进。其次，通过上合银联体、亚投行、金

① 李立凡、刘锦前：“中亚水资源合作开发及其前景——兼论上海合作组织的深化发展战略”，《外交学院学报》2005 年第 1 期，第 40 页。

砖银行等新兴金融机制，结合亚开行、世行等成熟的金融机制为中亚地区提供项目解决方案以及融资渠道。要建立平衡的利益分享和补偿机制，解决中亚国家的后顾之忧。最后，要以法制化的方式将取得的成果确定下来，避免中亚国家内部的政治变动带来影响。通过签订水资源治理的框架条约，运用法律将合作的内容与方式固定化、机制化。同时，设立专门的合作委员会和第三方调解机构，保障合作与纠纷解决得到广泛的认可。

二是如何应对印度加入上合组织后造成的组织内部跨境河流问题的复杂化。在 2016 年 6 月的上合组织成员国元首理事会第十六次会议期间，印度和巴基斯坦正式签署《加入上海合作组织义务的备忘录》，这标志着两国成为上合组织正式成员指日可待。然而也要看到，中印之间也存在着复杂的跨境河流管理和利用问题，因此印度正式加入后将考验中国以及上合组织对跨境河流的治理实践。

中国处于中印跨境河流的上游，两国共享的河流大都发源于喜马拉雅山和青藏高原，其中两国争议最大的跨境河流争端主要集中在雅鲁藏布江—布拉马普特拉河上。近年来，为了满足国内的水资源需求，印度企图将其在藏南地区建立的所谓“阿鲁纳恰尔邦”（Arunachal Pradesh）变成未来的“国家发电站”，大量修建水利设施，开发水电资源，① 而一旦这些水利设施建成，将可能淹没处于上游的中国西藏林芝地区的部分地段。② 因此中印水资源问题与领土问题纠合在一起，加剧了中印两国之间解决问题难度。同时，作为地区最重要的两大崛起大国，两国战略地位的竞争也将使问题复杂化。例如，在印度国内，“中国水资源武器论”、“中国水威胁论”和“中国筑坝改道论”等舆论宣传都大有市场，这是印度将中国建构为战略竞争对手的过程中所必然结果。这种诋毁也不利于中国在上合组织框架内与中亚国家开展更深入的跨境河流治理合作。

对于中国而言，青藏高原作为亚洲地区的“水塔”，正遭受着气候变暖所带来的危害，因此中国应该更加积极地在上合组织框架内，与相关国家开展气象科技与水文情报方面的合作以及气候变化与冰川消融的应对以

---

① 刘锦前、李立凡：“当前南亚水环境治理困局及其化解研究——以‘命运共同体’和‘共情’的视角”，《国际安全研究》2015 年第 3 期，第 143 页。

② 杨晓萍：“超越‘稀缺—冲突’视角：中印崛起背景下跨境水资源问题”，《国际论坛》2012 年第 4 期，第 40 页。

及合作等，掌好水资源治理之舵。这些方面符合各方对生态环境和生存安全的诉求，因而敏感度更低，更易于推行合作。例如，中印两国已在多份联合声明中指出，“双方将通过专家级机制，继续开展跨境河流水文报汛、应急事件处置的合作，并就其他共同关心的问题交换意见”。这是中印双方共同努力的结果，这种合作机制的成功将在上合组织内部具有广泛的借鉴意义。

三是如何将中亚和南亚地区整合到同一个合作平台上来。中国分别是中亚和南亚跨境河流的关联方，而南亚和中亚的跨境河流议题的交叉性却不高，因而南亚国家如印度和巴基斯坦是否有意愿参与中亚水资源治理尚存疑问。近年来，虽然印度高调地提出了“连接中亚战略”，但是总体上来看，现阶段印度与中亚还处在政策对话阶段，除能源、反恐合作外，其对中亚的介入还是十分谨慎的。① 印度加入上合组织，除了加强与阿富汗之间的对话外，可以看做是其欲进一步加强与中亚国家间关系的决心。

借此机会，中印两国可以共同合作，在上合组织框架内打造连接帕米尔高原和青藏高原的泛区域水资源合作机制。由于青藏高原是亚洲十大水系的发源地，也被誉为“亚洲水塔”。而帕米尔高原则是整个泛亚地区的“水塔”和“水库”，其东向的昆仑山是世界大河长江与黄河的源头；南向连接作为世界大河恒河和伊洛瓦底江、湄公河等源头的青藏高原、喜马拉雅山；北边的阿尔泰山和蒙古高原是亚洲大陆流向北冰洋的鄂毕河和叶尼塞河的源头，东北方向是孕育了锡尔河、楚河、伊犁河的天山山脉；西边连接的是孕育喷赤河、阿姆河的兴都库什山脉。将两大“水塔”整合到同一个框架内，将具有划时代的意义。上合成员国能够在科研、监测、管理等方面在此平台上广泛地沟通和协商，在继续秉承协商一致的原则的同时，应该搭建更多的民主协商渠道，使上合成员国在不同的层级都能够广泛参与对话，科研机构、大学、智库、民间社会组织等都应该被纳入进来。

四、结论

中亚国家的水资源安全关系到整个地区乃至泛区域的长远发展，一个

---

① 胡欣：“‘连接中亚’：印度重启中亚攻略”，《世界知识》2013 年第 20 期，第 27—29 页。

稳定的水环境符合中亚国家及其邻国的利益。事实证明，跨境河流的管理与合作仅凭涉事国家的努力是难以解决的，尤其是对于尚处在发展阶段、内部矛盾重重的中亚国家来说更加困难。因此，需要有关各方乃至域外的利益攸关方共同参与以完善治理。中亚国家上下游水量分配、灌溉设施及管理手段落后，以及水资源滥用导致咸海生态恶化等都需要外部力量提供合理的解决方案。自苏联解体以来，西方国家及国际组织积极介入中亚地区的水资源治理，希望以此稳定地区的政治环境。从方法上来看，西方的治理模式主要通过技术性援助、建设项目融资和直接参与管理等方式帮助中亚国家改善水资源治理条件和环境。这种方式如同医生给病人看病一样，根据表面症状提供针对性的药物治疗方案，短时期内也许能见到好的效果，但从长远来看，还是有反复发作的可能。

要祛除中亚水资源困境的“病根”，关键是要完善中亚国家自身内部机理的运作，也就是经济持续发展、政治稳定健康。上海合作组织成立以来，在“上海精神”的引领下不断发展，在打击“三股势力”、跨国贩毒犯罪等领域通力合作，为各自国内的经济发展营造了稳定的外部环境。在“一带一路”倡议提出的背景下，上合组织的区域经济合作也具有光明的前景，上合组织可以在经济合作的大趋势下积极开展成员国间的水资源治理合作。上合组织参与中亚水资源治理既顺应联合国2030年可持续发展议程，又为中亚的经济合作营造了良好的环境。同时，上合组织的成功理念也将为国际合作树立典范。

总之，上合组织参与中亚跨境水资源治理是集各方之所需。在此过程中，中国将起到举足轻重的作用，中国需与印度在双方的跨境河流问题上达成共识，并积极发挥自身的“亚洲水塔”作用，在上合组织框架内同其他成员国一道制定水规则和符合各方利益的水资源安全战略。这一过程不仅是各成员国履行自己的责任和义务，也要积极发挥科研机构、大学、智库以及民间社会组织的积极作用，为区域的多方位合作提供助益。

报告七

低油价背景下俄罗斯—中亚地区能源政策调整及对华能源合作

孙溯源*

【内容提要】2014 年 6 月，国际油价开始下跌并持续低迷，给俄罗斯—中亚地区带来了严重的经济冲击。俄罗斯在低油价和西方经济制裁双重打击之下，油气出口收入减少，能源行业发展受到制约。整个中亚地区因与俄罗斯经济的联系十分密切，也遭到低油价和俄罗斯经济衰退的双重影响。产油国的能源出口收入减少；非产油国的经济状况更加困难，国家的金融体系陷入困境。对此，俄罗斯和中亚国家自 2015 年以来采取了一系列措施，调整能源发展战略和改革有关能源法规和政策，以应对低油价的压力，弥补财政收入损失。俄罗斯—中亚是中国海外油气来源的重要地区，低油价对这些国家造成的影响以及它们的应对措施，既给中国与该地区的能源合作带来了困难，也创造了新的合作机会。上合组织的扩员，为遭遇低油价挫折的俄罗斯和中亚国家创造了更多合作机会和市场空间，也将由此对上合组织能源合作起到积极推动的作用。

【关键词】低油价　上合组织　俄罗斯—中亚　上合组织能源合作

低油价对俄罗斯和中亚地区的油气生产造成了严重打击，非油气生产国的经济也遭受连带影响。在国际能源供需格局发生结构性调整的形势下，俄罗斯和中亚油气生产国均调整了能源对外战略，改革能源政策和法规，以适应新的国际油气新形势。这给俄罗斯—中亚地区与中国的能源合作带

---

* 孙溯源，华东师范大学国际关系与地区发展研究院副研究员。

来了一些新的问题，但也产生了新的合作机遇。对于已经存在密切能源合作的中国和俄罗斯—中亚地区，双方都需要积极协调政策、提高和深化合作。

本报告分为三个部分：第一部分陈述低油价对俄罗斯—中亚地区能源经济造成的影响；第二部分梳理俄罗斯—中亚国家为应对低油价对能源政策所做的改革与调整；第三部分分析新形势下中国在该地区油气合作面临的风险与机遇，并指出在俄罗斯和中亚国家遭遇低油价挫折的情况下，上合组织的扩员为上合组织能源合作创造了有利的合作机会和市场空间。

一、低油价对俄罗斯—中亚地区能源经济的影响

自2014年6月开始的国际油价持续下跌，截至2016年底，已经持续两年半的时间。在供过于求导致油价下跌和保持低迷的表象背后的深层原因，是能源技术革命释放出新的产能，和全球石油消费需求增长放缓这一中长期趋势，这预示着全球油气供应格局进入一个相对宽松的阶段。这一形势既对俄罗斯—中亚国家的政治经济造成了一系列影响，也促使相关国家积极调整能源发展战略和改革有关政策法规。

（一）本轮国际油价的低价位状态及其原因简述

国际油价自2014年6月下旬开始持续下跌，其间虽经过小幅震荡反弹，但目前仍处于低价位状态。国际油价在2015年在3月至5月之间有所起伏增长之后，在2015年第3季度再度下跌，并在2015年12月出现“断崖式”大跌，西德克萨斯原油价格单月跌幅达到13.61美元/桶。与此同时，西德克萨斯原油和北海布伦特原油价格均创下2009年以来的最低价位，原油单日价格均达到过去一年半以来的最低点。西德克萨斯原油价格在2015年12月8日跌到37.55美元/桶，较2014年6月的最高点相比降幅达到65%；北海布伦特原油价格在2015年12月7日达到39.80美元/桶，较2014年6月的最高点相比跌幅为65.5%。此后，国际油价一直处于低价位小幅震荡的状态。

造成本轮国际油价下跌的原因主要来自四个方面，包括国际能源市场供需关系、国际宏观经济、国际地缘政治以及市场投机因素。油价下跌是

各种内外因素叠加之后的综合结果，其中市场供需关系是决定油价下跌的根本性的内在因素，国际经济和政治形势是油价震荡下跌的重要外在影响力，市场投机行为助推了国际油价的跌势。

页岩革命增加了全球石油市场的供应量，并带来石油生产格局的变化。在国际油价保持在高位运行的2010—2014 年间，以往开采成本高、风险大、利润低的非常规油气资源的勘探开发，取得革命性的技术突破，尤其是以页岩油气为主的非常规能源的勘探和开采技术进步最为显著。美国以致密油为主的页岩类轻质原油产量，在2009 年之后实现快速增长，美国石油总产量转降为升。从2009 年到2013 年的5 年中，美国石油产量年均增长率为8.1%，超过世界同期增速。页岩油产量也在石油总产量中占比逐渐扩大，在2013 年达到41%。美国也因此逐步从最大的油气进口国向重要的油气出口国转变，成为国际石油市场上一个灵活的供应量调节者。

技术革新引领的页岩革命，也带动了其他非常规油气的发展，使以往开采难度高的油气田，如超深海和超深层油，低产油气田的经济可采下限得以降低，从而提高了产量，延长了商业开发年限。南非和南美的深海油气资源的勘探开发获得成功，尤其是巴西已成为新兴产油国。页岩革命扩大了化石能源的来源，使世界进入常规油气与非常规油气开发并举的油气生产新时代。①

常规石油生产国的石油产量保持原有产量额度甚至略有提高。美国页岩油气的快速增长，给传统产油国带来两个方面的严峻挑战，一是造成油价低迷，二是挤占市场份额。以沙特为代表的部分产油国面对挑战，在市场份额和维护油价之间做出了无奈的选择，即为保护市场份额而不再执行减产保价政策，甚而还在继续维持原有产量的基础上略微增加了产量，同时主动对美国和亚洲市场降价以扩大市场份额。俄罗斯在美欧联合制裁下，经济形势陷入衰退，卢布大幅贬值。在欧佩克不减产的情况下，俄罗斯不得不采取维持石油高产的策略以维持财政收入。另外，由于北极地区新的巨型油气田和新航道相继被发现，增加了俄罗斯石油业的潜在产能。东非的莫桑比克、坦桑尼亚等国的勘探开发能力迅速成长，新的油气资源不断被发现，成为潜在的新兴产油国。

---

① 张抗、张葵叶：“美国页岩油气产量增长态势及其启示”，《石油科技论坛》2013 年第5 期，第30—35 页。

地缘政治局势相对平稳，伊拉克等国的石油生产得到不同程度的恢复，增加了石油市场的供应。随着利比亚、尼日利亚、南苏丹和伊拉克等国的政治局势相继缓和，石油产能开始恢复，增加了对国际原油市场的供应。伊朗在与美国签订核协议之后，国际社会解除对伊朗的经济制裁，伊朗原油得以进入国际市场，国际市场的原油供应量随之逐渐扩大。

交易商普遍看空原油期货，助推国际油价的下跌趋势。一方面，由于美元走强使得投资者购买原油期货的成本增加，降低了原油期货对投资者的吸引力。另一方面，全球对冲基金在原油期货中的配置越来越高，基金在原油期货中的做空行为，推动了原油期货价格下跌。投机资金不断减持美国原油期货的多头仓位，同时大幅增加空头仓位。做空原油期货之势，在全球交易市场蔓延，令原油价格陷入“自拔”无力的跌势。

而在需求方面，受2008年金融危机导致的发达国家经济衰退，以及其后欧洲债务危机的影响，全球经济增长放缓。主要经济合作与发展组织（OECD）国家能源需求趋于稳定，欧洲、日本经济复苏乏力，为高位运行的油价埋下了下跌的隐患。国际金融市场的动荡，则增加了油价运行的不稳定性和不确定性。发展中经济体的GDP增速减缓，能源需求增速下降。

在气候变化的压力和节能减排的政策目标之下，各国能源政策普遍对化石能源的消费设定了更加严格的目标和要求。而随着新能源技术的推广和节能环保技术的实施，能源消费国对油气资源的需求增速逐渐减缓，能源消费的结构将发生改变。在英国石油公司（BP）的《2035年世界能源展望》中预测，全球一次、二次能源消费结构，将发生结构性变化，石油在能源消费中比重不断下降，天然气和可再生能源比重将不断上升。①

石油的供需关系自2014年以来，呈现为供需关系宽松且供大于求的状况。石油生产国的剩余产能和消费国的石油储备水平，共同将石油的供需关系推向供大于求的局面。目前全球的剩余产能几乎完全分布在欧佩克国家，欧佩克的剩余产能则主要集中在沙特阿拉伯。在此轮油价大跌前，欧佩克的剩余产能已经达到$350*10^4$bbl/d。在石油储备方面，OECD国家的战略储备和商业储备，均已达到饱和状态。据国际能源署（IEA）统计，2014年底，OECD国家的商业和战略库存，相当于93天石油需求或172天

---

① BP's 2016 Energy Outlook to 2035：Overview and analysis，http：//shareaction. org/wp- content/uploads/2016/03/BPEnergyOutlook. pdf.

石油净进口量。美国商业石油库存则创下1990年有数据统计以来的新纪录，较过去5年平均值高出20%以上。即使在油价已经明显下降的2015年，OECD原油库存仍进一步刷新最高纪录，这意味着油价下行的压力尚未得到完全释放。然而与此同时，虽然许多发展中石油进口国在油价大幅下降的情况下，尽可能地扩大了石油储备，但是依靠消费国增加储备抑制油价下跌的可能，却非常渺茫。中国在2015年3月底的石油战略储备设施已接近满仓。因此，一个日趋宽松的世界油气供需格局已逐步形成。

（二）低油价对俄罗斯的影响

近年来，俄罗斯的能源生产一直处于国际油价持续走低与复杂的地缘政治环境的双重影响之下。俄罗斯遭遇本轮油价下跌的同时，还伴随着美国和欧盟因乌克兰问题在2014年3月开始对其采取的制裁。俄罗斯的经济极度依赖石油出口，石油收入约占该国出口收入的70%，石油和天然气的总收入占俄罗斯政府财政收入的52%。油价下跌和国际制裁，使得俄罗斯经济陷入困境。

1. 俄罗斯油气出口受到影响，石油公司收入减少，石油出口地区分布结构发生改变

2014年，受国际能源价格暴跌以及出口压力增大的影响，俄罗斯石油出口总量为2.23亿吨，与上年基本持平；天然气出口量2217亿立方米，同比下降6%。2015年石油出口达到2.52亿吨，增长13%，天然气出口量2100亿立方米，下降13%。俄罗斯的油气公司利润大幅下降。俄罗斯石油公司2014年净利润同比下降近30%，俄罗斯天然气工业股份公司净利润下降超过80%，卢克石油公司净利润下降近40%。

俄罗斯石油出口地区分布，正在发生变化。增加了对亚太地区，主要是中国的石油出口。2014年，俄罗斯出口到非独联体国家的石油为2亿吨，占俄罗斯石油出口总量的89.2%。欧洲曾是俄罗斯石油出口的主要市场，占俄罗斯石油出口总量的60%以上。2013年，东西伯利亚—太平洋石油管道系统二期工程全面运营后，俄罗斯向亚太地区的石油出口量增加了12.5%，并且占俄罗斯石油出口总量的20.9%。其中，俄罗斯向中国的石油出口量显著增长，2014年，俄罗斯向中国出口石油达到2260万吨，2015年向中国出口石油3700万吨。

2. 俄罗斯卢布严重贬值，联邦财政预算连年赤字

俄罗斯的经济发展和财政预算对油气行业依赖度较高，在国际油价持续大跌并保持低位的情况下，俄罗斯财政收入大幅缩水，财政预算出现赤字，并连带产生其他负面影响。为维持国际收支平衡，俄罗斯卢布被迫连续贬值。自 2014 年下半年以来，卢布贬值幅度已经超过 1 倍，达到 1 美元兑换 72 卢布。2016 年 1 月 11 日，卢布汇率更是降至 1 美元兑换 75.95 卢布。

高度依赖油气行业税收的财政预算也出现严重赤字，因此短期内俄罗斯政府只能依靠卢布贬值的手段维持预算平衡。以 2013 年为例，油气税收占俄罗斯国内生产总值的比例为 19.5%，占俄罗斯联邦预算收入的比例为 51.3%。根据有关评估，油价每下跌 10 美元/桶，俄罗斯联邦预算收入将减少 250 亿美元，相当于国内生产总值的 2%。2015 年，俄罗斯财政预算中保持收支平衡的油价为 90 美元/桶，国际油价的下跌使得俄罗斯财政预算难以维持平衡。为了弥补预算赤字，俄罗斯政府所能使用的手段非常有限，除了采取卢布贬值，就只能动用国家储备基金。在俄罗斯政府 2016 年预算案中，将保持预算平衡的油价下调至 50 美元/桶，据此俄罗斯政府预算将出现 2.36 万亿卢布的赤字，相当于其国内生产总值的 3%。对此，俄罗斯政府从储备基金中支付 2.3 万亿卢布用于弥补赤字，以保障政府能够履行所有的社会义务。可以预见的是，在国际油价维持在 50 美元/桶低价位徘徊的情况下，俄罗斯政府将继续以卢布贬值为主要手段勉强维持财政预算。

3. 俄罗斯宏观经济形势持续恶化

乌克兰危机以后，西方国家在金融和能源行业对俄罗斯实施了一系列直接和间接的制裁，导致俄罗斯的宏观经济环境不断恶化。俄罗斯经济过于依赖原材料出口，其他行业创新发展动力不足，商业投资环境不佳导致对外资的吸引力偏低等因素，是俄罗斯经济发展缓慢甚至衰退的根本原因。近年来复杂的地缘政治环境，加剧了俄罗斯的经济衰退。

4. 石油业面临投资减少，石油产量长期难以稳定

低油价也带来了投资焦虑。俄罗斯能源企业和政府财政收入减少造成能源投资的资金紧缩。油气生产是资金高度密集同时也是技术密集型的产业，油气产业的可持续发展，取决于对勘探和研发的大量资金投入。石油收入的锐减，将直接阻碍石油产业的可持续发展。虽然在国际油价下跌的

过程中，俄罗斯的石油产量非但没有下降反而有所增加，但是这一状况在缺少追加投资的情况下是难以为继的。其石油产量增加的原因在于：一方面，在国际油价下跌和欧佩克不减产的情况下，俄罗斯既需要增加产量来保持市场份额，也需要依靠石油出口收入支持财政预算；另一方面，则是受益于过去高油价阶段对油气开发增加的投入。在油价持续下跌的情况下，俄罗斯的石油公司不得不紧缩投资，减少资源勘探业务。高油价下的投资效应，基本持续到2016年，从2017年开始，俄罗斯将面临石油产量减少的风险。如果不采取措施鼓励能源公司进行投资，将无法在2017—2018年维持2016年的产量水平。2015年，俄罗斯用于油气勘探的联邦预算和石油公司的油气投资，均比2014年有所减少，2016年俄罗斯的油气勘探投资进一步缩减。因此，低油价下石油产量的增加，已经无力持续下去。近期俄罗斯的石油产量将出现一定程度的波动。此外，俄罗斯所主导的大型能源出口基础设施项目的建设，也因资金缺乏而受阻，北线天然气管道扩建项目，因资金问题未能正式启动，预计将难以按期完工。

（三）国际油价低迷对中亚地区国家的影响

以能源为首的大宗商品价格下跌，加上俄罗斯经济增长放缓、俄罗斯卢布贬值、来自俄罗斯的投资撤离或冻结、侨汇收入减少等因素，①这些外部冲击，削弱了中亚地区的经济增长动力。中亚产油国的经济，高度依赖大宗商品出口，并且与俄罗斯有着紧密的贸易、投资和汇款联系。世界银行近期发布的欧洲和中亚经济展望中指出，由于低油价和俄罗斯经济衰退等原因，中亚东部地区和高加索地区国家的经济遭到严重破坏。中亚国家的本币普遍大幅贬值，油气出口收入遭受损失，投资环境恶化，直接威胁油气产业的发展，以及经济结构多元化改革。2015年，中亚地区的经济增长率创下独立以来的最低纪录。而中亚油气进口国的经济状况，也因俄罗斯与中亚油气出口国经济衰退的溢出效应、发达国家经济复苏乏力以及新兴经济体经济增长放缓的溢出效应，而增长减缓。

---

① Nate Schenkkan, "Impact of the Economic Crisis in Russia on Central Asia", *Russia Analytical Digest*, 17 March 2015, No. 165.

1. 哈萨克斯坦石油产业及国民经济所受的影响

作为中亚油气生产和出口大国的哈萨克斯坦，其油气工业受低油价的影响，油气产量有所下降，石油企业艰难维持生产，整个石油工业形势不容乐观。哈萨克斯坦能源部第一副部长卡拉巴林曾表示，2016 年哈萨克斯坦油气产量将会减少，而产量与油价紧密相关——油价为 40 美元/桶时产量为 7700 万吨，油价为 50 美元/桶时产量为 7900 万—8000 万吨，油价跌至 30 美元/桶时则产量将跌至 7300 万吨。[①] 根据 BP 公司于 2016 年 6 月公布的全球能源统计年鉴，2014 年哈国原油日产量为 170 万桶/天，2015 年为 167 万桶/天，降幅 1.9%。[②] 天然气方面，2015 年哈萨克斯坦的天然气产量约为 422 亿立方米，低于 2014 年的 429 亿立方米，减幅为 1.7%。

除了石油收入锐减、石油工业处于困境以外，哈萨克斯坦的经济也遇到很大麻烦，货币贬值，通胀压力加大，经济增长放缓，阻碍经济结构多元化改革的进程。自独立以来，哈萨克斯坦的经济结构一直比较单一，经济发展和财政预算长期高度依赖油气产业，原油出口占哈国出口总收入的 60%—70%。国际油价的持续低迷，使其能源出口环境逐步恶化，石油出口收入严重受损，哈萨克斯坦政府因此背负巨额财政压力。

更为严重的是，哈萨克斯坦经济不仅直接遭受油价下跌的负面影响，还因其与俄罗斯经济关系密切等因素，其本币币值和汇率的稳定性受到严重冲击，哈萨克斯坦货币坚戈发生了中亚国家货币中幅度最大的贬值。随着国际油价持续低位震荡，国际经济环境不景气，加上俄罗斯卢布连续贬值、美国在 2013 年退出量化宽松政策，哈萨克斯坦货币坚戈背负沉重的贬值压力。自 2015 年以来，哈萨克斯坦多次实行外汇干预措施，但仍难以维持坚戈币值的稳定。哈政府不得不在 2015 年 8 月宣布实行浮动汇率，坚戈汇率大幅下跌。坚戈兑换美元的汇率在 2014 年 2 月 1 日为 1 美元兑 185 坚戈。2015 年 8 月 20 日，哈央行启用汇率自由浮动机制，当日兑美元汇率即从 1 美元兑 188.38 坚戈飙升至 1 美元兑 255.26 坚戈，贬值幅度达 35.5%。到 2015 年 9 月已经跌到 1 美元兑换 278 坚戈，贬值幅度超过

---

① 转引自刘乾、高楠："俄罗斯—中亚地区油气政策走向及对华合作前景"，《国际石油经济》2016 年第 2 期，第 22—28 页。

② "BP Statistical Review of World Energy 2016", p. 8, https://www.bp.com/content/dam/bp/pdf/energy-economics/statistical-review-2016/bp-statistical-review-of-world-energy-2016-full-report.pdf.

50%，坚戈汇率在2015年全年累计下跌85%。2016年1月1日兑美元汇率更是跌至343.11。[①] 2016年上半年坚戈兑美元汇率为1美元兑337坚戈。[②]

坚戈的持续贬值，使得哈萨克斯坦在国际金融市场上的融资能力下降。哈萨克斯坦金融体系由于受到全球金融危机的冲击尚未完全复苏，本币贬值将进一步影响哈国银行金融体系的恢复。哈国银行体系的不良贷款率，在2014年已经上升到23.55%的较高水平。[③] 银行系统的脆弱性明显增加。石油收入锐减以及本币贬值，阻碍了哈国经济的健康运行，导致经济陷入衰退，包括粮食在内的商品价格持续上涨，通货膨胀率变动幅度显著增大。2014年的通货膨胀率已经反弹至7.4%，较2013年增加了54%。[④]

在低油价的冲击下，哈萨克斯坦经济虽未陷入衰退，但经济增长放缓，增幅在下降。欧洲复兴开发银行（EBRD）已经将哈萨克斯坦2016年的经济增长率预测从2%下调为1.5%。EBRD认为，哈萨克斯坦经济增长放缓主要是由于油价下跌，以及俄罗斯廉价商品进入哈萨克斯坦市场对哈本国生产商造成了负面影响。另外，乌克兰危机引起的负面投资情绪，也导致了外资对该地区的投资积极性下降。总之，油价持续低迷和震荡、货币贬值、经济增长放缓，阻碍了哈萨克斯坦的经济现代化进程以及经济结构多元化改革。

2. 乌兹别克斯坦、土库曼斯坦等国油气工业发展进程受阻

受低油价环境的影响，近年来乌兹别克斯坦天然气化工产业发展步伐减缓。乌兹别克斯坦一度将天然气化工确定为本国油气工业的重点发展领域，不断吸引外国资金和技术。与韩国天然气化工公司合作建设的乌斯丘尔特天然气化工综合体，天然气年加工规模达到45亿立方米，年产38.7

---

① “俄罗斯和中亚国家货币急剧贬值”，中国驻乌兹别克斯坦经商处网站，2016年1月14日，http://uz.mofcom.gov.cn/article/jmxw/201601/20160101234691.shtml。

② 刘乾、高楠：“俄罗斯—中亚地区油气政策走向及对华合作前景”，《国际石油经济》2016年第2期，第22—28页。

③ J. Dettoni，“Kazakhstan Anxious about Another Devaluation”，*Eurasianet*，February 5，2015；周丽华：“后危机时代哈萨克斯坦银行信用风险评析”，《新疆财经》2014年第1期，第64—71页。

④ 李承鑫：“哈萨克斯坦经济的现状、问题及对策分析”，《金融教育研究》2016年第1期，第63—68页。

万吨聚乙烯，8.3 万吨聚丙烯和 10.2 万吨裂解汽油，为中亚最大的聚乙烯生产基地。但在低油价的影响下，乌兹别克斯坦正在实施的其他两个天然气化工项目，因资金短缺或商业价值变低，而被迫放缓。其中一个是由乌国家油气公司（UNG）、南非 SASOL 公司和马来西亚国家石油公司三方合资建设的苏尔坦天然气合成油（GTL）项目。该项目总投资额为 39.85 亿美元，计划每年加工处理 35 亿立方米天然气，生产约 85 万吨左右柴油、30 万吨煤油以及 40 万吨石脑油等油品。这一项目将降低乌兹别克斯坦对进口成品油的依赖。该项目于 2014 年 1 月启动，但由于融资进展缓慢，项目建成时间将推迟。另一个是穆巴列克天然气化工项目。乌国家油气公司与新加坡 Indorama 公司于 2012 年 5 月成立了合资公司，建设穆巴列克天然气化工厂。中方有意参与该项目的建设，并启动了项目经济技术可行性研究，遂在 2014 年 8 月由中石油与乌国家油气公司、Indorama 公司联合签署《穆巴列克天然气化工厂合作备忘录》。但是，目前该项目因油价低迷、无经济效益，而不得不暂停下来。

土库曼斯坦拥有丰富的天然气资源，是中亚地区重要的天然气生产国和出口国。但是，土库曼斯坦的经济产业结构单一，天然气等能源资源成为其国民经济发展的重要支柱，是财政收入的主要来源。由于国际油价下跌，天然气价与油价挂钩，土库曼斯坦的出口气价也大幅下跌，天然气出口收入锐减。2015 年，土库曼斯坦天然气出口量同比下降了 11%。

低油价直接导致主要油气生产国，即俄罗斯、哈萨克斯坦和土库曼斯坦的油气出口收入减少，财政收入下降。又由于中亚国家之间以及与俄罗斯之间的经贸往来密切，卢布贬值进一步引起中亚国家本币发生不同程度的贬值。2015 年 1 月，乌兹别克斯坦货币苏姆兑美元的官方汇率为 2430，2016 年贬为 2821 苏姆兑 1 美元，贬值幅度达 16% 以上，黑市兑换价更是高达 5850—6180 苏姆。土库曼斯坦货币马纳特自 2009 年以来一直维持在 1 美元兑换 2.85 马纳特的水平，但在 2015 年 1 月土库曼斯坦宣布马纳特一次性贬值至 1 美元兑换 3.5 马纳特，跌幅达 18.6%。

3. 低油价对中亚油气进口国经济的影响

中亚油气生产国的经济既依赖国际市场也依赖俄罗斯的经济发展，非油气生产国对俄罗斯经济的依赖更为严重，受其影响也更大。石油价格下跌不仅对中亚油气出口国产生不利影响，还导致中亚油气进口国经济增长减缓。通常低油价对于油气进口国是一个利好消息，有利其减少油气进口支出。但是中亚油气进口国却是一个例外。由于塔吉克斯坦、吉尔吉斯斯坦等资源匮乏的中亚国家的经济来源，严重依赖对俄贸易以及在俄罗斯的劳务输出人员的侨汇收入，低油价对俄罗斯经济造成的打击，也间接影响了这些中亚油气进口国的经济，造成这些国家货币贬值、收入减少、经济衰退。

侨汇收入对于塔吉克斯坦、吉尔吉斯斯坦等国的经常项目平衡，以及财政和贸易赤字，都具有至关重要的作用。塔吉克斯坦 GDP 的 40% 以上来自侨汇收入。由于油价大跌和持续走低，以及相伴随的一系列现象，主要是卢布贬值，美元强势，在根本上削弱了卢布的购买力，来自俄罗斯的侨汇收入的实际价值缩水，对依靠侨汇收入的中亚国家经济造成严重影响，造成中亚国家侨汇收入缩水一半甚至三分之二。2015 年 1—9 月，乌兹别克斯坦自俄侨汇收入 18.74 亿美元，同比下降 60%；塔吉克斯坦自俄侨汇收入 10.54 亿美元，同比下降 65.1%；吉尔吉斯斯坦自俄侨汇收入 8.6 亿美元，同比下降 44.4%；哈萨克斯坦自俄侨汇收入 2.43 亿美元，同比下降 33.3%；土库曼斯坦自俄侨汇收入 1200 万美元，同比下降 50%。

另外，在油价大跌、卢布贬值、中亚产油国本币贬值的情况下，中亚其他油气进口国的货币也急剧贬值。在 2014—2015 年间，吉尔吉斯斯坦本币索姆和塔吉克斯坦本币索姆尼的贬值幅度都超过 25%。吉尔吉斯斯坦央行经过 3 次干预总共投入 1500 万美元，将索姆汇率稳定在 76.3 索姆兑 1 美元的水平。塔吉克斯坦则在 2015 年底关闭了所有非银行系统的兑换点，外币交易只能在银行系统分支机构和借贷机构总部进行。

二、俄罗斯—中亚国家能源政策的改革与调整

在低油价和国际制裁的双重打击之下，俄罗斯积极调整国家能源对外战略，改革有关能源政策、法令和税制；中亚国家也采取了类似的改革措施，弥补财政收入损失，在逆境中保持能源产业的可持续发展。

（一）俄罗斯的油气战略调整与政策改革

确保俄罗斯在全球油气市场上的份额，是俄罗斯对外能源战略的一贯目标。在国际油气供应格局发生重大调整，油价低迷供过于求，以及在美

国欧盟联手制裁的情况下，俄罗斯及时调整其能源出口战略，从法律法规和财税政策等方面实行油气行业改革，以保持油气开采水平以及油气行业的继续发展。

1. 调整对外能源战略，在困境中逐步构建新的能源外交格局

在油价低迷、地缘政治环境恶化、国内经济衰退的情况下，加强能源对外合作成为俄罗斯的战略优先选择。俄罗斯积极调整能源战略，进一步加强和拓展能源外交“向东看”的战略，在能源出口立足欧洲的同时，将亚太地区确立为俄罗斯能源外交的新的战略目标，加快能源战略东移的步伐。与亚洲国家建立商业伙伴关系，尤其是更加重视与中国加强能源战略合作。

加快能源战略的东移，积极调整能源出口布局。俄罗斯将发展其东部地区的能源产业、实现能源出口多元化，作为国家能源战略的优先发展领域。俄罗斯已将其临近亚太地区的东西伯利亚、萨哈共和国，作为俄罗斯天然气开采中心，加大对东西伯利亚和远东地区油气勘探投资的力度。目前已经完成东部油气工业战略布局，油气基础设施建设已取得重大进展。东部地区油气原料基地的开发、油气开采、加工和储运等业务都得到了迅速发展。

俄罗斯在稳定其欧洲传统市场的同时，积极开拓亚太市场。自2014年以来，俄罗斯与亚太国家的能源合作取得重要突破。与中国的能源合作取得历史性突破，与中国签订了天然气大单。与日本、韩国的东北亚消费国的油气合作有所进展。增加了与印度和伊朗的油气合作，还开拓了与东盟地区的油气合作，俄罗斯在亚太地区的油气合作已经实现多元化发展的战略布局。西方制裁使俄罗斯油气行业在技术和资金两方面受到限制，俄罗斯政府出台了进口替代战略，加强本国的技术开发和装备制造能力。同时借力中国、香港、新加坡和韩国等亚太国家和地区，希望从国内和国外两个方向拓宽资金和技术渠道，“转向东方”成为2014—2015年俄罗斯对外政策，特别是对外油气政策中最为明显的标志。①

俄罗斯还积极调整天然气对外发展战略。竭力维持对中亚地区天然气

---

① 参见程淑佳、张东敏：“新形势下俄罗斯油气贸易格局演进及趋势分析”，《东疆学刊》2015年第4期，第85—90页；王四海、闵游：“‘页岩气革命’与俄罗斯油气战略重心东移”，《俄罗斯中亚东欧市场》2013年第6期，第22—34页。

管网的控制，并参与中亚天然气资源的开发。通过控制苏联时期的天然气管网，通过合资或收购等方式，实现对白俄罗斯、吉尔吉斯斯坦、亚美尼亚和摩尔多瓦的天然气管网的控制。并竭力寻求建造绕过乌克兰、联通欧洲的天然气管道，采用新的天然气计价机制，积极适应欧盟的天然气市场规则。

2. 修订油气法律法规，调整有关政策。

为振兴国内油气产业，扩大油气出口，俄罗斯政府积极进行油气行业的法律、法规和政策调整，主要包括利用储备基金补贴能源国企，对外资放开部分上游产业，出售战略性油气资产的部分股权，调整油气税收制度，等等。

俄罗斯政府颁布了有关纲领性文件，确定油气产业的发展战略及规划，为改革油气资源管理明确方向。新近颁布的《2035 年前俄罗斯能源战略》，确定了未来 20 年能源工业发展和对外能源政策的战略目标。包括加快进入亚太地区市场，出口产品多样化，与传统和新兴的能源市场建立稳定关系，促进俄罗斯油气公司融入国际能源商业体系，维护俄罗斯在世界能源市场中的利益等等。①

对《战略资源法》做出重要修改。允许外国投资者拥有联邦级油气矿产区块公司 25% 以下的股份，放宽国家安全审查程序。对一些需要引资发展的区域出台了优惠政策。同时，改变以往不出售战略性资产的政策，开放上游战略性资产，转让大型项目的股权。

由于低油价令大型上游项目投资更加困难，俄罗斯政府不得不改变对外国石油公司的投资政策。俄罗斯政府开始考虑用主权债务基金储备补贴国企和战略性项目，并计划对一些能源企业实行私有化，吸引亚洲公司进入上游产业。为吸引外资进入俄罗斯石油产业的上游开发，俄罗斯政府对外企在俄罗斯能源行业股本比例的规定有所放松。俄罗斯法律原来规定外国投资者在超过 7000 万吨石油储备以上的大型油田开发项目中的占股，不得超过 10%，但是俄罗斯政府已经开始允许中国公司占有生产公司股份的 25%—49%，甚至可以拥有战略性油田公司的股权。

放开液化天然气（LNG）专营权。出台《液化天然气出口自由化法律

---

① 转引自刘乾：“俄罗斯能源战略与对外能源政策调整解析”，《国际石油经济》2014 年第 4 期，第 30—38 页。

草案》，在保留俄罗斯天然气工业股份公司管道出口专营权的基础上，先后批准了俄罗斯石油公司、诺瓦泰克公司旗下 7 家企业出口 LNG，进一步明确俄罗斯深入开放国内油气市场的决心。

在圣彼得堡国际商品交易所进行天然气交易，以促进天然气市场竞争和形成天然气的市场定价权。天然气正式成为可在商品交易所进行实物交易的商品，这已成为天然气价格改革的重要步骤。

3. 完善油气财税制度

俄罗斯政府在修订法律法规和纲领性文件的基础上，进行了积极的油气财税制度改革。一方面通过提高资源开采税等措施，增加政府财政收入，另一方面降低企业税负，为油气企业减轻负担，确保本国油气的正常生产。

降低出口关税，颁布出口关税优惠政策。俄罗斯新的《石油行业税收修订法》于 2015 年 1 月正式生效，计划在 2018—2019 年进一步降低关税同盟国家石油及轻油产品出口关税。[①] 自 2016 年 1 月起，下调原油、成品油出口关税计算系数。优惠 LNG 出口关税，对符合规定的海上油田生产的原油、凝析油、天然气和 LNG 可免交出口关税。到 2016 年，俄罗斯石油工业出口关税已经下降了 77%，为每吨 88.4 美元。为了弥补降低出口关税导致的财政收入缺口，俄罗斯增加了国内矿产资源开采税。石油开采税将从每吨 776 卢布增加至 950 卢布。但同时又出台了矿产资源开采税优惠政策，对开采难度高、储量规模小、开采程度高的地区，边疆区的原油开采，以及小型天然气供气企业等，实施优惠政策。

俄罗斯政府调整了石油企业税制，出台了以利润为基础的新石油企业征税制度。在新的税制中，处于初始阶段的新油田项目，仍将继续受惠于原先的不收税的政策。俄罗斯的石油企业不用为尚未盈利的油田项目交税，但是在这些油田能够盈利之后，石油企业需要上交 40% 的税额。俄罗斯政府为了推进北极大陆架的开发，专门制定了特殊优惠税制。俄罗斯是世界上大陆架面积最大的国家，约为 620 万平方公里，占世界大陆架总面积的 21%。俄罗斯北极区域的油气资源占俄罗斯大陆架油气资源总量的 85%，

---

① 燕菲："2015 年世界主要国家油气及相关能源政策分析"，《国际石油经济》2016 年第 2 期，第 16—21、58 页。

尚待发现的油气资源约占世界油气资源总量的20%。① 俄罗斯政府签署了北极开发战略规划纲要，将北极大陆架的油气资源，纳入俄罗斯能源资源储备基金，俄油和俄气拥有其中80%的所有权。俄政府还承诺在开发北极项目中制定特殊税制优惠。②

对外国投资实行优惠政策。放宽区块许可招标的条款限制，有针对性地给予非常规油气等开采难度大的区域提供财税优惠，鼓励外国油气公司投资。③ 例如，对在远东超前发展区投资的外国投资者实行优惠政策，本国和外国公司将享受10年的矿产开采税减免。对位于伊尔库茨克和雅库特地区生产的天然气，在2018年开始商业性生产后的15年内免征矿产开采税，管道和天然气开采设备免征资产税。明确了通过“西伯利亚力量”输气管道向中国供气项目的税收优惠，伊尔库茨克和雅库特共和国境内气田开采在15年内免征矿产资源开采税。“西伯利亚力量”输气管道项目框架下的干线管道系统、天然气开采设施、氦气生产与储存设施，在2035年前免征财产税。《2035年前能源战略规划》计划在东西伯利亚、远东、极地周围，以及北冰洋大陆架地区建立新的油气综合体，俄罗斯政府也针对这些地区出台了相应的优惠政策。

4. 通过油气行业改革，从体制上促进油气行业的发展

俄罗斯新近颁布的《2035年前俄罗斯能源战略》以及石油和天然气行业发展总纲要等文件，均提到要进行资源、税收、管网和定价等方面的改革。通过降低垄断程度和放开竞争，逐步解决交叉补贴和管输费用定价存在的问题，并针对新老油田出台差别化的税收政策等，促进俄罗斯油气行业的健康发展。

油气资源和资产将成为俄罗斯吸引投资、弥补预算赤字和促进经济发展的主要手段。俄罗斯正在有条件地向国外投资者开放油气资源和资产。2014年以来，俄罗斯已经与中国、印度和越南等国签署了多个油气上游合作协议。中国的丝路基金获得了亚马尔 LNG 项目 9.9% 的份额，印度

---

① 王淑玲等：“俄罗斯大陆架地质调查及矿产资源开发利用现状”，《中国矿业》2016年第11期，第29—34，82页。

② 王越、张晓波：“低油价下俄罗斯油气改革的进展及启示”，《宏观经济研究》2016年第8期，第88—92页。

③ 王越、张晓波：“低油价下俄罗斯油气改革的进展及启示”，《宏观经济研究》2016年第8期，第88—92页。

ONGC 旗下的海外公司 OVL 获得了万科尔油田 10% 的股份。尽管份额不大，但俄曾经向外国企业关闭的上游资源大门已经打开，而且随着时间的推移，俄罗斯有望拿出更多的战略性区块进行合作，不过俄罗斯企业仍将把持项目的控制权。

为弥补预算收入的不足，俄罗斯还启动了俄罗斯石油公司等国有石油公司部分股份的私有化进程。俄罗斯财政部长西卢安诺夫表示，俄罗斯政府正在制订对俄罗斯石油公司、巴什基尔石油公司国有股份进行私有化的计划。出售国有股份的收入，将用于充实预算收入和应对降低储备基金消耗的压力。

（二）中亚国家能源政策调整与改革

在持续两年多的低油价和俄罗斯经济衰退已成为中亚国家外部经济环境的“新常态”的情况下，中亚国家也采取了一系列的政策调整和改革措施，包括调整汇率政策，实行浮动汇率，营造灵活的商业投资环境等等，以应对所遭受的经济冲击。

1. 扩大油气产量，采取鼓励出口的政策，弥补财政损失

哈萨克斯坦的财政状况因低油价而大受影响，政府因此迫切需要提高财政收入。作为经济产业结构单一，严重依赖能源产业的国家，哈萨克斯坦不得不在油价低迷的时期扩大石油产量，加快三大主力油气田的开发。哈萨克斯坦油气产量增长潜力主要来自三大油气田——田吉兹油田、卡拉恰干纳克油田和卡沙甘油田。哈萨克斯坦政府计划提高这三大油气田的产量，来弥补其他老油田产量的减少。哈政府在田吉兹油田二期开发项目投资 300 亿美元，使其年产量从 2015 年的 2670 万吨提高至 2021 年的 3800 万吨。哈萨克斯坦还恢复了近 40 年来境内发现的最大油田——卡沙干油田的生产。该油田曾由于泄露问题而一度停产。但是迫于增加石油收入的压力，哈萨克斯坦国家石油及天然气公司于 2016 年夏复产。卡沙甘项目在 2016 年底恢复开采后，产能将达到每年 500 万吨。2015 年，哈萨克斯坦出台了提高陆上油气资源勘探力度的专门措施，同时大力支持外资公司开发里海大陆架资源。2015 年底，哈萨克斯坦能源部出台了开发里海的中央油田、赫瓦雷气田和库尔曼加兹油田的计划，这一系列开发计划将进一步促进相关勘探开发工作。

土库曼斯坦通过加快天然气资源开发、提高化工产品的工业附加值、鼓励和扩大出口等措施，弥补财政损失。

第一，在国际天然气市场格局发生调整的情况下，土库曼斯坦坚定地执行天然气资源立国的战略，加速天然气资源开发，提高天然气开采能力。土库曼斯坦正在积极开发复兴气田，并于 2015 年 12 月举行复兴气田三期开发的启动仪式。目前，复兴气田一期项目已经投产，年开采能力为 300 亿立方米，二期开发项目于 2014 年开始，到三期项目完成后，其年产量将达到 950 亿立方米。①

通过加快实施天然气出口多元化战略，开辟新的天然气出口通道，以扩大天然气出口。在独立后的很长一段时期中，土库曼斯坦的天然气出口仅通往俄罗斯。近几年才相继开通连接到伊朗和中国的天然气出口管道。目前，土库曼斯坦力图建设通往亚洲和欧洲的天然气管线。2015 年 12 月，土库曼斯坦在其境内启动土库曼斯坦—阿富汗—巴基斯坦—印度天然气管道（TAPI 管道）建设，计划在 2018 年前后建成投产。TAPI 管道途经阿富汗坎大哈市和巴基斯坦木尔坦市，在巴印边境进入印度，全长 1800 千米。其中，土库曼斯坦境内 200 千米、阿富汗境内 774 千米、巴基斯坦境内 826 千米。TAPI 管道需投资约 110 亿美元，管道设计能力为 330 亿立方米/年。② TAPI 管道建成后，土库曼斯坦将向阿富汗、巴基斯坦和印度供应天然气，天然气出口多元化程度得到进一步提高。西线是土库曼斯坦能源合作的优先方向之一，目前土库曼斯坦已在技术上做好对欧洲供气的准备。2015 年 12 月底，土库曼斯坦境内的东气西输管道建成通气。2015 年，土库曼斯坦政府与阿塞拜疆、土耳其和欧盟多次会晤，讨论建设跨里海天然气管道，计划将天然气经阿塞拜疆和土耳其两国输往欧洲。

第二，加快实施石油和天然气化工的国际合作项目，提高化工产品的工业附加值。目前，土库曼斯坦与日本、韩国、土耳其等国企业签署了多个天然气化工项目，与日本、德国、美国、法国和以色列等国签署了多个扩建和改造土库曼斯坦巴什炼油综合体的项目。实施油气化工的国际合作，

---

① 刘乾、高楠：“俄罗斯—中亚地区油气政策走向及对华合作前景”，《国际石油经济》2016 年第 2 期，第 22—28 页。

② 王海燕：“中国与中亚地区能源合作的新进展与新挑战”，《国际石油经济》2016 年第 7 期，第 74—79 页

一方面可以在目前天然气出口能力富余的情况下消化本国的天然气资源，另一方面则可以获取国际先进的油气加工技术，提高土国的原料深加工能力，提高油气化工产品的工业附加值和市场竞争力。此外，土库曼斯坦还积极吸引外国投资者参与里海大陆架油气开发。土库曼斯坦的里海水域有丰富的油气资源。土库曼斯坦每年举行里海大陆架投资推介会介绍相关投资政策。

2. 采取多种措施促进油气行业的发展

中亚产油国为了降低卢布贬值和油价下跌对其经济造成的长期影响，采取了多种措施促进本国油气行业的发展，包括政策调整、放宽立法限制、下调关税等手段帮助油气行业渡过低油价的难关。

（1）政策调整和放宽立法限制。如，哈萨克斯坦修订了有关投资环境和矿产招标等方面的法律，包括重新审定与外国投资者签订合同的机制与条件，提供新的税收支持措施，放宽外国劳动力限制，举行大规模的矿产招标活动。① 向潜在的投资者出售油气田资产，包括国有石油公司的股份。哈萨克斯坦在 2016 年还通过了油气行业的私有化政策以吸引外来投资。

（2）降低原油出口关税，保障石油企业的可持续发展。2015 年 3 月，在国际油价跌幅接近 50% 的情况下，哈萨克斯坦政府将原油出口关税从 80 美元/吨降至 60 美元/吨，降幅达 25%。并规定自 2016 年 1 月 1 日起，原油出口关税进一步降至 40 美元/吨。② 哈萨克斯坦国民经济部随后又宣布，自 2016 年 3 月 1 日起实行原油出口关税浮动税率制，出口税率根据国际油价的变动而浮动。在国际油价低于 25 美元/桶时，原油出口关税税率为零；在油价为 25—30 美元/桶时，原油出口关税为 10 美元/吨；油价在 30—35 美元/桶时，出口关税为 20 美元/吨；油价为 35—40 美元/桶时，出口关税为 35 美元/吨；油价为 40—45 美元/桶时，出口关税为 40 美元/吨，达到调整前水平。

另外，根据哈萨克斯坦税收法典第 307 条第 4 款规定，石油开采企业可为低效、稠油、高含水、低产量油田申请矿产资源开采税优惠。在低油

---

① 钱兴坤、姜学峰：《2014 年国内外油气行业发展报告》，石油工业出版社 2015 年版，第 281—282 页，转引自刘乾、高楠：“俄罗斯—中亚地区油气政策走向及对华合作前景”，《国际石油经济》2016 年第 2 期，第 22—28 页。

② 王海燕：“中国与中亚地区能源合作的新进展与新挑战”，《国际石油经济》2016 年第 7 期，第 74—79 页。

价背景下，为促进油气开采企业的积极性，保证油气产量，2015 年 8 月哈萨克斯坦政府主动鼓励拥有低效油田的公司，向主管部门提出降低矿产资源开采税的申请，并计划向 39 家企业提供税收优惠。据估算，该项措施将为这些企业降低 8% 的税负，目前已有多家企业成功获得税收优惠。

三、新形势下上合组织能源合作以及中国在该地区油气合作面临的风险与机遇

低油价形势下，上合组织的扩员为上合组织能源合作创造了更多合作机会和市场空间。低油价也给俄罗斯—中亚地区与中国的能源合作，提出了新的问题，增加了合作风险，同时也存在有利的合作机遇。

（一）上合扩员为能源合作创造了更多合作机会和市场空间

上合组织内部既有能源供给大国，又有能源消费大国，还有能源过境国。上合组织的扩员有助于建立能源对话机制，加强双边和多边的能源合作，建立能源共同体。据 2030 年世界能源预测显示，未来一段时期占世界一次能源消费前三位的能源仍然是石油、天然气和煤炭，需求量最大的国家是中国和印度。中亚地区丰富的石油和天然气资源，对中国和印度具有极大的吸引力。在哈萨克斯坦、土库曼斯坦、乌兹别克斯坦和阿富汗，探明的石油储量总计达 150 亿吨，探明天然气储量不少于 9 万亿立方米。里海地区的天然气储量为 14 万亿立方米左右，已探明的石油储量约为 70—100 亿吨，仅次于海湾地区，其中 60%—70% 的石油集中在靠近阿塞拜疆和哈萨克斯坦的里海大陆架。① 中国和印度在上合组织内都是石油需求大国，中亚地区的多数国家又都是能源供给大国，而实现能源产品在该地区的贸易运输，必须依赖包括阿富汗和巴基斯坦这样占据重要交通地理位置的过境国家。上合组织的扩员，不仅为中亚等受低油价冲击的国家拓展了市场，也有助于在上合组织框架内整合能源大市场，突出能源合作，对推动上合组织内建立统一能源空间和能源政策具有积极的现实意义，上合组

① “习近平指出上合组织国际地位提升四大原因”，人民网，2016 年 6 月 28 日，http：//www. china. com. cn/node_ 7000058/content_ 38766102. htm。

织能源合作将会越来越密切。

（二）中国在俄罗斯—中亚地区油气合作面临的挑战

国际油价中长期保持低位、俄罗斯和中亚国家的货币贬值、经济放缓甚至衰退，导致该地区的经济风险将持续上升，货币仍存在进一步贬值的可能。这些对中国的石油企业在该地区的生产经营和能源合作，造成较大的负面影响，对中国企业的投资吸引力有所减弱。

第一，油价下跌和货币贬值，给中国企业在俄罗斯—中亚地区的油气经营开发带来了严重影响，对中国企业的投资吸引力下降。目前，中国企业在俄罗斯和中亚国家拥有多个油气上游开发项目，并为当地企业提供大量油气田开发和工程建设服务。在油价下跌到40美元/桶甚至更低的情况下，一些上游项目已经无利可图或者陷于亏损。特别是使用本币结算的油田开发服务和工程建设服务项目，因汇率大幅下跌而亏损严重，导致中资企业生产经营困难，大大挫伤了中国企业的投资积极性。油价下跌使俄罗斯—中亚地区的油气企业收入减少，投资积极性和能力均受到打击。一些对华合作项目因故被迫推迟，可能无法按期实施。例如，因油价下跌导致的资金问题，哈萨克斯坦不得不推迟奇姆肯特炼油厂的升级改造项目。

第二，从长期来看，中国与俄罗斯—中亚国家在天然气市场发展和管道建设方面缺乏协调，可能造成资源与管输能力不匹配的问题。虽然长期而言，中国的天然气需求仍将增长，对进口天然气的依赖还将进一步加深。但是随着西北、东北、西南和海上液化天然气四大海外天然气进口通道的相继建成，中国的天然气进口来源和需求扩张之间的矛盾，基本得到缓解，天然气需求已经从前几年的高速增长逐渐回落，目前的需求增长比较稳定。而俄罗斯和土库曼斯坦等国，都在抓紧实施天然气出口多元化的政策，随着出口市场的增加，可能在对华供气的调配上产生局部过剩或不足的情况。

（三）中国在俄罗斯—中亚地区油气合作存在的机遇

在油价下行的形势下，中国在对外能源合作中获得了更多的主导权和优势。俄罗斯和中亚产油国更加需要中国的融资，都将中国作为增加油气收入和扩大市场份额的目标。俄罗斯—中亚国家政府所采取的一系列支持油气产业可持续发展的政策，使中国在该地区获得了更多投资油气资产的机会，尤其是进入以前受到政府保护的上游领域的开发。

首先，在低油价形势下，俄罗斯—中亚油气生产国纷纷将扩大油气出口作为弥补财政收入的主要手段，这给中国海外油气来源的扩大和多元化提供了良好的机遇。中国成为俄罗斯能源战略东移的重要目标国，俄罗斯与中国建立了能源战略伙伴关系。中俄在2015年签订东线年供气量达到380亿立方米的合同；在APEC会议期间签订西线年供气量达到300亿立方米的30年合约。中国将取代欧洲成为俄罗斯最大的天然气买家。预计到2020年，中国从俄罗斯进口的天然气，将占中国天然气消费总量的17%。土库曼斯坦坚定地执行天然气出口多元化战略，土扩大天然气出口的最具可行性的海外市场仍是中国，这无疑会有助于进一步加强中国的能源供应安全。需要引起重视的是，中国有必要与俄罗斯、中亚的天然气资源国和过境运输国，加强天然气供需平衡和管道建设能力匹配等方面的协调工作，避免在俄罗斯和中亚产油国的上游项目开发中，发生投资决策的失误。

第二，在低油价和急需投资的情况下，俄罗斯和中亚地区国家逐步放开外资进入其上游资源和油气资产的限制政策，使中国企业有机会进一步扩大在该地区的上游合作。油气资产的价格在低油价下相对低廉，对中国而言并购优质上游油气资产，是一个具有战略意义和商业价值的投资时机。

目前，俄罗斯因西方制裁和经济下滑，对外国投资的需求更为迫切，正在逐步放开上游资产。哈萨克斯坦的投资环境相对宽松，中国企业进入更为容易。俄、哈等国为弥补预算赤字，还计划实行较大规模的国有企业私有化计划，这些有利条件为中国企业创造了良好的投资机遇。在这一背景下，中国的企业和资金已在2015年成功进入俄罗斯和哈萨克斯坦的上游油气行业，包括中国丝路基金入股亚马尔LNG项目，中国石化入股俄罗斯西布尔石化公司，以及中国华信收购哈萨克斯坦国家油气国际公司（KMGI）的欧洲子公司等。

俄罗斯—中亚油气生产国放开上游投资，也是中国的民营企业进入油气行业抄底的大好时机。俄罗斯—中亚国家在对华油气合作中，已经不局限于与中国的三大国有石油公司合作，合作对象正在拓展到民营企业。过去几年，以洲际油气、广汇能源和华信能源为代表的多家中国民营油气企业，开始大规模向俄罗斯—中亚地区投资，并获得了从油气田开发到成品油销售等多个环节的项目和资产。民营的杰瑞、宏华等油服和设备供应商，也逐步进入俄罗斯—中亚国家市场。俄罗斯和中亚国家也逐步认识到，三大国有石油公司以外的中国民营企业，有相当的投资能力，而且决策效率更高。

第三，伴随中国油气企业进入俄罗斯—中亚地区油气资源开发和资产收购等业务的是，中国企业在该地区的合作范围不再局限于油气资源，而是逐步扩大到涉及融资信贷、技术开发、装备制造和工程服务等在内的多个领域。如中国石油与哈萨克斯坦方面签署了提高采收率的合作协议，中国企业，包括中国石油、中国海油、宝钢等，在亚马尔 LNG 项目中获得了工程建设和设备供应等合同。

总之，随着中国国有石油公司和民营资本相继进入俄罗斯和中亚油气生产国，以及投资合作领域从油气资源领域扩大到相关的金融技术和工程服务等领域，中国在该地区的投资合作已经逐步形成投资主体和投资领域多元化的格局。

四、结语

在近期油价低迷，国际油气供需格局发生结构性调整的阶段，俄罗斯—中亚地区的经济遭受一系列影响，包括油气收入出口收入下降、油气产业面临严峻挑战、经济衰退、货币贬值等，非油气生产国的经济也遭到连带影响，表现为收入减少、经济衰退和货币贬值。迫于国内经济形势、国际能源市场以及地缘政治环境的变化，俄罗斯—中亚国家都做出了各自的政策调整。这一形势对与俄罗斯—中亚地区油气合作密切的国家——中国，既带来很多新的合作问题，同时也蕴藏着新的合作机遇。需要认真研究相关政策环境，并根据中国的实际情况调整合作方向，积极拟定应对策略。同时，应该将中国的能源战略规划与俄罗斯—中亚国家进行协调，降低风险，提高效率，深化合作，共同应对全球能源格局变化所带来的新问题与新挑战。

同时值得肯定的是，在俄罗斯和中亚国家遭遇低油价挫折的情况下，上合组织的扩员，为上合组织能源合作创造了有利的合作机会和市场空间。上合组织的扩员，不仅为俄罗斯、中亚等受低油价冲击的国家拓展了市场，也有助于上合组织整合能源大市场，提高能源合作的深度和广度，对推动在上合组织内建立统一能源空间和协调各国能源政策都具有积极的现实意义。

报告八

上海合作组织成员国农业发展报告

肖辉忠*

【内容提要】2016年是俄罗斯农业扬眉吐气的一年，其粮食产量达到1.19亿吨，并有望成为世界上最大的小麦出口国。哈萨克斯坦在2016年由于土地改革问题，引发社会不满，遭遇了一场危机，并中断了相关的改革进程。根据乌兹别克斯坦官方的资料和数据显示，该国农业继续朝着降低棉花种植面积，提高粮食、果蔬产量的既定战略目标前行。吉尔吉斯斯坦和塔吉克斯坦仍然没有解决粮食供应不足的问题。上合组织内的俄罗斯以及中亚四国的农业有一个共同的特点，就是家庭农户（小农生产）在非常有限的土地和生产资料的情况下，贡献着相当大份额的农业产出。但各国对待家庭农户的态度不尽相同。虽然提及要发展农业合作社，俄罗斯政府对农业支持的重点仍然是大型农业企业；哈萨克斯坦希望通过发展农业合作社，整合小农经济，一些关键的举措已经列入国家的规划之中；吉尔吉斯斯坦一直大谈农业合作社，但是成效有限；塔吉克斯坦的农业改革受外界影响较大，近期关注的重点是私人农场经营者的权利问题。中国的家庭联产承包责任制以及相关的配套改革措施，曾经大大释放中国农民的经营动力，为中国农业和农村的发展奠定了重要的基础。上海合作组织的农业合作与发展，除了相互的投资与贸易之外，还有很多重要的经验和教训可以彼此借鉴分享。

【关键词】上海合作组织　农业　土地　粮食

* 肖辉忠，教育部人文社会科学重点研究基地华东师范大学俄罗斯研究中心助理研究员、上海市高校智库—周边合作与发展协同创新中心研究人员。

写作本报告的一个难点，是不容易把“上海合作组织的农业发展”作为关键词来展开分析，因为农业发展在绝大多数情况下是成员国本国的农业发展。在上海合作组织框架下的农业合作，更多地是体现在上合组织农业部长的相关会晤，以及签署的上合组织农业合作协议等方面。但这不等于上合农业合作是务虚性质的。实际上农业发展与合作是被上合组织各个层面会议所关注的一个重要问题。上合成员国在农业方面存在很多问题与合作的空间。合作的前提，是对彼此农业发展状况和问题的熟识。相比较而言，俄、哈、乌、吉、塔，由于经历过苏联时代共同的农业发展历史和相通的语言，相互之间的了解程度更高。因此，本报告主要是服务于中方对其他五个上合组织成员国农业发展认知的需要，即，本文旨在介绍、分析上海合作组织其他五个成员国的年度农业发展状况“是什么”以及“怎么样”的问题。

一、2016 年的俄罗斯农业经济——实体经济的主要亮点

近两年来，农业成为俄罗斯实体经济，乃至整个经济发展中的亮点和骄傲，不仅农业保持了增长的态势，而且农产品进口下降、出口增加。特别是俄罗斯的小麦出口，即将超过欧、美、加拿大，俄将成为世界小麦出口第一大国。这样的成就无疑是俄罗斯的国之骄傲，为俄罗斯主要领导人所称赞。

2016 年 12 月 1 日，俄罗斯总统普京向联邦议会做了年度国情咨文报告，其中提及了俄罗斯农业经济的发展。俄罗斯总统指出，“曾几何时，人们提及农业的时候，认为这是一个黑洞，无论投入多少，都没有结果。现在情况完全不同。我们找到了解决之道，制定了国家农业发展规划，建立了灵活的农业生产者支持机制。今天，农业是一个成功的行业，不仅喂养着俄罗斯，还在不断占领着国际市场……农产品出口额超过了武器的出口，这在不久之前还是难以想象的。2015 年武器出口额相当不错，为 145 亿美元，而农产品出口额为 162 亿美元。2016 年，俄罗斯农产品出口额预计为 169 亿美元……”① 在普京的第二任总统任期开始之际（2005 年），俄罗斯

---

① Екатерина Дятловская. Путин о сельском хозяйстве: шесть ключевых цитат// Агроинвестор. декабрь 2016. http://www. agroinvestor. ru/markets/news/24958-putin-o-sel-sk om-khozyaystve-shest-klyuchevykh-tsitat/.

推出了对农业发展的国家支持规划，至今已经十年有余。

在2016年10月5—8日的《金色秋天》（《Золотая осень》）农业展上，俄罗斯总理梅德韦杰夫指出，“在俄罗斯工业以及整体经济存在问题的时期，展现出稳定增长的唯一领域、唯一部门，是农业。这是非常重要的成就。2016年的粮食产量，是25年以来最高的，也是整个俄罗斯农业经济史中的纪录”。梅德韦杰夫表示，“俄罗斯政府将继续支持农业。虽然预算紧张，但2017年对农业的投资规模保持不变，对农业的财政支持保持2016年的水平。农业经济在未来的数年内，是绝对的优先”。①

在俄罗斯农业生产中，最令俄罗斯人引以为豪的，首先是其粮食生产和出口。俄罗斯大有重返欧洲粮仓，乃至世界粮仓美誉的抱负。

（一）粮食生产与出口

2016年11月19日，在俄罗斯索契举行了第二届世界粮食论坛，主题是“黑海地区——在全球粮食市场中的地位和影响”。② 俄罗斯召开世界粮食论坛事出有因。2008年，俄罗斯粮食产量超过了1亿吨（1.08亿吨），为俄罗斯独立之后的最高水平，在此背景下俄罗斯发起、主办了首届世界粮食论坛。2016年俄罗斯粮食产量达到1.19亿吨，这是继1978年以来的最高水平（当年的粮食产量为1.27亿吨），出口量预计3500万吨，其中最为重要的粮食品种——小麦的出口量（2800万吨）将超过欧盟和美国，居世界首位。俄罗斯农业部长特卡乔夫指出，很有象征意义的是，第二次世界粮食论坛是在俄罗斯粮食生产和粮食出口取得巨大成就的2016年召开。③ 2016年粮食论坛的议题包括，黑海沿岸国家以及哈萨克斯坦的粮食生产与发展对世界粮食安全与供需平衡的意义。很明显，这里谈及的是俄罗斯、哈萨克斯坦等国的粮食出口问题。

---

① 18-я российская агропромышленная выставка《Золотая осень》. 5 октября 2016. http：// government. ru/news/24773/.

② Развитие зернового сектора стран Причерноморья обсудят на II Всемирном зерновом форуме в Сочи. 09. 11. 2016. http：//www. mcx. ru/news/news/show/56365. 355. htm.

③ В Сочи состоялся II Всемирный зерновой форум | ИА《Светич》. http：// www. mcx. ru/ news/news/show/56891. 174. htm.

1. 俄罗斯的粮食出口

俄罗斯小麦传统的销售市场是在地中海地区，主要是近东、北非国家，以及土耳其，这些国家市场容量大，俄罗斯出口粮食的运输通道便利。但是来自美国、澳大利亚、哈萨克斯坦、乌克兰和欧盟国家（法国、保加利亚、罗马尼亚）的竞争也很强。俄罗斯粮食新的销售市场（俄罗斯已经开始抢占）在拉美和亚洲。①

2016 年 1—8 月，根据俄罗斯农业资讯分析中心（АБ-Центр，www. ab-centre. ru）的估计，除了欧亚经济联盟国家，俄罗斯共向 67 个国家出口了 1410 万吨小麦。处于前三位的是埃及、土耳其和尼日利亚，之后是孟加拉国、伊朗、阿塞拜疆、南非、也门、苏丹和墨西哥。埃及、土耳其、也门、阿塞拜疆和伊朗，是俄罗斯小麦的传统进口国家。孟加拉国、尼日利亚最近两年才开始进口俄罗斯小麦，但是进口量很大。②

表 8.1　国际上主要的小麦出口国及出口量

	2011/2012—2015/2016 平均（百万吨）	2016/2017 预计（百万吨）	变化,%
俄罗斯	19. 5	29. 5	51. 2
欧盟	27. 1	25. 5	-6. 0
美国	26. 3	25. 0	-5. 0
加拿大	21. 0	21. 5	2. 4
澳大利亚	19. 0	19. 0	-0. 2
乌克兰	10. 2	14. 0	37. 4
阿根廷	6. 6	9. 0	36. 4
哈萨克斯坦	7. 6	7. 0	-8. 4
土耳其	3. 4	4. 4	29. 3
印度	3. 6	1. 0	-72. 5

资料来源：http：//wgforum. ru/ru/news/.

① Сценарный прогнозразвития зерновогорынка России. Материал подготовлен Аналитическим центромпри Правительстве Российской Федерации. 2015. С. 14.

② Российская пшеница завоёвывает новые рынки. 04. 10. 2016г. http：//ab-centre. ru/news/ rossiyskaya-pshenica-zavoevyvaet-novye-rynki.

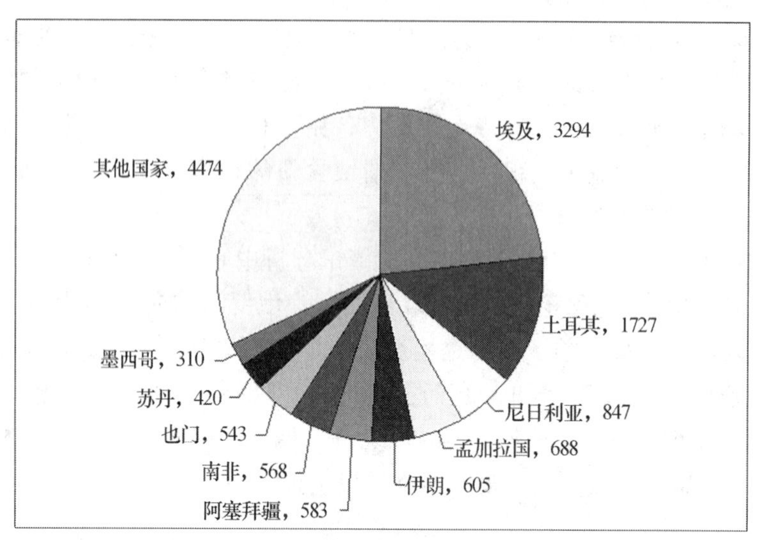

图 8.1　2016 年 1—8 月 俄罗斯小麦的主要出口对象国（单位：千吨）

资料来源：Российская пшеница завоёвывает новые рынки. 04. 10. 2016г. http：//ab- centre. ru/news/rossiyskaya-pshenica-zavoevyvaet-novye-rynki.

为了推动出口，2016 年 9 月 26 日俄罗斯政府把小麦的出口税降为零，执行期为 2016 年 9 月 23 日至 2018 年 7 月 1 日。2015 年 5 月 15 日，俄罗斯曾为小麦出口制定了“浮动”出口税。当时规定每吨小麦的出口税是：出口价的一半减去 5500 卢布，同时每吨小麦的出口税不能少于 50 卢布。出口税的设置遏制了小麦的出口。2015 年 9 月，俄罗斯政府把每吨小麦出口税调整为：出口价的一半减去 6500 卢布，同时每吨小麦的出口税不能少于 10 卢布。由于 2016 年俄罗斯小麦丰收，俄罗斯的贸易商和农业部希望政府取消小麦出口税。俄罗斯政府用了近两个月的时间讨论，最后决定把小麦出口税降为零，但出口税制度仍然保留。小麦出口税临时降为零，将推动俄罗斯小麦的出口，刺激贸易商签署购买国内小麦的协议。但是俄罗斯农业部指出，在出现不可抗的因素时，如卢布的大幅贬值，或者俄罗斯小麦的大幅减产，出口税可以重新执行。①

① “Wheat Export Duty Temporarily Decreased to Zero”, 6 October 2016, GAIN Report Number：RS1656.

无论怎样，出口的前提是生产的发展。由于俄罗斯地域广袤，其各地区的粮食生产禀赋差别很大。若要深入认识俄罗斯的粮食生产情况，需要进入到联邦区、联邦主体的层面。

2. 俄罗斯各地区的粮食生产

俄罗斯粮食的主产区是南部联邦区、中央联邦区、伏尔加联邦区和西伯利亚联邦区。俄罗斯农业资讯分析中心（АБ-Центр，www. ab-centre. ru）根据俄罗斯统计部门、农业部的数据整理了各地区小麦产量的排序情况。2016 年，俄罗斯小麦的主要产区产量及排名情况是：

（1）罗斯托夫州（南部联邦区），903 万吨，产量比 2015 年多 171 万吨；（2）克拉斯诺达尔边疆区（南部联邦区），895 万吨，比 2015 年多 28 万吨；（3）斯塔夫罗波尔边疆区（北高加索联邦区），771 万吨，比 2015 年多 63 万吨；（4）伏尔加格勒州（南部联邦区），335 万吨，同比增长 71. 2%，比 2015 年多 139 万吨；（5）阿尔泰边疆区（西伯利亚联邦区），297 万吨，比 2015 年多 39 万吨；（6）萨拉托夫州（伏尔加联邦区），279 万吨，比 2015 年增加 144 万吨，同比增长 107. 5%；（7）鄂木斯克州，256 万吨（西伯利亚联邦区），比 2015 年多 1. 7 万吨；（8）沃罗涅日州（中央联邦区），249 万吨，比 2015 年增加 58 万吨；（9）库尔斯克州（中央联邦区），229 万吨，比 2015 年多 32 万吨；（10）鞑靼斯坦共和国（伏尔加联邦区），214 万吨，比 2015 年增加 42 万吨；（11）奥伦堡州（伏尔加联邦区），207 万吨；（12）奥廖尔州（中央联邦区），188 万吨；（13）坦波夫州（中央联邦区），187 万吨；（14）利佩茨克州（中央联邦区），179 万吨；（15）克拉斯诺亚尔斯克边疆区（西伯利亚联邦区），174 万吨；（16）新西伯利亚州（西伯利亚联邦区），163 万吨；（17）巴什科尔托斯坦共和国（伏尔加联邦区），157 万吨；（18）库尔干州（乌拉尔联邦区），156 万吨；（19）奔萨州（伏尔加联邦区），139 万吨；（20）别尔哥罗德州（中央联邦区），138 万吨。

前 20 个地区的小麦产量，占俄罗斯小麦总产量的 80. 8%；剩余其他各州的小麦总产量为 1454 万吨，占俄罗斯小麦总产量的 19. 2%。这前 20 个联邦主体，主要分布在南部联邦区（3 个）、中央联邦区（6 个）、伏尔加联邦区（5 个）、西伯利亚联邦区（4 个）。其中积极推动对中国出口粮食的，是西伯利亚联邦区几个联邦主体。

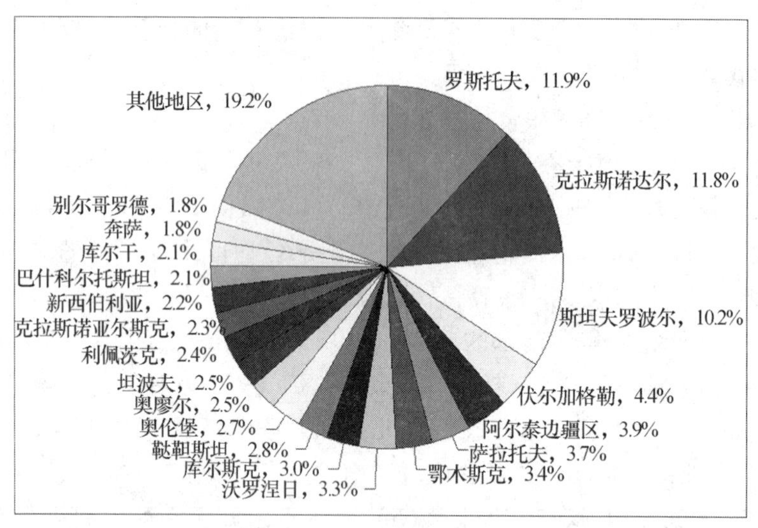

图 8.2　2016 年俄罗斯各地区的小麦生产占总产量的比重

资料来源：Производство пшеницы в России по регионам，рейтинг 2016. 07. 11. 2016. http：//ab-centre. ru/news/proizvodstvo-pshenicy-v-rossii-po-regionam-reyting-2016.

3.《俄罗斯粮食长期发展战略》

2016 年 7 月 6 日，俄罗斯农业部根据俄罗斯总统在 2015 年 9 月 24 日罗斯托夫农业问题会议上的命令，出台了《2025 以及 2030 年前俄罗斯粮食长期发展战略》（Долгосрочная стратегия развития зернового комплекса Российской Федерации до 2025 года и на перспективу до 2030 года），以下简称《粮食战略（草案）》。目前，只能看到该战略的草案版本。①

这是一个涵盖粮食生产、农机发展、农业生产者支持和粮食出口等各方面内容的战略文件。俄罗斯农业部负责农业食品市场、食品与食品加工的部门主任西罗特金（Александр Сироткин）指出，根据该战略，到 2030 年前俄罗斯粮食总产量将达到 1.3 亿吨；将对农机生产者进行额外补贴；对种植业领域的农产品生产者给予无挂钩支持；俄罗斯粮食出口的优先方向是近东、非洲和亚太地区，因为这些地区的人口及财富的增长速度快，

① ПРОЕКТ. Долгосрочная стратегия развития зернового комплекса Российской Федерации на 2016—2025 годы и на перспективу до 2030 года. Москва，2016.

每年进口粮食的数量巨大。①

《粮食战略（草案）》确定的俄罗斯粮食发展的长期战略目标是：形成一个高效的、以创新为中心的、有竞争力和平衡的粮食生产、加工和销售体系，保障俄罗斯的粮食安全，完全保证俄罗斯内部的需求，并提高出口潜力；通过提高技术水平、单产、合理分配种植结构，克服粮食产量的波动问题，提高粮食总产量；保证粮食生产者销售粮食的经济效益；降低生产成本，提高卫生、安全和质量标准，进而提高俄罗斯粮食及其制成品的国际竞争力，扩大出口规模。

在数量指标上，《粮食战略（草案）》计划到2030年把粮食产量提高到1.3亿吨的水平，年出口量达到4800万吨。在《今日俄罗斯》的访谈节目中，俄罗斯农业部长特卡乔夫认为俄罗斯有能力超过这个目标，达到1.5亿吨/年。途径是把粮食单产提高到30公担/公顷，同时增加1000万公顷的种植面积。他指出，只需增加肥料的投入即可提高单产和总产量。俄罗斯目前每年在农业中投入的肥料为260万吨，平均每公顷土地上使用33公斤。作为比较，中国、印度、美国的肥料使用量分别为5000、3000和2000万吨。每公顷土地的肥料使用量，中国和越南为360公斤，德国和波兰是200公斤，印度和巴西是170公斤，美国是130公斤，加拿大是88公斤。也就是说，俄罗斯有很大的空间，多多投入肥料，提高单产。俄罗斯也在通过包括立法，等各种方法，把没有得到利用的土地收回，重新投入到流通之中，增加粮食的种植面积。② 这些都能直接提高粮食的产量。相比较而言，俄罗斯确实比其他的农业大国有更大的粮食生产的空间和潜力。

---

① В Минсельхозе России разработали проект стратегии развития зернового комплекса. 06. 07. 2016. http：//www. mcx. ru/news/news/show/52459. 378. htm.

② 俄罗斯政府分析中心的报告认为，俄罗斯粮食作物种植面积的增长将是有限的。不同的粮食作物的种植结构将基本保持稳定。到2020年前，种植面积增长最大的可能是玉米，因为俄罗斯国内养殖业和出口对玉米的需求都在扩大。参见 Сценарный прогнозразвития зерновогорынка России. Материал подготовлен Аналитическим центромпри Правительстве Российской Федерации. 2015. С. 14。

表 8.2 俄罗斯粮食生产的发展指标

指标	单位	2015 年	2020 年	2025 年	2030 年
粮食总产量	百万吨	104.3	115.0	120.6	130.3
粮食单产	公担/公顷	23.6	25.0	25.8	27.4
内部总需求量	百万吨	69.0	72.2	75.3	81.1
总出口量	百万吨	30.0	38.8	44.1	48.3
粮食作物种植面积	百万公顷	46.6	47.4	48.2	49.0

资料来源：ПРОЕКТ. Долгосрочная стратегия развития зернового комплекса Российской Федерации на 2016—2025 годы и на перспективу до 2030 года. Москва，2016. С. 25.

《粮食战略（草案）》分析了俄罗斯当前的粮食生产状况和发展潜力。2015 年，俄罗斯粮食的生产结构是：小麦 6180 万吨，大麦 1750 万吨，玉米 1270 万吨，燕麦 450 万吨，黑麦 210 万吨，大米 110 万吨，其他粮食作物 230 万吨，粮食豆类 230 万吨。粮食种植面积为 4660 万公顷，粮食及粮食作物平均单产 23.6 公担/公顷。内部消费量 6940 万吨，粮食出口量为 3000 万吨，粮食加工品出口量 110 万吨。粮食生产者盈利率是 26.6%（2012—2014 年）。港口装卸能力为 3600 万吨/年。

《粮食战略（草案）》认为，俄罗斯粮食生产的发展潜力，体现在如下的因素之中：俄罗斯拥有世界 10% 的耕地，40% 的黑土地。俄罗斯农作物的总种植面积为 7900 万公顷，其中粮食和粮食豆类的种植面积为 4700 万公顷。根据 2015 年 12 月 1 日的数据，俄罗斯没有使用的耕地面积为 1970 万公顷，其中 180 万公顷是两年内未被使用的、860 万公顷是 2—10 年内未被使用的、930 万公顷是 10 年以上未被使用的。适合重新供种植使用的耕地面积为 1190 万公顷。

不过，俄罗斯种植面积大幅增加的空间是很有限的。从 2010 年到 2015 年，总种植面积只提高了 1%，其中粮食种植面积提高了 0.9%。从长时段来看，种植面积比 20、25 年前，分别减少了 22.7% 和 32.6%。在种植结构中，小麦种植面积占 33.8%，饲料作物占 21.4%，大麦 11.2%，向日葵 8.8%，燕麦 3.8%，玉米 3.5%，大豆 2.7%，豆类 2.0%，黑麦 1.6%，甜菜 1.3%，油菜 1.3%，荞麦 1.2%。①

表 8.3　2010—2015 年俄罗斯农作物种植面积（万公顷）

	年份						2015/2014 年，%
	2010 年	2011 年	2012 年	2013 年	2014 年	2015 年	
粮食	4319	4357	4443	4582	4622	4664	100.9%
其中，小麦	2661	2555	2468	2506	2527	2683	106.2
黑麦	176	155	155	183	187	129	68.8
玉米	141	171	205	244	268	277	103.1
大麦	721	788	881	901	939	888	94.6
燕麦	289	304	324	332	325	304	93.5
大米	20	21	20	19	19	20	102.7
荞麦	107	90	127	109	100	95	95
食用豆类	130	155	184	197	159	158	99.5
向日葵	715	761	652	727	690	700	101.4
大豆	120	122	148	153	200	212	105.8
甜菜	116	129	114	90	91	102	111.3
马铃薯	221	222	223	213	211	212	100.8
饲料作物	1807	1813	1750	1721	1712	1697	99.1
总种植面积	7518	7666	7632	7805	7852	7931	101

资料来源：Национальный доклад о ходе и результатах реализации в 2015 году Государственной программы развития сельского хозяйства и регулирования рынков сельскохозяйственной продукции, сырья и продовольствия на 2013—2020 годы. Москва, 2016. С. 21.

《粮食战略（草案）》明确了俄罗斯粮食生产的优势地区。俄罗斯气候、土壤条件最优越的地区是北高加索、中央黑土区和伏尔加中部地区。根据粮食的生产结构和主要的消费方向，《粮食战略（草案）》规划出一些集中的、具有全国影响的粮食生产区域：（1）克拉斯诺达尔边疆区、斯塔夫罗波尔边疆区、罗斯托夫州，这是面向粮食出口的地区；（2）阿尔泰边疆区的面粉生产区；（3）克拉斯诺达尔边疆区的大米生产区；（4）俄罗斯

① Растениеводство России. http://ab-centre.ru/page/rastenievodstvo-rossii.

欧洲部分的中部、西北部的饲料粮食生产区。

《粮食战略（草案）》也提及了粮食生产中的不利因素。首先，水土流失、周期性的干旱、沙尘暴等影响着俄罗斯近65%的耕地。其次，俄罗斯国产的农业拖拉机从2000年到2014年缩减了2.1倍。俄罗斯平均一台拖拉机需要耕种的面积是289公顷，加拿大是62.5公顷，美国是55.6公顷，德国是15.6公顷。一台粮食收割机的负担，从2000年的198公顷，增加到2014年的408公顷，这些都说明俄罗斯农业机械的更新和供应的速度缓慢。第三，随着俄罗斯粮食面向世界市场的出口（超过90多个国家），对于粮食的质量与安全的要求不断提高。俄罗斯粮食目前仍然无法进入到一些国家的市场之中，如沙特阿拉伯和波斯湾地区的一些国家，这些国家要求粮食完全无病虫害，俄罗斯几乎无法达到这个要求。但是与俄罗斯相连的波罗的海国家却成功地把自己的小麦出口到上述国家。第四，基础设施也是一个制约因素。俄罗斯2015年的粮食存储能力是1.15亿吨，其中农业生产者的存储能力占44%（5080万吨），粮食收购者占42%（4790万吨），粮食加工企业占14%（1630万吨）。虽然俄罗斯粮食存储能力超过粮食总产量，但是存在着一系列的问题。一方面，存储在农业生产者手中的相当大部分粮食，是就地存储。另一方面，大多数的粮食仓储设施是在20世纪50—70年代兴建的，破损程度高。还有，仓储的地理分布在粮食的产销区之间不平衡。这些因素导致了粮食运输费用高，粮食质量低，影响着俄罗斯粮食在国内外市场上的竞争力。根据业内专家的评估，在陈旧的仓库中储存粮食，导致粮食损失率近10%，同时降低粮食质量。第五，农业劳动力资源的问题。俄罗斯农村人口人均寿命比城市低3%，而且每年农村地区的人口外流在15万人左右。如何留住高素质的劳动力是一个问题，因为农业经济领域内的工资水平，比俄罗斯全国平均工资低2倍。

俄罗斯农业的发展，除了粮食生产与出口之外，实际上更具有标志意义的是养殖业的发展，即肉类制品生产的提高。长期以来，俄罗斯都是世界级的肉制品进口大国。俄罗斯农业发展的一个最为重要的目标，是实现肉类制品的进口替代。2016年，俄罗斯肉类生产继续朝着既定的目标发展。

（二）养殖业的发展

俄罗斯养殖业在2016年的发展，一个鲜明的特点是猪肉生产大幅增长，鸡肉、羊肉、蛋类的生产也保持增长，但牛肉和牛奶的产量下降。① 俄罗斯独立以来，肉制品（以及奶制品）进口额度大。2005 年以来，俄罗斯制定的数个支持农业发展的规划，都把发展肉奶产品的生产作为重点扶持和投入的对象。在政府的支持下，鸡肉、猪肉生产发展迅速。俄罗斯针对西方的反制裁，更为俄罗斯鸡肉、猪肉占领国内市场份额，创造了有利的条件。随着鸡肉和猪肉产量的不断提高，俄罗斯国内市场的肉类格局也发生了变化，这两类肉制品占肉类产量的 80% 以上。2016 年 1—9 月，俄罗斯肉类总产量为 947 万吨（按屠宰后的重量计算为 678 万吨），比上年同期增长 4.7%（按屠宰后重量计算，增长 5.1%）。其中，鸡肉占 49.1%，猪肉占 34.8%，牛肉 14.1%，羊肉 1.6%，其他种类的肉类占 0.4%。

在猪肉生产方面，2016 年 1—9 月，猪肉活体重量为 303 万吨（屠宰重量为 235 万吨），同比增长 10.9%。增长主要由农业企业贡献，其猪肉产量占 84.4%，家庭农户的生产占 14.3%，私人农场占 1.3%。别尔哥罗德州的猪肉产量为 45 万吨，居全国第一位，占 19.1% 的份额。第 2—5 位分别是库尔斯克州（16 万吨）、坦波夫州（11 万吨）、普斯科夫州（8.6 万吨）和沃罗涅日州（8.1 万吨）。俄罗斯的猪肉生产，主要集中在中央联邦区。

在鸡肉生产方面，2016 年 1—9 月，鸡肉活体重量为 447 万吨（屠宰重量为 333 万吨），93.7% 的鸡肉由农业企业生产，家庭农户的产量占 5.4%，私人农场为 0.9%。2016 年 1—9 月，别尔哥罗德州鸡肉产量为 44 万吨（屠宰重量），居全国第一位，占比 13.3%。其次是车里亚宾斯克州（19.9 万吨）、斯塔夫罗波尔边疆区（17 万吨）、列宁格勒州（16 万吨）和克拉斯诺达尔边疆区（14 万吨）。

在牛肉方面，2016 年 1—9 月，牛肉产量为 167 万吨（屠宰重量为 95 万吨），农业企业的产量占 39.4%，家庭农户的生产占 52.1%，私人农场占 8.5%。牛肉的主要生产地是巴什科尔托斯坦共和国、鞑靼斯坦共和国、罗斯托夫州、阿尔泰边疆区、克拉斯诺达尔边疆区和沃罗涅日州。牛肉是俄罗斯肉类生产中的软肋，也是俄罗斯大量进口的农产品。

在牛奶生产上，2016 年 1—9 月，牛奶产量为 2403 万吨，农业企业的

---

① Животноводство России в 2016 году, данные на 1 октября. 24. 10. 2016г. http：//ab- centre. ru/news/zhivotnovodstvo-rossii-v-2016-godu-dannye-na-1-oktyabrya.

产量占48%，家庭农户占45.3%，私人农产和个体经营者的产量占6.7%。牛奶的主要生产地是巴什科尔托斯坦共和国、鞑靼斯坦共和国、罗斯托夫州、阿尔泰边疆区、克拉斯诺达尔边疆区和罗斯托夫州。牛奶生产长期低迷，俄罗斯每年需要大量进口奶制品，绝大多数都是从白俄罗斯进口。

2016年各地区牛的养殖数量，首先是巴什科尔托斯坦共有112万头，占全俄罗斯牛的数量的5.8%；其次是鞑靼斯坦共和国，103万头，占5.3%；第三位是达吉斯坦共和国，100万头，占5.2%；第四位是阿尔泰边疆区，82万头，占4.2%；第五位是罗斯托夫州，60万头，占3.1%。此外，其他地区牛的数量分别为：奥伦堡州（57万头）、克拉斯诺达尔边疆区（54万头）、卡尔梅克共和国（52万头）、外贝加尔边疆区（48万头）、新西伯利亚州（48万头）、沃罗涅日州（46万头）、布良斯克州（46万头）、鄂木斯克州（43万头）、克拉斯诺亚尔斯克边疆区（43万头）、萨拉托夫州（43万头）、布里亚特共和国（41万头）、斯塔夫罗波尔边疆区（38万头）、乌德穆尔特共和国（35万头）、车里雅宾斯克州（34万头）和伊尔库茨克州（31万头）。①

牛肉、牛奶以及养牛业，是俄罗斯国家规划中的重点支持方向，但是长期没有起色，连年产量下滑。其中一个重要的原因，是牛肉、牛奶的生产以及牛的养殖，无法像猪肉、鸡肉那样，可以大规模、集中的生产。从产量的分布来看就很清楚，家庭农户的牛肉、牛奶产量要高于农业企业的产量。而俄罗斯支持农业的政策，落脚点和扶持的对象，却是大型的农业企业，不是小规模的家庭农户。一些俄罗斯农业问题专家因此批评政府的农业政策。他们认为俄罗斯的农业政策是拒绝农业经济的多样化，不支持私人农场和家庭农户。在2006—2007年发展农业的国家规划中，还支持家庭农户和私人农场。“但是目前俄罗斯农业部的立场改变了：只支持工业化的、有组织的农业生产，拒绝帮助家庭农户。也就是说，只支持‘大型的’农业生产者。”②

小农生产在俄罗斯被认为是没有希望和前途的生产方式。但长期以来，

---

① Скотоводство России в 2016 году, данные на 1 октября. http：//ab-centre. ru/news/ svinovodstvo-rossii-v-2016-godu-dannye-na-1-oktyabrya.

② Барсукова С. Ю. Молочные реки России// ЭКО. Всероссийский экономический журнал. №. 6. 2016. С. 5 – 17.

小农生产并没有消失，而且占据着相当的生产比例。俄罗斯各级农业部门也开始正视小农生产，其思路是通过农业合作社，把小规模的家庭农业生产整合进来，提高其产品的质量和商品率。但俄罗斯农业合作社的建设与发展，目前仍在起步阶段。

（三）农业合作社

2016 年 11 月 11 日，召开了第四届全俄罗斯农业合作社全体大会。俄罗斯农业部第一副部长哈图奥夫（Джамбулат Хатуов）出席大会，并代表农业部长发言。哈图奥夫指出，发展农业合作社必须要在地方权力机关和合作社之间形成紧密的协作关系，需要分析各个地区农业合作社的状况。[①] 诚然如此，俄罗斯广袤的地理环境，造成各地区农业合作社发展的不同状况。但也有共性的因素，包括：整体发展水平低，政府支持程度低，农民合作意识低等等。

在这次全俄农业合作社大会之前，召开了几次跨地区的农业合作社会议，并通过了一些结论性的、建议性的决议。

2016 年 8 月 17 日，在莫斯科举行了跨地区的农业合作社会议，主题是“农业合作社——中小农业生产者通向稳定生产之路”。[②] 会议的决议指出了限制农业合作社建设的几个重要因素。首先，大多数农业生产者没有过合作、集体解决经济问题的经验，回避签订长期互利的经济协议。私人农场、家庭农户的主人喜欢独立解决自己的问题。他们在某种程度上会期盼国家给予帮助，而不是农业合作社。合作社文化的发展水平和对合作社的认知，无论是在农业生产者当中还是在政府部门均有欠缺。

2016 年 9 月 23 日，在萨马拉州举行了跨地区的农业合作社会议，主题

---

① Развитие сельскохозяйственной кооперации является стратегическим направл - ением деятельности Минсельхоза России. 11. 11. 2016. http：//www. mcx. ru/news/news/show/56470. 355. htm.

② Резолюция. Межрегиональной Конференции.《Сельскохозяйственная коопер - ация-путь к повышению устойчивости малых и средних сельскохозяйственных товаропроизводителей》. 17 августа 2016 г. г. Москва.

是“农业合作社发展的条件”。[①] 此次会议的决议文件指出，在利佩茨克、秋明和奔萨州，建立起了一些地区性的、多层级的农业合作社体系，包括农业消费、信贷、保险合作社；但是，国家对现有的合作社的支持水平非常低，许多共和国、州的领导人对于农村的小型农业生产和合作社的发展，没有给予足够的重视。

西伯利亚和远东地区的会议于 2016 年 9 月 29—30 日在伊尔库茨克召开，主题是“农业合作社——国家农业经济稳定发展的必要条件”。[②] 伊尔库茨克会议指出，俄罗斯政府从 2015 年起对农业消费合作社的资金支持，以及通过各种大会的舆论宣传和支持，对于农业合作社的发展起到了积极的作用。但是，农业合作社的建设目前还远未达到预期目标。农业合作社对农业生产者提供的帮助，微不足道。农业合作社不能保证中小农业生产者在采购和销售市场上的利益，大型的商业组织垄断着市场环节，农产品生产者的大部分利润为他们所得。此次会议还罗列了其他的问题，如政府的资助不足、合作社人才缺乏以及立法上的问题等。

2016 年 10 月 14 日，在克拉斯诺达尔边疆区举行了跨地区的农业合作社会议，主题是“农业合作社发展的条件”。[③] 这次会议指出，1996 年，伏尔加格勒和罗斯托夫州在全俄率先积极发展农业信贷合作社；克拉斯诺达尔边疆区发展农业生产者合作社。但是 20 年过去了，都没有取得大的成就。政府的支持水平过低、法律机制不完善，是重要的原因。与会者一致认为，应该切实发挥农业合作社在农产品的生产、加工与销售几个方面的功能；为小生产者提供物质—技术服务和资金支持。克拉斯诺达尔会议呼吁，政府对农业合作社的支持程度应该与小农生产领域内的农民数量、贡献的农业产值相符合。言下之意很明显，小农数量众多，其贡献的农业产值占半壁江山，但得到的支持微乎其微。

---

① Резолюция межрегиональной конференции.《Условия развития сельскохозяйственной кооперации》. Самарская обл. , 23. 09. 2016.

② Резолюция. Межрегиональной научно-практической конференции. Сельскохозяйственная кооперация-необходимое условие стабильного развития отечественного сельского хозяйства. 29 – 30 сентября 2016 г. г. Иркутск.

③ Резолюция межрегиональной конференции.《Условия развитиясельскохозяйственной кооперации》. Краснодарский край, 14. 10. 2016. Ейский муниципальный район.

农业合作社在俄罗斯逐渐被关注。一方面，俄罗斯农业部希望通过农业合作社，服务小农生产，保证农村地区的稳定。[①] 同时，另一方面也有提高小农产品的商品率，降低进口额度的目标。俄罗斯目前牛奶年产3000多万吨，居世界第六位。问题是只有半数左右的牛奶，是进入商品市场的（2010年是60%，2014年是64%）。商品化的牛奶，主要是农业企业生产的。2014年俄罗斯牛奶产量为3080万吨，但实际用来销售的牛奶只有1970万吨。其余的牛奶主要是由家庭农户生产的，大部分不进入到流通环节，是自产自用。

从下面的几个图（图8.3—图8.5）可以看出，虽然家庭农户生产的比例在下降，但是在一些领域内仍然非常重要。在种植业上，家庭农户的蔬菜、水果、马铃薯生产，占据明显的优势。在牛肉生产上，家庭农户的产量超过大型的农业企业和私人农场。而在猪肉（以及鸡肉）这类可以工业生产的肉制品方面，大型农业企业的优势明显。

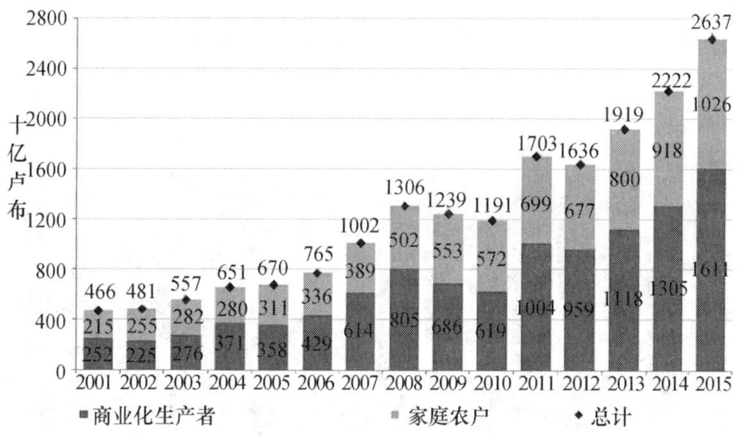

图8.3　俄罗斯种植业产值

资料来源：Растениеводство России. http：//ab-centre. ru/page/rastenievodstvo-rossii.

① Ключевые вопросы развития сельскохозяйственной кооперации обсудят участники Всероссийского отраслевого Съезда. 07. 11. 2016. http：//www. mcx. ru/news/news/show/ 56280. 355. htm.

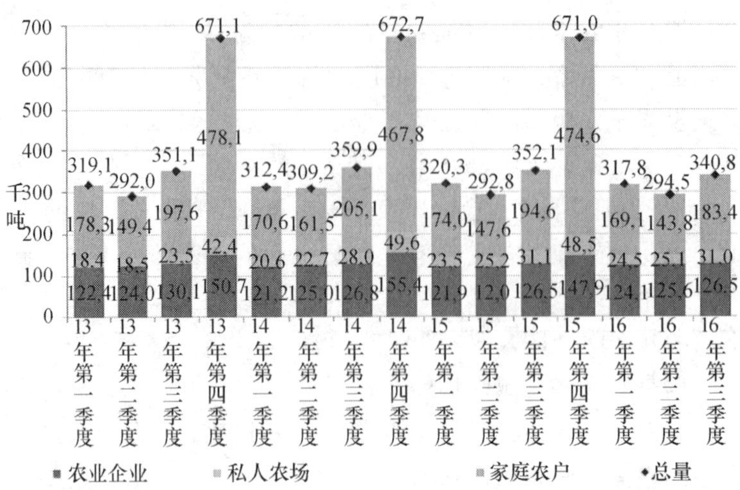

图 8.4　2013—2016 年各类生产者牛肉的产量情况（屠宰重量）

资料来源：Скотоводство России в 2016 году，данные на 1 октября. http：//ab-centre. ru/ news/skotovodstvo-rossii-v-2016-godu-dannye-na-1-oktyabrya.

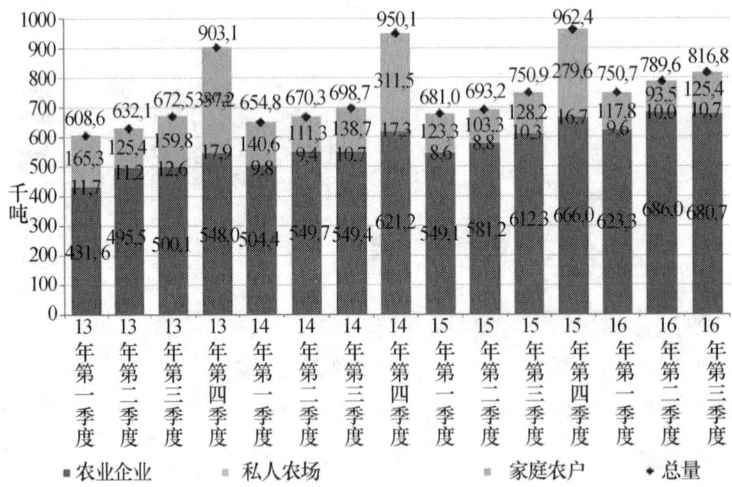

图 8.5　2013—2016 年各类生产者猪肉的产量情况（屠宰重量）

资料来源：Свиноводство России в 2016 году，данные на 1 октября. http：//ab-centre. ru/ news/svinovodstvo-rossii-v-2016-godu-dannye-na-1-oktyabrya.

研究俄罗斯农业，首先需要认识俄罗斯不同的农业生产者：大型的农业企业，小型的家庭农户，以及新兴的但一直发展不见成效的私人农场。目前，大型的农业企业和小型的家庭农户是主要的生产者。如果能够通过农业合作社把小型的家庭农户整合进来，那么俄罗斯农业就会形成一股合力，特别是农产品质量和商品率都会大大提高。进而实现用本国农产品占领本国市场，并推动农产品出口的战略目标。不过，农业合作社建设，目前尚未得到政府的足够重视和支持，民众对此的反应也不积极。

此外，研究俄罗斯农业，还需要进一步认识各地区的农业生产状况。

（四）俄罗斯各地区农业整体发展情况

农业总产值按联邦区来划分，2015 年全年，中央联邦区的农业产值为 1.3 万亿卢布，占俄罗斯全国的 26.3%，位居各联邦区首位。在中央联邦区中，别尔哥罗德的农业产值占第一位，其次是沃罗涅日州、坦波夫州、莫斯科州和库尔斯克州。在种植业方面，中央联邦区 2015 年的种植面积为 1535 万公顷，占全俄罗斯种植面积的 19.4%。2015 年，中央联邦区的甜菜产量占全国的 55.7%、马铃薯占 41.0%、玉米占 38.6%、芥菜占 37.9%、大麦占 33.0%、大豆占 31.0%、向日葵 30.4%、小麦 19.3%、燕麦 17.2%、蔬菜 14.8%。在养殖业方面，2015 年，中央联邦区猪肉产量占全国的 45.8%、鸡肉占 35.9%、牛奶 17.5%、牛肉 16.6%。中央联邦区是俄罗斯肉类生产的集中地。

2015 年，伏尔加联邦区农业总产值为 1.14 万亿卢布，占全俄罗斯的 22.8%，仅次于中央联邦区，居第二位。在伏尔加联邦区，鞑靼斯坦、巴什科尔托斯坦、萨拉托夫、奥伦堡和萨马拉的农业产值位居前五位。伏尔加联邦区生产了俄罗斯 73.6% 的黑麦、50.6% 的亚麻、30.2% 的向日葵、24.9% 的大麦、21.8% 的马铃薯、15.5% 的小麦。在养殖业方面，牛肉产量占全俄罗斯的 30.0%、猪肉占 17.6%、鸡肉占 20.0%、牛奶占 30.9%。伏尔加联邦区的特点是，农业从业人数众多，肉类生产和粮食生产平衡。

2015 年，南部联邦区农业总产值为 7668 亿卢布，占俄罗斯全国的 15.2%，居第三位。克拉斯诺达尔、罗斯托夫、伏尔加格勒、阿斯特拉罕的农业产值占南部联邦区的前三位。南部联邦区 2015 年的种植面积为 1171 万公顷，占全俄罗斯种植面积的 14.8%。2015 年，南部联邦区生产了俄罗斯89.5%的大米、61.6%的瓜类、38.3%的蔬菜、33.0%的玉米、29.9%的小麦、28.7%的向日葵、19.9%的甜菜、13.9%的大麦、10.5%的大豆。在养殖业方面，南部联邦区猪肉占全俄罗斯的5.2%、牛肉占13.0%、鸡肉占9.5%。可以看出，南部联邦区是俄罗斯粮食的主产区。俄罗斯大部分的粮食出口，也来自南部联邦区。

2015年，西伯利亚联邦区的农业总产值为6261亿卢布，占俄罗斯全国的12.4%，居第四位。该联邦区的主要农业生产地区为阿尔泰边疆区、鄂木斯克、克拉斯诺亚尔斯克、新西伯利亚和伊尔库斯克。2015年西伯利亚联邦区的种植面积为1502万公顷，占全俄罗斯种植面积的18.9%。荞麦产量占全俄罗斯的46.5%、燕麦占37.5%、油菜籽占18.0%、小麦占14.5%、大麦占10.8%。① 西伯利亚联邦区的农业生产拥有很大潜力。俄罗斯政府积极推动该地区的粮食对华出口。

2015年，远东联邦区的农业总产值为1542亿卢布，占全俄罗斯的3.1%，在八个联邦区中排名垫底。阿穆尔、滨海边疆区是远东两个主要的农业生产主体。远东联邦区除了大豆产量较高以外（占全国的一半以上），其余粮食产量很低，小麦产量占全俄罗斯的0.4%、大麦占0.3%、燕麦占1.6%、玉米占2.0%、荞麦占1.0%。在养殖业方面，远东联邦区的猪肉产量占全俄罗斯的1.3%、牛肉1.8%、鸡肉1.0%、牛奶1.7%。目前，中俄农业合作主要集中在这个地区，中国东北（主要是黑龙江省）的农业企业在此经营多年，积累了很多合作经验。中国有必要拓展对俄农业合作的地理范围。

表8.4　俄罗斯各地区农业总产值情况表（单位：10亿卢布，按实际价格）

排序	地区	2001年	2005年	2010年	2014年	2015年
1	克拉斯诺达尔（南部联邦区）	60.1	97.1	201.6	286.5	333.6
2	罗斯托夫（南部联邦区）	34.8	61.5	118.1	191.3	229.3
3	别尔哥罗德（中央联邦区）	19.5	32.7	98.1	188.2	218.1
4	鞑靼斯坦（伏尔加联邦区）	39.4	61.6	100.8	186.0	213.7

① Сельское хозяйство регионов России. http：//ab-centre. ru/page/selskoe-hozyayst-vo- regionov-rossii.

续表

排序	地区	2001 年	2005 年	2010 年	2014 年	2015 年
5	沃罗涅日（中央联邦区）	22.1	31.7	68.2	158.9	200.2
6	斯塔夫罗波尔（北高加索联邦区）	24.5	44.5	84.3	149.0	175.7
7	巴什科尔托斯坦（伏尔加联邦区）	35.8	60.4	88.6	136.9	152.1
8	阿尔泰边疆区（西伯利亚联邦区）	30.8	39.8	83.3	113.9	140.4
9	伏尔加格勒（南部联邦区）	22.3	33.0	64.3	107.8	125.2
10	坦波夫（中央联邦区）	12.5	18.5	36.6	93.5	124.2
11	车里雅宾斯克（乌拉尔联邦区）	15.9	34.9	60.2	97.3	120.2
12	萨拉托夫（伏尔加联邦区）	24.1	34.9	70.7	109.6	119.1
13	莫斯科州（包括新莫斯科）（中央联邦区）	25.4	42.4	78.6	99.4	119.1
14	库尔斯克（中央联邦区）	14.1	21.9	40.5	98.3	112.8
15	奥伦堡（伏尔加联邦区）	22.4	29.4	50.7	90.4	99.6
16	达吉斯坦（北高加索联邦区）	12.1	25.2	48.7	87.9	99.3
17	列宁格勒州（西北联邦区）	17.0	25.8	51.4	86.4	99.0
18	利佩茨克（中央联邦区）	12.0	20.1	35.4	82.0	99.0
19	鄂木斯克（西伯利亚联邦区）	23.1	32.9	56.4	83.6	96.2
20	克拉斯诺亚尔斯克（西伯利亚联邦区）	22.0	31.0	61.7	79.2	88.9
	其他地区	428.4	601.9	1089.6	1792.9	2071.4
	全俄罗斯	918.2	1381.0	2587.8	4319.0	5037.2

资料来源：Сельское хозяйство регионов России. http：//ab-centre. ru/page/selskoe-hozyaystvo-regionov-rossii.

通常而言，单纯农业生产占优势的地区，往往经济落后。这其中有很多原因，如工农产品价格剪刀差，地方补贴能力不同等。表 8.5 大致显示出俄罗斯各联邦主体的经济发展状况。可以看出，俄罗斯主要的农业产区均不属于高度发达地区，但大多处于发达和中等发达地区。

处于发达地区行列的有：罗斯托夫、别尔哥罗德、鞑靼斯坦、巴什科尔托斯坦、车里雅宾斯克、新西伯利亚。这些地区本身经济实力强，相应地对农业的支持能力也强。

处于中等发达地区的有：沃罗涅日、库尔斯克、坦波夫、克拉斯诺达尔、伏尔加格勒、斯塔夫罗波尔、奥伦堡、萨拉托夫、阿尔泰边疆区。这些都是俄罗斯重要的产粮区，这些地区也有能力对农业进行支持，但是相对于发达地区，能力有限。

可见，俄罗斯主要的农业产区，集中在中等发达地区和发达地区。从这个意义上看，俄罗斯农业未来的发展还是比较有潜力的，特别是，如果地方政府重视并力主发展农业的话，农业发展的速度就会很快。这一点在别尔哥罗德州和克拉斯诺达尔边疆区表现得尤为明显。

表 8.5　俄罗斯各地区的综合分类情况

（加粗的联邦主体为俄罗斯主要的农业产区）

	高度发达地区		发达地区			中等发达地区		次发达地区	
	金融—经济中心型	原料出口导向型	多元化经济结构型	依托加工工业型	依托采掘工业型	工业—农业类型	农业—工业类型	原料型	农业型
中央联邦区	莫斯科州 莫斯科市			利佩茨克 雅罗斯拉夫尔	**别尔哥罗德**	弗拉基米尔 伊万诺夫州 卡卢加 科斯特罗马 梁赞 斯摩棱斯克 特维尔 图拉	布良斯克 **沃罗涅日** **库尔斯克** 奥廖尔 **坦波夫**		
西北联邦区	圣彼得堡市	科米		沃洛格达 列宁格勒州 诺夫哥罗德州	摩尔曼斯克	卡累利阿 阿尔汉格尔斯克 加里宁格勒	普斯科夫		

续表

	高度发达地区		发达地区			中等发达地区		次发达地区	
	金融—经济中心型	原料出口导向型	多元化经济结构型	依托加工工业型	依托采掘工业型	工业—农业类型	农业—工业类型	原料型	农业型
南部联邦区			**罗斯托夫**				**克拉斯诺达尔** 阿斯特拉罕 **伏尔加格勒**		阿迪格 卡尔梅克
北高加索联邦区							**斯塔夫罗波尔**		达吉斯坦 印古什 卡巴尔达—巴尔卡尔 卡拉恰伊—切尔斯克 车臣
伏尔加联邦区			**鞑靼斯坦** 下诺夫哥罗德 萨马拉		**巴什科尔托斯坦** 彼尔姆	乌德穆尔特	马里艾尔 摩尔达维亚 楚瓦什 基洛夫 **奥伦堡** 奔萨 **萨拉托夫** 乌里扬诺夫斯克		
乌拉尔联邦区		秋明	斯维尔德洛夫	**车里亚宾斯克**			库尔干		

续表

	高度发达地区		发达地区			中等发达地区		次发达地区	
	金融—经济中心型	原料出口导向型	多元化经济结构型	依托加工工业型	依托采掘工业型	工业—农业类型	农业—工业类型	原料型	农业型
西伯利亚联邦区			**新西伯利亚**	伊尔库斯克	克拉斯诺亚尔斯克 克麦罗沃 托木斯克	哈卡斯	布里亚特 **阿尔泰边疆区**	外贝加尔	阿尔泰共和国 图瓦
远东联邦区		萨哈（雅库特） 萨哈林				滨海边疆区 哈巴罗夫斯克	勘察加	阿穆尔 马加丹 楚科奇	犹太自治州

资料来源：Григорьев Л. М.，Урожаева Ю. В.，Иванов Д. С. Синтетическая классификация регионов：основа региональной политики // Российские регионы：экономический кризис и проблемы модернизации / Под ред. Л. М. Григорьева，Н. В. Зубаревич，Г. Р. Хасаева. — М.：ТЕИС，2011 — С. 337. 转引自 Проблема сдвиговв региональной структуре экономики России. ноябрь 2013。

在俄罗斯农业取得明显进展的情况下，俄罗斯政府考虑的一个重要问题是，如何用本国农产品占领本国市场。这是俄罗斯对西方实施反制裁的一个重要背景和考虑。

（五）食品反制裁

从 2014 年起，作为对欧美制裁的反制措施，俄罗斯禁止进口欧美等国的农产品和食品，并制定了具体的产品清单。食品禁运从 2014 年 8 月 6 日的俄罗斯总统令开始，8 月 7 日俄罗斯政府公布了具体的禁运食品名册和国家（美国、欧盟国家、加拿大、澳大利亚和挪威）。2015 年 6 月 24 日，俄罗斯总统再次颁布命令，延长禁运期限，6 月 25 日俄罗斯政府增加了禁运食品的清单。2015 年 8 月 13 日，俄罗斯政府发布命令，扩大禁运国家范围（针对支持制裁俄罗斯的国家）：冰岛、阿尔巴尼亚、黑山和列支敦士登。2015 年 11 月 28 日，俄罗斯签署总统令，禁止进口来自土耳其的食品。从 2016 年 1 月起，乌克兰被纳入到禁运国家名单之中。

关于俄罗斯反制裁的效果，俄罗斯各界的说法莫衷一是。俄罗斯政府的立场和出发点是，这是对等的反应，同时也是实现进口替代的机会。欧美食品，特别是肉制品、奶制品在俄罗斯市场上占有很高的比例。受俄罗斯反制裁的影响，这些国家对俄罗斯的食品出口急剧下降。与此同时，俄罗斯本国的农产品产量以及市场占有率都不断提高。除了奶制品以外，其他主要的食品品种，都达到和超过了 2010 年食物安全构想中设定的指标。

表 8.6　2013—2015 年被俄罗斯反制裁的国家向俄罗斯的食品出口额（单位：百万美元）

国家	2013 年	2014 年	2015 年
挪威	1146	581	9
波兰	1142	650	20
西班牙	794	431	7
美国	789	567	54
荷兰	768	420	23
德国	761	320	105
丹麦	531	181	14
法国	386	192	23
加拿大	373	394	0. 4
芬兰	359	231	2
立陶宛	302	191	10
比利时	296	183	4
意大利	296	183	11
希腊	237	158	0. 03
爱尔兰	189	113	31
澳大利亚	182	102	0. 1
匈牙利	93	44	17
爱沙尼亚	92	34	1

续表

国家	2013 年	2014 年	2015 年
奥地利	87	53	27
英国	62	60	11
拉脱维亚	54	56	6
瑞典	26	14	4
葡萄牙	22	12	0.007
捷克	16	14	4
斯洛文尼亚	13	5	7
克罗地亚	9	5	2
斯洛伐克	8	2	0.8
罗马尼亚	7	4	0.5
保加利亚	6	3	2
卢森堡	0.3	0.2	—
冰岛	169	231	89
阿尔巴尼亚	0.9	10	4
黑山	0.153	0.04	—
乌克兰	727	414	143
土耳其	1068	1101	900
土耳其占比,%	18	21	27

资料来源：《Продовольственное эмбарго：итоги 2015 года》. Апрель 2016. С. 9 - 10. http：//ac. gov. ru/files/publication/a/8972. pdf.

表 8.7　俄罗斯国内农产品、食品原料的市场占有率（单位:%）

农产品与食品种类	年份							2010 年食物安全构想中定的指标
	2010 年	2011 年	2012 年	2013 年	2014 年	2015 年		
						国家规划的指标	实际的指标	
粮食	99.4	99.3	98.8	98.3	98.9	99.6	99.2	95

续表

农产品与食品种类	年份							2010年食物安全构想中定的指标
	2010年	2011年	2012年	2013年	2014年	2015年		
						国家规划的指标	实际的指标	
植物油	76.6	78	83.6	81.4	85	83.8	83.9	80
糖（由甜菜制成的）	57.6	62.4	77.9	84.3	81.9	80.7	83.5	80
马铃薯	96.3	95.3	96.8	97.6	97.1	98.5	97.3	95
奶和奶制品	79.7	79.9	78.9	76.5	77	81.9	81.2	90
肉和肉制品	71.4	73.4	74.8	77.3	81.9	80.9	87.4	85

资料来源：Национальный доклад о ходе и результатах реализации в 2015 году Государственной программы развития сельского хозяйства и регулирования рынков сельскохозяйственной продукции, сырья и продовольствия на 2013 — 2020 годы. Москва，2016. С. 18.

整体上看，通过反制裁措施，欧美农产品和食品在俄罗斯市场上的占有率明显下降，俄罗斯本国产品的市场占有率提高。另一个比较明显的趋势是，在部分农产品和食品的进口上，俄罗斯集中从比较有限的几个国家进口。如，2015年新鲜和冷藏牛肉主要从白俄罗斯、乌克兰和巴西进口。猪肉主要从巴西、乌克兰、智力和塞尔维亚进口。① 新鲜和冷餐鱼的进口大部分来自法罗群岛。奶制品的进口，绝大部分来自白俄罗斯（2015年占96%）。白俄罗斯可能是俄罗斯对西方食品制裁的最大外部获益国。来自中国、以色列、埃及等国的水果和蔬菜，也在俄罗斯制裁西方之际，进入到了俄罗斯市场。

① 《Продовольственное эмбарго：итоги 2015 года》. Апрель 2016. С. 9 - 10. http：//ac. gov. ru/ files/publication/a/8972. pdf.

表 8.8　2014—2015 年俄罗斯蔬菜和水果的主要供应国

2015 年			2014 年		
供应国	1000 吨	占比,%	供应国	1000 吨	占比,%
新鲜和冷藏马铃薯					
进口总量	547	100	进口总量	689	100
埃及	375	50.2	埃及	308	44.8
中国	64	11.8	中国	98	14.2
巴基斯坦	44	8.1	以色列	82	11.9
以色列	44	8.1	阿塞拜疆	49	7.2
新鲜和冷藏的胡萝卜、萝卜、甜菜、婆罗门参、芹菜，以及其他的食用根茎					
进口总量	225	100	进口总量	310	100
以色列	125	55.6	以色列	157	20.6
中国	54	23.8	中国	59	19.2
白俄罗斯	31	13.6	白俄罗斯	32	10.4
新鲜苹果、梨、榅桲					
进口总量	1141	100	进口总量	1398	100
白俄罗斯	527	46.2	波兰	439	31.4
塞尔维亚	163	14.3	白俄罗斯	216	15.4
中国	107	9.4	塞尔维亚	130	9.3

资料来源：《Продовольственное эмбарго：итоги 2015 года》. Апрель 2016. С. 17. http：//ac. gov. ru/files/publication/a/8972. pdf.

（六）俄罗斯农业发展的前景

首先，俄罗斯将大力推动农产品的出口。2015 年，俄罗斯农产品和食品的出口额为 160 亿美元，是 5 年前的 2 倍。除了粮食之外，俄罗斯食品出口的增长点在增多。其中，猪肉和鸡肉是最有前景的出口商品。2015 年，俄罗斯鸡肉和猪肉的出口增长了 20%。为了发展和支持农产品出口，俄罗斯成立了支持出口的机制，如俄罗斯出口信贷、投资保险局

（Российское агентство по страхованию экспортных кредитов и инвестиций（《ЭКСАР》））、俄罗斯出口中心（《Российский экспортный центр》）等。

其次，俄罗斯的农产品进口额，以及部分农产品对进口的依赖程度仍然很高。2015 年，由于俄罗斯国内农产品产量的提高，对美国、欧盟、加拿大、澳大利亚、挪威的食品限制，以及卢布贬值等因素，食品和食品原料的进口有所下降。2015 年，食品和食品原料的总进口额为 265 亿美元，同比下降 33.6%（2014 年是 399 亿美元）。即便如此，俄罗斯食品进口额仍远远高于出口额。短期内，俄罗斯仍将是国际市场上一个主要的食品进口国。

虽然俄罗斯的育种发展很有前景，但是很多俄罗斯农业生产者仍然在使用进口种子。在欧盟国家中，向俄罗斯供应种子最多的是德国和法国。尽管进口种子是俄罗斯本国种子价格的两倍，但进口种子仍占据着近 70% 的市场。由于制种科研机构数量不足，加之没有足够的财力，俄罗斯制种业发展缓慢，缺乏竞争力。

第三，俄罗斯农业中的长期问题没有得到有效解决。俄罗斯农业部在 2015 年农业发展报告①中指出，2015 年在农业机械现代化方面，没能达到预期的指标，特别是拖拉机和饲料作物收割机。目前俄罗斯的农机状况是，大部分农机超龄运作：60% 的拖拉机超过 10 年，近 50% 的联合收割机超过 10 年。俄罗斯农机若要达到合理布局，需要购置 14.7 万辆拖拉机（2508 亿卢布）和 7.4 万台粮食联合收割机（1.2 万亿卢布）。俄罗斯通过多个项目刺激农机的购买，其中最主要的一项是，为购买俄罗斯国产的农机提供 25%—30% 的折扣。2016 年，俄政府为此拨款 98.6 亿卢布。近 50 家企业参加了这个项目，销售了 1.1 万多台农机。2016 年，俄罗斯本国的粮食联合收割机和拖拉机的销售量同比约增长 11% 和 19%。市场呼吁继续保持折扣支持，这样 2017 年农机市场将增长 30%。相关行业部们呼吁农业部在 2017 年对农机购买补贴 130 亿到 150 亿卢布。由此可见，俄罗斯农

① Национальный доклад о ходе и результатах реализации в 2015 году Государственной программы развития сельского хозяйства и регулирования рынков сельскохозяйственной продукции, сырья и продовольствия на 2013 — 2020 годы. Москва, 2016.

机的发展在很大程度上是依靠政府的支持。①

第四，对农业投资的积极性下降，农业领域内总体的金融、经济运行情况不佳。由于政府的支持，2015 年，农业经济的总贷款额度同比增长了 9%，为 1.13 万亿卢布。虽然投资贷款总额下降幅度不大（2%），但投资积极性却巨大下滑。

2015 年全年，农业生产者的财政情况有所改善。农业企业的盈利率（算上补贴）是 22.3%。不算上补贴，盈利率为 10.9%（2014 年是 6.3%）。虽然 2015 年农业经济领域内的平均名义月工资比 2014 年提高了 12.2%，但是仍然比全行业平均工资低一半。

俄罗斯国家杜马第一副议长茹科夫（Александр Жуков）在杜马大会上宣布，2017 年俄罗斯政府对农业的支持将提高 100 亿卢布。这是在俄罗斯总统发布国情咨文之后，俄罗斯杜马做出的决定。2017 年，联邦财政对农业的支持额度将为 2145 亿卢布。茹科夫认为，俄罗斯总统在国情咨文中肯定了农业是一个成功的行业，并认为农业成功是由于近年来的改革和政府对农业的积极支持。因此，应该继续扶持农业的发展，在财政预算中增加 100 亿卢布支持农业。此前，在 2017 年的预算草案中，计划支持农业的资金为 2045 亿卢布。作为比较，2015 年俄罗斯对农业的财政支持额度为 2220 亿卢布。虽然此次俄罗斯杜马决定增加 100 亿卢布，却仍然没有达到 2015 年的水平。②

第五，对食品质量和安全的要求将不断提高。2016 年 6 月 29 日，俄罗斯政府通过了“2030 年前食品质量战略”。③ 这个战略文件由俄罗斯联邦消费者权益保护与公益监督局（РОСПОТРЕБНАДЗОР）起草。该战略的预期目标是，提高居民的健康水平和寿命；提高食品市场中高质量食品的比重，首先是国产高质量的食品；提高消费者对国产食品的信任，提高国产食品的竞争力。这个战略明确提出，要推动、复兴俄罗斯食品配料的生产。

---

① Евгения Чернышова. В России растут продажи сельхозтехники// Агротехника и технологии. ноябрь 2016.

② Господдержка АПК в 2017 году увеличится на 10 млрд рублей// Агроинвестор. декабрь 2016.

③ СТРАТЕГИЯ повышения качества пищевой продукции в Российской Федерации до 2030 года. 29 июня 2016 г. http://government.ru/media/files/9JUDtBOpqmoAatAhvT2wJ8 UPT5Wq8qIo.pdf.

从2016年7月1日到11月15日进行了俄罗斯独立以来的第二次全俄农业普查，上一次是2006年。2016年的问卷内容，比2006年的更为广泛。由于数据量的庞杂，最终的普查数据结果将在2018年年底才能出来。但是对于此次普查的一些初步结果，已经引起了非常大的关注。一些地区的统计部门，发布了本地区农业普查的初步结果。① 2017年，将会陆续公布全俄农业普查的内容，这是很值得跟踪关注的。

二、2016年哈萨克斯坦农业改革与发展概况

与俄罗斯类似，在整体经济不景气的情况下，哈萨克斯坦尤为关注农业的发展。而与俄罗斯的不同之处在于，哈萨克斯坦积极推动土地改革，以此来提高农业生产效率，吸引外国投资。但在土地改革的过程中，因遭遇民众的反对而暂时搁浅。不过，哈领导层推动土地改革的既定政策没有改变。在国际油气价格低迷的情况下，农业是哈经济发展的一个重要依托和优先方向。

2016年9月9日，在哈萨克斯坦政府扩大会议上，纳扎尔巴耶夫总统指出，哈萨克斯坦未来经济发展的第一优先领域是农业。他指出，“我们需要有新的经济增长点。原材料高价格时代的结束，意味着石油天然气和冶金无法承担哈经济增长主要来源的任务。这些行业只能维持目前的水平，而农业经济则可以加速发展。农业可以成为哈萨克斯坦的一个主要的增长点。这不仅是经济意义上，也是社会意义上的。因为我国47%的人口居住在农村地区”。② 哈萨克斯坦地广人稀，农业发展潜力巨大，农业确实应该成为经济增长点，就如澳大利亚、加拿大一样。但长期以来，哈萨克斯坦除了小麦的生产与出口之外，其农业发展在整体上并未取得大的成就，这与其拥有的资源禀赋很不相配。从数据上看，哈萨克斯坦农业仍然处于增长的态势。

① Сельхозперепись не даст ожидаемых результатов. 23. 08. 2016 . http：//www. agropages. ru/page/12645. shtml.

② Нурсултан Назарбаев：Первым приоритетом дальнейшего развития экономики РК должен стать аграрный сектор. 09. 09. 2016. http：//mgov. kz/ru/n-rs-ltan-nazarbaev-agrarly- sektor-r-ekonomikasyny-odan-ri-damuyny-negizgi-basymdy-yna-ajnaluy-tiis/.

（一）哈萨克斯坦农业发展数据

2016 年 1—11 月，哈萨克斯坦农业总产值为 3. 41 万亿坚戈，比上年同期增长 4. 5% 。其中，种植业增长 5. 9% ，养殖业增长 2. 6% 。种植业，特别是粮食生产，仍然集中在北部三州：阿克莫拉、科斯塔奈和北哈萨克斯坦。这三州的农作物收获量占全哈的 70% 以上，播种面积占全哈的 76% 以上，但是农作物单产水平不高，属于粗放型的种植方式。在种植业方面，大型的农业企业和私人农场居主导地位。

表 8. 9　哈萨克斯坦农作物收获情况（截至 2016 年 11 月 1 日）

地区	播种面积，1000 公顷		收获量，1000 吨		单产，公担/公顷	
	2015	2016	2015	2016	2015	2016
阿克莫拉	4180. 1	4328. 7	4637. 2	5701. 3	11. 1	13. 2
阿克纠宾	320. 5	340. 9	175. 8	443. 0	6. 0	13. 0
阿拉木图州	449. 4	455. 2	1164. 1	1268. 7	26. 0	28. 1
西哈萨克斯坦	260. 2	215. 3	95. 4	317. 7	6. 6	14. 8
江布尔	260. 9	266. 3	466. 6	683. 4	18. 2	25. 7
卡拉甘达	681. 7	741. 3	631. 0	1013. 5	9. 7	14. 0
科斯塔奈	4018. 3	4215. 0	4999. 7	5613. 6	12. 4	13. 3
克孜勒奥尔达	86. 6	86. 9	428. 0	451. 2	49. 4	51. 9
南哈萨克斯坦	255. 0	260. 4	481. 3	670. 2	21. 3	25. 7
巴甫洛达尔	663. 9	673. 9	593. 9	817. 4	9. 3	12. 1
北哈萨克斯坦	3210. 0	3217. 7	5424. 9	5663. 2	16. 9	17. 6
东哈萨克斯坦	579. 5	573. 4	690. 9	1037. 7	12. 1	18. 1
全国总计	14966. 0	15375. 1	19788. 7	23680. 9	13. 4	15. 4

资料来源：Оперативная информация о сборе урожая сельскохозяйственных культур на 1 ноября 2016 года. Сбор урожая 2016 года. Обновлено：15. 12. 2016. http：//mgov. kz/ru/napravleniya-razvitiya/rastenievodstvo/.

在养殖业方面，小农经济——家庭农户成为一枝独秀。除了鸡蛋生产之外，家庭农户的产量都远高于大型的农业企业和私人农场。这也是哈萨克斯坦农业经济与俄罗斯非常类似的一个方面。小农经济生产的一个负面后果是，虽然产量高，但是商品率低、质量低，无法形成出口优势，同时还需要进口相当数量的农产品原料，以供应本国食品加工业的需要。因此，哈萨克斯坦政府当前以及今后一段时间的工作重点集中在组织农业合作社上。

表 8.10　2016 年 1—11 月哈养殖业生产情况

[单位：千吨（肉、奶）、百万枚（蛋）、千头（猪、羊、马，截至 2016 年 12 月 1 日）]

	农业企业			私人农场			家庭农户		
	2016 年 1—11 月	2015 年同期	同比，%	2016 年 1—11 月	2015 年同期	同比，%	2016 年 1—11 月	2015 年同期	同比，%
肉	197	182	107.8	137	123	110.9	483.8	484.1	99.9
牛奶	292.9	242.9	120.6	824.7	721.7	114.3	3861.8	3863.9	99.9
蛋	3152.3	3168.2	99.5	19.5	20.3	96.4	1165.1	1145.7	101.7
牛	585.3	505.2	115.9	2024.9	182.9	110.7	3871.0	3980.0	97.3
猪	243.7	263.9	92.3	121.9	117.4	103.8	511.7	540.1	94.7
羊	787.8	779.7	101.0	6679.3	6420.1	104.0	9328.7	9359.1	99.7
马	133.8	129.3	103.5	981.3	889.0	110.4	1053.1	1019.2	103.3

资料来源：Основные показатели развития животноводства во всех категориях хозяйств в Республике Казахстан за январь-ноябрь 2016 года// Статистика сельского, лесного, охотничьего и рыбного хозяйства. Бюллетени 2016 год.

哈萨克斯坦农业发展中的一个趋势是，主要的粮食产区（北部三州）在全国的农业生产中的比重，逐步让位于养殖业发展迅速和种植经济作物的地区，如阿拉木图州、南哈州和东哈州。这也是哈萨克斯坦政府政策倾斜的结果。哈政府的长期政策是，降低粮食作物（特别是小麦）的种植面积，鼓励种植结构多样化，大力扶持养殖业的发展。

表 8.11　2016 年 1—11 月，哈萨克斯坦各地区农业产值情况（单位：十亿坚戈）

地区	总产值	占全国的比重,%	其中	
			种植业	养殖业
哈萨克斯坦全国	3410.76	100	1975.33	1426.08
阿克莫拉	340.25	10.0	244.21	94.86
阿克纠宾	168.15	4.9	69.08	98.76
阿拉木图州	543.76	15.9	308.73	233.86
阿特劳	56.71	1.7	24.42	31.94
西哈萨克斯坦	114.88	3.4	48.92	65.45
江布尔	213.39	6.3	120.48	92.17
卡拉干达	207.84	6.1	94.67	112.69
科斯塔奈	318.59	9.3	226.85	89.62
克孜勒奥尔达	74.24	2.2	45.87	27.82
曼格斯套	9.53	0.3	1.65	7.87
南哈萨克斯坦	415.84	12.2	232.07	182.72
巴甫洛达尔	160.78	4.7	82.58	78.11
北哈萨克斯坦	408.48	12.0	296.77	111.27
东哈萨克斯坦	373.98	11.0	176.09	197.56
阿斯塔纳市	0.76		0.53	0.19
阿拉木图市	3.56		2.39	1.16

资料来源：Экспресс-информация. №. 37-5-16/446 от 12 декабря 2016 года. Министерство национальной экономики Республики Казахстан Комитет по статистике.

表 8.12　哈萨克斯坦主要农作物单产情况（单位：公担/公顷）

	2011 年	2012 年	2013 年	2014 年	2015 年
粮食（含大米）以及豆类	16.9	8.6	11.6	11.7	12.7
油料作物	6.7	6.1	8.0	7.8	8.1
马铃薯	167.2	165.9	181.5	184.3	185.5
露天蔬菜	222.9	234.0	238.7	243.0	245.8

资料来源：Урожайность основных сельскохозяйственных культур. Динамические таблицы（ряды）за 1990—2015 годы// Статистика сельского，лесного，охотничьего и рыбного хозяйства. http：//www. stat. gov. kz/faces/oracle/webcenter/portalapp/pages/blankSources. jspx? _ afrLoop = 11313956061095547 #% 40% 3F _ afrLoop% 3D11313956061095547%26_ adf. ctrl-state%3D1djfx6dm3s_ 76.

表 8.13　哈萨克斯坦总播种面积（单位：1000 公顷）

	2005 年	2010 年	2014 年	2015 年
哈全国总计	18445.2	21438.7	21244.6	21022.9
阿克莫拉	4003.8	4921.2	4832.2	4687.5
阿克纠宾	822.9	848.3	623.8	501.4
阿拉木图州	884.5	906.3	921.1	926.2
阿特劳	5.0	6.2	6.5	6.8
西哈萨克斯坦	774.5	717.2	509.5	488.2
江布尔	551.7	497.3	580.5	587.7
卡拉干达	1108.4	1009.7	1030.3	994.7
科斯塔奈	3832.4	4953.3	5086.2	5088.0
克孜勒奥尔达	149.4	160.9	158.4	167.8
曼格斯套	0.2	0.8	1.6	1.6
南哈萨克斯坦	758.3	697.2	782.4	775.8
巴甫洛达尔	985.0	1001.9	1042.6	1145.0
北哈萨克斯坦	3546.0	4620.8	4346.2	4372.4
东哈萨克斯坦	1018.5	1095.2	1321.7	1278.0

续表

	2005 年	2010 年	2014 年	2015 年
阿斯塔纳市	2.6	1.9	1.3	1.4
阿拉木图市	2.0	0.5	0.3	0.4

资料来源：Общая уточненная посевная площадь сельскохозяйственных культур. Основные показатели// Статистика сельского, лесного, охотничьего и рыбного хозяйства. http：//www. stat. gov. kz/faces/oracle/webcenter/portalapp/pages/blankSources. jspx? _ afrLoop = 11313956061095547#% 40% 3F_ afrLoop% 3D11313956061095547% 26_ adf. ctrl-state% 3D1djfx6dm3s_ 76.

（二）哈农业发展国家规划

哈总统在 2016 年 9 月 9 日的政府扩大会议上，命令在 2016 年年底前制定出支持农业发展的国家规划，为此哈农业部起草了《支持农业发展国家规划 2017—2021 年》（Государственная программа развития АПК на 2017—2021 годы，以下简称《哈国家农业规划 2017—2021 年》）。显然，这是在效法俄罗斯对农业支持的做法。从这个侧面也可以看出，俄哈在农业发展方面的相似性与关联性。

2016 年 11 月 28 日，哈副总理兼农业部长梅尔扎赫梅托夫向哈议会做了“关于国家支持农业的新方向和提高国内农业竞争力”的报告，① 介绍《哈国家农业规划 2017—2021 年》的内容。

哈农业部长首先分析了哈农业经济中的一些问题。他指出，制约哈农业发展的因素包括：（1）对家庭农户和小型私人农场资源的利用率低。其肉、奶、马铃薯、水果、蔬菜的产量，占全国总产量的 70%—90%，但是其产品的包装和销售存在很多尚待解决的问题。（2）农产品加工比例低。

---

① Доклад Заместителя Премьер-Министра РК – Министра сельского хозяйства А. И. Мырзахметова на Правительственном часе в Парламенте РК на тему《О новых направлениях государственной поддержки агропромышленного комплекса и перспективах повышения конкурентоспособности отечественного агробизнеса》. 28. 11. 2016. http：//mgov. kz/ru/ru-doklad-zamestitelya-premer-ministra-rk-ministra-selskogo- hozyajstva-a-i-myrzahmetova-na-pravitelstvennom-chase-v-parlamente-rk-na-temu-o-novyh-napravleniyah-gosudarstvennoj-podderzhki-agropromyshl/.

肉、奶、水果、蔬菜的加工率不足 30%。(3) 小麦生产过剩，每年过剩 200 万—300 万吨。而饲料作物的产量不足，制约着养殖业的发展。(4) 进出口比例不平衡，进口量大，出口量低。糖、罐装蔬菜、肉和奶制品、植物油、鸡肉的进口份额占国内市场的 40%—90%，而这些是哈本国可以生产和自给自足的。(5) 农业科技水平低，缺乏农业技术转化机制。(6) 国家支持的受益面窄。如，“哈萨克农业”（КазАгро）50% 的直接信贷分给了 1% 的借款人。所有这些问题导致了哈萨克斯坦农业贸易的逆差，2015 年为 13 亿美元（出口 21 亿美元，进口 34 亿美元）。

为此，《哈国家农业规划 2017—2021 年》设定了 8 个方面的任务：建立农业合作社，容纳 50 万个家庭农户和小型私人农场；完善国家对农业的调控；形成有效的农业技术转化机制；制定有针对性的出口政策，推动有机品牌农产品的出口；提高国家支持的效率和受众面；养殖业的生产效率提高 40%；种植业的生产效率提高 30%；农产品加工率和加工厂的负荷率提高 1.3 倍。

为了推动哈农产品走向国际市场，《哈国家农业规划 2017—2021 年》计划成立农产品出口中心（Экспортный центр АПК，俄罗斯此前不久成立了同类的机构）。该中心的主要任务是为农产品创造出口渠道，分析国际市场行情，特别是有前景的出口市场（俄罗斯、中国、印度、中亚和近东国家），推动哈萨克斯坦品牌农产品的出口，如“哈萨克有机食品”（《KZ ORGANIC FOOD》）。哈农产品出口的品牌意识，明显提高。

在《哈国家农业规划 2017—2021 年》中，对养殖业的 34 个方向进行补贴。但是不补贴进口肉牛。对种植业的补贴，取消按公顷补贴，改为对最终产品的补贴和对优先支持的农作物春播的贷款。取消按公顷补贴的原因是，首先，种植业多样化的速度缓慢，在播种结构中，小麦所占比重仍然过高。其次，植物油和饲料加工厂不能满负荷运行。前者年加工 55 万吨植物油，仅使用 45% 的加工能力；后者年加工 120 万吨饲料，使用 42% 的加工能力。第三，部分农产品进口比例高。植物油进口量为 16 万吨，占国内市场的 40%；糖 43.2 万吨，占国内市场的 97%。为了解决这些问题，哈农业部长指出，必须制定一个具体的、政府鼓励的农作物清单，并依此对农产品进行补贴。

关于农业机械，哈农业部长指出，近期哈农业机械和设备的更新朝着购买昂贵的进口设备方向发展，这是农机更新缓慢的一个因素。他建议从邻近国家和独联体购买，用同样数量的钱，可以购买更多的农业机械，加快更新的速度。同时，哈农业部将与独联体国家的大型农机公司签署协定，组织在哈生产农机，并保证本地化水平（55%）。

《哈国家农业规划 2017—2021 年》计划把养殖业的生产效率提高 40%。要提高养殖业的生产效率，必须提高混合饲料的产量。养殖业发展的目标是扩大肉类出口：牛肉，从 6500 吨提高到 7 万吨；羊肉，从 100 吨提高到 1 万吨；猪肉，从 2000 吨提高到 1 万吨。提高加工量：奶，从 120 万吨提到高 180 万吨；鸡肉，从 14.6 万吨提高到 22 万吨；牛肉从 41.6 万吨提高到 50 万吨；羊肉从 14.4 万吨，提高到 18 万吨；猪肉，从 120 万吨提高到 180 万吨。降低进口：鸡肉从 16.1 万吨降到 8 万吨；肉类产品，从 3.8 万吨降到 1.3 万吨；奶制品，从 2.9 万吨降到 2 万吨。

《哈国家农业规划 2017—2021 年》计划把种植业的生产率提高 30%，继续推进种植的多样化。小麦种植面积将减少 230 万公顷，从 2016 年的 1240 万公顷，降到 2021 年的 1010 万公顷。节余出来的土地将用来种植大麦、燕麦、玉米和油料作物等。加大肥料的投入，并提高良种的种植面积。计划到 2021 年，植物油的进口量从 16 万吨降到 8 万吨；水果、蔬菜的进口量从 9.9 万吨降到 6.2 万吨；糖从 18.5 万吨降到 7.5 万吨。

对于该规划的预期效果，哈农业部长在报告中指出：（1）农产品总产值预期提高 1.3 倍，从 3.3 万亿坚戈提高到 4.3 万亿坚戈。（2）出口额提高 17%，从 21 亿美元提高到 25 亿美元；进口额降低 17%，从 34 亿美元降低到 28 亿美元。（3）灌溉地面积提高 40%，从 140 万公顷提高到 200 万公顷。（4）国家支持的受众面提高 7 倍，从 6.7 万个农业生产者提高到 50 万个农业生产者。（5）吸引 50 多万个家庭农户和小型私人农场进入到合作社当中。（6）吸引私人资本投资农业领域，计划从 1340 亿坚戈提高到 4270 亿坚戈，提高三倍。

此次哈农业发展规划重点涉及农业合作社以及组织家庭农户生产，这是以往所没有的。

（三）农业合作社建设

前文提及的小农经济（家庭农户）在很多重要的农产品生产方面，都高于大型的农业企业和私人农场，但是家庭农户的生产也存在很多劣势。

哈政府日益关注对家庭农户的组织和服务，集中体现在农业合作社的建设方面。

在 2016 年 9 月 9 日的政府扩大会议上，哈总统强调，必须积极发展农业合作社，把家庭农业吸引进来，从事商品化生产，因为他们占有着一半的农业产量。①

把家庭农业吸引到合作社中，是《哈国家农业规划 2017—2021 年》中的一个主要和优先方面。在规划中，国家将对合作社进行支持，经由合作社为家庭农业提供兽医、农业化学、金融、销售以及其他服务。计划到 2021 年，将 50 多万个家庭农户和小型的私人农场吸引到合作社生产制中，预计将建立 1200 多个农业合作社。②

哈政府投入建设农业合作社，有多重考虑。哈萨克斯坦农业部第一副部长艾图冈诺夫（К. Айтуганов）指出，把家庭农业经济整合到农业合作社中，是为了集中组织农产品的生产和销售，进而满足加工业的加工产能，保障居民就业，提高农产品加工业产值，实现进口替代。③

农业合作社是整个哈农业改革的一个部分。除此以外，哈政府还积极修改《土地法》等法律文件，为农业发展铺平道路。但是土地改革引发了民众的不满。哈政府及时采取挽救措施，暂停土地改革进程，积极与民众就土地改革问题进行互动。关于土地租赁等一些数据和信息，也及时通过网站等多种形式向社会公开。

（四）土地改革

哈萨克斯坦于 2015 年 11 月通过了《土地法》修正案。根据该修正案，

---

① Нурсултан Назарбаев：До конца 2016 года необходимо подготовить Государственную программу развития АПК. 09. 09. 2016. http：//mgov. kz/ru/n-rs-ltan-nazarbaev-2016-zhyldy- so-yna-dejin-a-k-damytudy-memlekettik-ba-darlamasyn-zirleu-azhet/.

② А. Мырзахметов обсудил Государственную программу развития АПК с аграриями областей Караганды，Павлодара и Восточного Казахстана. 09. 12. 2016. http：//mgov. kz/ru/ru-a-myrzahmetov-obsudil-gosudarstvennuyu-programmu-razvitiya-apk-s-agr -ariyami-oblastej-karagandy-pavlodara-i-vostochnogo-kazahstana/.

③ Какие вопросы будут решены благодаря созданию сельскохозяйственных кооперативов？22. 08. 2016. http：//mgov. kz/ru/auyl-sharuashyly-y-kooperativteri-ar-yly-an -daj- m-seleler-sheshiledi/.

从2016年7月1日起，哈农用土地的租赁期最长可达25年。这引起了哈国社会的不满，特别是对外国人租赁哈农用土地的担忧。

为了平息此次事件，哈经济部长、农业部长相继辞职。哈专门成立了土地改革委员会，并将相关的工作非常细致地公布在网站上（http：//ru. jerturaly. kz/），该网站的标题就是“关于土地的一切——土地问题的信息资源”（Все о земле-Информационный ресурс земельных вопросов）。2016年5月，纳扎尔巴耶夫总统决定将《土地法》修正案冻结至2016年年底。12日，哈总理马西莫夫（Карим Масимов）签署命令“关于成立土地改革委员会”（《О создании Комиссии по земельной реформе》），① 确定了由哈第一副总理萨金塔耶夫为主席的土地改革委员会，成员来自哈各政党及社会各界共75人。

哈农业部长表示，土地改革委员会将在听取所有地区意见之后，再做出下一步的决定。土地改革委员会提出讨论的问题包括：土地出租、边境地区土地的使用，以及牧场等问题。经过几个月的讨论，大量的信息反馈给土地改革委员会。下面重点介绍哈国内对于出租土地问题的讨论。

在2016年7月2日克孜洛奥尔达州的土地改革委员会调研会上，哈农业部副部长内桑巴耶夫（Ерлан Нысанбаев）提出，“居民点周边的土地，应该留给自由放牧的需要。目前许多居民点周边的农业土地出租出去了，导致牧放牛群的牧场不足。建议禁止出售或出租紧邻居民点的农业土地”。内桑巴耶夫还指出，目前法律没有禁止把哈萨克斯坦边境地区的土地出租给外国人和出售给本国人。但是为了保障国家安全，有声音建议禁止把距边境方圆3公里的土地出售给本国人，并禁止把距边境方圆200公里的土地出租给外国人。② 在本次会议上，哈萨克斯坦议会代表科萨列夫（Владислав Косарев）表示，哈萨克斯坦土地拥有者无权把土地出租出去，而应该自己经营。科萨列夫指出，“我们再也不能接受，土地的使用者是那些有钱人。土地应该成为全体民众的财富。土地可以私有，但是应该为那些在其上劳动的人所有，而不是用来出租”。关于紧邻居民点的牧场，科萨

---

① Утвержден состав Комиссии по земельной реформе. 12 мая 2016. https：//www. zakon. kz/4792562-utverzhden-sostav-komissii-po-zemelnojj. html.

② Запретить продажу и аренду сельхозземель вблизи с населенными пунктами предлагается в Казахстане. 02 июля 2016. http：//ru. jerturaly. kz/zapretit-prodazhu- i-arendu-selhozzemel-vblizi-s-naselennymi-punktami-predlagaetsya-v-kazahstane-2763.

列夫建议，应该转交给村民共同体支配。①

在阿斯坦纳举行的土地改革委员会会议上，内桑巴耶夫指出，在确保有效使用土地的同时，不应该损害土地使用者的利益。应该保持土地租赁最高年限49年的制度，同时配以定期的监督制度：前五年，每年检查一次，此后每三、五、七年检查一次。内桑巴耶夫还建议，必须确定土地租赁的规模（最高规模），避免土地集中在少数人的手中。②

土地改革委员会经济组负责人、哈萨克斯坦农业技术大学校长库里什巴耶夫（Ахылбек Куришбаев）认为，在土地49年租赁期满之后，原承租人应该有权继续租赁下去，但应该由社会来决定是否续租，而不是地方政府领导人。③

哈经济学家泰然（Мухтар Тайжан）在2016年7月9日的土地改革委员会会议上提出，很多人认为哈萨克斯坦有许多没有被使用的土地，但是不要忘记，在国外还有500万哈萨克人。建议把这些土地留给同胞。在哈萨克斯坦北部地区，人口稀少，再过10—15年会更少。④

2016年7月23日，在阿特劳举行的会议上，库里什巴耶夫指出，在很多情况下，土地租赁都是由地方行政长官决定的。我们建议，土地租赁按民主的程序公开进行。应该制定关于租赁农业土地的专门法律。⑤

---

① Пастбища вблизи населенных пунктов необходимо передать сельскому сообществу - В. Косарев. 09 июля 2016. http：//ru. jerturaly. kz/pastbishha-vblizi-naselen-nyh-punktov- neobhodimo-peredat-selskomu-soobshhestvu-v-kosarev-2796.

② В МСХ РК подчеркнули необходимость мониторинга земель сельхозназначения передаваемых в аренду. 09 июля 2016. http：//ru. jerturaly. kz/v-msh-rk-podcherknuli- neob-hodimost-monitoringa-zemel-selhoznaznacheniya-peredavaemyh-v-arendu-2799.

③ А. Куришбаев：За нарушение закона при выдаче и изъятии сельхозземель нужно установить жесткое наказание. 09 июля 2016. http：//ru. jerturaly. kz/a-kurishbaev -za-narushenie-zakona-pri-vydache-i-izyatii-selhozzemel-nuzhno-ustanovit-zhestkoe-nakazanie-2808.

④ М. Тайжан предлагает неиспользуемые земли сохранить для соотечественников за рубежом. 09 июля 2016. http：//ru. jerturaly. kz/m-tajzhan-predlagaet-neispolzuemye-zem-li- sohranit-dlya-sootechestvennikov-za-rubezhom-2817.

⑤ Вопросы аренды и возврата земли государству должны решать общественные комиссии — А. Куришбаев. 23 июля 2016. http：//ru. jerturaly. kz/voprosy-arendy-i-vozvra-ta- zemli-gosudarstvu-dolzhny-reshat-obshhestvennye-komissii-a-kurishbaev-2834.

2016年8月13日，以哈萨克斯坦副总理兼农业部长梅尔扎赫梅托夫（A. Мырзахметов）为主席的土地改革委员会举行大会，就此前的工作进行汇报。土地改革委员会提出了如下建议：①

首先，建议保留土地租赁最高期限49年的制度。为此，需要加强对合理使用土地的监督，建立定期监控制度。其次，规定租赁给哈萨克斯坦公民农业土地的最大面积数。第三，对边境地区的农业用地，严格管理。第四，在居民区周边划出牧场和草场，以满足当地居民的需求。第五，建议农业部明确租赁给有外国资本的合资企业农业用地的规范。第六，修订土地法典需要获得关于农业用地的实际使用情况和质量的信息，为此，向哈萨克斯坦总统建议，将暂停修订土地法典的命令延长五年，至2021年12月31日。2016年8月18日，哈政府宣布，哈总统决定继续冻结《土地法》修正案5年。

2016年12月9日，哈副总理兼农业部长梅尔扎赫梅托夫向哈议会提出法案，主要目的是延长对土地法典中部分条文的冻结期限（至2021年12月31日）。其中包括冻结向外国人、国外法人、国外股份超过50%的法人出租农业用地，以及给予哈萨克斯坦人农业土地私有权。理由是，哈需要对本国农业用地的所有权、使用情况、质量等进行全面的清查，为此需要一定的时间。②

同时，在哈土地改革委员会的网站上（http：//ru. jerturaly. kz/），也公布了一些重要的数据信息，意在向哈民众传递，外国人租赁哈国土地的份额微乎其微。报告中的表8.14、表8.15、表8.16、表8.17，均是传递这样的信息。实际上，这也是哈政府担心国内民众过激的举动影响整个农业改革的大局。因为在哈的整个国家发展规划中，特别是在农业发展规划中，吸引外国投资，是一个重要的环节。

---

① Озвучены решения Комиссии по земельной реформе. 13. 08. 2016. http：// mgov. kz/ru/ zher-reformasy-bojynsha-komissiyany-sheshimderi-zhariyalandy/.

② Сенат одобрил представленные изменения и дополнения в земельное законодательство. 09. 12. 2016. http：//mgov. kz/ru/senatta-zher-za-namasyna-zgerister-engi-zu- turaly-za-zhobasy-tanystyryldy/.

表 8.14　哈萨克斯坦的土地资源情况（截至 2016 年 5 月 2 日）

土地储备	1.001 亿公顷
农业用土地	1.008 亿公顷
居民点用地	2380 万公顷
工业、通讯、国防和其他用地	280 万公顷
特别保护区	660 万公顷
林业资源用地	2290 万公顷
水资源用地	410 万公顷

资料来源：Земельный фонд Республики Казахстан（по категориям）.02 мая 2016. http：//ru. jerturaly. kz/zemelnyj-fond-respubliki-kahahstan-po-kategoriyam-55.

在这 1.001 亿公顷储备土地中，牧场面积为 7852 万公顷，草场 222 万公顷，矿产 218 万公顷，耕地 24.3 万公顷。哈政府计划拿出其中的 170 万公顷农业用地投入流通，进行拍卖。但购买者仅限哈萨克斯坦的公民和法人。

表 8.15　哈萨克斯坦农业土地按所有权分类（截至 2016 年 5 月 2 日）

私人所有权	130 万公顷	1.3%
租赁使用权	9950 万公顷	98.7%

资料来源：Земельный фонд Республики Казахстан（по категориям）.02 мая 2016. http：//ru. jerturaly. kz/zemelnyj-fond-respubliki-kahahstan-po-kategoriyam-55.

在这 1.008 亿公顷的农业土地中，牧场面积为 6836 万公顷，耕地 2429 万公顷，草场 207 万公顷。被租赁使用的农业土地面积为 9950 万公顷。土地租赁者对所租赁的土地享有优先购买权。

表 8.16　哈萨克斯坦农业土地租赁给外国人的情况

［单位：1000 公顷（截至 2016 年 5 月 2 日）］

序号	地区	地区总面积	租赁给外国人用于农业生产的土地面积
1	阿克莫拉州	14621.9	9.0
2	阿拉木图州	30062.9	2.0
3	阿克纠宾州	22356.0	29.8
4	阿特劳州	11863.1	—
5	东哈萨克斯坦州	28322.6	0.3
6	江布尔州	14426.4	13.5
7	西哈萨克斯坦州	15133.9	8.2
8	卡拉干达州	42798.2	0.03
9	克孜勒奥尔达州	22601.9	—
10	科斯塔奈州	19600.1	1.6
11	曼格斯套州	16564.2	—
12	巴甫洛达尔州	12475.5	—
13	北哈萨克斯坦州	9799.3	—
14	南哈萨克斯坦州	11724.9	0.8
15	阿拉木图市	68.3	0.05
16	阿斯塔纳市	71.0	0.06
	总计	272490.2	65.3

资料来源：Земельный фонд Республики Казахстан（по категориям）. 02 мая 2016. http：//ru. jerturaly. kz/zemelnyj-fond-respubliki-kahahstan-po-kategoriyam-55.

外国人租赁的哈萨克斯坦农用土地共 6.5 万公顷，仅占很少的一部分。哈萨克斯坦农业用地对外国使用者，有着特别的限制性规定。首先，外国使用者不能私人拥有哈萨克斯坦农业用地。其次，外国人不能在边境地区租赁土地。第三，外国人租赁农用土地有最高额度限制。第四，外国人租赁农用土地最长为 25 年。

表 8.17　哈萨克斯坦各地区土地租赁合同的签署情况（截至 2016 年 5 月 2 日）

地区	签署土地租赁合同的数量（按年限划分）								
	1 年	1—3 年	3—5 年	5—10 年	10—15 年	15—20 年	20—25 年	25—49 年	49 年
阿克莫拉	122	175	123	137	627	59	69	6780	1
阿克纠宾	34	107	98	68	509	14	5	7223	13
阿拉木图州	103	385	603	116	822	232	46	48882	0
阿特劳	66	90	130	10	406	12	39	534	0
东哈州	331	674	714	80	560	47	39	14819	1
江布尔	140	329	256	175	686	361	186	30067	0
西哈州	124	157	49	98	1121	19	6	3044	0
卡拉干达	105	89	67	111	823	38	12	10348	0
克孜勒奥尔达	67	100	52	162	511	12	11	2830	0
科斯塔奈	72	68	89	45	92	74	7	12004	0
曼格斯套	12	77	61	54	179	2	0	290	0
巴甫洛达尔	92	324	183	161	483	28	6	3947	0
北哈州	132	198	218	291	805	107	84	6751	1
南哈州	190	123	86	348	1031	275	541	89230	6
阿拉木图市	2	1	1	0	0	0	0	0	0
全国	1592	2897	2730	1856	8655	1280	1051	236749	22

资料来源：Земельный фонд Республики Казахстан（по категориям）. 02 мая 2016. http：//ru. jerturaly. kz/zemelnyj-fond-respubliki-kahahstan-po-kategoriyam-55.

为了向民众解释和传达信息，哈土地改革委员会的网站还把哈萨克斯坦土地法的历史发展过程公布了出来。① 以下是概要的翻译：

1990 年 11 月 16 日通过了哈萨克斯坦土地法典，根据该法典，农

① История права землепользования// Земельный фонд Республики Казахстан（по категориям）. 02 мая 2016. http：//ru. jerturaly. kz/zemelnyj-fond-respubliki-kahahstan-po-kate goriyam-55.

用土地可以租赁给哈萨克斯坦公民、外国公民、法人临时使用。分为短期（3年）和长期（10年）。

从1995年起，根据哈总统令“关于土地”（具有法律效力），农用土地租赁给哈萨克斯坦以及外国公民的期限，短期为3年，长期为3—99年。

从2001年起，根据“土地法”，农用土地租赁给外国人和无国籍人士的最长期限为10年，且承租人无权转租。租赁给哈萨克斯坦公民和法人的农用土地最长期限为49年（短期为5年，长期为5—49年）。

2003年10月22日第1071号政府令规定了在一个行政区内出租给外国人、无国籍人士以及外国法人农用土地的最大规模。

2011年，“关于对部分哈萨克斯坦共和国调整土地关系法案的修订和补充法案”规定，外国人、无国籍人士、外国法人、外国资本超过50%的法人单位，租赁农用土地最多为10年。该法案执行到2015年1月1日。

2014年12月29日通过了“关于对部分哈萨克斯坦共和国改善经营环境问题的法案的修订和补充法案”，外国人、无国籍人士、外国法人、外国资本超过50%的法人单位，租赁农用土地的最高期限为25年（从10年提高到25年）。补充说明：延长外国人租赁农用土地期限的规定，是为了执行2014年2月14日的总统令，以此来吸引外国投资。

哈政府尽力向民众解释和说明，外来投资者只是租赁了非常有限的土地。显然，哈政府是为了避免对农业投资者造成负面影响。

中亚问题专家赵长庆指出，从目前情况来看，哈萨克斯坦国内对土改的看法分歧仍然很大，仍可以看到反对向中国出租土地的言论，但也有很多人并不反对向中国出租土地。不过，鉴于本轮土改涉及中国，中国企业进入哈国农业领域必须谨慎。①

① 赵长庆：“哈萨克斯坦农业与土地改革问题研究”，《新疆师范大学学报（哲社版）》2017年第1期。

三、乌、吉、塔三国农业发展概述

上海合作组织中的乌兹别克斯坦、吉尔吉斯斯坦和塔吉克斯坦三国的农业生产，在组织形式上，都鼓励私人农场的发展，大型的农业企业几乎没有实质性的影响和贡献。这与俄罗斯和哈萨克斯坦的情况不同。另外的区别在于，乌、吉、塔三国农业耕地面积有限，人口密度大，人均耕地面积小，粮食生产不能自给自足（乌兹别克斯坦近年来粮食产量迅速提高，但是相当一部分是作为饲料，仍需要进口高质量的粮食）。乌兹别克斯坦的农业生产优势是水果和蔬菜，以及棉花。吉尔吉斯斯坦和塔吉克斯坦虽然粮食生产不能自给，但畜牧养殖业处于连年上升的态势，这也是其传统的农业生产领域。

（一）乌兹别克斯坦

本部分内容是根据目前掌握的乌兹别克斯坦农业发展材料整理而成的。近年来，乌兹别克斯坦的农业发展路径，是优先发展水果、蔬菜的生产，提高粮食的种植面积和产量，降低棉花种植面积。

优先发展水果、蔬菜的生产。根据 2015 年 12 月 29 日的总统令“关于在 2016—2020 年间进一步改革和发展农村经济”（《О мерах по дальнейшему реформированию и развитию сельского хозяйства на период 2016—2020 годы》），乌兹别克斯坦计划未来五年在全国逐步推进播种面积的优化。乌将释放出 22 万公顷的耕地，其中从棉花种植中释放出 17 万公顷，从杂粮种植中减少 5 万公顷。这些节余出来的耕地将用于种植马铃薯（3. 6 万公顷）、蔬菜（9. 1 万公顷）、饲料作物（5 万公顷）、油料作物（1. 4 万公顷）和果园（1. 8 万公顷）、葡萄园（1. 12 万公顷）。

2016 年共减少了 3. 05 万公顷的棉花种植面积，节余出来的耕地分配给了水果和蔬菜作物，这些是在乌兹别克斯坦国内、国外市场上都有很大需求的农作物。

2015 年，乌兹别克斯坦共生产了 1900 万吨果蔬产品，其中蔬菜 1010 万吨（是 2014 年的 109%），瓜类 180 万吨（109. 3%），马铃薯 270 万吨（110%），水果 270 万吨（113%），葡萄 160 万吨（109. 6%）。其中 250

万吨用于加工，58.9 万吨用于出口，62.8 万吨用于留种，剩余的 1520 万吨用于国内居民的消费需求。①

2016 年，乌兹别克斯坦全国蔬菜的种植面积是 21.98 万公顷，马铃薯 9.12 万公顷，瓜类 5.52 公顷。全年共建起了 8200 公顷的新果园和 5200 公顷的葡萄园，以及 532 公顷温室大棚。2016 年 1—9 月，收获了 820 万吨蔬菜、230 万吨马铃薯、150 万吨瓜类、120 万吨葡萄和 200 万吨其他品种的水果。②

粮食与畜牧生产。乌兹别克斯坦独立以来，在农业领域追求的一个重要目标是粮食的自给自足。2016 年，乌媒体在乌农业部的网站上发表了一篇文章，题目就是“面包还是自己的香”（Нет слаще собственного хлеба）。该文指出，“乌兹别克斯坦自独立以来，粮食生产受到高度重视。逐步减少棉花的种植面积，扩大粮食作物的种植。1991 年，乌兹别克斯坦的粮食总产量为 94 万吨，单产为 17 公担/公顷。与 1991 年相比，2015 年乌兹别克斯坦的粮食种植面积（可灌溉耕地）提高了 5.2 倍，单产提高了 3 倍，产量提高了 4 倍。在农业科技方面，乌兹别克斯坦也取得了进展。1997 年，在乌总统的倡议下，成立了粮食与粮食作物科研机构。目前已经有 12 个地区性的科研实验站，培育出 40 多个地方性的粮食作物品种。同时，乌兹别克斯坦的农机制造也取得了进展。乌本国生产的粮食收割机、播种机，以及农业机械配件，与德国、美国的农机一道，使得粮食的播种和收割几乎完全实现了机械化”。③

2016 年 1—9 月，乌兹别克斯坦牛的存栏量达到了 1160 万头，同比增长 3.4%。前 9 个月，共生产了 160 万吨肉（同比增长 6.6%），690 万吨牛奶（6.9%）和 45 亿枚蛋（10.8%④）

2016 年 1—9 月，按可比价格计算，乌兹别克斯坦农业总产值较上年同

---

① Информация о проделанных работах в 2015 году по улучшению и развитию плодоовощеводства. 22. 01. 2016. http：//www. agro. uz/ru/information/about _ agriculture/422/5 857/.

② Информация о проделанных работах по развитию отраслей плодоовощеводства в течение 9 месяцев 2016 года. 26. 10. 2016. http：//www. agro. uz/ru/information/about_agricul ture/422/.

③ Бобур Абидов. Нет слаще собственного хлеба// Правда Востока. 14 июня 2016 года. №. 114. http：//www. agro. uz/ru/information/about_ agriculture/601/.

④ Рост валовой продукции сельского хозяйства в Узбекистане составил 6，4%. Ташкент，21 Октября 2016. REGNUM . https：//regnum. ru/news/economy/2195686. html.

期增长 6.4%。截至 2016 年 10 月 1 日，乌兹别克斯坦共有 16 万个私人农场，平均使用土地面积为 22.3 公顷。其中，生产粮食和棉花的私人农场，平均使用面积是 55.2 公顷。①

表 8.18　部分农作物产量变化情况（单位：万吨）

农作物	2005 年	2015 年	增长,%
粮食	617.1	750.0	121.5
蔬菜	351.8	1012.8	287.9
瓜	61.5	185.3	301.2
马铃薯	92.4	269.7	291.8
油料和豆类作物	10.5	10.9	144.1
水果	94.9	274.6	289.3
葡萄	64.2	157.9	246.1

资料来源：http://www.agro.uz/ru/information/statistics/.

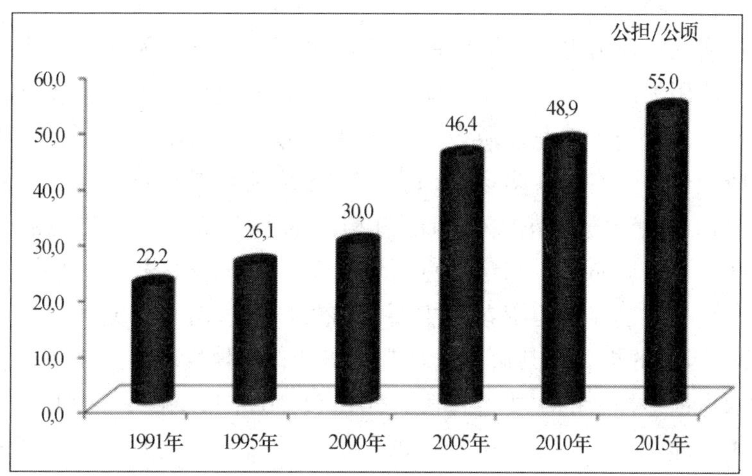

图 8.6　乌兹别克斯坦粮食单产情况（灌溉地）

资料来源：http://www.agro.uz/ru/information/statistics/.

---

① Информация об итогах работ, проведённыхза 9 месяцев 2016 года по углублению экономических реформ в системе Министерства сельского и водного хозяйства Республики Узбекистан. 26. 10. 2016. http://www.agro.uz/ru/information/about_agriculture/ 419/.

表 8.19　乌兹别克斯坦畜牧产品生产情况

产品	单位	2005	2015	增长,%
肉类	万吨	106.1	203.4	191.6
奶	万吨	455.5	902.8	198.2
蛋	亿枚	19.7	55.3	280.9
蜂蜜	万吨	0.19	1.01	514.7
鱼	万吨	—	6	

资料来源：http：//www. agro. uz/ru/information/statistics/.

棉花生产。乌兹别克斯坦政府在农业领域内的结构改革，是逐步降低棉花的种植面积和产量。乌政府计划在棉花单产低的地区，如盐碱地和山区，减少棉花的种植面积，同时推动其他农作物，如蔬菜（特别是马铃薯）、水果和粮食作物的种植。2016 年市场年，棉花的种植面积为 125 万公顷，同比下降 2%。

乌兹别克斯坦国内棉花消费占总产量的 40%。乌兹别克斯坦政府鼓励纺织企业使用国内棉花来加工。纺织工业在乌兹别克斯坦国民经济中有着重要的作用，雇用了工业领域内 1/3 的劳动力，占工业总产出的 26%。乌兹别克斯坦全国共有 180 多家纺织企业。乌兹别克斯坦政府组建了一个新的控股公司，从事与棉花收购和出口相关的所有事宜。该公司的名称是“Uzpakhtasanoateksport”。乌兹别克斯坦每年出口 60% 的棉花。中国和孟加拉国仍然是乌兹别克斯坦棉花的主要出口市场，这两个国家共使用乌兹别克斯坦 40 万吨的棉花。其次是土耳其和伊朗，但规模不大。中国和俄罗斯是乌兹别克斯坦棉纱的主要进口国，2015/2016 年市场年，分别进口 11 万吨和 7.4 万吨。①

表 8.20　2016/2017 年市场年乌兹别克斯坦各地区棉花种植面积和产量目标

地区	面积，万公顷	产量，万吨
卡什卡达里亚州	15.7	41.2

① Ibrahim Sirtioglu，“Uzbekistan Cotton and Products Annual Report”，4 April 2016，USDA GAIN Report.

续表

地区	面积，万公顷	产量，万吨
苏尔汉河州	11.7	32.8
布哈拉州	10.7	33.6
锡尔河州	10.6	23.7
费尔干纳州	9.7	27.4
吉扎克州	9.7	22.2
卡拉卡尔帕克斯坦自治共和国	9.3	18.8
花拉子模州	9.2	25.4
安集延州	9.1	26.0
塔什干州	8.9	23.1
撒马尔罕州	8.8	21.7
纳沃伊州	3.5	9.8
全国总计	125.5	328.7

资料来源：Ibrahim Sirtioglu，“Uzbekistan Cotton and Products Annual Report”，4 April 2016，USDA GAIN Report.

总体而言，乌兹别克斯坦农业发展平稳，目标明确。种植结构不断优化，棉花种植面积缩减，粮食，特别是水果、蔬菜种植面积加大。近年来水果、蔬菜的产量和出口量不断上升，粮食总产量也连年提高。

（二）吉尔吉斯斯坦

截至2016年1月1日，吉尔吉斯斯坦共有40.1万个经济实体从事农业、林业和渔业生产。其中的30万家（74.8%）是私人农场（крестья-нские（фермерские）хозяйства），10万家（25.1）是个体经营者。大部分在奥什州（10.2万家，占25.4%）、贾拉拉巴德州（9.5万家，占23.7%）和楚河州（6.2万家，占15.7%）。①

① Сельское хозяйство Кыргызской Республики 2011—2015. Бишкек，20.12. 2016. С. 14. http：//stat. kg/media/publicationarchive/ca2196d5-09ea-46ae-bf23-1a80255b391a. pdf.

2015 年，吉尔吉斯斯坦农业总产值为 1969 亿索姆，比上年增长 6.2%；农业产值在国内生产总值中占 14.1%。在吉尔吉斯斯坦各地区中，农业产值最高的是楚河州，占全国农业总产值的 26%，其次是贾拉拉巴德州（20.2%）、奥什州（18.3%）、伊塞克湖州（11%）和塔拉斯州（9%）。①

在农业总产出中，国家和集体农业企业的占比，在过去的五年中（2011—2015 年）没有变化，仅占近 2% 的份额。私人农场的产值比重从 60.2% 提高到 61.9%。家庭农户的比重从 37.5% 降到 36.3%。2015 年，在农业产出结构中，种植业占 49.5%，养殖业占 48.1%，林业和渔业占 0.2%，农业服务业占 2.2%。②

2015 年，农作物总播种面积为 118.59 万公顷，比上年多 4700 公顷。粮食作物的种植面积为 57.6 万公顷，占 48.6%；饲料作物 33.3 万公顷，占 28.1%；马铃薯 8.45 万公顷，占 7.1%；蔬菜 5.15 万公顷，占 4.3%。2015 年，粮食作物的总产出（不包括粮食用豆类、大米和荞麦）为 172.3 万吨，比 2014 年提高 19%。私人农场是粮食的主要生产者，其产量占 89%（2015 年），其次是家庭农户（7%）和农业企业（4%）。2015 年，在粮食生产结构中，小麦占 40.9%（70.4 万吨），食用玉米占 37.3%（64.2 万吨），大麦占 21.5%（37 万吨）。2015 年还收获了 141.6 万吨马铃薯（同比增加 7.2%），105.2 万吨蔬菜（同比增加 14.4%）和 24.9 万吨瓜类（同比增加 24%）。③ 2015 年，养殖业生产了 20.8 万吨肉（屠宰重量），较上年增加 2.7%。其中，牛肉占 47.6%、羊肉 29.2%、马肉 11.8%、猪肉 7.4%、鸡肉 3.8% 和兔肉 0.1%。截至 2015 年底，吉尔吉斯斯坦共有牛 149.2 万头，同比增长 2.3%；羊 592.9 万只，同比增长

① Сельское хозяйство Кыргызской Республики 2011—2015. Бишкек, 20.12.2016. С. 14. http://stat.kg/media/publicationarchive/ca2196d5-09ea-46ae-bf23-1a80255b391a.pdf. С. 15.

② Сельское хозяйство Кыргызской Республики 2011—2015. Бишкек, 20.12.2016. С. 14. http://stat.kg/media/publicationarchive/ca2196d5-09ea-46ae-bf23-1a80255b391a.pdf.

③ Сельское хозяйство Кыргызской Республики 2011—2015. Бишкек, 20.12.2016. С. 14. http://stat.kg/media/publicationarchive/ca2196d5-09ea-46ae-bf23-1a80255b391a.pdf. С. 16 – 17.

1.7%；马 44.9 万匹，同比增长 3.8%。①

表 8.21　2011—2015 年农作物种植面积和产量［单位：万公顷（万吨）］

	2011 年	2012 年	2013 年	2014 年	2015 年
各类经营主体总种植面积（及粮食产量）	115.9（148.5）	116.6（133.4）	117.0（170.1）	118.1（132.8）	118.6（172.3）
其中：					
国有经济	0.96（0.87）	0.91（0.73）	0.97（1.0）	0.91（0.93）	0.86（0.95）
集体经济	5.48（8.19）	5.08（5.06）	4.68（7.57）	4.36（4.44）	4.07（6.38）
私人农场	99.8（127.5）	100.6（117.3）	101.8（149.2）	102.9（116.9）	103.7（153.1）
家庭农户	9.67（11.9）	9.95（10.2）	9.60（12.3）	9.95（10.4）	9.94（11.9）
各地区种植面积及粮食产量					
巴特青州	6.14（7.71）	6.09（8.97）	6.07（9.28）	6.19（9.03）	6.17（9.79）
贾拉拉巴德州	14.45（19.06）	14.36（22.34）	14.64（23.97）	14.78（24.25）	14.98（27.38）
伊塞克湖州	17.74（17.67）	17.93（12.76）	17.64（19.92）	17.72（14.78）	17.97（21.81）
纳伦州	9.91（5.63）	10.23（4.88）	10.24（5.90）	10.26（3.95）	10.41（4.78）

① Сельское хозяйство Кыргызской Республики 2011—2015. Бишкек, 20.12.2016. С. 18.

续表

	2011 年	2012 年	2013 年	2014 年	2015 年
奥什州	17.13 (25.21)	17.14 (28.18)	17.34 (31.08)	17.51 (29.21)	17.34 (31.58)
塔拉斯州	10.30 (6.25)	10.27 (5.35)	10.33 (6.17)	10.42 (5.00)	10.43 (4.76)
楚河州	40.05 (66.45)	40.34 (50.30)	40.57 (73.12)	41.01 (45.95)	41.00 (71.53)
比什凯克市	0.03 —	0.03 —	0.03 —	0.03 —	0.03 —
奥什市	0.18 (0.52)	0.17 (0.60)	0.19 (0.64)	0.21 (0.58)	0.25 (0.68)

资料来源：Сельское хозяйство Кыргызской Республики 2011—2015. Бишкек，2016. С. 34 - 39，43 - 46. http：//stat. kg/media/publicationarchive/ca2196d5-09ea-46ae-bf23-1a802 55b3 91a. pdf.

表 8.22 主要农作物产量情况（单位：万吨）

	2011 年	2012 年	2013 年	2014 年	2015 年
粮食	148.5	133.3	170.0	132.8	172.3
其中：					
小麦	79.9	54.1	81.9	57.3	70.5
大麦	23.4	21.3	30.9	19.7	37.0
食用玉米	44.6	57.8	56.8	55.6	64.2
油料作物	5.6	5.8	5.6	4.6	4.9
马铃薯	137.9	131.3	133.2	132.1	141.6
蔬菜	82.1	86.6	88.1	91.9	105.2
瓜	15.2	19.3	19.6	20.0	24.9
水果	21.5	22.2	23.4	23.7	20.9

数据来源：Сельское хозяйство Кыргызской Республики 2011—2015. Бишкек.

表 8.23　吉尔吉斯斯坦各州主要禽畜产品产量（单位：万吨）

	牛肉和鸡肉（活体重量）			牛奶		
	截至 2015 年 10 月 1 日	截至 2016 年 10 月 1 日	同比	截至 2015 年 10 月 1 日	截至 2016 年 10 月 1 日	同比
吉尔吉斯斯坦全国	26.8	27.3	101.8	116.1	119.3	102.7
巴特肯	1.86	1.88	100.9	7.52	7.89	104.9
贾拉拉巴德	4.26	4.39	102.9	24.7	25.1	101.7
伊塞克湖	3.61	3.71	102.8	16.5	16.8	101.5
纳伦	3.51	3.58	102.0	9.60	9.84	102.5
奥什州	5.51	5.61	101.9	22.9	23.6	103.4
塔拉斯	1.70	1.71	100.8	5.90	5.91	100.3
楚河	6.26	6.31	100.8	28.35	29.47	104.0
比什凯克市	0.02	0.19	94.5	0.06	0.04	75.2
奥什市	0.10	0.11	101.8	0.54	0.55	102.0

资料来源：Производство основных видов продукции животноводства по территории Кыргызской Республики на 1 октября 2016г. Бишкек，2016. http：//stat. kg/ru/statistics/selskoe-hozyajstvo/.

根据联合国粮农组织的数据（截至 2016 年 12 月 12 日），吉尔吉斯斯坦粮食作物产量为 166 万吨，同比减少 5.5%。其中，小麦产量 65.4 万吨，同比下降 7%。这与小麦种植面积大幅下降有关。由于吉尔吉斯斯坦加入了欧亚经济联盟，其中的哈萨克斯坦和俄罗斯小麦产量巨大，吉尔吉斯斯坦农民选择了降低小麦的种植面积。粮农组织预计，2016/2017 市场年，吉尔吉斯斯坦将进口 55 万吨小麦，比上个市场年增加 10%。①

① FAO GIEWS-Global Information and Early Warning System，Country Brief，Kyrgyzstan，Reference Date：12 December 2016，http：//www. fao. org/giews/countrybrief/country. jsp？Code =KGZ.

（三）塔吉克斯坦

2015 年，塔吉克斯坦农业总产值比 2014 年提高了 3.2%。粮食总产量为 139.28 万吨、马铃薯 88.74 万吨、蔬菜 166.79 万吨、瓜 59.24 万吨、葡萄 20.37 万吨，同比分别增长 5.7%、3.9%、7.6%、8.6% 和 7.95%。而棉花产量为 27 万吨、水果产量 29.92 万吨，同比分别下降 26.9% 和 12.5%。①

截至 2016 年 1 月 1 日，塔吉克斯坦共有 218.8 万头牛，同比增加 2.7%。羊 520.1 万头，同比增加 3.4%。牛、羊主要是家庭农户饲养，占比分别为 92.7% 和 81.8%。②

根据塔吉克斯坦有关食品安全与贫穷状况的报告，塔吉克斯坦 2015 年食品进口总体比上年减少 1.5%。其中，蛋的进口减少 52.5%，蔬菜进口减少 42.7%，面粉减少 25.7%，果汁和水果减少 25.6%，奶和奶制品减少 20.7%。但是，小麦进口增加 10.8%，糖和糖果进口增加 11.4%，植物油进口增加 15.5%，马铃薯进口增加 74.0%。③ 食品在总进口中的比重仍然在 20% 以上。

2015 年 12 月，在实体经济部门中，农业领域内的工人收入最低，平均月工资为 356.53 索莫尼。

表 8.24 塔吉克斯坦 2014—2015 年主要食品的进出口情况（单位：万吨）

	出口		2015/2014 年,%	进口		2015/2014 年,%
	2014 年	2015 年		2014 年	2015 年	
食品	18.6	22.8	122.5	163.6	161.2	98.5
其中，小麦	0.0	0.1	—	77.5	85.9	110.8

① Агентство по статистике при Президенте Республики Таджикистан. Продовольственная безопасность и бедность. 2015. №. 4. С. 74.

② Агентство по статистике при Президенте Республики Таджикистан. Продовольственная безопасность и бедность. 2015. №. 4. С. 73.

③ Агентство по статистике при Президенте Республики Таджикистан. Продовольственная безопасность и бедность. 2015. №. 4. С. 65.

续表

	出口		2015/2014 年,%	进口		2015/2014 年,%
	2014 年	2015 年		2014 年	2015 年	
面粉	0.2	0.0	—	18.9	14.0	74.3
糖及糖果	—	0.0	—	12.5	13.9	111.4
通心粉、面条等	0.2	0.0	—	3.6	1.7	47.9
奶和奶制品	0.0	0.1	—	1.5	1.2	79.3
蛋	—	—	—	0.6	0.3	47.5
茶	0.0	0.0	—	0.55	0.50	90.9
马铃薯	—	0.5	—	2.9	5.1	174.0
蔬菜	7.8	11.9	153.7	2.8	1.6	57.3
水果	1.2	3.1	270.7	4.7	3.5	74.4
食品在总进出口中的比重,%	4.4	4.8	109.1	20.5	23.1	112.7

资料来源：Агентствопо статистике при Президенте Республики Таджикистан. Продовольственная безопасность и бедность. 2015. №. 4. С. 78.

表 8.25　塔吉克斯坦基本经济指标

	2014 年	2015 年	2016 年第一季度
人口（期末），百万	8.4	8.5	8.6
名义国内生产总值，十亿索莫尼	45.6	48.4	9.3
其中，农业占比,%	23.5	21.9	6.0
贸易平衡（百万美元）	-3361.3	-2545.0	-480.5
食品在进口中所占的份额,%	20.5	23.1	20.8
食品在出口中所占的份额,%	4.4	4.8	3.3

资料来源：Агентствопо статистике при Президенте Республики Таджикистан. Продовольственная безопасность и бедность. 2016. №. 1. С. 63 -64.

表 8. 26　塔吉克斯坦农作物种植面积与收获量

	2014 年	2015 年	2016 年第一季度
总种植面积，万公顷	82. 85	83. 05	34. 56
粮食作物，万公顷	41. 26	42. 37	26. 56
经济作物，万公顷	20. 77	18. 86	0. 59
总收获量，万吨			
粮食	131. 78	139. 28	—
马铃薯	85. 37	88. 74	—
蔬菜	154. 95	166. 79	1. 6
瓜	54. 57	59. 24	—

资料来源：Агентствопо статистике при Президенте Республики Таджикистан. Продовольственная безопасность и бедность. 2016. №. 1. С. 69.

表 8. 27　塔吉克斯坦养殖业基本指标（单位：万吨）

	2014 年	2015 年	2016 年第一季度
肉（屠宰重量）	9. 94	10. 88	1. 58
其中，牛肉	4. 42	4. 84	0. 70
羊肉	4. 94	5. 41	0. 79
鸡肉	0. 15	0. 16	0. 02
奶	85. 47	88. 89	16. 38

资料来源：Агентствопо статистике при Президенте Республики Таджикистан. Продовольственная безопасность и бедность. 2016. №. 1. С. 70.

农业产值占塔吉克斯坦 GDP 的 20%，农业就业人口占总就业人数的 53%。农业对塔吉克斯坦经济发展起着主要的影响作用。大多数的农业产出（93. 3%）来自家庭农户和私人农场（Private（Dehkan）farms），他们比大型的集体农场的生产效率高。这是塔吉克斯坦农业改革的一个成果。

美国政府从 2005 年起，就积极推动塔吉克斯坦农业改革。2016 年 8 月 29 日，美国驻塔吉克斯坦大使馆宣布美国国际开发署完成了在塔的项目。该项目是有关塔吉克斯坦的土地改革和私人农场重组。项目的目标包括：强化土地权利，以便在塔吉克斯坦加速形成土地市场；修改立法，巩固私人农场主和其他土地使用者的土地安全保障。该项目的一个成果，是推动通过了一部新的法律《私人农场法》，该法在 2016 年 3 月得以通过。①

《私人农场法》的通过是美国国际开发署在塔吉克斯坦项目的一个最为重要的成果。这部法律清楚地把私人农场（Dehkan farms）定义为法人单位（Legal entities，50 人以上），50 人以下的农场被称为个体农场（individual businesses）。该法律还给予私人农场主重要的法律权利，如可以自由地管理土地，行使土地使用权（租赁、抵押、买卖）。该法律还确定了私人农场内部的产权关系。根据该法，农场主有权在其土地上建设田间营地（field camps）。田间营地可以大幅度地减少从村庄到农田的时间，可以提高农业效率，因为农民有一个安全的地点存放农机器具。

美国国际开发署在项目总结报告中，提及了一些项目执行的经验。除了与行政部门建立联系之外，还需要通过影响议会，使得一些重要的土地改革法律得以通过。这主要是由于塔吉克斯坦行政部门的变动比较大，与行政部门建立起来的联系，会因人事的变动而中断。②

塔吉克斯坦的农业组织形式与哈萨克斯坦、俄罗斯不同，目前在塔吉克斯坦已经没有了作为原集体农场继承者的农业企业，而是几乎全部改组成为私人农场。③ 但是有一点是相同的，即家庭农户（хозяйства населения）的生产占据着非常重要的份额，虽然其使用的土地资源很有限。

---

① “USAID completed a project on land reform in Tajikistan”, Tajikistan News, No. 162, August 29, 2016.

② “Tajikistan Land Reform and Farm Restructuring Project Final Report (October 2013 - September 2016)”, United States Agency for International Development, August 31, 2016, p. 42.

③ 在塔吉克斯坦称为“Дехканские хозяйства”，可以翻译为“农民经济”、“私人农场”等。

表 8.28　塔吉克斯坦农业企业与私人农场的数量（单位：个）

	农业企业				私人农场
	总计	集体农场	国营农场	混合农业企业	
1997	715	354	348	13	8023
1998	712	358	345	9	10223
1999	622	316	298	8	9293
2000	310	207	95	8	12639
2001	433	264	163	6	111934
2002	343	185	152	6	14783
2003	323	169	148	6	16431
2004	205	80	120	8	19416
2005	61	12	46	3	23101
2006	59	16	41	2	24901
2007	32	14	18	—	25180
2008	8	1	7	—	30842
2009	6	1	5	—	37966
2010	6	1	5	—	51372
2011	—	—	—	—	58313
2012	—	—	—	—	73806
2013	—	—	—	—	87594
2014	—	—	—	—	108035

资料来源：Агентство по статистике при Президенте Республики Таджикистан. Гендерные показатели в производственной деятельности дехканских хозяйств за 2009—2014гг. 2015. С. 14.

表 8.29　塔吉克斯坦农用土地的使用情况（单位：1000 公顷）

	农用土地面积总计，括号内为耕地面积	其中私人农场使用的农用土地面积	私人农场使用的农用土地面积占农用土地总面积的比例，%
1996	4236.4（759.0）	64.2（26.9）	1.5（3.5）
1997	4201.7（757.9）	139.0（38.3）	3.3（5.1）
1998	4123.1（727.3）	287.5（61.2）	7.0（8.4）
1999	4127.0（735.2）	859.6（144.6）	20.8（19.7）
2000	4126.5（730.1）	1395.5（227.7）	33.8（31.2）
2001	4054.1（731.1）	1581.9（293.1）	39.0（40.1）
2002	4066.2（731.2）	1688.1（315.8）	41.5（43.2）
2003	3916.9（713.9）	1973.9（392.6）	50.4（55.0）
2004	3921.0（718.0）	2251.1（465.9）	57.4（64.9）
2005	3864.6（709.0）	2380.6（508.1）	61.6（71.7）
2006	3829.5（715.0）	2412.3（528.9）	63.0（74.0）
2007	3764.8（697.0）	2561.2（541.7）	68.0（77.6）
2008	3780.2（699.8）	2610.4（549.0）	69.1（78.5）
2009	3750.6（687.3）	2655.8（559.0）	70.8（81.3）
2010	3746.0（685.4）	2682.7（553.7）	71.4（80.8）
2011	3695.2（666.1）	2624.7（543.0）	71.0（81.5）
2012	3614.7（673.3）	2589.4（543.0）	71.6（80.6）
2013	3617.6（658.4）	2580.8（538.3）	71.3（81.8）
2014	3604.6（655.6）	2558.3（540.1）	71.0（82.4）

资料来源：Агентство по статистике при Президенте Республики Таджикистан. Гендерные показатели в производственной деятельности дехканских хозяйств за 2009—2014гг. 2015. С. 18，20.

虽然私人农场拥有大多数的农用土地和耕地资源，但是其农业产出仅占全国总产出的 30.6%（64 亿索莫尼，2014 年数据），而家庭农户经济的产出为 133.2 亿索莫尼（占全国农业总产出的 63.4%，2014 年数据），是私人农场的两倍多。[①] 在种植业方面，家庭农户经济的产出占比 50%，私人农场占 42.9%；在养殖业方面，家庭农户的产出占比 93.4%，私人农场占 3.0%。私人农场在粮食生产（占比 56.3%），特别是棉花生产（83.7%）上，占有明显的优势。[②]

美国国际开发署在塔吉克斯坦农业改革方面起到了重要的推动作用。但改革的效果如何还有待时日。改革产权的做法，理论上能够起到推动农业生产的作用。同时，农业也是一个需要政府投入和扶持的产业。

塔吉克斯坦总统办公厅负责农业的官员指出，塔吉克斯坦的财政无力补贴其农业领域。塔政府正在采取措施支持农业发展。如，降低农业灌溉用的水电费率，每年资助国家农业发展规划项目 20 万—30 万美元，以及通过塔吉克斯坦储蓄银行向农民提供优惠贷款等。[③] 这样的投入难以使农业发展获得大的改善。因此，吸引外国投资，仍然是塔吉克斯坦农业发展中的一个重要资金来源。与吉尔吉斯斯坦不同，塔吉克斯坦尚未加入到欧亚经济联盟之中，得不到欧亚联盟提供的经济援助和政策优惠，但与此同时也保留着农业政策和内部市场的独立。

结语：上海合作组织如何在农业领域内开展合作

欧亚经济联盟的成立和运行，实际上给上合组织成员国之间的农业合作和农产品贸易制造了一定的障碍。当然，在欧亚经济联盟的内部，也需要花大量的精力来协调彼此的农业政策。2013 年 5 月，俄、白、哈三国领导人批准了“关税同盟成员国农业政策协调构想”。2014 年 11 月，在欧亚经济联盟政府首脑会议上，通过了执行该构想的行动计划。构想的基本原

---

① Агентство по статистике при Президенте Республики Таджикистан. Гендерные показатели в производственной деятельности дехканских хозяйств за 2009—2014гг. 2015. С. 26.

② Агентство по статистике при Президенте Республики Таджикистан. Гендерные показатели в производственной деятельности дехканских хозяйств за 2009—2014гг. 2015. С. 73. С. 29，31，34，37.

③ “Tajikistan Not Yet Able To Subsidize Its Agrarian Sector，Says Tajik Official”，Tajikistan News，No. 16，January 25，2016.

则是，统一成员国对农业支持的政策，进而保障欧亚经济联盟成员国之间的公平竞争，保障各成员国能够平等地进入到欧亚经济联盟共同的农业市场之中。此外，要在内部、外部市场上保护欧亚经济联盟农业生产者的利益。① 俄罗斯总统普京指出："欧亚经济联盟成员国之间，有很大的潜力相互供应食品。为什么要从遥远的国家进口蔬菜、水果、牛奶、肉制品，我们自己的生产者已经准备好了，而且其产品的质量并不逊色，甚至更好，为什么向别人订购？"② 然而，欧亚经济联盟内部共同农业政策的执行并非易事。

按照规定，从 2016 年起，每年需要发布关于欧亚经济联盟成员国农业政策协调行动的报告；从 2019 年起，每四年一次审核成员国的农业政策。③ 目前，关于欧亚经济联盟农业发展状况、贸易、农业政策等，欧亚经济联盟负责农业政策的部门，已经开始发布相关的报告。④ 一方面，这说明欧亚经济联盟内部在农业政策的协调上存在问题；另一方面，也说明农业政策协调的工作在欧亚经济联盟的框架下，已经在切实推进。

相比之下，上合组织框架下的农业发展与合作的推进，其速度与程度，都无法与欧亚经济联盟相比。即便如此，中国方面还是在积极推动上合组织的农业活动，特别是在粮食安全方面。2015 年 11 月在银川、2016 年 9

---

① Согласованная Агропромышленная Политика в Евразийском Экономическом Союзе. http：//www. eurasiancommission. org/ru/act/prom _ i _ agroprom/dep _ agroprom/agroprom/Pages/default. aspx.

② Агропромышленная Политика Евразийского Экономического Союза. Под редакцией С. С. Сидорского，Члена Коллегии（Министра）по промышленности и агропромышленному комплексу Евразийской экономической комиссии. http：//www. eurasiancommission. org/ru/documents/apk-rus_ n. pdf.

③ Согласованная Агропромышленная Политика в Евразийском Экономическом Союзе. http：//www. eurasiancommission. org/ru/act/prom _ i _ agroprom/dep _ agroprom/agroprom/Pages/default. aspx.

④ Агропромышленная Политика Евразийского Экономического Союза. Под редакцией С. С. Сидорского，Члена Коллегии（Министра）по промышленности и агропромышлен-ному комплексу Евразийской экономической комиссии. http：//www. eurasiancommission. org/ru/documents/apk-rus_ n. pdf.

月在乌鲁木齐，中方相继主办了两次上海合作组织粮食安全论坛和研讨会，[①] 并提出了建议。中方建议的主要内容包括：保障区域粮食安全、相互学习和借鉴农业发展经验、深度融合农产品市场、共同建设农业产业合作示范园区、开展农业技术交流和投资合作等。可以认为，中方的这些具有建设性的建议，是从实际出发并具有可操作性的。虽然没有涉及政策协调的层面，但若能扎实推进，对于上合组织成员国都有益处。保障区域粮食安全，是中亚三国（乌、吉、塔）的切实需求，而俄罗斯、哈萨克是粮食生产和出口大国，在保障中亚粮食安全上至关重要；共同建设农业产业合作园区、开展农业技术交流和投资，中国在这些方面具有经验和优势。

无疑，俄罗斯是欧亚经济联盟的主导力量，而中国则积极推动上海合作组织的发展。上合组织在“一带一路”的战略倡议中，具有明显的优先地位。“一带一路”倡议与“欧亚经济联盟”的战略对接，[②] 避免了两大项目的冲撞。在此前提下，学者们日益关注的问题是如何对接。哈萨克斯坦总统基金会世界经济与政治研究所首任总统与国内政策中心主任阿姆列巴耶夫认为，欧亚经济联盟是一个制度化的正式组织，签署了正式协议，加入该组织的国家需要承担一定的国际法义务并限制国家主权，以实现共同利益，是一种“封闭式”的协作模式；而“丝绸之路经济带”不是一个制度化的方案，而是一个功能性的发展方案，具有开放性的优点。[③]

实际上，欧亚经济联盟内的成员国，虽然有欧亚经济联盟相关条约的约束，但并不拒绝与中国的合作，包括在农业等领域。中国的一些农业企业经过多年的经营，已经开始在上海合作组织成员国内站稳了脚跟。同时，中国政府积极支持农业“走出去”。上海合作组织成员国是中国农业企业“走出去”的重要目标国。2015 年 4 月，中国商务部、财政部联合签发

---

① “上海合作组织粮食安全论坛在宁夏银川召开”，新华网，2015 年 11 月 11 日，http：//news. xinhuanet. com/politics/2015—11/11/c_ 128418326. htm；“上海合作组织粮食安全合作研讨会在乌鲁木齐举行”，人民网，2016 年 9 月 21 日，http：//world. people. com. cn/n1/2016/0921/ c1002—28731111. html。

② 《中华人民共和国与俄罗斯联邦关于丝绸之路经济带建设和欧亚经济联盟建设对接合作的联合声明》，新华网，2016 年 5 月 8 日，http：//news. xinhuanet. com/world/2015—05/09/c_ 127 780866. htm。

③ ［哈］A. 阿姆列巴耶夫：“上海合作组织与‘丝绸之路经济带’建设前景”，刘军主编：《上海合作组织发展报告（2015）》，时事出版社 2016 年版，第 86—87 页。

《境外经济贸易合作区确认函》，确认中俄（滨海边疆区）现代农业产业合作区符合国家农业产业型境外经济贸易合作区确认条件。中俄（滨海边疆区）现代农业产业合作区成为中国第一个境外国家级农业产业园区。① 2016 年 8 月，河南贵友集团在吉尔吉斯斯坦北部的楚河州伊斯克拉镇建立的亚洲之星农业产业合作区，被商务部、财政部认定为国家级境外经贸产业园。目前，该农业产业合作区的鸡肉产品已占据吉尔吉斯斯坦 50% 左右的市场份额。② 吉尔吉斯斯坦是欧亚经济联盟的成员，也是世贸组织成员，中国农业企业在吉生产的产品，可以自动进入到欧亚经济联盟的市场之中。从这个意义上说，欧亚经济联盟并不是完全封闭式的，也不可能封闭。贵友集团表示，“在吉国生产产品，然后向俄罗斯和哈萨克斯坦销售相当便利”。③ 在中国与上海合作组织的农业合作中，特别是与中亚国家的农业合作中，中国河南省在推动与塔吉克斯坦的农业合作方面，已经初步形成了省政府层面的工作规划和机制。2016 年 5 月，河南省人民政府办公厅发布了《河南省与塔吉克斯坦经济合作工作方案（2016—2020 年）》，其中最为主要的内容是着力加强农业合作。河南是中国的农业大省，在粮食生产、农业机械生产等方面，在国内处于领先地位。在河南省的这个对塔合作工作方案中，河南省政府提出了非常广泛的农业合作项目，包括粮食生产、棉花生产与加工、畜牧养殖、蔬菜种植，建设中塔（河南）农业产业园区，实施一批农业产业合作项目。

在上海合作组织的农业合作中，逐步出现了“政府搭台、企业唱戏”的局面，更有中国的地方政府（河南省）积极开展农业合作的案例。可以认为，中国是上合组织农业合作的主要推动者。本报告的写作动因，是尽可能详尽地介绍和分析俄、哈、乌、吉、塔 2015—2016 年度的、新近的发展概况和重要问题，为中方推动在上合组织框架下的农业合作，提供背景资料和参考。

---

① “农业合作区晋升为国家级境外农业产业合作区”，华信中俄现代农业产业合作区网站信息，2015 年 4 月 22 日，http：//www. cr-agri. com/cn/news_ view. asp？ id = 444。

② “中国企业在吉尔吉斯斯坦打造国家级境外经贸合作区”，贵友集团网站信息，2016 年 11 月 5 日，http：//www. guiyoujituan. com/NewShow. aspx？ ID = 275。

③ “中国企业积极拓展吉尔吉斯斯坦市场”，贵友集团网站信息，2016 年 11 月 5 日，http：//www. guiyoujituan. com/NewShow. aspx？ ID = 279。

第三部分

国际关系视角下的上合组织

报告九

中国与上合组织中亚四国共建“丝绸之路经济带”：进程、挑战及对策

韩　璐*

【内容提要】上合组织成立16年来，中国与中亚四国的经贸合作日益密切，双边贸易额不断扩大，经济技术合作成果显著。中国与中亚四国丰硕的经贸合作成果为双方共建“丝绸之路经济带”提供了坚实的基础。当前“丝绸之路经济带”在中亚地区正稳步有序地推进，收获了一些早期成果，同时也面临着一系列挑战。中国应秉持奋发有为、积极塑造的方针，以多方合意的多元化路径深化中国与中亚各国经贸合作，同时循序推进“丝绸之路经济带”的建设。

【关键词】上合组织　丝绸之路经济带　中亚国家　经贸合作

受国际大宗商品价格下跌及俄罗斯经济衰退的负面影响，2015年以来，上合组织中亚四国（哈萨克斯坦、乌兹别克斯坦、吉尔吉斯斯坦、塔吉克斯坦）经济形势严峻。受此牵连，中国与上述四国经贸额不同程度下降，但总体上并未影响到共建“丝绸之路经济带”的进度。2015年7月上合组织乌法峰会期间，各成员国就共建“一带一路”达成共识，并写入峰会宣言，标志着中国与哈、乌、塔、吉四国共建“丝绸之路经济带”进入新的发展阶段。与此同时，共建“丝绸之路经济带”也面临着政治风险不确定、安全形势严峻、大国竞争等诸多挑战。本文在梳理中国与中亚国家共建“丝绸之路经济带”进展的基础上，将对共建“丝绸之路经济带”这

* 韩璐，中国国际问题研究院欧亚所副研究员。

一进程中所面临的机遇与挑战进行深入分析，并提出相关对策建议，以期为下一阶段“丝绸之路经济带”建设提供参考。

一、中亚国家在“丝绸之路经济带”中的地位

2015 年 3 月 28 日，国家发展改革委、外交部、商务部三部委联合发布“一带一路”规划方案——《推动共建丝绸之路经济带和 21 世纪海上丝绸之路的愿景与行动》（以下简称《愿景与行动》）。方案指出，陆上“丝绸之路经济带”依托国际大通道，以沿线中心城市为支撑，以重点经贸产业园区为合作平台，共同打造新亚欧大陆桥、中蒙俄、中国—中亚—西亚、中国—中南半岛等国际经济合作走廊。“丝绸之路经济带”建设运行的初始阶段将主要涉及中国和中亚各国，未来将会逐步涵盖和辐射中东欧、西欧以及西亚、北非等更广泛的地域。无论从西出的两条陆上通道首先跨越的地区来看，还是从中方计划率先合作的区域来讲，中亚地区都是“丝绸之路经济带”建设的首要目标区，也是“丝绸之路经济带”建设的关键节点。

第一，从地缘政治层面看，中亚是我国西部战略缓冲区，是中国大周边外交的重要组成部分。自十八大以来，中国周边外交的地位和作用已提升到前所未有的高度，只有把周边经营好，才能为中国国内经济建设创造稳定的外部环境。在上海合作组织框架下，中国与中亚国家已建立了密切的政治与安全协作关系，在此背景下，中国同中亚国家共建“丝绸之路经济带”将有力带动中亚国家经济发展，有利于中亚地区的繁荣稳定，为中国西部大开发创造良好的周边环境。同时，中国是一个陆权国家。中国的可持续发展与崛起，拥有海权是一个不可或缺的前提条件。中国只有在确保陆权、保证中国西线地缘战略环境安全和稳定的前提下，才能把地缘战略的重点放在发展海权方面。在实现陆权与海权的平衡这一进程中，经营好中亚、保障西部稳定是重要一环。

第二，从经济层面来看，中亚国家是“丝绸之路经济带”的境外起点，是经济带建设的第一环，因此具有很强的基础性和示范性效应。“丝绸之路经济带”两端是当今国际经济最活跃的两个主引擎：欧洲联盟与环太

平洋经济带。① 中亚地区处于这两个引擎的凹陷地带，经济发展水平与两端的经济圈落差巨大，但此地有着与中国接壤的地理优势，与中国经济有很强的互补性。“丝绸之路经济带”将进一步促进中国与中亚国家的经济合作，带动中西部地区扩大向西开放，更有望使中国的产品和资本直抵欧洲核心地区。此外，中亚国家还是中国重要的能源合作伙伴。中国通过“丝绸之路经济带”的实施，有望与中亚国家形成更为紧密的能源安全共同体，以确保陆上能源供应与通道安全，从而避免出现中国经济安全上的战略软肋。

第三，从安全层面来看，中亚国家毗邻中国西北地区，是阻挡“三股势力”渗入中国新疆与内地的安全屏障。当前中亚安全形势隐患重重，阿富汗问题以及伊斯兰极端分子的回流对中亚地区安全形势构成挑战，同时也威胁到中国新疆的安全。目前中国与中亚国家的安全合作，特别是在上合组织框架下取得了令人瞩目的双边或多边成果，也收获了丰富的经验。中国与中亚国家共建“丝绸之路经济带”，将有助于双方在安全领域进一步加强合作，共同防御和抵抗“三股势力”的侵入，巩固国防和维护边疆稳定，维护地区和平。

第四，从历史文化层面来看，无论是就丝绸之路通过的内层空间领域来说，还是就它涉及的外围空间的国家、民族和文化联系来说，丝绸之路都超越了丝绸本身的意义。②“丝绸之路经济带”不仅是一条经济带，也是一条文化带。历史上的丝绸之路是古代东西方进行经济、文化、科技交流的重要载体，在中国和中亚、西亚乃至欧洲的文化交流中发挥了重要作用。中亚与中国山水相连，在传统、文化、历史上都有相当的交合，是中国促进各大文明融合、提升中国软权力的重要示范区。加强与中亚国家的人文交流与合作，将为“丝绸之路经济带”建设奠定坚实的民意基础与社会基础。

---

① “‘丝绸之路’如何和利益攸关大国进行政治协调”，2016 年 7 月 28 日，http://www.china.com.cn/opinion/think/2015—03/30/content_ 35193649.htm。

② 杨恕在“丝绸之路经济带构想的背景、潜在挑战和未来走势”专题讨论会上的发言，转引自光明网，2015 年 4 月 5 日，http://theory.gmw.cn/2015—04/04/content-15288278-6.htm。

二、“丝绸之路经济带”倡议契合中亚四国国家战略利益

自中国提出“丝绸之路经济带建设”倡议以来，哈、乌、吉、塔等中亚四国总体反应积极，已经从观望、理解阶段发展到政策对接的制定和执行阶段。这主要缘于中亚国家“求稳定、谋发展”的迫切愿望，“丝绸之路经济带”主打经济牌，有助于其推动经济发展和经济结构转型，符合其国家战略利益。

首先，中亚国家普遍期待丝绸之路复兴。中亚地处欧亚大陆中心，自古就是丝绸之路上的交通要道。中亚各国强调古丝绸之路为本国带来了繁荣和稳定，而且期待复兴这条古代贸易路线。哈、乌两国曾多次提出复兴丝绸之路。1997 年，哈萨克斯坦总统纳扎尔巴耶夫（Нурсултан Назарбаев）就曾表示，哈萨克斯坦“处于欧亚地区十字路口的地理位置。今天，在世界共同体的帮助下，我们开始致力于通过与本地区的其他国家合作以恢复丝绸之路”。[①] 2005 年，纳扎尔巴耶夫在谈及哈 2030 年的国家发展战略时表示：“哈萨克斯坦将成为欧洲、亚太与南亚各经济区之间的重要纽带和跨洲经济桥梁。”2012 年，他正式提出“新丝绸之路”倡议。由此可见，哈萨克斯坦一直期待重建丝绸之路并从中获益。乌兹别克斯坦前总统卡里莫夫认为帖木儿时代的乌兹别克斯坦是古丝绸之路的枢纽，当时的首都撒马尔罕甚至构成东亚与欧洲之间互动的资本中心。鉴于此，乌希望丝绸之路重焕生机，并借此实现乌经济发展和国家繁荣。

第二，“丝绸之路经济带”倡议有助于中亚国家走出交通困境。中亚国家均为内陆国，其中乌兹别克斯坦还是全球仅有的两个“双内陆国”之一，即邻国也没有出海口。[②] 塔吉克斯坦山地面积占到全国面积的 90%，交通落后。吉尔吉斯斯坦几乎没有铁路客运。交通封闭成为制约中亚国家经济发展的因素之一。“丝绸之路经济带”建设将使其把内陆国的地理劣

---

① “中亚国家对丝绸之路经济带的认知和预期”，人民网，2016 年 9 月 10 日，http：//world. people. com. cn/n/2014/0409/c1002 – 24857680. html。

② 丁晓星：“打造‘丝绸之路经济带’中亚‘示范区’”，《瞭望》2016 年 5 月 30 日。

势转化为东—西、南—北“十字路口”大通道的战略优势，[①] 并将中亚与外界联系起来，自然得到中亚国家的欢迎。2015 年 7 月，塔外长阿斯洛夫（Сироджиддин Аслов）访华期间表示，塔吉克斯坦作为内陆国家，既没有出海口，又远离国际铁路干线，在“丝绸之路经济带”框架下一系列互联互通项目的建设，为塔吉克斯坦融入世界发展大潮创造了机遇。[②] 吉尔吉斯斯坦经济学家、前农业部长朱玛卡都尔·阿科涅夫（Жумакадыр Акенеев）则认为，中国提出的“一带一路”建设是最具务实性质的倡议，使得吉尔吉斯斯坦重获历史贸易方式，融入世界市场，吉尔吉斯斯坦可以成为连接中国和欧洲物流的强大中心。[③]

第三，哈、乌、吉、塔等四国均将发展经济和改善民生作为首要发展任务，四国的发展战略规划与“丝绸之路经济带”倡议具有诸多共性。哈萨克斯坦正在落实的《2050 年前战略》《光明大道》新经济计划，吉尔吉斯斯坦的《2013—2017 年稳定发展战略》，塔吉克斯坦的《2015 年前国家发展战略规划》和塔总统拉赫蒙 2013 年新一届就职仪式上的讲话精神以及乌兹别克斯坦的《2015—2019 年近期和长期发展纲要》，这些战略的共同之处在于：均将经济建设作为国家发展要务，均致力于“调结构、促增长”。在具体措施方面均重视基础设施建设、促进就业和吸引外资。上述发展战略规划与“丝绸之路经济带”倡议不谋而合。这也是中亚国家愿将本国发展战略与“丝绸之路经济带倡议”对接的主要原因。关键是，中亚国家希望通过与中国共建“丝绸之路经济带”来推动自身国家发展战略的实施，提高经济抗风险能力，促进经济增长，提高民众生活水平。

三、中国与中亚四国共建“丝绸之路经济带”现状

中国与中亚国家在共建“丝绸之路经济带”问题上不谋而合。在此背景下，中国与中亚国家共建“丝绸之路经济带”如火如荼，已在贸易投

---

① 丁晓星：“打造‘丝绸之路经济带’中亚‘示范区’”，《瞭望》2016 年 5 月 30 日。

② “塔吉克斯坦外长：塔全力支持丝绸之路经济带建设”，人民网，2016 年 8 月 4 日，http：//world. people. com. cn/n/2015/0723/c1002－27351096. html。

③ ［吉］阿科涅夫：“‘一带一路’带动吉尔吉斯斯坦民生和经济发展”，新华网，2016 年 8 月 5 日，http：//news. xinhuanet. com/world/2015—04/22/c_ 1115053343. htm。

资、基础设施、工业园区等多个领域取得重要进展。

（一）2015—2016 年中亚四国经济发展形势

1. 从高速增长期进入低增长阶段

经历了 20 世纪 90 年代的经济衰退后，从 21 世纪初开始，哈萨克斯坦、乌兹别克斯坦、吉尔吉斯斯坦、塔吉克斯坦不同程度地实现较快的经济增长。如 2001 年至 2008 年间哈萨克斯坦年均 GDP 增长率达到 9.3%，塔吉克斯坦为 8.96%，乌兹别克斯坦为 6.6%，吉尔吉斯斯坦为 4.9%，① 大大高于世界平均水平。2008 年国际金融危机爆发后，中亚国家经济增速普遍有所下滑，但在 2010 年至 2013 年，除吉尔吉斯斯坦外，其他三国的经济迅速反弹，恢复并保持了较高的增长率。

2015 年以来，受国际市场大宗商品价格下跌及俄罗斯经济危机等负面影响，哈、乌、吉、塔四国经济下行压力加大。表现为：一是经济增长明显放缓。其中，哈萨克斯坦经济增速下降幅度最大，2015 年经济增速仅为 1.2%。2016 年 1—6 月经济同比增长 0.1%。② 2015 年各国经济增速较 2014 年降低 1—4 个百分点，整个中亚地区经济平均增速为 3.8%（2014 年为 6%）。③ 二是金融市场出现动荡。2015 年，受俄罗斯卢布贬值连带影响，哈萨克斯坦坚戈对美元汇率贬值近 40%，乌兹别克斯坦本币贬值 10.3%，吉尔吉斯斯坦本币贬值 18%，塔吉克斯坦本币贬值达 24%。④ 三是外贸出口收入下降。2015 年，哈萨克斯坦对外贸易同比下降 36.6%，其中对外出口下降 42.2%，⑤ 是中亚国家中出口降幅最大的国家。四是侨汇收入大幅下降。四国多为俄罗斯主要劳务输出国，往年塔吉克斯坦的侨汇

---

① 参见 World Development Indicators（2014）。

② Основные социально-экономические показатели. 05. 08. 2016. http：//stat. gov. kz/faces/ home.

③ http：//www. kg. mofcom. gov. vn/article/jmxw/201511/20151101161023. shtml.

④ 许涛："2015 年世界经济形势对中亚地区的影响"，《中亚国家发展报告（2016）》，社会科学文献出版社 2016 年版，第 99 页。

⑤ Внешнеторговый оборот Республики Казахстан за 1995—2015. 08. 08. 2016. http：//stat. gov. kz/faces/wcnav_ externalId/homeNumbersCrossTrade? _ afrLoop = 605425306082350#%40%3F_ afrLoop%3D605425306082350%26_ adf. ctrl - state%3Deunfu520q_ 63.

收入约占 GDP 的 45% 以上。因俄罗斯经济不景气，并对外来劳工出台相应限制，迫使大批打工者返回母国。2015 年吉尔吉斯斯坦侨汇收入减少 30%，塔吉克斯坦减少 45%。

表 9.1　2008—2015 年上合组织中亚四国 GDP 同比增长率一览表（单位:%）

国家/年份	2008	2009	2010	2011	2012	2013	2014	2015
哈萨克斯坦	3.3	1.2	7.3	7.4	4.8	6.0	4.2	1.2
乌兹别克斯坦	9.0	8.1	8.5	8.0	8.2	8.0	8.1	8.0
吉尔吉斯斯坦	8.4	2.3	-1.4	5.7	-0.9	10.5	3.6	3.5
塔吉克斯坦	7.9	3.9	6.5	7.4	7.5	7.4	6.7	6.0

数据来源：根据中亚各国统计委员会网站提供的本国宏观经济发展数据整理所得。

2. 发展不平衡加剧

由于自然资源禀赋、国际治理水平不同等因素影响，哈、乌、塔、吉四国经济发展水平差异较大。其中，哈、乌两国经济发展速度较快，经济实力相对更强；塔、吉两国经济实力弱，国家发展严重依赖外援。从独立后 20 多年的变化来看，中亚国家之间的经济差距越来越大。

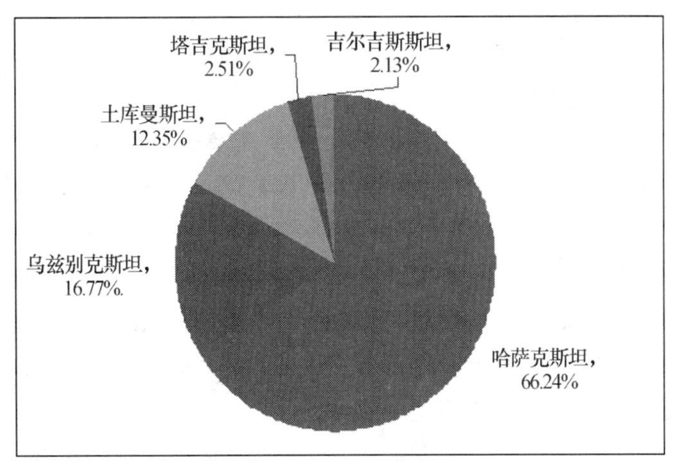

图 9.1　中亚国家经济规模比例

资料来源：Word Development Indicators，2014. 11—06.

1991 年时，哈萨克斯坦经济规模是吉尔吉斯斯坦的 9.68 倍，而到 2015 年，前者的经济规模已是后者的 28 倍。① 从人均收入情况看，中亚国家的经济在亚洲和世界经济体系中仍处于欠发达水平，2013 年中亚国家人均 GDP 只有 5067 美元。中亚四国间的人均 GDP 水平差距较大，哈萨克斯坦是四国中最富裕的国家，2015 年其人均 GDP 达到 10524 美元，高于世界平均水平 10514 美元。而塔吉克斯坦经济发展相对滞后，是四国中人均收入最低的国家，其人均 GDP 为 938 美元，只有哈萨克斯坦的 8.9%。

3. 单一经济结构仍是经济大难题

苏联时期，中亚是能源、工业原料和农产品的生产基地，产业结构偏重农业和能源产业。独立至今，中亚国家落后的经济结构并未发生明显变化，仍以能源、原材料出口为主，制造业和加工业则相对落后。当前中亚各国均深刻认识到调整经济结构的迫切性，都在强调实施立足于可持续发展、融入一体化进程和实现国家现代化的发展战略，但由于缺乏资金、技术落后、人才奇缺等问题，经济转型短期内难见成效。

（二）共建“丝绸之路经济带”进展

1. 政策沟通顺利进行

政策沟通是共建“丝绸之路经济带”的基础、前提和保障，对经济带建设非常重要。中亚国家虽是近邻，但每个国家都有自己不同的国情、外交及经济政策，而“丝绸之路经济带”建设涉及合作领域众多，如果各方政策沟通不畅，很多合作就将无法顺利开展。2014—2016 年，中国与哈、乌、塔、吉等中亚四国，建立了不同层次、不同领域、不同方式的政策沟通。习近平主席先后多次出访中亚国家，出席上合组织乌法峰会和塔什干峰会、“亚信”会议、博鳌亚洲论坛等大型国际会议，与中亚国家首脑进行会晤，深入阐释“丝绸之路经济带”的深刻内涵和积极意义，双方就共建“丝绸之路经济带”达成广泛共识。

---

① 根据哈、吉两国统计委员会网站提供的数据，2015 年哈萨克斯坦 GDP 为 1843.87 亿美元，吉尔吉斯斯坦为 65.72 亿美元。

表 9.2　中国与中亚国家签署宣言或合作协议情况（2014—2016 年）

国家	宣言或协议名称	签署时间
哈萨克斯坦	中国发改委与哈萨克斯坦国民经济部关于共同推进丝绸之路经济带建设的谅解备忘录	2014 年 12 月 14 日
	中哈产能合作框架协议	2014 年 12 月 14 日
	中哈政府关于加强工业与投资领域合作的框架协议	2015 年 8 月 31 日
乌兹别克斯坦	中乌联合宣言	2014 年 8 月 19 日
	《关于在落实建设“丝绸之路经济带”倡议框架下扩大互利经贸合作的议定书》	2015 年 6 月 15 日
	中乌联合声明	2016 年 6 月 22 日
塔吉克斯坦	中塔关于进一步发展和深化战略伙伴关系的联合宣言	2014 年 9 月 13 日
吉尔吉斯斯坦	中吉关于进一步深化战略伙伴关系的联合宣言	2014 年 5 月 18 日
	中吉两国政府关于两国毗邻地区合作规划纲要（2015—2020 年）	2015 年 9 月 2 日

资料来源：作者根据相关资料整理而得。

中国同中亚国家以宣言、协议、公报、备忘录或条约的形式明确了在“丝绸之路经济带”框架下双方加强合作的意愿、合作领域和合作方式。2014 年 11 月，哈总统纳扎尔巴耶夫在发表年度国情咨文时表示，要将“光明大道”新经济计划与“丝绸之路经济带”进行对接。2016 年 9 月 2 日，中哈两国签署了《“丝绸之路经济带”建设与“光明之路”新经济政策对接合作规划》。《规划》明确了中哈双方在推进“丝绸之路经济带”建设与“光明之路”新经济政策对接合作中，要加强信息沟通和政策协调，稳步推动产能和投资合作，积极发展经贸合作，优化贸易结构。要深化能源资源合作，扩大人文合作，加大安全合作力度。2015 年 6 月，中国与乌兹别克斯坦签署了《关于在落实建设“丝绸之路经济带”倡议框架下扩大互利经贸合作的议定书》。这是中乌关于共建“丝绸之路经济带”正式的合作文件，将进一步全面深化和拓展两国在贸易、投资、金融和交通通信等领域的互利合作。其中，重点推动大宗商品贸易、基础设施建设、工业项目改造和工业园等领域项目实施，实现双边经贸合作和共建“丝绸之路经济带”的融合发展。①

此外，中国与中亚国家还在面向国内外政策沟通与信息交流的“论坛”、“博览会”、“洽谈会”等形式多样的平台上进行互动与沟通。“论坛”主要有：丝绸之路市长论坛、大陆桥论坛（在连云港设立永久会址）、欧亚经济论坛（在西安建立了永久会址）、亚太贸易便利论坛、中国内地新丝绸之路城市市长圆桌会议等。“博览会”、“洽谈会”主要有：中国－亚欧博览会、兰州贸易洽谈会、欧亚各国投资贸易博览会以及中国西部国际博览会等。此外，双方智库也在推进彼此关于“丝绸之路经济带”研究的合作。

2. 设施、道路联通及跨境物流运输合作取得早期收获

基础设施互联互通是“丝绸之路经济带”建设的优先领域。“丝绸之路经济带”建设，根本上就是通道经济的发展，以沿线地区交通干线为依托，围绕交通干线发展贸易投资物流，建立密切经济联系。具体到中亚地区来说，由于经济落后和历史原因，中亚地区交通基础设施较为落后，运输效率低下，这不仅阻碍了中亚国家自身的发展，还使周边国家与中亚的经济合作面临较大阻力。2014—2016 年，在中国与中亚国家共同努力下，中国和中亚国家间交通基础设施不断改善，极大地促进了双边及多边贸易便利性。

2014 年 5 月，纳扎尔巴耶夫总统访华期间，中哈（连云港）物流场站项目一期工程正式投产。2015 年 2 月 25 日，连云港—阿拉木图货运班列首发。这是两国共建“丝绸之路经济带”进程中第一个可见成果，具有示范意义。哈方感叹，这一合作使他们“找到了东出太平洋最近的出海口”。②哈还加快了联通欧洲西部和中国西部的双西公路在哈境内部分施工进程，预计哈境内路段将在 2017 年实现全线通车。双西公路全线开通后，中国输欧货物在途时间将由目前海运的 45 天缩短为陆运的 10—11 天。经过哈萨克斯坦的渝新欧、汉新欧、郑新欧、义新欧等国际货运班列陆续开通。

---

① “中国与乌兹别克斯坦签署共建‘丝绸之路经济带’合作文件”，新华网，2016 年 10 月 17 日，http：//news. xinhuanet. com/world/2015—06/17/c_ 1115646851. htm。

② “硕果累累的‘一带’序曲——习主席首倡丝绸之路经济带的中哈合作”，人民网，http：//politics. people. com. cn/n/2015/0508/c1001－26969500. html。

2016 年 2 月，中铁隧道集团承建的乌兹别克斯坦境内的安格连—帕普铁路卡姆奇克隧道顺利贯通。该隧道长 19. 26 千米，① 是安格连—帕普铁路全线的咽喉要道，被称为“中亚第一长隧道”，也是国际运输走廊中国—中亚—欧洲的组成部分。这是中乌共建“丝绸之路经济带”的重要成果，将极大改善乌国首都塔什干至东部费尔干纳地区的交通状况。

中吉基础设施建设合作亦进一步提速。中国已经在吉尔吉斯斯坦承建了包括北南公路和中吉哈、中吉乌跨国公路在内的多条公路项目，总建设里程超过 2000 公里。2015 年 7 月 22 日，中国路桥承建的吉尔吉斯斯坦伊塞克湖环湖路比什凯克至巴雷克奇路段修复改造项目竣工。吉总统阿塔姆巴耶夫（Алмазбек Атамбаев）为此表示，一系列在建公路竣工通车后，吉国内将形成一张四通八达的公路网，同时还将联通中国、哈萨克斯坦和塔吉克斯坦等周边国家，使吉尔吉斯斯坦成为中亚地区重要的交通运输过境走廊。维护能源独立、能源安全和电力稳定是吉国目前最迫切和最严峻的问题。2015 年 8 月 28 日，由中国新疆特变电工公司承建的“达特卡—克明”500 千伏南北输变电工程顺利竣工。“达特卡—克明”项目这一国家战略性工程的顺利完成，将极大地提升吉国自主供电能力，更将长久造福人民，促进经济社会发展和繁荣。中—吉—乌铁路项目是中吉互联互通合作的重点。中—吉—乌跨国铁路项目从提出至今将近 20 年，但由于多种原因，该项目一直处于被冻结状态。近来，吉尔吉斯斯坦对该项目态度有所变化，同意该项目实施。2016 年 5 月 31 日—6 月 1 日，中吉乌铁路三方联合工作组第一次会议在北京召开。三方共同就联合工作组工作范围、中吉乌铁路线路走向和轨距标准、下一步工作计划等深入交换了意见，并签署了会议纪要。工作组会议的召开，表明中吉乌铁路有望早日开工建设。

在塔吉克斯坦，中塔公路正在加紧建设，一旦全线贯通，从杜尚别经帕米尔高原进入新疆卡拉苏用时将不到一天。2016 年 8 月 24 日，由中方参建的塔吉克斯坦瓦亚铁路建成通车。瓦亚铁路是“丝绸之路经济带”建设框架内首个开工并建成的铁路项目，连接塔国中段与南段铁路，让塔国首次实现铁路互联互通。2015 年 10 月 21 日，塔吉克斯坦艾尼—彭基肯特高速公路项目竣工，有力地改善了当地交通基础设施落后的状况。同时，

① “中企承建的乌兹别克斯坦铁路隧道顺利贯通”，新华网，http：//news. xinhuanet. com/ photo/2016—02/26/c_ 128754719. htm。

中国承建的塔吉克斯坦瓦赫达特—亚湾隧道工程进展顺利。工程竣工后，将使塔国中、南段铁路实现联网，大大缩短该国中部与南部两大地区的路程，既对塔吉克斯坦经济社会发展具有十分重要的战略意义，同时也对加快中国与中亚地区的“互联互通”起到了重要作用。

3. 贸易与投资合作畅通

第一，中国与中亚国家贸易额有所下降，但并未改变双方贸易合作的整体积极态势。自2001年上海合作组织成立以来，中国与哈、乌、吉、塔等四国的贸易总额呈现出几何式增长。2006年双方进出口总额超过100亿美元，2008年突破300亿美元，2013年达到402亿美元，12年间年均增幅将近33%。2014年中国与中亚四国贸易额346亿美元。①

表9.3 2000—2014年中国与中亚国家进出口总额及其占比情况

	2000	2006	2008	2009	2010	2011	2012	2013	2014
中国对中亚出口额（亿美元）	7.7	52.3	255.9	166.7	165.3	185.8	213	232.3	240.6
中国对中亚进口额（亿美元）	10.5	35	82.3	68.8	135.8	210.2	246.4	270.3	209.5
中国对中亚进出口总额（亿美元）	18.2	87.3	348.2	235.5	301.1	396	459.4	502.6	450.1
中国对中亚贸易占中国比重（%）	0.38	0.61	1.2	1.2	1.2	1.09	1.2	1.21	1.05
中国对中亚贸易占中亚比重（%）	6.17	1.24	16.26	19.38	19.31	16.89	18.68	21.67	24

资料来源：根据商务部国别报告及中亚各国统计委员会网站提供的数据，作者整理所得。

2015年，由于受国际大宗商品价格大幅下跌、国内资源型行业产能过剩以及中亚国家货币贬值等多重因素影响，中国从中亚进口额大幅下跌，中国与中亚对外贸易出现一定程度的下滑。2015年中国同中亚国家（包括土库曼斯坦）双边贸易额出现不同程度的下滑。其中，中哈贸易下滑最为严重。2015年，中哈贸易额为105.67亿美元，同比下降28.4%。中国对哈出口50.53亿美元，比2014年降30.9%，从哈进口54.84亿美元，同比

① 根据哈、乌、塔、吉国统计委员会网站提供的数据整理所得。

下滑44%。① （见表9.3）

从比重上看，中国与中亚贸易额占中国对外贸易总额已从1996年的0.38%提升至2014年1.05%。同时，中国与中亚国家贸易额占中亚对外贸易总额中的比重也在快速上升，2014年达到24%。目前，中国是哈萨克斯坦、吉尔吉斯斯坦和乌兹别克斯坦的第二大贸易伙伴，塔吉克斯坦的第二大贸易伙伴。

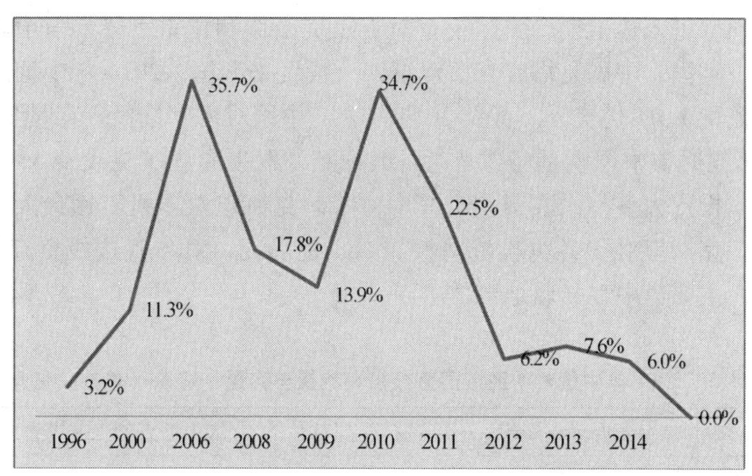

图9.2　中国同中亚国家（含土库曼斯坦）贸易增速图（1996—2014年）

资料来源：UNCTAD数据库。

表9.4　2015年中国同中亚四国贸易额一览表②（单位：亿元）

	中哈	同比	中乌	同比	中吉	同比	中塔	同比
进口	54.84	-44	11.19	-21.6	0.36	9.4	0.5	5.26
出口	50.83	-30.9	20.56	-14.4	10.29	-14.3	17.97	-27.23
总额	105.67	-28.4	31.75	-17.1	10.65	-13.7	18.47	-26.62

资料来源：中国驻哈、乌、吉、塔经商参赞处网站。

① 根据中国驻哈、乌、塔、吉经商参赞处网站提供的数据整理所得。

② 中乌贸易额的时间为2015年1—11月。

第二，投资合作持续开展。中国对中亚国家直接投资集中于哈萨克斯坦。2014 年以来，由于哈萨克斯坦本国货币大幅贬值，对中国在哈萨克斯坦的投资产生了一定负面影响，但中国仍是哈萨克斯坦第一外资来源国。2014 年，中国对哈直接投资流量为 -0.4 亿美元，存量为 75.41 亿美元。① 中国是吉尔吉斯斯坦的第一投资来源国。2013 和 2014 年，中国对吉直接投资流量为 4.54 亿美元和 1.08 亿美元，连续两年成为吉国第一大直接投资来源国。② 虽然 2015 年以来，由于炼油厂、金矿等大型投资项目逐渐结束建设期、进入运营期，中国企业对吉投资金额和比重下降，但中国仍是吉重要投资国。中国是塔吉克斯坦第二大投资来源国。2014 年中国对塔直接投资流量 1.07 亿美元。截至 2014 年末，中国对塔直接投资存量 7.29 亿美元。③ 同时，中国也是乌兹别克斯坦重要外资来源国（见表 9.5）。中亚各国对华投资大多集中在新疆。其中，哈萨克斯坦对华投资额最大，2014 年，哈萨克斯坦对华各类投资总额 30.68 亿美元，对华直接投资存量 1.8 亿美元，主要集中在新疆地区。④

表 9.5　2014 年中国对中亚五国直接投资流量与存量一览表（单位：亿元）

	哈萨克斯坦	乌兹别克斯坦	吉尔吉斯斯坦	塔吉克斯坦
直接投资流量	-0.4	1.81	1.08	1.07
直接投资存量	75.41	3.92	9.84	7.29

资料来源：商务部国别报告。

截至 2015 年 5 月，在中亚各国注册的中资企业约有 3695 家，投资领域主要分布于采矿业、建筑业、制造业、批发和零售业、金融业、航空运输业、农业等行业。

---

① 商务部贸研院：《2015 对外投资合作国别（地区）指南—哈萨克斯坦》，第 44 页。

② 商务部贸研院：《2014 对外投资合作国别（地区）指南—吉尔吉斯斯坦》，第 23 页；《2015 对外投资合作国别（地区）指南—吉尔吉斯斯坦》，第 23 页。

③ 商务部贸研院：《2015 对外投资合作国别（地区）指南—塔吉克斯坦》，第 30 页。

④ 商务部贸研院：《2015 对外投资合作国别（地区）指南—哈萨克斯坦》，第 45 页。

表 9.6　中国公司在中亚国家主要经营领域一览表（截至 2014 年 12 月）

	公司名称	主要经营活动
哈萨克斯坦	中石油、中石化、中信集团、中水电、北方工业振华石油、中国有色金属、中国工商银行、中国银行、华为、新疆三宝、新康番茄制品厂等 2945 家企业	石油天然气勘探、开采、加工、运输、石油机械设备出口、石油天然气管道铺设、石油天然气工程建设、双西公路部分路段承包工程、电解铝厂、石油焦煅烧、选矿厂、通信网络、承包工程、食品加工等
乌兹别克斯坦	中石油、中信建设公司、中工国际、中技、中水电、华为、中兴、中煤科工、中元国际、中国重汽、南方航空公司、哈电、新疆特变电工、亿阳集团、鹏盛公司、华立仪表、中国铁道、中工国际等 482 家企业	油气勘探开发、天然气管道建设和运营、煤矿、电站、铁路和电信网改造、水泥厂改造、电气化改造、化工厂建设、土壤改良和制革制鞋及陶瓷等业务
吉尔吉斯斯坦	中国路桥、上峰水泥公司、中国特变电工、华为、中兴等 260 家企业	农业养殖、农产品和食品加工、矿产资源开发和冶炼、工程承包、建材生产、轻工业、通信服务、航空运输、房地产开发、餐饮、旅游、娱乐等领域
塔吉克斯坦	紫金矿业、塔中国际、华新水泥、海力公司、中国特变电工、中国重机等	矿业、农业、电信、水泥、火电站

其中，对油气、采矿业的直接投资居首要地位，如哈石油公司项目、中哈石油管道、中油阿克纠宾油气股份公司项目、中国—中亚天然气输送管道 D 线等；在建筑业方面，中国的工程建设类企业承接了大量工程项目，如中国路桥公司承建和修复的吉国北南公路，中吉乌公路、中国新疆特变电工公司承建了吉南部电网改造项目、比什凯克热电站改造等；在制造业

方面，以中兴通讯和华为为代表的中国企业在通信设备制造和通讯服务市场均占据行业领头羊地位；在批发和零售业方面，主要以设立代表处的形式开展业务；国家开发银行、中国银行、中国工商银行等国有银行已在部分中亚国家设立分行或办事处，主要从事针对中国与中亚国家相关的政府合作项目或企业投资项目的贷款和汇兑服务；① 在航空运输业方面，南方航空公司已在中亚设立了多个办事处。中资企业在哈萨克斯坦几乎涉及所有产业，而在其他中亚四国，中资企业投资领域相对集中于资源型产业。相较而言，中亚各国对华投资领域则比较单一，仅涉及皮革、食品、化工、建材等有限领域。

第三，经贸合作园区建设和产能合作积极推进。2015 年 3 月，中国与哈萨克斯坦签署了中哈加强产能与投资合作备忘录，以及两国开展钢铁、有色金属、平板玻璃、炼油、水电、汽车等领域产能合作的 33 份文件，项目总金额达到 236 亿美元。其中，汽车组装、聚丙烯项目、阿斯塔纳轻轨项目均已开工，钢铁、冶炼、水泥等领域的十余个项目亦蓄势待发。中哈共同建设霍尔果斯国际边境合作中心顺利运营并继续推进，为两国商贸往来搭建了桥梁。目前，哈萨克斯坦正在加速建设该中心的哈方区域，预计从 2016 年到 2018 年，用两年的时间建成多功能商务中心，集加工制造、货物中转、金融服务和旅游休闲于一体。

乌兹别克斯坦位于吉扎克州的吉扎克工业特区自 2014 年首家中国企业入驻以来，已成为中乌共建“丝绸之路经济带”的重点项目，其下属的鹏盛工业园更是成为中乌产能合作的样板。鹏盛工业园是中国民营企业直接在乌投资建立的首个中乌合资工业园区。鹏盛工业园在乌成功建设和快速发展，一方面带动了中国优质产能出口，造福乌兹别克斯坦，推动“丝绸之路经济带”项目；另一方面对推动中乌产能合作及共建“丝绸之路经济带”具有很强的示范作用。

中塔园区合作亦多点开花，中塔工业园、新丝路农业纺织产业园及中塔农业产业加工园，都是“一带一路”中的重点项目。其中，中塔工业园区前期建设已经基本完成，园区占地面积 69 万平方米，将以铅锌等有色金属冶炼为主，结合产出的副产品延伸综合加工产业链，涉及冶炼、化工、

① 杨殿中：“中国企业对中亚五国直接投资的产业分布及产业选择建议”，《中央财经大学学报》2012 年第 9 期，第 69 页。

建材等多个行业。按规划，该项目预计总投资约5亿美元，2017年建成后将为当地创造超过2500个就业机会。①

中国和吉尔吉斯斯坦在园区合作上也逐步升温。双方就“吉尔吉斯—中国贸易物流园区”与“吉尔吉斯—中国出口商品加工园区”等项目积极商讨。2015年7月，中国陕西建工集团与吉尔吉斯斯坦政府就在吉境内建设比什凯克工业园区签订合作意向。比什凯克工业园区项目涵盖轻工家电产业、环保建材产业、纺织服装产业。

4. 资金融通进展明显

截至2015年底，中国与哈萨克斯坦、乌兹别克斯坦、塔吉克斯坦、吉尔吉斯斯坦等四国全部签署了双边本币互换协议，互换协议总额达110亿元人民币。中国与吉尔吉斯斯坦也签订了边境贸易本币结算协议。2014年11月8日，中国国家主席习近平宣布，中国将出资400亿美元成立丝路基金。2015年12月27日，亚洲基础设施投资银行正式成立，上述中亚四国都是亚投行的创始成员国。亚投行和丝路基金的成立为中国与中亚国家共建“丝绸之路经济带”提供了资金平台。此外，中国—欧亚经济合作基金、中哈产能合作专项基金，也大大丰富了中国与中亚国家的投资合作。

四、共建“丝绸之路经济带”的现实障碍

（一）“新老交替”增大政治不确定性

中亚国家除吉尔吉斯斯坦实行议会—总统制，其余实行总统制，总统的权力很大。2015年，中亚两个大国乌兹别克斯坦和哈萨克斯坦分别举行了总统大选，卡里莫夫和纳扎尔巴耶夫再度当选总统。吉尔吉斯斯坦、塔吉克斯坦则顺利举行了议会选举。2016年9月初，乌兹别克斯坦总统卡里莫夫突然逝世，总理米尔济约耶夫代行总统职务并于2016年12月举行的总统选举中胜出，当选总统，任期5年。目前来看，中亚国家总体政治稳定，但中亚国家政治体制的脆弱性依然存在。中亚国家确定的权力结构比较脆弱，存在很多变数。

① “中塔工业园区建设启动 为新丝路经济建设代言”，人民网，2016年10月17日，http://finance.people.com.cn/n/2014/0915/c387602-25662131.html。

（二）中亚国家贸易投资环境欠佳

第一，中亚国家营商环境有待改善。虽然近些年来中亚国家在改善营商环境方面取得一定成绩，但经济结构单一，市场经济体制不健全，公共服务体系滞后、政治职能部门效率低、权力寻租和官僚腐败等问题依然突出，极大地影响了外资企业投资的积极性。在世界银行发布的《2015 年全球营商环境报告》中，对全球 189 个国家的营商环境进行了排名，哈萨克斯坦位于第 77 名，乌兹别克斯坦位于第 141 名，吉尔吉斯斯坦位于第 102 名，塔吉克斯坦位于第 166 名。中亚国家营商投资环境普遍不佳，给投资主体带来很大风险。

表 9.7　中亚国家营商环境便利度全球排名（2015）

	哈萨克斯坦	乌兹别克斯坦	吉尔吉斯斯坦	塔吉克斯坦
营商环境便利度综合排名	77	141	102	166
开办企业	55	65	9	106
办理施工许可证	154	149	42	168
获得电力	97	145	168	178
登记财产	14	143	6	70
获得信贷	71	104	36	116
保护少数投资者	25	100	35	56
纳税	17	118	136	169
跨境贸易	185	189	183	188
执行合同	30	28	56	40
办理破产	63	77	157	149

资料来源："Doing Business Report（2015）", The World Bank Report, http://chinese. doing business. org/rankings.

第二，交通物流问题仍是中国与中亚国家经贸合作的瓶颈。虽然中国与中亚国家之间已初步形成铁路、公路、管道、航空“四位一体”的综合运输网络，但中亚国家基础设施建设仍滞后严重。公路网建设不足，现有公路状况较差，普遍失修、失养。例如，在中亚国家中交通条件较好的哈萨克斯坦，大约只有37%的国道和9%的地方公路状况良好，大多数为H级公路。① 同时，物流运转能力有限，亦不适应大规模经济合作。当前中国新疆与中亚国家正式开放的口岸有2个航空口岸（乌鲁木齐和喀什）和14个陆路口岸，其中阿拉山口属公路、铁路和石油管道三位一体的一级口岸，霍尔果斯属铁路、公路和天然气管道三位一体的一级口岸，其余均是公路口岸。随着中国和中亚国家经贸往来的快速发展，边境口岸物流运转能力经常不能满足货物流转的需求，导致口岸出现货物拥挤、物流不畅等问题。同时，通关也缺乏效率，如吉国海关通关手续较烦琐，一般货物至少需要3—5天时间才能放关。

此外，由于铁路轨距标准不一致，货物在口岸需换装，运输对接困难。中亚各国修建的是1520mm轨距的宽轨铁路，而中国采用的是1435mm轨距的标准铁路轨道，中国和中亚国家间经铁路运输的货物需要经过换装才能入境。这不仅需要更多投资来购置大量适合不同货物的换装机械和设施，还耗用大量时间，在某类货物集中到达时，换装设施繁忙，运输就会出现堵塞。

第三，金融合作基础薄弱。中亚国家普遍存在金融市场不发达，金融机构经营管理水平、资本充足率水平、抗风险能力都比较低，金融机构缺乏有效监管，信用评级差，融资渠道狭窄，融资方式单一等问题，一定程度上影响了双边投资贸易合作。

目前中国与中亚国家之间金融市场开放程度不高，区域资金流动存在限制，难以跟上双方日益深化的经济合作步伐。且各国的金融监管模式和监管标准差异较大，这些因素导致中国金融机构进入中亚国家市场时面临高风险、高成本、低收益、币值不稳定等问题。

第四，受俄罗斯经济形势和国际原材料市场疲软的影响，2015年中亚多数国家遭遇了经济上的困难，各种指标普遍低于预期。失业率大增，居民实际收入下降，贫困问题在此背景下更为突出，社会治安环境有所恶化；同时政府加强对投资和贸易的管控力度，外资企业，特别是外商独资企业面临较大经营风险。

---

① “哈萨克斯坦交通发展概述”，2016年8月13日，http：//ccn. mofcom. gov. cn/spbg. / show. php？ id = 14016&；ids = 1。

（三）中亚地区安全形势不容乐观

近年来，伊斯兰极端主义在中亚地区影响上升，表现为宗教氛围日益浓厚，极端思想蔓延，恐怖分子和恐怖组织活跃，个别国家恐怖事件时有发生。2016 年 6 月 5 日，哈萨克斯坦西部中心城市阿克托别发生恐怖袭击，造成 6 名军人和平民死亡。哈政府称，恐怖分子受到“伊斯兰国”的影响。7 月 17 日哈阿拉木图市警察局遭袭，造成 5 人死亡。哈总统纳扎尔巴耶夫认为这是一起恐怖袭击。塔吉克斯坦已成为沙特逊尼派支持的萨拉菲主义者和伊朗什叶派的争夺之地，该国安全形势严峻。与此同时，中亚国家与中东国家社会形态、文化形态存在诸多相近之处，“伊斯兰国”已将中亚地区纳入大哈里发版图，阿富汗、中亚地区的极端分子纷纷应召赴叙利亚参加“圣战”。随着俄美加大对“伊斯兰国”的打击，上述伊斯兰极端分子正呈回流之势，给中亚地区带来极大的安全隐患。

后撤军时代的阿富汗安全形势复杂，和平进程前景不明。中亚地区尤其是与阿富汗交界的南部地区面临更严峻的安全形势。2015 年 9 月塔利班攻入阿北部的昆都士市，表明土（库曼斯坦）阿边境恐怖分子活动频繁，由阿富汗向中亚地区暴恐外溢的风险在上升。

中亚国家间关于领土、边界、水资源等问题的矛盾也威胁着地区稳定。多年来，这些矛盾没有得到解决，反而继续深化。截至 2016 年 1 月，塔、吉两国尚有 396 公里边境需协商界定。2014 年 1 月 11 日，吉、塔边境地区发生武装冲突。塔、乌也有 20% 的边界没有划定。吉、乌在费尔干纳盆地的边界也未明确划定，吉国在乌有飞地巴拉克村，乌在吉国有飞地索赫和沙希马尔丹。这些飞地上的居民与当地居民常常爆发冲突。

中亚各国围绕跨界水资源的争夺也愈演愈烈。中亚国家独立 20 多年来，围绕跨境河流的水资源利用和水力发电站建设等问题的争议，仍是国家间关系紧张化加剧的敏感因素。① 吉、塔两国水资源丰富，尤其是塔吉克斯坦拥有中亚地区 58% 的水利资源。为实现国家发展和满足本国人民需求，吉、塔两国将加大水电站的建设列为本国重点发展方向。哈、土、乌

---

① 李琪：“‘冷战’与困境：乌兹别克斯坦与塔吉克斯坦关系走向”，《俄罗斯东欧中亚研究》2014 年第 1 期，第 47 页。

三国则将邻国的水电开发计划视作对本国经济利益的损害。乌兹别克斯坦坚决反对塔吉克斯坦修建罗贡水电站，两国关系为此剑拔弩张，互不妥协，给地区安全形势带来负面影响。

（四）大国在区域内竞争激烈

中亚国家均为经济社会转型国家，急切希望通过加强与大国间的合作，解决自身资金不足、技术落后、发展滞后等问题。同时，中亚地区特殊的地理位置和丰富的能源资源储量也引起了区域和全球大国的广泛关注，俄罗斯、美国、日本、欧盟等经济体纷纷在该地区提出了各自的区域经济合作方案。中亚是俄罗斯传统势力范围，俄罗斯力图通过欧亚一体化巩固和加强在中亚地区的影响力。2015 年 1 月 1 日，俄罗斯主导的欧亚经济联盟正式启动，进一步推进区域经济一体化。美国也非常重视中亚的地缘价值，在 1999 年就通过了“丝绸之路战略法案”，此后又在 2005 年提出了“大中亚计划”，积极推进该区域的市场经济和社会民主改造。2011 年美国政府又提出将世界与阿富汗连接的“新丝绸之路计划”，目的是争取阿富汗邻国中亚国家的支持，促进贸易、能源出口、投资与和平。① 日本出于能源安全的考虑也提出了“丝绸之路外交”，并于 2004 年启动“中亚 + 日本机制”以促进双方政治、经贸和文化交流。欧盟在苏联解体之后便开始对中亚国家进行经济与技术援助，2007 年 6 月欧盟通过了“欧盟与中亚新伙伴关系战略”。此后，欧盟积极开展与中亚在经贸、教育、投资、环境保护和水资源等领域的合作，取得了一些成果。综合来看，美、日、俄、欧等国结合自身利益诉求，在该地区建立了大量的区域合作机制，这对中国在中亚地区推进“丝绸之路经济带”形成一定程度的竞争，分散了中亚国家对“丝绸之路经济带”的部分“注意力”。

（五）中亚国家内部对“丝绸之路经济带”存在质疑

不可否认，中亚国家部分政治精英对“丝绸之路经济带”倡议心态复

---

① 左凤荣：“共建‘丝绸之路经济带’面临的机遇与挑战”，《当代世界》2014 年第 5 期，第 15 页。

杂，既渴望搭上中国经济快车，又担心产生经济上的依赖和国家安全上的威胁。哈萨克斯坦国内存在一些对华不友好的声音，质疑“丝绸之路经济带”的建设。哈部分精英人士劝说本国政府减少对中国强势经济的依赖，对华推行“有限接触”政策。他们认为，“丝绸之路经济带”是中国经济扩张的表现。一项调查显示，69%的哈萨克斯坦居民认为中国是对哈经济安全威胁最大的国家。① 2016年4月底到5月初，哈萨克斯坦多个地方的民众举行集会，抗议该国即将生效的《土地法》修正案延长外国人租赁该国土地的年限。集会者担心可能让外国人控制大量土地资源，甚至将矛头对准中国，担心中国在经济领域对当地采取“更严重的扩张行动”。

塔吉两国也有部分精英担心在与中国共建“丝绸之路经济带”进程中，塔将成为中国原材料进口的附庸国，而且更忧虑来自中国的大量轻工业、制造业产品会占领他们国内的市场。同时，他们对“丝绸之路经济带”建设完全由中国主导颇有戒心，希望由上海合作组织作为地区平台来推进。吉方不希望“丝绸之路经济带”的建设完全由中方主导，俄罗斯和周边所有相关方都应作为平衡中国的强大力量加入，认为吉、中同时参加的任何多边合作项目都不应脱离上合组织的框架。②

五、共建“丝绸之路经济带”面临的机遇

中亚地处欧亚大陆的中心地带，是连接东西向和南北向丝路的战略节点，是“丝绸之路经济带”陆上要冲，也是“丝绸之路经济带”的核心利益区。虽然中国与中亚国家共建“丝绸之路经济带”进程中会存在多种挑战，但也面临着良好的机遇。

第一，中国有实力推动“丝绸之路经济带”在中亚地区的开展。中国已成为世界第二大经济体，具备推动合作的实力。2011—2014年，中国提出了一系列国际金融开发合作倡议，包括在“一带一路”框架内的“亚洲基础设施投资银行”（1000亿美元，初始资金500亿美元）和“丝路基

---

① 孙壮志：“中亚地区安全的热点问题与走势分析”，《新疆师范大学学报》2011年第2期，第37页。

② 袁胜育、汪伟民：“丝绸之路经济带与中国的中亚政策”，《世界经济与政治》2015年第5期，第31页。

金”（400 亿美元）；在“金砖五国”框架内的“金砖国家开发银行”（1000 亿美元，其中中国 200 亿美元）、“应急储备基金”（1000 亿美元，其中中国 410 亿美元）等。除上述基金外，中国亦拥有国家开发银行、中国进出口银行、中国国际金融有限公司等金融开发机构。中亚地区现有 4 国已成为亚投行创始成员国，丝路基金更是将同中亚国家合作项目作为关注重点。有理由认为，在上述资金的保障下，未来中国同中亚国家间将会出现越来越多的重点合作项目。

第二，中国与中亚国家贸易结构和产业结构互补性逐年增强，双边经贸合作潜力巨大，为双方共建“丝绸之路经济带”提供了坚实的基础。中国对中亚出口商品主要以劳动密集型和资本技术密集型产品为核心，中亚对中国出口主要是资源型产品。从贸易结构来看，中国与中亚的产业互补性强，未来双边贸易合作还有很大空间。从竞争和互补关系来看，双边互补性显著强于竞争性。如果用出口结构的相似程度来反映贸易竞争程度，2013 年中国与中亚的竞争性指数为 0.1，而同期中国与韩国竞争性高达 0.5①，这表明中国和中亚国家之间的竞争性很低。随着时间的推移，中国与中亚国家之间的贸易互补性还表现出明显上升趋势，互补性指数从 1995 年的 0.37 上升至 2013 年的 0.49②，这说明近 20 年来，随着中国与中亚国家双边经贸往来的不断深化，互补性不仅没有减弱，反而愈来愈强。随着中国经济持续快速发展，中国出口结构向技术密集型产品升级趋势明显，将推动双方经济合作不断深化，由低层次逐渐向高层次升级。从这个意义上讲，“丝绸之路经济带”倡议的提出恰逢其时。双方经济合作水平的提高将促使“丝绸之路经济带”在中亚深入推进。

第三，“丝绸之路经济带”与欧亚经济联盟对接有利于充实和扩大中国与中亚国家共建“丝绸之路经济带”的内容。2015 年 1 月 1 日欧亚经济联盟正式启动，成员国包括俄罗斯、白俄罗斯、哈萨克斯坦、吉尔吉斯斯坦、亚美尼亚，未来塔吉克斯坦也可能加入。2015 年 5 月，俄罗斯总统普京访华期间，中俄两国签署了《关于丝绸之路经济带建

---

① 李强、林超：“中国与中亚双边贸易新视角”，《财经界》2016 年 2 月，第 80 页。

② 李强、林超：“中国与中亚双边贸易新视角”，《财经界》2016 年 2 月，第 80 页。

设与欧亚经济联盟建设对接合作的联合声明》。2016 年 6 月 30 日，中国与欧亚经济委员会签署了《关于正式启动中国与欧亚经济联盟经贸合作伙伴协定谈判的联合声明》，这标志着中国与欧亚经济联盟开始了经贸合作伙伴协定的谈判，目前谈判主要集中在贸易便利化、行业问题、海关合作等领域。“一带一盟”的对接表明，俄罗斯不反对中国在中亚的经营活动，不反对中国参与到中亚国家发展进程中，这为中国与中亚国家共建“丝绸之路经济带”减少了阻碍。同时，“一带一盟”对接，将会带来更多的具体项目合作，哈吉两国同为欧亚经济联盟成员国，也必将受益良多。

第四，上海合作组织顺利发展，为中国与中亚四国共建“丝绸之路经济带”提供了平台。经过多年持续发展，上合组织已逐渐成为一个成熟的国际组织，为成员国间的经济合作提供了许多便利。上海合作组织已形成经贸部长会议、财长和央行行长会议、交通部长会议、农业部长会议、科技部长会议等 30 多个机制。① 其中，经贸部长会议框架内海关、电子商务、投资促进、发展过境潜力、现代信息和电信技术、贸易便利化等各专业工作组、实业家委员会和银行间联合体积极开展工作，在推进区域经济合作，特别是贸易投资便利化方面取得了一定的成效。上合组织正不断完善上合组织金融服务平台，推动成立上合组织专门账户和开发银行，为实业界和金融机构搭建信息沟通和交流合作的桥梁。上合组织越来越重视成员国之间的贸易规则对接。2015 年年底召开的上合组织成员国政府首脑（总理）理事会第十四次会议上，各成员国就建立上合组织自贸区议题展开探讨，各国已意识到打破“规则壁垒”、打通“贸易经络”已是当务之急。2015 年上合组织乌法峰会期间确定将上合组织作为“一带一盟”对接的平台。2016 年上合组织塔什干峰会上，各成员国就经贸合作、贸易便利化等问题深入交换意见。上述实践表明，上合组织经贸合作迈入了换挡升级的发展阶段，必将推动上合组织区域经济合作与“丝绸之路经济带”进入融合发展新阶段。

① “商务部部长就深化上合组织区域经济合作等问题接受采访”，中国政府网，2016 年 10 月 17 日，http：//www. gov. cn/xinwen/2016—06/25/content_ 5085426. htm。

六、共建“丝绸之路经济带”的对策建议

中国国家主席习近平在博鳌亚洲论坛2015年年会上指出，“一带一路”建设秉持的是共商、共建、共享原则，不是封闭的，而是开放包容的；不是中国一家的独奏，而是沿线国家的合唱。① 当前，中国与中亚国家政治关系处于历史最好水平，经贸合作也取得诸多成果，为双方共建“丝绸之路经济带”提供了良好的前提条件。缘此，中国既要在“丝绸之路经济带”建设中继续坚持和谐包容、市场运作、互利共赢、和平合作的理念，全方位推进务实合作，又要对所面临的挑战和问题有充分的评估，以多方合意的路线循序推进。

（一）强化贸易投资合作

1. 优化贸易和投资结构

中国从中亚国家进口产品单一，主要集中在资源类产品，这将制约中国和中亚国家未来贸易合作规模的扩大，不利于双方的持久深度合作。因此，中国应考虑中亚国家对平衡双边贸易、扩大对中国出口的关切，加大自中亚国家进口力度，尤其在服务贸易领域。双方在物流、金融、商业服务、文化、旅游、会展、信息等服务业具有合作空间。此外，把投资和贸易结合起来，用投资带动贸易发展，鼓励有实力的中国企业在中亚国家投资设厂，利用中方技术优势，结合当地资源优势，将生产出来的产品出口到中国，从而改变当前中亚国家对中国出口初级产品为主的格局，优化贸易结构。

在投资领域，中国宜进一步扩大与中亚国家在非能源领域的投资合作，加大和中亚国家的产能合作。这既符合中亚国家经济发展利益，也可化解中国当前产能过剩问题。2015年5月，国务院发布了《关于推进国际产能和装备制造合作的指导意见》，从专项财税支持政策、优惠贷款、金融支持、中介机构、政府服务、风险防范和安全保障等各方面大力支持推进装

---

① “习近平：迈向命运共同体 开创亚洲新未来”，新华网，http：//news. xinhuanet. com/politics/ 2015—03/28/c_ 1114794507. htm。

备和产能国际合作。目前，中亚各国正处于工业化初期，通过发展重工业从而建立基础工业体系是实现工业化的必由之路。中国在钢铁、化工、非金属制品等重工业行业已经形成了一批具有一定国际竞争力的大型企业，而这些领域也不同程度地出现了产能过剩的情况，在上述领域扩大对中亚国家投资既能够有效发挥中亚各国的能源和矿产资源优势，促进当地经济发展，推动产业结构升级，也有利于促进中国重工业企业国际化水平的提高，缓解国内产能过剩问题。

2. 提升投资贸易便利化水平

推进中国和中亚国家贸易投资便利化是现阶段“丝绸之路经济带”建设的重点。目前，中国和中亚国家跨境贸易中存在口岸效率不高和海关环境不佳等问题。中国和中亚国家应携手采取措施，加大改进力度，从而提升区域贸易便利化水平。第一，加强口岸基础设施建设，创造贸易便利化良好环境。中国与中亚周边国家口岸众多，但存在口岸效率不高的问题。因此，需完善仓储、口岸联检等配套基础设施，加强边境地区通讯、交通等基础设施建设，升级已有的设施设备，采用新的通关便利技术以提高口岸通关效率，进一步提升中亚区域的贸易便利化水平。第二，中国和中亚国家应加强海关信息互换。加强海关监管合作，推进跨境监管程序协调，实现与中亚各国海关监管互认。推进检验检疫标准互认，实现检验检疫证书联网核查。第三，改善电子商务环境，提高贸易便利化技术水平。加快边境口岸“单一窗口”建设。由于电子化数据只需提交一次和提交接入点的单一性，“单一窗口”有助于建立数据共享的管理系统，大大提高效率、减少政府和贸易各方成本。

（二）加快推动中国—中亚自贸区在新疆的建设

中国—中亚自由贸易园区在关税、贸易、金融、财政等方面实行特殊政策，可成为带动中国和中亚国家贸易投资往来的增长点，成为沟通国际、国内两个市场的重要桥梁。其优惠、开放的政策既可为中亚客商进入中国市场创造条件，也可为国内企业参与中亚市场竞争架起便捷的桥梁，从而为双方在更高层次开展经贸合作奠定基础。目前，中国和中亚国家组建国家层面的自由贸易区还不具备现实条件，而与中亚国家邻近的中国新疆则有条件设立中国—中亚自贸区。新疆具有与中亚国家开展经贸合作的独特区位优势，承载着中国与中亚国家双边贸易60%的份额，是“丝绸之路经济带”上中亚交通枢纽。

中国—中亚自由贸易区应采取循序渐进的推进策略。首先，借鉴上海自贸区模式，将乌鲁木齐、伊宁—霍尔果斯、喀什、阿拉山口等新疆沿线口岸作为中国境内自由贸易区先行发展，从而吸引中亚国家积极参加与新疆的自由贸易区建设，努力打造中亚经济圈。其次，在深度运营中哈霍尔果斯国际边境合作中心的基础上，建设一批边境经济合作区和跨境经济合作区，充分发挥自由贸易园区先行先试的平台作用，提高双边贸易便利化水平和经济开放程度。如在塔吉克斯坦设立资源开发境外经济贸易合作区，在中哈霍尔果斯边境合作中心哈方设立制造业合作区。第三，在喀什、霍尔果斯经济开发区和阿拉山口保税区基础上，依托乌鲁木齐出口加工区以及吉木乃、巴克图、伊尔克什坦、塔克什肯等口岸设立五个综合保税区，① 努力将其建设成为我国向西开放的重要窗口和对外开放的示范区，从而为中国—中亚自贸区的建立创造条件。

（三）进一步加强交通基础设施合作

中亚国家的交通基础设施普遍存在建设滞后、运输效率低下等问题，这成为制约中国和中亚国家经贸合作的重要因素之一。中国在公路、铁路、机场、通讯、电力等基础设施建设领域具有较强的竞争力，完全有能力参与中亚各国的基础设施建设，可采取政府合作投资、企业承建的方式，推动中国制造业和工程企业赴中亚国家投资，将钢铁、水泥等国内过剩产能转移出去。中亚国家借此可提升基础设施水平，推进产业结构升级和可持续发展；中国也可藉此输出过剩产能，这对于中亚国家和中国将是一种双赢的合作。

同时也应继续深化交通网络联通合作。中亚地区公路、铁路、河运码头、航空枢纽港、油气管线建设总体滞后，没有形成安全顺畅的综合交通运输网络。中国与中亚国家间仅有2个铁路口岸和2个航空口岸，交通网络建设仍不发达。一些比较重要的交通线路的开通与建设遇到阻碍，如中

---

① 李雪梅等：“丝绸之路经济带：新疆的布局和策略”，《经济导报》2014年6月9日。

吉乌铁路等。在航空方面，中国与中亚国家间的航空交通仍需要继续发展，使北京和国内重要节点城市与所有中亚国家的首都都能实现直航。在充分发挥亚洲基础设施投资银行、丝路基金作用的同时，加强与相关国家的沟通与协调，积极推进中吉乌、中哈、中塔阿伊等互联互通交通基础设施建设，逐步完善中国与中亚国家间的交通运输网络。

（四）深化能源合作

第一，尽快推动成立能源俱乐部。中国与中亚国家间的能源合作可借助上合组织这一有效平台来开展对话与协调。上合组织是中国和中亚国家开展各领域合作的重要渠道，可通过这一平台积极推动成立能源俱乐部，加强能源生产国与能源消费国之间的合作。2013 年 9 月在吉尔吉斯斯坦举行的上合峰会上，中国国家主席习近平提议建立上合组织能源俱乐部。2013 年 12 月，上合组织成员国在莫斯科签署了《上海合作组织能源俱乐部成立备忘录》。上合组织能源俱乐部成立的条件正趋于成熟。中国应积极推动、主导和利用这一协调机制，“加强成员国能源政策协调和供需合作，加强跨国油气管道安保合作，确保能源安全”。①

第二，借助“丝绸之路经济带”建设这一有利时机，加强中国与中亚各国的国别能源合作，深化中国与中亚各能源生产国、管道过境国之间的战略合作关系。共同规划合作方向与合作目标，全面制订能源合作计划，协调双方能源法律政策体系，制定并严格实施税收保护协定，消除监管障碍。

第三，为企业“走出去”参与中亚能源投资、开拓中亚能源提供保障。中国能源企业在中亚投资，将面临中亚地区营商环境不佳、开发成本高、利率波动以及政局不稳、“三股势力”威胁等一系列经济和安全挑战，政府除却在国家层面与中亚国家加强政治互信和安全合作外，还应加快建立海外能源投资防范机制，包括为“走出去”能源企业建立能源投资海外风险专项基金，降低海外能源投资企业的经营风险；建立境外投资项目政治风险和商业性保险制度，进一步发挥出口信用保险作用；完善企业海外

---

① “习近平在上海合作组织成员国元首理事会第十四次会议上的讲话”，新华网，2014 年 9 月 12 日，http：//news. xinhuanet. com/world/2014—09/12/c－l112464703. htm。

投资审批制度；完善海外能源投资法律法规体系，为我国企业在中亚能源开发投资提供制度保障。

第四，随着“丝绸之路经济带”战略的推进，中国—中亚能源合作要进一步拓宽能源合作领域。在开展全方位的传统能源合作的同时，可加强在绿色能源和可再生能源领域的合作，包括加强技术交流和研发、设备制造以及产业化等层面的密切合作，不断拓宽在节约能源、环境保护等领域合作的广度和深度。

（五）推进金融合作

中国与中亚国家要加强基础设施、商品贸易、产业转移以及技术合作，离不开金融业的大力支持。近年来，中国与中亚国家在金融合作上取得一定成效，如中国与哈、乌、塔都签订了双边本币互换协议，与吉国也签订了本币结算协定。但总体上，中国与中亚国家的金融合作层次不高，应进一步拓展双方金融合作的深度与广度。具体来说，第一，继续扩大货币跨境服务，包括推广互设本币账户结算、境内人民币转账结算。完善人民币清算渠道，建立人民币与中亚各国货币的直接汇率机制，银行卡网络互联，逐步建立统一的支付结算网络体系。第二，在金融协调监管层面，完善区域金融信息披露制度，加强金融信息交换与共享；建立征信评估机制，①防范信用风险；加强金融风险监测与防范，对货币流动进行实时监控，定期发布区域金融安全评估报告；加强反洗钱、打击非法融资合作力度，推动区域良好金融环境建设。第三，完善境外金融服务，拓宽企业融资渠道。目前，中国同中亚国家的融资平台有多个，包括“丝路基金”、亚投行、中国—欧亚合作基金等，除此之外，还可设立专门领域的开发基金，例如能源矿产开发基金、农业合作专项基金等，为中国与中亚国家多领域项目合作提供多层次金融支持。同时，还应支持国内大型银行在中亚国家开设分支机构，在中亚五国开展离岸金融服务。②

---

① 徐奇渊：“促成上合组织框架下的经济金融合作”，《中国国情国力》2014 年第 5 期，第 77 页。

② 高国珍、王海龙：“中国与中亚国家双边经贸合作潜力分析”，《世界经济与贸易》2015 年第 8 期，第 77 页。

（六）做好“民心相通”工作

中国国家主席习近平曾提出，国之交在于民相亲，要搞好政策沟通、道路联通、贸易畅通、货币流通，“必须得到各国人民的支持，必须加强人民的友好往来，增进相互了解和传统友谊，为开展区域合作奠定坚实的民意基础和社会基础”。[①] 目前“一带一路”建设率先取得成果的地方，都是民心相通基础好、政治互信水平高的地区。做好民心相通工作，有助于增进中国与中亚国家的战略互信，有助于中亚国家解放思想和自我重新定位，有助于中亚国家消除对中国的误读，减少“中国经济崩溃论”和“中国威胁论”的存在。只有做好“民心相通”工作，才能有底气继续共建“丝绸之路经济带”。

如何做好“民心相通”工作？一是要加强人文合作。中国与中亚国家都拥有悠久的历史和灿烂的文化，在古丝绸之路上双方已建立了一定的经济和文化交流。可以说，中国与中亚国家在人文领域有良好的合作基础和广阔的拓展空间。二是充分重视中资企业在“民心相通”中的作用。要促使企业树诚信，主动承担社会责任，进行反哺社会的公益活动，树立良好的企业形象。同时，加强与当地民众的交流合作，将投资贸易项目与当地民众需求相结合，真正筑牢双方各层次特别是基层互信基础。[②] 三是积极发挥媒体作用。目前，中国媒体与中亚国家媒体缺乏持续性合作，各国对中国及“一带一路”虽有报道，但不成系列，且解读有偏差。中国媒体可考虑与当地媒体深度合作，包括入股或控股当地媒体。同时，中国媒体对外传播要鼓励多元表达和话语体系创新，采用国外民众听得懂、易接受的方式和语言进行传播，[③] 从而使“中国声音”在“一带一路”沿线国家能真正做到深入人心。

---

① 郭宪纲、姜志达：“‘民心相通’：认知误区与推进思路——试论‘一带一路’建设之思想认识”，《和平与发展》2015 年第 5 期，第 1 页。

② 龙海波：“促进我国与中亚‘贸易畅通’”，《中国经济时报》2014 年 12 月 9 日。

③ 郭宪纲、姜志达：“‘民心相通’：认知误区与推进思路——试论‘一带一路’建设之思想认识”，《和平与发展》2015 年第 5 期，第 8 页。

报告十

俄罗斯与中国在中亚的正和大博弈*

T. 博尔达切夫**

【内容提要】尽管苏联解体后，中亚五国（哈萨克斯坦、吉尔吉斯斯坦、塔吉克斯坦、土库曼斯坦和乌兹别克斯坦）通过现有机制，在维持国家稳定方面取得了巨大成绩，但当前地区所有国家的内部稳定性和发展前景却不那么明晰。2016 年 6 月召开的上合组织塔什干峰会和俄罗斯总统普京对中国的访问，有助于加强维护地区多边安全合作的力度。这尤其关系到两个区域超级大国——俄罗斯和中国之间的相互协作。对俄中来说，中央欧亚地区存在的潜在不稳定性，构成了两国某种“理想型的共同挑战”，两国只有通过理性的正和博弈才能有效应对。俄罗斯和中国可以给自己的邻国就其内部稳定问题，提供足够多样的相互协作形式。与欧盟东扩之后的“睦邻政策”不同，俄罗斯和中国感兴趣的不是转型，而是在尽可能持久的时间内，中央欧亚地区国家的政治制度能够保持稳定，经济和社会状况得到质的改善。此外，两国为维护本地区稳定所做的努力，有助于促进全球化语境下中俄之间的紧密联系。

【关键词】中亚五国　俄中合作　中央欧亚　俄中“正和博弈”

所有国家都希望生存在安全环境下，并从国际合作中获益。各国政府通过构建国际机制和制定游戏规则，来维护和平与发展。当今全球事务可

---

* 本文系教育部人文社会科学重点研究基地重大项目“欧亚合作与中俄关系的战略定位”（项目批准号：16JJDGJW003）的阶段性成果。

** T. 博尔达切夫（Timofey Bordachev），俄罗斯高等经济学院世界经济与国际关系系欧洲与国际问题研究中心主任。

能已进入质变阶段。二战后建立的、苏联解体后仍继续留存的国际制度，其功能和议程在很大程度上已经不复存在，即使是功能形式非常完美的地区组织也不例外，比如，当前欧洲一体化面临的系统性危机。危机往往迫使主要参与国纷纷选择脱离其所在组织，寻求自身利益最大化。

世界大国开始围绕构建世界新秩序的路径展开角逐。其中，提出一项能被大多数国家所接受的独特的公平方案显得尤为重要。20 余年来，美国一直试图控制世界，却严重忽视了国内事务，接下来它很可能会暂时退出这场角逐，但也没有必要把希望寄托在孤立主义身上。影响美国未来发展的最重要因素，是军备竞赛和自由贸易，两者都不可避免地需要美国广泛参与到国际事务中去，即便它不再试图在全球各地担当领导角色和提出一些普适性理念。

欧洲已威信扫地，并打起了保卫战。尽管在全球市场吸引力方面仍仅次于美国（排名第二），但无人将其视为全球事务的领导者和思想源头。欧洲面临的内部危机，使其未来 10—15 年将无法在国际事务中发挥积极作用。俄罗斯有能力，并愿意为世界提供一种促进共同发展和协调国际关系的全新理念。这种理念是在对传统制度与法治的尊崇，以及对当代全球危机本质的创造性评估相结合的基础上提出的，但俄罗斯没有可用于有效推广自己思想的物质资源支撑。其经济规模，目前还完全无法与在全球范围内为生产物质财富做出贡献的国家相提并论。作为世界第六大经济体，俄罗斯仅为全球出口额贡献了 2.6 个百分点。俄罗斯之所以受到国际社会的尊重，源于它对自身利益的捍卫能力，但其使用武力的坚决性也引起了许多国家的猜忌。

目前看来，中国准备好担当起改革全球治理制度和机制的重任，抑或构建全新的世界秩序。中国认为，这套秩序应该比现存秩序更为公平、有效。中国学界、政界和媒体界，越来越响亮地提出这样一个观点，即中国应当从“衰弱的西方”手中接过领导权接力棒。中国拥有强大的经济实力和强有力的政府。北京有能力将大量资源用于支撑其对外政策的战略优先方向。甚至连美国都无法发起诸如亚洲基础设施投资银行或是丝路基金这种规模的项目，更不用说经济总体落后的欧洲和俄罗斯。它们只能将主要注意力放在应对内部困境上。

与此同时，由中国方面发起的国际专家论坛和商务论坛的数量，也大幅增加。在这些论坛上，中国学者和政治家们认真研究外国同行关于全球与区域秩序的见解，正如35—40年前他们向当时世界上最成功的经济体学习改革发展经验一样。这些经过深思熟虑的研讨结论，应当体现在中国政府的新倡议中，比如中国领导人在亚太经合组织峰会上提出的，并得到俄罗斯支持的亚太地区贸易自由化的构想。

中国方案的构想内容，与其说是针对国际秩序的现实变化，不如说是针对实质性变化，其主要论点在于，全球治理新体系显著区别于现存体系的原则性差异，是非西方国家和力量中心将扮演更重要的角色。中国专家们正确地指出，无论是威斯特伐利亚体系，还是雅尔塔—波茨坦体系，其建立都缺少来自东方和南方国家的积极参与，也没有考虑到这些国家的价值和利益，这使得现存的秩序变得过时。这一论断的公正性不会，也不可能受到质疑。这一点与中国完全有能力提出独创的见解和价值观一样显而易见。让人感兴趣的问题是，哪些具体的游戏规则需要被新的规则所取代？什么可以作为一种对世界政治中传统国家—制度关系二元论的补充？

与此同时，中国有关改革世界秩序的成功政策，仍然面临一定制约因素，包括改革区域秩序。首先，推广规范的经验不足，即没有在经济和政治领域有意识、有针对性地推广总体性游戏规则或价值观。20世纪下半叶和21世纪初，西方的强盛正是基于这一战略基础。总之，具备构思并向其他国家提出某种全新思想和组织国际关系的方式的能力，是任何个人和国家集团成功的保证。自由贸易和相互联系将使所有国家都潜在地获益，其关键在于是否有能力构建保障这种相对收益的机制。该机制能够相对公平地依照贡献来分配收益。

因此，对中国来说，继续提出合理的经济合作倡议以获取共同利益具有现实意义。这意味着，中国在其对外经济合作中不仅要依靠纯市场机制，同时需要在必要情况下提出一套符合国际法的合作形式。这就要求中国采取更大胆的政策，充分利用所拥有的基金来实现与“一带一路”沿线国家的合作项目。目前来看，中国规模宏大的投资倡议，对本地区许多国家来说还只是一种承诺。甚至在地区层面上，较西方国家而言，中国仍然对赞同自己价值观和国际法准则的伙伴们表现出非常谨慎的态度。

西方领导权的另一个重要组成部分，是具备参加平等和相互承担义务的联盟。历史上的古希腊和信奉基督教的西方主权国家军事联盟，都建立在力量均势体系基础之上。相应地，任何国际秩序都由该体系产生。古希腊时期，城邦国家联盟之间相互仇视。每一个联盟都由一个霸权国家领导，并准备好为自己的“小伙伴”而战。中世纪欧洲的君主制国家在同盟中的地位则是平等的，并且从来不单方面开战。北约是人类历史上最强大的联盟。如果美国拒绝履行部分联盟义务，或是让成员国都承担相应的义务，将会让其欧洲伙伴比现在更加忧虑。显而易见，未来西方的重心也将放在联盟之上。

中国本身缺乏诸如欧洲国家所理解的传统平等联盟关系的重要历史经验。过去，中国的大量联盟都是建立在统治者和被庇护者的等级关系上。

重要的是，中国的重要倡议在哪些条件下将被实践所检验，尤其是可能将它们运用到首要平台的亚太地区。目前，在跨太平洋贸易伙伴关系明显濒临崩溃的背景下，中国的正确出发点是构建区域全面经济伙伴关系。该方案被视为一种替代性选择，且基于商品市场自由化和不干涉国家内政的基础之上提出。本地区大部分中小国家都对此感兴趣。

然而，可能没有必要重新评估近几年美国对外政策中孤立主义的潜在水平。在任何情况下，美国都不会放弃对中国的政治和经济遏制。为实现这一目标，美国需要足够可靠的工具。可以肯定的是，跨太平洋伙伴关系协定很可能不会出现在美国的制度设计中。但是，正如专家们所指出的那样，对每个国家来说，该协定如今已成为与美国市场相挂钩的一堆单独条款，将它们变成双边贸易协定并不复杂。因此，奥巴马政府的这项特殊试验可能将获得重生，变成其他国家和地区与美国之间的传统双边联盟体系。该体系将不仅限于安全领域，也将存在于经济领域。跨太平洋伙伴关系协定或它的衍生品，与中国所推动的区域全面经济伙伴关系的原则性差异，不仅仅在于贸易，也体现在商业活动条款。在这方面，中国还需在国家层面进一步完善本国的政策。

这些内外因素不应该成为制约中国致力于重建更加公平的世界秩序的巨大阻力。无论如何，有必要给予中国展示的机会。中国领导者的努力对确保这一事业的成功不容置疑。我们的中国伙伴能够听取其他国家学界和政界的意见，这样的能力能够发挥重要的积极作用。也许需要支持中国，并将其足够多的能量倾注到构建稳定的地区和全球机制与国际法准则中。

俄罗斯和中国在次区域层面（中亚）的合作尤为重要。目前，中亚地区受到邻国和域外大国越来越多的关注。该地区与当今激进主义最危险的发源地之一——阿富汗直接接壤，后者境内仍生活着大量塔吉克族人和乌兹别克族人。不排除伊斯兰国的激进主义分子在中东遭受毁灭性打击后，试图在中亚建立新“哈里发政权”的可能性。对他们来说，较之在受到地中海火力控制的北非地区行动，中亚是一个更安全的地方。目前，阿富汗与中亚国家接壤的边境地区，紧张局势正在进一步升级。专家们更加担忧来自阿富汗和中东的极端分子在本地区的更加积极的渗透。

尽管苏联解体后，中亚五国（哈萨克斯坦、吉尔吉斯斯坦、塔吉克斯坦、土库曼斯坦和乌兹别克斯坦）通过现有机制，在维持国家稳定方面取得了巨大成绩，但当前地区所有国家的内部稳定性和发展前景却不那么明晰。正如瓦尔代国际辩论俱乐部的专家们所指出的那样，塔吉克斯坦的情况最为危险，其国内稳定常常被暴力骚乱所破坏，这与发生在哈萨克斯坦阿克托别的事件一样。

2016 年 6 月召开的上合组织塔什干峰会和俄罗斯总统普京对中国的访问，有助于加强维护地区多边安全合作的力度。这尤其关系到两个区域超级大国——俄罗斯和中国之间的相互协作。对俄中来说，中央欧亚地区存在的潜在不稳定性，构成了两国某种“理想型的共同挑战”，两国只有通过理性的正和博弈才能有效应对。这主要基于一系列客观性因素，下文我们将详细分析。

首先，中亚国家内部发生社会和政治动乱的可能性是存在的。与乌克兰不同的是，乌国的内部冲突首先是由外部势力较量所致，而中亚地区的紧张形势主要由各国内部因素造成，包括失败的国家制度、贫困、宗教激进主义，以及与阿富汗相邻。对俄、中而言，所有这些因素使得中亚稳定问题显得尤为迫切，也自然提升了双方合作的潜力。

其次，地理上的临近使得两国有必要合作应对潜在的地区不稳定挑战。中亚与中国拥有千百万穆斯林人口的新疆乌鲁木齐自治区，以及俄罗斯的乌拉尔和西伯利亚中部地区直接接壤。两国都很清楚，在紧张局势升级的情况下，两国不可能将问题转移到另一国家，只能在“原地”共事。因此，在理论上，美国且在一定程度上包括欧盟，它们在该地区所扮演的角色会引起巨大的担忧。对它们而言，中亚欧亚地区潜在的不稳定，并不会对其国家安全构成极大挑战。因此美国通常将中亚地区的局势，置于与莫斯科和北京开展地缘战略协作的背景下进行研究。

第三，不论域外国家来自世界何处，俄罗斯和中国都愿意与它们保持距离。正如我们刚刚指出的那样，对大多数域外国家而言，它们感兴趣的是中央欧亚地区形势发展的国际政治背景，而非国家安全问题。因此，在多数情况下，它们对地区形势造成的影响具有不稳定性，因为它们一定会重点关注中亚国家的政治转变进程。与此同时，中亚对于美国、欧洲及其经济伙伴的价值，无法与波斯湾国家相提并论。所以，不要指望西方从其政治武器库中去除价值规范工具。

与此同时，一些专家认为，华盛顿正在研究在没有俄罗斯参与的情况下，就本地区安全保障和经济合作问题，直接与中国政府展开对话的可能性。这种对话也许目前正在进行。这也表明俄罗斯和中国有必要在发展与其他合作伙伴关系的过程中，保持更大透明度。但是，正如权威专家们所言，这种关系的强度和饱和度，主要受限于美国政策的不可预测性及其支持的令中国担忧的“颜色革命”。需要指出的是，2010 年发生在吉尔吉斯斯坦的事件表明，俄罗斯在应对邻国发生革命动荡的后果时，采取了足够灵活的应对举措。经常会听到这种观点：俄罗斯在中亚是一个实力“衰减”的国家，而中国的实力则不断增长，因此中国需要与美国开展合作。所有此类言论可以被看作是对莫斯科和北京之间相互信任的破坏行为。在这方面，不少俄罗斯媒体的偏激情绪也显得更加危险。

俄罗斯和中国可以给自己的邻国就其内部稳定问题，提供足够多样的相互协作形式。我们可以看看欧盟为稳定周边地区所做出努力的反面例子。2004—2007 年，欧盟成功东扩之后，提出了“睦邻政策”倡议。这是一个欧洲中心论的项目，旨在通过促使周边地区接受欧盟的制度实践经验和规范来实现地区稳定。也就是说，通过完成欧盟制定的一系列标准促进国家转型，并获得特惠条件。相反，俄罗斯和中国感兴趣的不是转型，而是在尽可能持久的时间内，中央欧亚地区国家的政治制度能够保持稳定，经济和社会状况得到质的改善。中俄合作有助于减少本地区国家为平衡两大强国影响力所做的尝试，以及由此产生的消极后果。与此同时，中俄就中亚安全问题而进行的相互协作，其任何一种形式都应当是透明的、多方的，并且必须包括本地区所有国家在内，在一系列其他问题上甚至还可以包括伊朗。

基于上述一系列客观因素，我们可以深信，中俄在中央欧亚地区选择的合作范式具有重大意义。此外，两国为维护本地区稳定所做的努力，有助于促进全球化语境下中俄之间的紧密联系。国际经济治理格局的重构进程，将是不可逆转的。世界正在形成多个跨大陆联合体，两大主要欧亚超级大国，除了进一步相互靠近，没有其他替代性选择。目前，我们的任务在于确定什么样的制度形式是最优的，特别是致力于在中央欧亚地区构建“利益和价值共同体”的坚定决定。该共同体及其制度最重要的实践任务，首先应当是保障其内部安全。这项任务的完成不仅依赖于军警，还包括经济方面的合作与协调。

但是，目前存在的一些障碍主要具有主观性。对于有关俄罗斯是否应当积极参与到其他国家的地区事务中去的问题，大部分俄罗斯精英和社会舆论的回答仍不明确。一些过时的固有观念认为，基于历史因素，俄罗斯应当对本地区安全担负起全部责任。这样的警惕性之所以发挥作用是因为，美国在本地区的存在是碎片化的，中国的参与则是系统的。而同时被忽略的是，历史上，俄罗斯对缓解源自该地区的混乱所做的（有效）尝试以及对南亚财富的追求，是促使其出现在中央欧亚地区的驱动因素。

好在这些顾虑并没有阻碍中俄在2015年5月达成有关欧亚一体化和丝绸之路倡议对接的协定。然而，它们仍留存在社会大众意识中，这使得中国在与中亚国家营造双边关系时，采取谨慎态度变得合情合理。本地区国家广大居民一直以来对中国可能的扩张有所警惕，这一因素也在其中发挥着作用。前不久，我们注意到哈萨克斯坦掀起的反华浪潮，它是由修订土地法导致的，特别是其中允许通过拍卖来出售170万公顷农业土地的条款。

同时也不能忽视，中国对积极参与自己邻国内部事务和在安全领域形成长期合作机制，采取相当克制的态度。尽管中国在事实上已经成为超级大国之一，但其继承了发展中国家坚持维护国家主权的外交政策的特征和原则。不结盟和不干涉别国内政，便是这一政策的基本原则。两者都反映了这个独立自主的崛起大国的思维模式，即便是为了自身安全和周边地区的和平，它也并不准备使国家主权受到限制。

然而，新中国独立建国已经近70年，其经济能力也允许中国在周边事务中承担更多的责任。中国十分保守的外交政策，仍是基于对经济发展能解决一切问题的深信不疑。或许，这一措施对于中亚地区来说也可能是正确的。那时，中国的主要贡献应当是给杜尚别或比什凯克游手好闲的年轻人们，创造更多的就业岗位。目前，中国的“丝绸之路经济带”倡议并没有得到显著发展。长远来看，中国需要以批判的态度来重新评价这一谨慎的做法。

目前，中国仅以武器弹药的形式向中亚穷国——塔吉克斯坦和吉尔吉斯斯坦，提供有限的军事援助。但并不清楚，这种援助对于应对外来的，或是内部潜在的恐怖主义威胁是否足够。如果中亚国家局势开始发生剧烈动荡，中国将会采取什么行动？而俄罗斯又能有多少把握，自己的军队到那时不会孤立无援？在乌兹别克斯坦的积极协助下，俄罗斯曾经阻止了一次塔吉克斯坦的国内战争。很少有严肃的分析者会对俄哈边境线的长度有所质疑，更不要说其临近乌拉尔的工业基地和北高加索的危险地区，这使得莫斯科无法坐视中亚强力部门与激进主义威胁之间的斗争而无动于衷。在可设想的危机状态下，中国完全有可能需要更积极地与俄罗斯进行合作，当然，俄罗斯将依然是地区“硬安全”的主要提供者。在这些情况下，尤其需要灵活的干预形式——外交支持和对改善经济状况所做的努力。

在发生危机的情况下，对本地区经济的积极参与本身在多大程度上能够影响中国对于更积极参与地区事务的准备情况，这是一个重要问题。根据哈萨克斯坦央行的数据，从 2001 年至今，中国在哈萨克斯坦的投资额累计将近 130 亿美元（与荷兰 640 亿美元的投资相比少了 4 倍，与美国 230 亿美元相比少了 2 倍）。2001—2012 年，塔吉克斯坦的外资累计达 3. 956 亿美元，其中主要的投资者便是中国。2001—2012 年，吉尔吉斯斯坦的外资也大部分来自中国（在此期间共计 2. 99 亿美元），同时还有来自俄罗斯的投资（1. 61 亿美元）。重要的是，这些巨大的投资能在多大程度上保证中国不会依旧对接收国内部境况的发展无动于衷。直到 2011 年利比亚崩塌，中国大约对其投资了 190 亿美元，而数十亿的损失很容易就被遗忘了。

现在的主流观点认为，俄罗斯和中国都未将建立军事政治联盟作为彼此间相互接近的目标。所有官方正式声明和政府的权威专家都一致认为，双方对于现存两国关系的模式表示满意，并不主张进一步深化两国关系或者将其更加制度化。在中国，仅有很少的专家会在公开场合直接表明构建两国联盟的必要性，而在俄罗斯也仅有一些被边缘化的专家这样认为。国外专家对两国正式结盟的可能性的评价则更为谨慎。

然而，莫斯科和北京这样的行为逻辑，完全可以与已经在国际学术讨论中站稳脚跟的思想相符，即当代条件下的大国不具备打造长期联盟，来遏制追求霸权的国家的能力。正如 2010 年杰克·利维和威廉·汤普森在他们的研究中所指出的那样，如果这个大国是“海权”强国，那么其被平衡的潜在对象则是“陆权”强国。这是因为“海权”大国在任何情况下对“陆权”伙伴来说，都是域外国家参与者，两者并不存在直接交集。因此，相较“陆权”国家的挑战，“海权”国家并不需要其过多的注意力。但美国十分活跃地出现在直接紧邻中俄边境和重要设施的地带，使得这一论点对当下形势的适用性受到质疑。这在某种程度上使得美国变成一个地区超级大国。

在当前形势下，任何一个大国间的联盟若是没有美国的参与，都将会被贴上反美的标签，这一论断产生了巨大威慑效果。它会引起来自华盛顿（及其盟友）的强硬反应，就算不毁坏，也完全有可能使全球经济体系失衡，而这一体系的受益者不仅是中国，在一定程度上还包括俄罗斯。俄罗斯对在中国的周边部署巨大核导弹潜力同样持谨慎态度。

同时，近年来，俄、中双方都做了很多工作，旨在消除有可能引起两国竞争的一些客观因素。这使得两国在莫斯科和北京两地，能充满信心地共同声明，中俄关系是“大国关系的新模式”，这样的表述已经出现在中国外交政策部门文件中。重要的是，相较于二战后的一段时期，在全新的内部环境下，两国关系的紧密度同样达到了前所未有的高度。

1840—1949 年发生的一系列事件对中国人民来说是悲剧性的，在此影响下形成的主权绝对化，可以看做是对中国选择长期结盟而言最重要的客观障碍之一，即便是处于最严峻的外部压力下。但是，当今的形势已发生了变化。无论中国还是俄罗斯，目前作为绝对主权国家，都不需要为自身主权及国际承认所努力。没有谁会对两国的主权产生质疑，而当今世界也要求两国采取更为协同一致的行动来应对挑战和威胁。

另外一个不能忽视的主要因素是全球体系结构的变化，而且近年这些变化逐渐具有制度化特征。可以推测，这些变化的范围将越来越大，以至于国际体系多中心结构的留存也将受到质疑。这样的体系结构始于冷战结束后。近 25 年来，中国尝试成为国际治理体系中受尊敬的重要参与者的努力，在相当大的程度上是失败的。

需要再次指出，传统上，“赞成”和“反对”中俄假定联盟的论据，都是建立在推测基础上的，旨在制衡美国霸权对两国利益造成的威胁。但往往被忽略的是，两国不是“反对”，而是“赞成”形成更紧密联盟关系是有可能的，这种可能性存在的基础，是两国共同解决双方都认为重要的国家任务，或是为巩固双边关系中由两国共同构建的某种秩序。

近年来，莫斯科和北京尽最大努力消除有可能引起两国间竞争的一些客观因素。更为重要的是，俄中目前的接近，是发生在两国都面临严峻的内部转型任务的背景下，因此需要牢固友好的外部支撑。这有助于两国领导人能够信心十足地向外界宣称，中俄双边关系已成为“大国关系的新模式”。正是这一术语，被写进了中国外交政策的官方文件之中。

（王其然　译　万青松　校）

报告十一

2015年俄罗斯与土耳其关系恶化的渊源探析*

万青松　王洪波**

【内容提要】俄罗斯与土耳其同为上海合作组织的参与国。在长达500多年的关系史中，有350年的时间，两国是政治军事上的对手，并多次发生大规模战争，而在经贸领域领内则更多的是伙伴。冷战后，俄土消除了安全上的不利因素，双边关系发展迅速。经济上的互补使两国关系整体上呈现出上升态势。两国在政治、安全、经济和人文方面不断深化合作，但两国在双边和多边问题上也存在诸多问题。俄土关系在多边问题上更多地呈现出竞争态势，而在双边问题上则为合作伙伴。冷战后，俄土两国实力的增长，以及它们融入欧盟的受挫，使得两国的对外战略开始转向，即由追求融入欧洲文明大家庭转变为奉行更加独立的外交政策。两国都试图联合与各自存在紧密历史联系的国家，实现重振强国的宏大抱负。由于地缘上的临近，两国的这一地缘战略目标存在必然的竞争，这种竞争关系导致了两国关系的剧烈波动。

【关键词】俄土关系　上合组织　地缘政治

2013年4月，时任土耳其外长艾哈迈德·达武特奥卢（Ahmet Davutoglu）与时任上海合作组织（下文简称“上合组织”）秘书长德米特里·梅津采夫（Dmitry Mezentsev）在哈萨克斯坦阿拉木图签署备忘录，正式赋予

---

* 本文系笔者主持的2016年度上海市“晨光计划”项目“欧亚全面伙伴关系的构建与中俄战略合作研究”（批准编号：16CG27）的阶段性研究成果。

** 万青松，华东师范大学国际关系与地区发展研究院、教育部人文社会科学重点研究基地华东师范大学俄罗斯研究中心副研究员；王洪波，博士，惠州学院讲师。

土耳其上合组织对话伙伴国地位。达武特奥卢随后表示："土耳其成为几个世纪，甚至几千年来共同生活在一起的欧亚大家庭的一员。"① 同年 11 月 22 日，土耳其总理的雷杰普·埃尔多安（Recep Erdogan）访问俄罗斯时表示，土耳其主张加入上合组织。2015 年 7 月，已是土耳其总统的埃尔多安在接受中国媒体采访时，再次表达了土耳其加入上合组织的愿望。埃尔多安谈道："曾多次同中俄领导人探讨有关上合组织的问题。对土耳其来说，成为上合组织正式成员国是非常重要的，只作为对话伙伴国是远远不够的。土耳其渴望能成为上合组织的正式成员国，这不仅有助欧亚大陆一体化的实现，庞大的穆斯林人口也能给上合组织框架下的合作带来新动力，上合组织在世界上的影响力会大大增加。"② 但随后而来，始料未及的俄土关系急剧恶化，使得土耳其谋求加入上合组织遭遇新的挫折。

2015 年 11 月 24 日，土耳其的 F-16 战机击落一架正在叙土边境执行任务的俄罗斯苏-24 战机，造成一名俄罗斯飞行员死亡。这一事件引发了两国关系的持续恶化。土耳其谴责俄罗斯军机入侵，拒绝向俄罗斯道歉，并积极向北约寻求安全协助。俄罗斯则对土耳其进行了经济和外交制裁。土耳其击落俄罗斯战机导致两国关系急剧恶化被视为欧亚地区 2015 年度重大事件，引起各方强烈关注。而作为上合组织参与国，土耳其的行为不可避免地牵动着其与上合组织及其成员国之间的关系。

有鉴于此，本文拟选取欧亚地区两个发展命运类似的大国——俄罗斯与土耳其关系作为2015—2016 年度《上合组织发展报告》的分析对象，试图找出本年度俄罗斯与土耳其关系急剧恶化的渊源所在。之所以选取这两个国家，是因为这两个国家既是欧亚大陆的主要大国（全球性与地区性），地缘上十分临近，同时也都是上合组织的重要参与国（俄罗斯是正式成员国，土耳其是对话伙伴国且多次表示希望加入上合组织）。从实力对比来看，军事上，两国实力悬殊：俄罗斯是全球第二大军事强国，其军事实力

① Dilay Gundogan, "Turkey Signs to a Joint Destiny with Shanghai", April 27, 2013, http://english.sabah.com.tr/National/2013/04/27/turkey-signs-on-to-a-joint-destiny-with-shanghai.

② "土总统：土耳其渴望加入上合组织，曾与中俄探讨"，《环球时报》2015 年 8 月 21 日，http://mil.huanqiu.com/observation/2015—08/7327092.html。

仅次于美国。经济上，俄罗斯是土耳其的第二大贸易伙伴，第二大旅游客源国，主要的外资来源国。土耳其为何会不计经济损失和军事风险，而去挑战俄罗斯在地区的军事行动，导致两国关系一度陷入冷战以来的低谷，其中也包括两国在上合组织框架内的合作？对这一问题的解析，不仅有助于我们拓宽对上合组织研究的视野，同时也为中国处理好与欧亚大国之间的关系提供了借鉴。本文将首先回顾冷战前后俄罗斯与土耳其之间关系的发展历程，分析影响两国关系的主要因素，并尝试解答土耳其何以采取挑战俄罗斯的军事冒险行为的深层次原因。

一、冷战前的俄罗斯与土耳其关系发展历程

（一）俄、土历时 350 年的兵戎相见，争夺帝国势力范围

历史上，虽然俄罗斯与土耳其之间拥有长达 500 多年的关系发展史，但在这 500 多年里，两国多数时间在政治军事领域的相互定位是竞争对手。有专家统计，从 16 世纪到 20 世纪，俄国与奥斯曼帝国之间的战争长达 350 年之久（1568—1918 年），平均每隔 25 年就有一次较大规模的战争，其中最长的一次战争历时 69 年。可以说，俄土战争是欧洲历史上最长的战争系列，奥地利、英国、法国、波兰、罗马尼亚、保加利亚等国先后卷入其中。在这期间，俄土两国长期为争夺高加索、中东、巴尔干半岛的领土以及在欧洲国家的政治影响力兵戎相见。奥斯曼帝国还多次力挺克里米亚的鞑靼人反抗莫斯科大公。1568 年，俄罗斯与土耳其爆发了第一次大规模战争，之后两国之间如此大规模的战争总共达 12 次之多，其中俄罗斯赢得了 7 场胜利（见表 11.1）。俄罗斯最后一次大胜土耳是在 1877—1878 年，最终收复了因克里米亚战争失败丧失的大片领土。总体而言，这些战争的最终结果是俄罗斯扩大了疆土，土耳其则逐渐衰落。

表 11.1　历次俄土大规模战争（1568—1918 年）

年份	战争名称	战胜国
1568—1570	俄土战争	俄罗斯
1672—1681	俄土战争	维持原状

续表

年份	战争名称	战胜国
1686—1700	亚速海战争	俄罗斯
1710—1713	大北方战争	土耳其
1735—1739	俄土战争	维持原状
1768—1774	俄土战争	俄罗斯
1787—1791	俄土战争	俄罗斯
1806—1812	俄土战争	俄罗斯
1828—1829	俄土战争	俄罗斯
1853—1856	克里米亚战争	土耳其
1877—1878	俄土战争	俄罗斯
1914—1918	第一次世界大战	无

资料来源：https：//ru. wikipedia. org/.

与此同时，俄罗斯与土耳其也是合作伙伴，这主要体现在经贸领域。通常，历史学家将1492年8月30日，莫斯科大公伊凡三世写给奥斯曼帝国的苏丹巴耶济德二世关于海上贸易的函件，视为发展两国经贸关系的起点。自此之后，两国之间的经贸联系逐渐增多起来，并互派信使促进两国之间的合作与交流。俄土两国于1701年正式建立外交关系，俄罗斯还在君士坦丁堡设立了大使馆，这标志着两国关系发展上升到一个新的阶段。到20世纪初，奥斯曼帝国成为俄罗斯在中东、巴尔干半岛国家中的第一大贸易伙伴国。俄土之间在经贸领域的互利合作与两国间长期不断的军事冲突形成鲜明对比。

（二）在帝国的废墟之上重新建立新的友好合作关系

第一次世界大战爆发后，俄国沙皇尼古拉二世向奥斯曼帝国宣战，起初保持中立的奥斯曼帝国也被迫卷入战争，最终三个陆上帝国（奥斯曼帝国、俄罗斯帝国和奥匈帝国）在战争中受到毁灭性打击。奥斯曼帝国丧失了大片领土，土崩瓦解。奥斯曼帝国与俄罗斯帝国灭亡后，新建立的苏维埃俄国与土耳其，在不利的国内革命环境与国际形势下，抛弃昔日的军事对抗，转而在帝国的废墟之上重新建立新的友好与合作的国家间关系。从俄国方面来看，1917年11月7日（俄历10月25日），俄国国内爆发了“十月革命”。列宁领导的布尔什维克武装力量推翻了以克伦斯基为领导的资产阶级俄罗斯临时政府，建立了苏维埃政权，为1918—1920年的俄罗斯苏维埃联邦社会主义共和国内战和1922年的苏维埃社会主义共和国联盟成立奠定了前期基础。在同年11月8日召开的第二届全俄人民杜马委员会代表大会上，以列宁为首的苏维埃政府通过了一项关于和平的法令，旨在取消俄国签署过的所有秘密条约，包括针对土耳其的秘密条约。与此同时，俄国苏维埃当局也拒绝承认当时协约国之间达成的协议。根据该协议，一旦协约国取得胜利之后，俄罗斯帝国将获得奥斯曼帝国的君士坦丁堡及包括博斯普鲁斯海峡西海岸和马尔马拉海的部分领土、加利波利海半岛、博斯普鲁斯海峡的东海岸南部的色雷斯伊兹米特海湾、马尔马拉海岛、格克切岛和博兹贾岛等领土。[①] 新生的无产阶级政权需要联合国内外的工人和无产阶级，共同打破帝国主义对新生的苏维埃政权的外交封锁。在此情况下，1920年6月2日，俄罗斯苏维埃联邦社会主义共和国与凯末尔领导的土耳其正式建立了外交关系。土耳其也是最先承认苏维埃俄国的大国之一。1921年，苏维埃俄国还通过莫斯科条约向土耳其转交了此前在外高加索占据的部分领土。1923年7月23日，苏联与土耳其共和国正式建立了外交关系。

从土耳其方面来看，一战之后的土耳其面临的国内与国际局势也十分严峻，急需寻求国际援助和支持。1918年底，土耳其国内爆发了大规模的反抗英国和法国占领军的爱国主义运动。在穆斯塔法·阿塔土克·凯末尔将军的领导下，土耳其在1919年击退了外国侵略者，解放了国家并建立了现今的土耳其共和国。凯末尔作为土耳其共和国缔造者，同时也是土耳其共和国第一任总统、总理及国民议会议长，被称为“土耳其人之父”。在他的推动下，1920年1月通过了庄严的土耳其独立宣言《国民公约》，宣布土耳其应该享有完全的独立、自由和领土完整，废除治外法权，但以英国为首的协约国很快正式占领了奥斯曼帝国的首都伊斯坦布尔。为了在国际上争取尽可能多的同情与支持，赢得土耳其的独立，凯末儿曾在写给列

---

① Шацилло В. К. Первая мировая война 1914—1918：факты，документы. М.，2003. С. 272.

宁的亲笔信函中强调，土耳其准备与苏维埃俄国共同抗击国际帝国主义，请求俄方给予其资金和武器的援助。① 1920 年 6 月 2 日，凯末尔领导的土耳其与苏维埃俄国正式建立了外交关系，俄国则在 1920 年成为唯一一个向凯末尔政权提供无偿援助的国家。尽管俄国国内正处于内战，经济财政负担沉重，但苏维埃俄国政府依然向土耳其提供了 6000 支步枪、500 多万发步枪子弹、17600 发炮弹和 200 多公斤的金条等援助。此后，苏维埃俄国这样的支持并未停止。1921 年 3 月 16 日，土耳其与苏维埃俄国在莫斯科签署了《友好与兄弟条约》，苏维埃俄国再次以黄金的方式向凯末尔领导的土耳其政府提供了价值 1000 万卢布的无偿援助，以及 3.3 万多支步枪、约 5800 万发子弹、327 挺机枪、54 门火炮、12.9 万发炮弹、1500 把军刀、2 万张防毒面具、两架海上歼击机和其他大量军事装备。②

正是在苏维埃俄国的大力援助之下，凯末尔领导的土耳其最终在反抗外国侵略军和对抗由协约国共同武装的苏丹“哈里发军”中取得了压倒性胜利。协约国于 1923 年 7 月 24 日在瑞士洛桑会议签订了《洛桑协定》，正式承认土耳其的独立和主权。正是苏维埃俄国与凯末尔领导的土耳其在国内革命与国际上的相互支持奠定了两国间关系发展的坚实基础。1925 年 12 月 17 日，苏联与土耳其共和国在巴黎签署了为期 5 年的《苏土友好与中立条约》，并可视情况延长条约期限。据此条约，双方有义务不侵略对方国家，也不允许加入反对对方的军事联盟。这一条约对于当时的苏联和土耳其都具有重大的意义。1927 年 3 月 11 日，苏联与土耳其在安卡拉正式签署了《苏土贸易与过境运输协议》，该协议允许土耳其使用苏联在黑海的港口巴统。③

在接下来的整个 30 年代，两国关系发展主要体现在积极的经贸合作方面。在这期间，苏联向土耳其提供了大量国家贷款，并向土国派遣大批专家协助土方建立本国的轻工业。比如，1932 年苏联向土耳其提供了 800 万

---

① Дмитрий Баранов. 95 лет российско – турецким дипломатическим отношениям: исторические факты и перспективы. 13. 07. 2015//https: //interaffairs. ru/news/show/13476.

② Новичев А. Д. Турция: краткая история. М. : Наука, 1965. С. 159.

③ Калугин П. Е. Современное стратегическое сотрудничество Российской Федерации с Турцией в сфере энергетики. Диссертация на соискание ученой степени кандидата исторических наук. Иркутск, 2014. С. 27. http: //isu. ru/ru/science/boards/dissert/dissert. htm l? id = 5.

美元的贷款，用于建造大型的现代化纺织厂。①

（三）苏土关系裂痕初现，停滞不前

虽然苏维埃俄国以及苏联与凯末尔领导的土耳其政府先后建立紧密的国家间关系，但两国关系在后面的发展过程中仍遭遇了一系列挑战与困难。在奉行独立外交政策的同时，凯末尔不能够忽视西方大国的存在。早在 1923 年签订《洛桑协定》的过程中，凯末尔在黑海海峡问题上就做出了巨大让步，同意将这些海峡的控制权移交给英国控制的国际委员会，放弃修建保护博斯普鲁斯海峡和达达尼尔海峡的工事，外国军舰则随时可以在没有任何通报的情况下自由通过黑海海峡。这样一来，苏联的南部边界事实上是敞开的，成了任何国家进行军事干预的首选地，这当然会引起苏联高层的不满。1936 年，两国在蒙特勒讨论关于土耳其收回对这些海峡控制权、非黑海军舰航行以及它们在黑海停留时间的问题上产生了严重分歧，最终在当年签署的《蒙特勒公约》中建立了迄今仍在沿用的海峡通行制度。

此外，两国在经济发展模式方面也出现新的分歧，表现为土耳其的经济发展模式显著区别于苏联。苏联先后开展集体化经济发展，并制定了五年的轻工业和重工业发展规划。虽然最终获得了较高的经济增长，巩固了苏联的国家建设，但同时也付出了沉重的代价，如出现了严重的饥饿和社会问题，加上 20 世纪 30 年代的政治大清洗以及斯大林上台后的集权专制，这引起了土耳其领导人的担忧。他们害怕共产主义在其国内传播，甚至禁止土耳其共产党的活动。那时的土耳其国内处于严重的经济危机，正在寻找走出困境的良方。土耳其十分清楚，西方国家可以为其提供迫切需要的国家贷款，欧洲国家的科技成就也有助于本国经济的现代化。这样，土耳其更愿意与西方国家发展经济关系。据统计，德国在 20 世纪 30 年代就成了土耳其的第一大贸易伙伴国。1938 年，德国与土耳其之间的贸易总额为 8700 万土耳其镑（那时 1 土耳其镑相当于 1 美元），同年 10 月，土耳其与

① Калугин П. Е. Современное стратегическое сотрудничество Российской Федерации с Турцией в сфере энергетики. Диссертация на соискание ученой степени кандидата исторических наук. Иркутск，2014. С. 28.

德国签署贷款协议，根据协议，德国向土耳其提供 1.5 亿马克的贷款。① 德国还向土耳其开放了本国的劳动力市场，大批土耳其工人得以前往德国工作，还有成千上万的土耳其人在包括德国在内的多数西方国家高校学习和进修。② 正因为这些经贸合作成绩，到 1930 年底，土耳其基本上解决了本国的债务问题，同时还与法国达成了收回亚历山勒塔大桑扎克的一系列协议。

虽然二战期间，土耳其宣称保持中立地位，但同时也在英国与法西斯德国之间保持平衡，特别是土耳其与德国关系的走近导致土国对外政策的变化。土耳其在二战曾向德国出售具有军事和战略性质的原料，同时允许德国军舰经过黑海海峡。土耳其的这些举动显然会影响到它与苏联之间的关系发展。1945 年 3 月 19 日，苏联外交人民委员莫洛托夫正式照会土耳其驻苏大使，表示苏联政府将废除与土耳其共和国签署的《友好与中立条约》，包括后面的补充与修订的所有协定内容。土耳其试图与苏联再次签订类似的条约，并没有得到苏联的积极回应。在 1945 年 7 月举行的波茨坦会议上，苏联代表团再次提出了有关黑海海峡的问题，指出《蒙特勒公约》对于苏联安全与地区和平已经失去效用，需要赋予苏联与土耳其共同控制黑海海峡的权利，同时在这里设立苏联军事基地，但最后无果而终。昔日的反法西斯盟友并没有支持苏联的倡议，战后它们更多地将苏联视为自己的地缘政治竞争对手。

在此情况下，土耳其政府既不想失去对黑海海峡的主权，也不想与苏联的关系彻底破裂，无奈之下只能寻求美国的帮助。美国最终同意向土耳其提供购买美国武器和技术的贷款，同时将土耳其纳入美国针对西欧国家经济援助的“马歇尔计划”，将土耳其与西方集团紧紧地绑在了一起。土耳其则在 1952 年加入了北约，然后在 1955 年加入了有明显反苏趋向的巴格达协议（1958 年更名为中部公约组织）。③ 1953 年，苏联曾试图与土耳

---

① Киреев Н. Г. История Турции. XX век. М. : Крафт + ИВ РАН, 2007. С. 234.

② Стоун Н. Не стоит провоцировать Россию/ Интернет-проект《ИноСМИ. RU》. 08. 12. 2015// http: //inosmi. ru/politic/20151208/234714547. html

③ 中部公约组织［Central Treaty Organization（CENTO）］是 1955—1979 年间的共同安全组织，由土耳其、伊朗、巴基斯坦及伊拉克王国的代表组成。该组织为亚洲中东地区的跨国区域性安全组织，以军事合作为主。自 1955 年 2 月至 1959 年 3 月，这个组织取名为中东条约组织，总部设于伊拉克首都巴格达。1959 年 3 月，伊拉克退出，美国被接纳为准成员国，8 月改名中部公约组织，总部迁往土耳其首都安卡拉。1979 年，主要成员国之一的伊朗发生政变，该组织也随即瓦解。

其政府改善关系，宣布放弃对土耳其的领土要求和关于修订黑海海峡控制权的多项建议，但最后还是无果而终。

接下来的 10 年，苏联与土耳其之间的关系发展基本上处于停滞状态，在很大程度上是因为土耳其与西方的关系日益紧密。1962 年世界首次处于核战争的边缘，其导火线是美国在土耳其部署针对苏联的带有核弹头的战略导弹，使得苏联不得不秘密向古巴运送带有发射装置的类似导弹，最终酿成震惊世界的古巴导弹危机。危机之后，虽然美国和苏联都相继从各自部署导弹的国家撤回了导弹，但此举并没有使苏联与土耳其的关系显著改善。

（四）苏土关系“解冻”，稳步向前

早在 1950 年底，苏联与土耳其的关系已开始出现改善迹象。土耳其新政府上台之后，表达了与苏联开展合作的意愿。之后，两国关系开始“解冻”，不仅恢复了两国高层领导的互访和议会之间的交往，两国之间的经贸合作也渐渐活跃起来。1958 年，苏联以 2.5% 的年利息向土耳其提供了为期 3 年的 3400 万卢布贷款，用于建造玻璃工厂，将土耳其从玻璃进口国打造成净出口国。仅在 1961—1965 年间双方的经贸额增长超过 2 倍，苏联专家还在 1971 年帮助土耳其政府建造冶金工厂。20 世纪 60—70 年代，土耳其继续获得苏联的贷款：1962 年为 5 亿美元，1967 年 2 亿美元，1977 年 2.88 亿美元，1977 年 13 亿美元。20 世纪 80 年代，苏土之间的贸易额开始迅速增长，土耳其向苏联的出口额从约 1.7 亿美元增加到 5.4 亿美元；苏联出口到土耳其的贸易额也显著增长，从约 1.7 亿美元增加到约 120 亿美元。① 到 80 年代末，两国贸易达到了历史高度。1989 年，土耳其的航空公司还开通了多条飞往莫斯科的定期航线。

此外，1974 年，土耳其以保护土耳其—塞浦路斯人为由，向塞浦路斯派遣了 3 万军队，最终导致在 1983 年成立了一个不被承认的政治实体——北塞浦路斯土耳其共和国。美国和西方国家不赞同土耳其的这一举动，并

① Калугин П. Е. Современное стратегическое сотрудничество Российской Федерации с Турцией в сфере энергетики. Диссертация на соискание ученой степени кандидата исторических наук. Иркутск，2014. С. 30 – 38.

对其施加强大压力。在此情况下，土耳其不得不再次寻求国际支持，并决定强化与苏联的合作关系。这在一定程度上促进了苏联与土耳其关系的进一步改善。在1976年7月16日，时任土耳其外交部长萨布里在访问莫斯科的时候谈道："列宁和凯末尔为两国关系发展奠定了较好基础，种下了优质的种子，需要我们培植成长。我们认为，苏土之间的友谊是命中注定的。"① 此次访问之后，土耳其以自己的实际行动证明了此番言论。当1979年苏联军队进入阿富汗时，土耳其政府拒绝与西方国家一道加入针对苏联的经济制裁。同年，土耳其还决定退出中东条约组织，导致该组织最终瓦解。自此之后，苏联与土耳其一直保持相对稳定的合作关系。

整体而言，两国在一战之后并未兵戎相见，也未发生诸如一战之前的大规模的军事冲突或战争。两国即使在部分问题上仍然存在不少分歧，且在实施对外政策上有诸多差异，也尽力避免相互关系出现剧烈的波动，致力于让两国关系保持平稳的发展态势，因为这在很大程度上符合两国的根本利益。

二、冷战后俄罗斯与土耳其关系的发展

20世纪的90年代，苏联解体给国际体系带来了巨大变化，两极格局不复存在。显然，这样的世纪地缘政治巨变对俄罗斯与土耳其之间的合作产生了不可忽视的重要影响。俄罗斯作为苏联的法定继承国，继承了大部分的苏联遗产。1992年，俄罗斯宣布将继续履行苏联签订的所有国际条约，其中包括与土耳其的关系协定。1992年5月25日，俄罗斯与土耳其签署了《关于两国相互关系原则的协定》。这份文件再次为冷战后两国关系发展奠定了坚实的法律基础，同时指明了具体方向。当时刚刚宣布独立的俄罗斯正经历着痛苦的转型过程，寄希望于通过与以美国为首的西方巩固紧密关系，来寻找本国国内改革、经济现代化和构建现代民主国家制度的路径。而此时的土耳其因其在国家发展方面取得了巨大成就，与俄罗斯和其他原苏联加盟共和国形成了鲜明对比。

此外，苏联解体之后，土耳其也发现自己在美国的对外战略中的地位

---

① Родионов А. А. Турция-перекресток судеб. Воспоминания посла. М.：Междун - арод-ные отношения，2006. С. 121.

和作用显著下降——来自美国的贷款越来越少，其对土武器供应也显著减少，土耳其不得不自寻出路。在此背景下，俄罗斯与土耳其之间的关系逐渐超越冷战时期的意识形态障碍，两国开始深化在各领域的合作。这些不断深化的互利合作为两国在 21 世纪初发展新型国家间关系奠定了坚实的基础。特别是 2002 年，土耳其总理候选人埃尔多安所领导的土耳其正义与发展党上台执政之后，两国关系发展得到了质的提升。两国领导人不断完善合作机制，共同致力于深化两国在政治、安全、经济、人文等领域的全方面合作，取得了一系列巨大成绩。这一积极趋势一直保持到 2015 年 11 月底土耳其击落俄罗斯一架战斗机，此后两国关系顷刻间跌入冷战以来的最低谷。

（一）政治合作领域

两国建立了以国家元首定期会晤为核心并涵盖各个领域的不同层次的定期会晤机制，包括国家元首、政府首脑、立法部门、行政部门等官方机制，以及民间交往机制，如俄土社会论坛等。

冷战结束之后，俄罗斯与土耳其之间的政治关系开始逐步得到改善，但是两国关系真正向前大步推进则是在新世纪之初，特别是在 2003 年埃尔多安正式就任土耳其总理之后。有俄罗斯专家指出，一直以来，俄罗斯与土耳其在政治领域的合作总是落后于两国关系的其他领域合作水平，特别是经贸领域。[①] 这一论断在 2004 年 12 月 5—6 日，俄罗斯总统普京对土耳其进行正式国事访问的过程中，得到了他的亲口确认。此次访问也是两国发展相互关系 500 多年以来，俄罗斯国家元首首次对土耳其进行正式访问，翻开了两国关系发展的新一页，具有里程碑的意义。在访问土耳其的过程中，普京与埃尔多安共同签署了 7 份深化两国政治领域合作的文件。迄今为止，俄罗斯与土耳其之间已经签署了 60 多份法律文件，为两国关系的发展奠定了坚实的法制基础。比如《关于俄罗斯联邦与土耳其共和国之间深化友谊与多领域伙伴关系的联合政治声明》，这份文件将两国之间的政治对话推向了新的水平，有助于双方以谈判的方式坐下来探讨两国间的任何问

① Корицкий А. Россия-Турция：от соперничества к сотрудничеству//Азия и Африка сегодня. 2005 г. No. 3.

题，进一步推动两国之间的伙伴关系发展。

在地区合作层面，2001 年 11 月 16 日，两国外长在纽约出席联合国会议的时候，签署了关于俄罗斯与土耳其在欧亚地区开展合作的行动规划文件，标志着两国的合作领域从双边合作向多边合作的推进。①在本份文件中，双方指出，当前国际形势的变化与发展为两国之间在双边层面与地区层面开展富有成效的相互协作创造了极大的机遇和条件。文件中还详细列出了两国合作的具体领域，包括政治、安全、军事等领域。双方还首次在文件中指出，愿意就巴尔干、高加索、中东、中亚、阿富汗、伊朗、黑海、地中海等地区的传统与非传统问题，以及欧亚地区与欧洲的安全问题展开积极、坦诚的对话、协商与合作。这在两国关系发展史上是极为少见的，因为此前两国在这些地区长期定位是战略竞争对手。

为进一步落实本项行动计划，两国还共同组建了由副外长领导的高级别工作组。工作组每年举行两次会晤，分别在莫斯科和安卡拉召开，会上将探讨两国关系发展的主要方面，以及发生在两国周边的地区热点问题，同时制订出共同协作的具体行动计划。在工作组的框架内，两国还特别设立了一个工作小组，专门负责南高加索地区问题。普京在 2004 年首次访问土耳其的过程中，对土耳其维护地区稳定的举动表示满意和欢迎，同时指出俄罗斯愿意与土耳其就地区问题保持各个层次的定期对话。正因为如此，俄罗斯与土耳其积极参与调解纳戈尔诺—卡拉巴赫冲突（简称纳卡冲突）。俄罗斯政界与外交界的不少人士指出，2002—2004 年，俄土两国外长的多次会晤，有助于两国构建更加成熟的定期合作机制，能够为地区和平与稳定做出积极贡献。

在此之前，两国领导人也经常在多个国际场合举行双边会晤，就两国之间的问题交换看法，共同推动两国关系向前发展。比如，2000 年 9 月，俄罗斯与土耳其总统在纽约出席联合国千年峰会过程中，举行了首次会晤；2002 年 5 月，两国总统在意大利举行的俄罗斯—北约峰会上再次举行会晤；2002 年 12 月，刚刚赢得大选的埃尔多安就对俄罗斯进行了访问，与普京举行会谈，为两国关系发展打下先期基础；2003 年 10 月，在马来西亚出席伊斯兰会议组织峰会期间，两国领导人举行了第三次会晤。继 2004

---

① Корицкий А. Россия-Турция：от соперничества к сотрудничеству//Азия и Африка сегодня. 2005 г. No. 3. С. 12.

年 12 月俄罗斯总统有史以来第一次对土耳其进行正式访问之后，2005 年 1 月，土耳其总理埃尔多安带领 600 多人的庞大代表团再次对俄罗斯进行了国事访问，双方就两国在各个领域的合作问题进行了深入的探讨，进一步强化了两国间的合作关系；2008 年 8 月 13 日，即俄罗斯与格鲁吉亚爆发冲突之后，埃尔多安对俄罗斯进行了访问，与俄罗斯总统梅德韦杰夫探讨了两国在高加索地区维护安全与稳定的问题；2009 年 2 月 13 日，梅德韦杰夫与埃尔多安共同发布了关于推进俄罗斯与土耳其关系向新阶段和进一步深化友谊与多方面伙伴关系的联合声明；同年 8 月 6 日，俄罗斯总理普京在对土耳其进行工作访问过程中，与埃尔多安达成一致建立新的两国高层协商机制——高级合作委员会（Совет сотрудничества высшего уровня）。该委员会是一个常设机构，负责制定两国发展合作关系的战略与具体方向，涉及政治、经济和人文等诸多合作领域。从 2010 至 2015 年，高级合作委员会总共举行了 5 次高级别会议，两国最高领导人均出席会议并共同签署了约 40 份合作文件。[①] 在委员会框架内，两国还共同组建了由外交部牵头的战略规划小组，定期举行工作会议，就两国双边与多边合作进行积极磋商与协调立场，迄今已取得较大成效。此外，该框架内还组建了由两国能源部长领导的俄土经贸合作政府间委员会（Смешанная Межправительственная Российско-Турецкая комиссия по торгово-экономическому сотрудничеству），定期就两国在经济、贸易、能源、交通运输、农业等领域合作事项进行探讨与落实。此外，该委员会还组建了一个民间交流机制——俄土社会论坛（российско-турецкий Форум общественности），主要负责推动两国在文化、教育、民众交往等人文领域的合作事项。

2010 年 5 月 12 日，俄罗斯总统梅德韦杰夫对土耳其进行正式访问过程中，两国领导人签署了相互取消签证的协议，一年之后正式生效。[②] 可以说，这份协议为深化两国民众之间的交往创造了较好的条件。2012 年，普京重返克里姆林宫后，埃尔多安与普京先后对对方国家进行了国事访问，就两国在经贸、投资等重点领域的合作达成重要共识，两国签署了《2015

① 在 2015 年 11 月土耳其击落俄罗斯战机事件之后，最近的一次原定会议被俄方取消。

② 在土耳其击落俄罗斯战机事件之后，俄方单方面取消了这一协议，并从 2016 年 1 月起，重新对入境土耳其的公民实行签证制度，普京总统还授权采取其他一系列限制性措施。

年前经贸与科技合作规划与纲要》和其他重要文件。2013 年 11 月，两国领导人按照惯例共同出席了在圣彼得堡举行的第四届高级合作委员会会议。2014 年 2 月 7 日，刚刚当选土耳其总统的埃尔多安受邀出席索契冬奥会，并与俄罗斯总统普京举行双边会晤。此外，两国最高领导人之间还建立了热线电话，经常就两国关系问题、地区热点问题与重大国际问题交流看法，寻找互相协作的利益契合点。

除了两国最高领导人之间的定期会晤之外，俄罗斯与土耳其两国间的议会机构也开展了积极的交往。2006 年，土耳其大国民议会主席对俄罗斯进行了正式访问；2007 年，俄罗斯联邦委员会（议会上院）主席谢尔盖·米罗诺夫对土耳其进行了回访；2009 年 6 月，新任土耳其大国民议会主席再次访问俄罗斯；2014 年 2 月，俄罗斯新任国家杜马（议会下院）主席谢尔盖·纳雷什金对土耳其进行了正式访问，并参加了埃尔多安的总统就职仪式。此外，两国议会下设的各个分委员会之间也开展了积极的协作。

两国的行政部门之间的互动也较为积极和频繁。两国的外交部长、国防部长、能源部长、经济部长、交通运输部长、文化部长以及负责旅游、海关事务、档案材料、渔业、海上搜寻与救助等部门的领导人也定期举行工作会晤，就两国具体合作领域展开探讨，寻求解决问题的新出路。

在地区与国际层面，两国领导人在联合国、二十国集团、黑海经济合作组织、上海合作组织等国际主要机制和平台，就地区与国际重大和热点问题协调立场。与此同时，双方还就巴尔干、高加索、中东、中亚、阿富汗、伊朗、黑海、地中海等地区的传统与非传统问题，以及欧亚地区与欧洲的安全与稳定问题展开积极、坦诚的对话、协商与合作。

（二）安全合作领域

土耳其与俄罗斯安全部门建立了直接联系，相关部门领导人的交往逐年增多，各领域各层次的安全机构往来频繁，增进了两国在安全领域的相互了解与信任。两国在非传统安全领域开展了积极富有成效的合作。

冷战后，虽然俄罗斯是苏联的继承者，但是整体实力已大为削弱。当代俄罗斯的国土远离土耳其，两国不再接壤，俄罗斯对土耳其的安全威胁随之减轻。土耳其处于历史上最为有利的安全环境。这一变化成了俄土关系发展的基础。① 在这种情况下，土耳其与俄罗斯在安全领域的合作关系快速发展起来。由于土耳其一直是北约成员国，两国在安全领域的合作主要体现在非传统安全领域，比如共同打击恐怖主义、分裂主义、宗教极端主义、有组织跨国犯罪、毒品走私等。

俄罗斯与土耳其早在 1992 年就签署了联合打击恐怖主义的协议，1996 年两国再次签署打击恐怖主义合作备忘录，1999 年双方共同发表了关于拓展在打击恐怖主义领域合作的联合声明，2001 年两国内务部共同签署了相互协作议定书，2002 年两国外交部协同其他部门在莫斯科就反恐问题开展了部门间的磋商，并在之后开展一系列定期会晤。俄罗斯与土耳其各个部门之间也开展紧密的安全合作，比如互相交换恐怖主义、有组织犯罪、武器和毒品走私等情报信息，有助于两国安全合作的深化。2003 年 8 月，土耳其政府还通过了一项特别决议，为来自俄罗斯车臣的难民提供人道主义援助，同时愿意积极协助俄罗斯打击车臣分裂分子。据统计，目前有 10 万—15 万车臣人生活在土耳其，与土耳其的合作对俄罗斯更好地维护本国安全与稳定具有重要的现实意义。

迄今为止，两国安全机构的高层领导人也开展了多次交往，就深化两国之间的安全合作进行积极磋商，致力于提升两国之间的安全合作水平。2009 年 9 月，俄罗斯联邦安全委员会秘书帕特鲁舍夫访问土耳其，与土方负责人举行了会晤。2010 年 10 月和 2011 年 9 月，新任土方安全部门负责人两次受邀参加了在俄罗斯索契和叶卡捷林堡举办的高级别安全会议。2012 年 7 月和 2013 年 7 月，土方安全部门负责人再度受邀参加在圣彼得堡和海参崴举办的类似安全会议。2014 年 2 月，俄罗斯索契举办冬奥会前夕，两国安全部门还就奥运安保问题开展了相互协作。

两国在地区和全球安全事务中的态度基本上趋向一致。2003 年土耳其和俄罗斯皆反对美国入侵伊拉克。在伊朗核问题上，两国协调立场，反对美国的伊核政策。② 2008 年俄罗斯入侵格鲁吉亚，土耳其立场暧昧，并未批评俄罗斯的军事行动，却批评格鲁吉亚总统萨卡什维利的鲁莽行为，同

① Sener Akturk, "Russian-Turkish Relations in the 21th Century: 2000—2012", *Russian Analytical Digest*, March 2013, No. 25, p. 2.

② ［俄］科林茨基："俄罗斯—土耳其：2006 年炎热的夏天"，《今日亚非》2006 年第 11 期，第 58 页。

时还主动提出了土方关于解决地区冲突与构建地区安全体系的倡议。2010年俄罗斯与土耳其达成协议为土耳其援建核电站，保障土耳其的能源安全。2012年土耳其成为俄罗斯、中国与中亚国家共同倡议的地区安全合作组织——上海合作组织的对话伙伴国。2013年底乌克兰危机爆发后，尽管土耳其表示关注克里米亚鞑靼人的权利，但并不希望卷入乌克兰问题。①

（三）经济合作领域

经济合作是俄土关系的重要组成部分，成为两国领导人在每次会谈中重点谈及的话题。目前，保障两国经贸合作的主要机制是俄土经贸合作政府间委员会，迄今为止，该委员会已经举行了15次工作会议。整体来看，两国间的经济合作虽有波折，甚至有时徘徊不前，但在两国政府高度重视与大力推动下，经济合作关系的总趋势是在曲折中不断向前发展，双边贸易额不断增长，合作领域不断拓宽。目前，俄土已经互为对方重要的贸易伙伴。据2015年的最新统计数据，俄罗斯是土耳其的第二大贸易伙伴，仅次于德国，土耳其则成为俄罗斯第五大贸易伙伴国。在2003年12月举行的高级合作委员会第四次会议上，两国领导人曾提出在2020年前将两国贸易额提升到1000亿美元的远大目标。2015年3月，土耳其经济部副部长谈及两国之间建立自由贸易区的问题，表示该问题已经被提上两国合作的议事日程；同年10月，俄经济发展部部长阿列克谢·乌柳卡耶夫也证实，俄罗斯与土耳其正在起草在服务与投资领域的自贸协定。②

表11.2　2001—2011年俄土贸易额（单位：百万美元）

	2001年	2002年	2003年	2004年	2005年	2006年	2007年	2008年	2009年	2010年	2011年
出口	923	1172	1368	1859	2371	3238	4727	6482	3202	4628	5996

① Ian O. Lesser, "Turkish Stakes in the Ukraine Crisis", *Analysis*, The German Marshall Fund of the United States, May 6, 2014，引自郭长刚、刘义：《土耳其蓝皮书：土耳其发展报告（2015）》，社会科学文献出版社2015年版，第22页。

② Удар на $44 млрд: во сколько может обойтись конфликт России и Турции, 24. 11. 2015 // http: //www. rbc. ru/economics/24/11/2015/565491679a794731607274ef.

续表

	2001年	2002年	2003年	2004年	2005年	2006年	2007年	2008年	2009年	2010年	2011年
进口	3476	3892	5451	9033	12818	17806	23508	31365	19450	21601	23951
总额	4399	5064	6819	10892	15189	21044	28235	37847	22652	26229	29947
逆差	2553	2720	4083	7174	10447	14568	18781	24883	16248	16973	17955

资料来源：Касаев Эльдар. Россия-Турция：непрерывный диалог//Свободная мысль. 2013. №. 3. С. 35.

在双方经贸总额变化方面，1998 年，俄土两国的贸易额仅为 35 亿美元，而进入 21 世纪之后，两国的经贸合作加速推进，经贸额不断增加。据统计，2001—2011 的 10 年间，俄土之间的贸易累计总额从最初的 9.24 亿美元增加到约 600 亿美元（见表 11.2）。从表中可以看出，俄罗斯与土耳其之间的贸易额从 2001 年开始不断增加，到 2008 年达到了历史高度，为 380 亿美元左右。在这期间，双方的出口额增加了 6 倍，进口额则增加了 8 倍。俄罗斯甚至一度成为土耳其的最大贸易伙伴国，土耳其也进入俄罗斯的前十大贸易伙伴国。因受 2008 年底爆发的全球经济危机的影响，特别是国际市场能源价格的波动，2009—2010 年两国之间的贸易额大幅度下降，而从 2011 年开始，两国的经贸额开始保持平稳的发展趋势。2012—2014 年，两国的贸易额基本上都保持在 330 亿美元左右，这一数据指标超过了俄罗斯与白俄罗斯、哈萨克斯坦和乌克兰之间的双边贸易额。① 甚至有一段时期，两国贸易额每年以 15% 左右的速度增长。② 根据 2016 年最新的统

① Товарооборот России и Турции в 2014 году составил ＄31 млрд. 24. 11. 2015, http：// www. rbc. ru/economics/24/11/2015/565491679a794731607274ef.

② 数据引自张来仪："21 世纪以来的俄罗斯与土耳其关系"，《西亚非洲》2008 年第 8 期，第 38 页；郭长刚、刘义：《土耳其蓝皮书：土耳其发展报告（2015）》，第 43 页；土耳其统计数据，引自中国驻土耳其大使馆经济商务参赞处，http：//tr. mofcom. gov. cn/article/ddgk/；土耳其经济数据，引自世界银行（World Bank）网站，http：//data. Worldbank. org/country/turkey。

计数据，2015 年，俄土之间的贸易额缩减到 230 亿美元。① 这种状况的出现，既与国际能源价格暴跌、世界经济发展低迷以及西方在乌克兰危机之后对俄罗斯采取经济制裁有关联，同时也与 2015 年 11 月俄土关系恶化之后，俄方取消了两国政府与企业之间签订的经贸合同有巨大的关系。

在两国之间的贸易结构方面，俄罗斯主要向土耳其出口能源产品（天然气、石油、石油产品和煤矿）、黑金属、有色金属和其他的工业制成品。其中，能源产品占到俄对土出口总额的 70% 左右（见图 11.1）。土耳其则主要向俄罗斯出口轻工业和农业产品、粮食、设备和交通运输工具（见图 11.2）。从某种程度上来说，两国之间的贸易结构是互补的，再加上地缘位置的临近，这也使得两国之间的经贸发展迅速，并长时间保持相对稳定的发展态势。

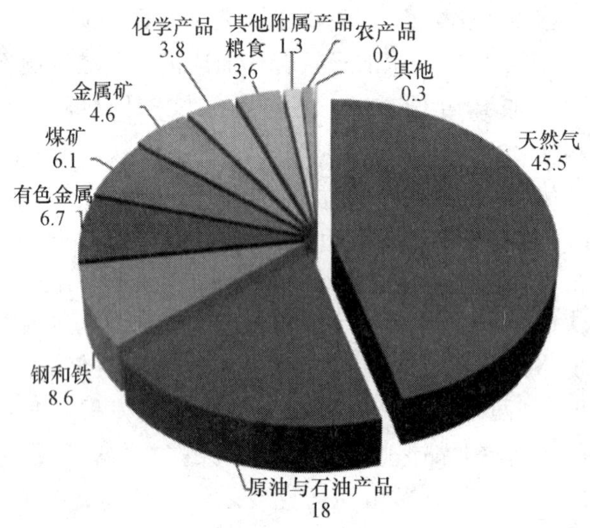

图 11.1　2011 年俄罗斯出口土耳其的商品分布图

资料来源：Касаев Эльдар. Россия-Турция：непрерывный диалог//Свободная мысль. 2013. №. 3. С. 36 – 37.

① Товарооборот России с Турцией в 2015 году сократился на четверть. 09. 02. 2016//http：//rusvesna. su/news/1455005632.

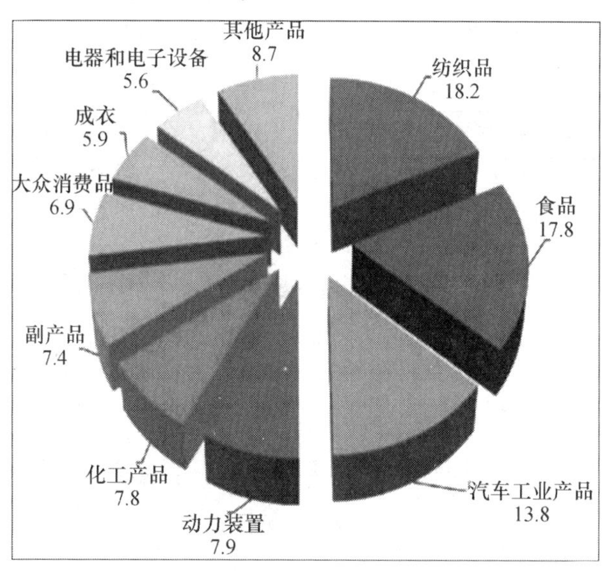

图 11.2　2011 年土耳其出口俄罗斯的商品分布图

资料来源：Касаев Эльдар. Россия-Турция：непрерывный диалог// Свободная мысль. 2013. №. 3. С. 36 – 37.

在两国的具体经贸合作领域中，能源合作占据了突出位置。由于土耳其资源匮乏，能源主要依赖进口，而俄罗斯自然资源丰富，特别是石油、天然气等能源产品是其出口的重中之重。土耳其长期以来从俄罗斯进口石油和天然气。据统计，俄罗斯出口到土耳其的能源产品占到了俄对土贸易总额的 70% 左右。特别是天然气出口方面，2014 年，土耳其约 60% 的天然气消费依赖于从俄罗斯进口。土耳其成为俄罗斯天然气的第二大消费国，仅次于德国。① 土耳其还是俄罗斯能源输出的重要通道。2002 年，连接俄罗斯与土耳其的天然气管道"蓝溪"正式开通运营，它有助于俄罗斯向土耳其和南欧国家供应更多的天然气。在天然气合作领域，俄罗斯与土耳其之间也存在天然的互补性，潜力巨大。值得一提的是，已有俄罗斯知名学者提出应设立"俄土政府间能源委员会"机制（见图 11.3），旨在更好地

① 数据引自俄罗斯卫星网，"土耳其能源部长：土方不会拒绝俄罗斯天然气"，2015 年 10 月 15 日，http：//sputniknews. cn/economics/20151015/1016654953. html#ixzz471Xf9MwS。

推进两国之间的能源合作，解决能源合作进程中存在的诸多争端和分歧，进一步提高双方能源合作的效率，同时保障两国的能源安全。

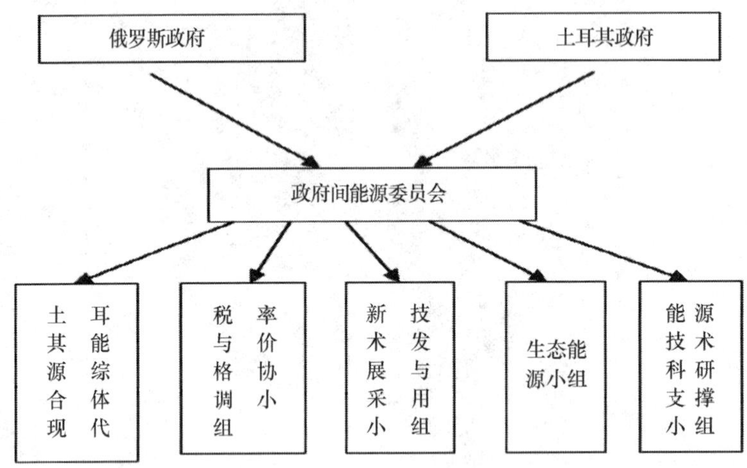

图 11.3　俄土政府间能源委员会结构分布图

资料来源：Калугин П. Е.，Тагаров Ж. З. Создание российско-турецкой Межпра-вительственной комиссии по энергетике как элемент практической реализации стратегии сотрудничества России с Турцией в сфере энергетики// Известия Иркутской Государст-венной Экономической Академии издательство БГУЭП. 2012. №. 6（86）. С. 86.

迄今为止，俄罗斯大型的能源公司，如俄罗斯天然气工业股份公司、卢克石油公司、俄罗斯国家石油公司、西伯利亚石油公司等，都在土耳其拥有庞大的能源业务。虽然 2015 年底俄土关系恶化影响到两国之间的经贸合作，但能源领域并未遭受巨大的影响，而且两国领导人刻意回避谈及能源合作，这是因为两国都需要继续保持在该领域的务实合作。

在天然气合作领域，2014 年，俄罗斯天然气工业股份公司与土耳其的国有企业 Botas 签署了关于铺设途径黑海的第二条天然气管道的备忘录，旨在代替俄方先前放弃的“南溪”天然气管道项目。该管道预计年输气量为 630 亿立方米，届时土耳其将代替乌克兰成为另一个输送俄罗斯天然气的过境国。这一协议再次将俄罗斯与土耳其紧紧地绑在了一起。然而，由于土耳其国内的选举和价格分歧，加之俄土在叙利亚的分歧，直至最后两国关系的严重恶化，这一项目迄今为止还没有正式启动。

在石油和其他能源合作领域，俄罗斯卢克石油公司在土耳其取得较好的业务成绩，其占据着土耳其 7% 的市场份额，在土境内总共拥有 600 多个加油站。其他能源公司也在土耳其拥有巨大的投资，比如，2012 年俄罗斯能源集团 Inter RAO 获得了土耳其天然气发电站 Trakya Elektrik90% 的股份，一年之后，获得 100% 的控股权；2010 年还有三大俄罗斯能源公司 Дочка、Росатома、Атомстройэкспорт 与土耳其就签署了修建核电站的合同，总金额为 200 亿美元，预计将在 2022 年前正式投入运营。①

（四）人文合作领域

冷战之后，俄罗斯与土耳其之间的文化交流与合作逐步恢复且日趋深入。双方通过在对方国家互办“文化年”、“旅游年”、社会论坛等一系列大型的文化活动，增进了两国人民之间的相互了解和传统友谊。

早在 1994 年 6 月 19 日，俄罗斯与土耳其就签署了关于文化与科技合作的双边协议，同时还编制了为期 3 年的文化、教育、青年和运动员交流纲要。1995 年 3 月 25 日，双方签署了在旅游领域开展合作的协议。2004 年 5 月 21 日至 6 月 4 日，土耳其在莫斯科举办了有史以来的首次“土耳其文化节”，2005 年在土耳其安卡拉举办了“俄罗斯文化节”。俄罗斯的歌剧、文学、杂技、民间艺术、芭蕾等传统文化受到土耳其民众的喜爱，而土耳其的古典文学和当代文学在俄罗斯也受到欢迎。2007 年 4 月，土耳其首都安卡拉市正式启动了俄罗斯“文化年”活动，两国文化部部长共同出席开幕式。2014 年 2 月，俄罗斯国家杜马主席纳雷什金在访问土耳其的过程中，亲自出席了俄罗斯科技与文化中心在土耳其的揭幕仪式。该中心是俄罗斯在海外设立的第 61 家专业性文化推广实体机构，旨在传播俄罗斯的文化与科学技术成就，进一步促进土耳其民众对当代俄罗斯的了解。与此同时，土耳其也打算在莫斯科开设土耳其文化中心，传播土耳其的历史与文化。

侨民也是两国人文合作的纽带。在俄罗斯帝国、苏联和当代俄罗斯时期，都有大量突厥语民众居住在俄罗斯境内。在土耳其境内也生活着大量俄罗斯的侨民，他们自发组建了传播俄罗斯文化的联合会。正是在这些侨民的大力推动下，土耳其国内学习俄语的民众越来越多，对俄罗斯文化与

---

① Удар на ＄44 млрд：во сколько может обойтись конфликт России и Турции. 24. 11. 2015，http：//www. rbc. ru/economics/24/11/2015/565491679a794731607274ef.

语言研究的兴趣也不断增长。在土耳其国内，俄语地位可以与英语、德语相媲美。据统计，目前土耳其已经有约 17 所高校开设了俄语专业，学习俄语的人数达到 2500 人。① 在俄罗斯的大城市莫斯科、彼得堡和乌法也设立了土耳其的学校，这些学校同时采用土耳其语和英文授课。土耳其政府也加大了对来自俄罗斯学生与研究者的资助力度，重点资助更多从事土耳其语教学和土耳其研究的俄罗斯教师和专家前往土耳其各大知名高校学习和进修。此外，俄罗斯与土耳其还共同发行一系列出版物，旨在传播两国文化和关系发展史，致力于夯实两国关系基础。

旅游在促进俄罗斯与土耳其之间的人文合作方面也发挥着重要作用。旅游业是土耳其仅次于建筑业的第二大支柱产业。② 因物美价廉，土耳其也是最受俄罗斯游客欢迎的旅游度假胜地。据统计，2013 年有 400 多万的俄罗斯公民前往土耳其旅游，2014 年这一数据上升到 450 万。③ 另据土耳其文化与旅游部的统计数据，俄罗斯是土耳其发展旅游业的第二大客源国，占到所有外来游客数的 13%，仅次于德国（14.6%）。④ 早在 20 世纪 90 年代中期，旅游业已经进入到两国的合作领域，土耳其成为原苏联加盟共和国公民经常光顾的地方。正因为如此，俄罗斯总统普京曾向埃尔多安建议分别在两国交替举办“旅游年”，旨在进一步促进两国在旅游业领域的合作。

此外，在推动人文合作方面，两国建立的“社会论坛”民间交流机制也发挥了不可忽视的作用。2013 年 11 月，该论坛在俄罗斯喀山市举行了首次大规模会议，两国文化、艺术、教育、科学、媒体等多个领域的知名活动家受邀出席。这样的活动，每年都会定期在不同的城市举办。

---

① О динамике отношений между Российской Федерацией и Турецкой Республ - икой. http：//www. turkey. mid. ru/hron2_ r. html.

② 王鹏：《国际区域旅游市场研究》，中国言实出版社 2007 年版，第 260 页；冯绍雷：《上海合作组织发展报告（2013）》，上海人民出版社 2013 年版，第 341 页。

③ Тимур Махмутов，Людмила Филиппова. Российско-турецкие отношения в 2014 г. 22. 06. 2015. http：//russiancouncil. ru/inner/？ id_ 4 = 6184#top-content.

④ Хамдохов С. А. Российско турецкие отношения：корреспондента итогипроше - дшегогода//Азия и Африка сегодня. Февраль 2014. №. 2. С. 58 – 59.

三、当前俄罗斯与土耳其关系发展中存在的三大问题

俄罗斯与土耳其之间的双边合作在取得巨大进展的同时，显然也存在诸多的问题。这些问题既涉及双边层面，也涉及多边层面。

（一）车臣问题和库尔德人问题

虽然苏联的解体缓解了土耳其的安全压力，从而为两国关系的发展奠定了基础。但是，两国之间仍然存在诸多矛盾和问题。这些矛盾和问题不时会影响两国关系的发展。20 世纪 90 年代，俄罗斯为阻止车臣独立进行了两次战争。虽然俄罗斯最终取得了战争的胜利，但却因此饱受来自车臣分裂分子的恐怖威胁。而俄罗斯指责土耳其支持车臣的分裂势力。① 为阻止土耳其对车臣的支持，俄罗斯不断利用土耳其库尔德族问题敲打土耳其政府。② 1994 年俄罗斯召开国际会议讨论俄罗斯和土耳其的库尔德问题。1995 年，流亡俄罗斯的土耳其库尔德族议员在莫斯科成立库尔德议院。最终，土承诺禁止境内人员参与车臣叛乱活动，不向车臣分裂分子提供武器，并承认车臣战争是俄罗斯的内战。③ 作为交换，俄罗斯承诺禁止在其境内从事任何反对土耳其政府的活动。然而，这也仅是双方暂时的利益交换。俄罗斯的车臣分裂势力和恐怖威胁并未彻底消除，土耳其的库尔德问题仍然悬而未决。车臣问题和库尔德问题随着两国关系的起伏时隐时现。土耳其击落俄罗斯军机后，俄罗斯便宣布向叙利亚北部的库尔德族武装提供武器援助。而叙利亚的库尔德武装被认为与主张脱离土耳其实现独立的库尔德工人党（PKK）存在联系。

---

① Jeffrey Mankoff, "Why Russia and Turkey Fight?", *Foreign affairs*, February 24, 2016, https://www.foreignaffairs.com/articles/turkey/2016—02—24/why-russia-and-turkey-fight.

② 刘慧："俄罗斯与土耳其关系的地缘战略思考"，《俄罗斯中亚东欧研究》2003 年第 6 期，第 28 页。

③ 刘慧："俄罗斯与土耳其关系的地缘战略思考"，《俄罗斯中亚东欧研究》2003 年第 6 期，第 28 页。

（二）土耳其海峡问题

土耳其海峡又称黑海海峡，是连接黑海与地中海的唯一海上通道。它包括博斯普鲁斯海峡、马尔马拉海和达达尼尔海峡，是俄罗斯商船和俄罗斯黑海舰队出入黑海的咽喉。这条通道是俄罗斯南下地中海和中东最为快捷的通道，对俄罗斯推行全球战略和维持大国地位具有重要意义。为获得对土耳其海峡的控制权，历史上沙皇俄国曾多次发动对土耳其的战争。二战后，苏联再次向土耳其提出控制海峡的要求，并最终迫使土耳其加入北约。根据1936年签署的蒙特勒公约，土耳其拥有对海峡的控制权。海峡成为土耳其制约俄罗斯的重要工具。在两国关系恶化时，土耳其可封锁海峡，把俄罗斯黑海舰队困于黑海之内。1994年，土耳其以环境和安全为由，修改邮轮通过海峡的规则，限制俄罗斯油轮的运输。① 俄罗斯指责土耳其违背蒙特勒公约，侵犯了和平时期船只的航行自由。随着俄罗斯军事实力的增长，黑海对俄罗斯的重要性愈发凸显。它已经成为俄罗斯现有的四大舰队的联系纽带。② 而要发挥黑海舰队的作用，就必须确保土耳其海峡的通行自由。1999年，俄罗斯的《俄罗斯联邦海军战略》强调了海上交通线的地位和作用。该战略认为俄罗斯对外贸易和经济发展离不开海上交通线的畅通，并把维护交通线的安全作为俄海军重要的战略任务。③ 土耳其海峡的控制与反控制依然是土耳其与俄罗斯角力的主要问题。2011年11月，土耳其曾以港务繁忙为由阻止俄罗斯黑海舰队的船只通过海峡。2015年12月，在土耳其击落俄罗斯战机后，土耳其指责俄罗斯军舰通过海峡时做出挑衅行为。

---

① 王亚栋："里海能源开发中的俄土之争"，《国际观察》2000年第1期，第32页。

② Oleksandr Pavliuk and Ivanna Klympush-Tsintsadze, *the Black Sea Region: Cooperation and Security Building*, Armonk, N. Y.: M. E. Sharp, 2004.

③ 陈良武："俄罗斯海洋安全战略探析"，《世界经济与政治论坛》2011年第2期，第91—95页。

（三）两国在中亚和高加索地区的竞争

中亚和高加索地区在历史上曾是沙皇俄国和苏联的一部分。[①] 苏联解体后，这两个地区的国家获得了独立。但是，这些国家仍然与俄罗斯保持着紧密的政治、经济、军事和文化联系。这些国家大多是俄罗斯主导的独联体的成员国。在经历了 20 世纪 90 年代早期的疏离之后，俄罗斯重新重视这两个地区。在俄罗斯的对外战略中，包括中亚和高加索的整个独联体地区是俄罗斯抵制北约东扩，维护国家安全和巩固大国地位的重要地区。[②] 土耳其与中亚和高加索国家在民族、语言、文化和宗教上存在天然的联系。中亚的哈萨克斯坦、吉尔吉斯斯坦、土库曼斯坦、乌兹别克斯坦和高加索地区的阿塞拜疆和土耳其皆为突厥语国家。苏联解体后，土耳其加强与中亚和高加索国家的历史、民族、文化、语言和宗教联系。[③] 土耳其试图利用与这些国家的传统联系，积极介入地区事务，扩大在这两个地区的影响。例如，1992 年土耳其倡议召开突厥语国家首脑会议，加强突厥语国家的合作。此外，土耳其还积极介入阿塞拜疆与亚美尼亚之间的纳卡冲突，支持阿塞拜疆。而俄罗斯因为与亚美尼亚同为独联体集体安全条约组织的成员，在纳卡冲突中则偏向亚美尼亚。2009 年，土耳其、阿塞拜疆、哈萨克斯坦、吉尔吉斯斯坦进一步成立了突厥语国家合作委员会。土耳其在中亚和高加索地区的目标是把地区国家纳入土耳其的“奥斯曼

① 这里的中亚指的是由哈萨克斯坦、吉尔吉斯斯坦、塔吉克斯坦、乌兹别克斯坦和土库曼斯坦组成的地理区域。这一区域的人民大多是突厥语民族，信仰伊斯兰教。高加索是指里海和黑海之间，由俄罗斯南部地区、格鲁吉亚、亚美尼亚、阿塞拜疆构成的地理区域。高加索地区的阿塞拜疆的居民大多是信仰伊斯兰教的突厥语民族；格鲁吉亚和亚美尼亚居民则大多信仰东正教、分别操格鲁吉亚语和亚美尼亚语。中亚和高加索国家曾是苏联的加盟共和国，在苏联解体后，又成为独联体的成员国。

② 王郦久：“俄罗斯的独联体政策及其走势”，《现代国际关系》2005 年第 11 期，第 34 页。

③ Хас К. Турция и Азербайджан – не молько энергемика. 09. 03. 2016. http：//russian council. ru/inner/？ id_ 4 =7357#top-content.

空间”。[①] 土耳其的这一目标显然与俄罗斯存在竞争关系。自 20 世纪 90 年代后期开始，俄罗斯一直致力于它主导的独联体一体化，以此实现俄罗斯的大国地位。[②] 此外，作为北约成员国的土耳其，其在中亚和高加索的这些行为势必会引发俄罗斯对北约东扩的警觉。土耳其的行为是西方中亚和高加索战略的一部分，是要最大限度地削弱俄罗斯在这两个地区的存在。[③]

俄罗斯与土耳其在中亚和高加索地区的竞争还体现在两国对地区石油、天然气管道建设的不同方案上。中亚和高加索地区是全球重要的石油和天然气产地，也是除俄罗斯、中东之外，欧盟的另一个石油、天然气来源地。2005 年之前，中亚和高加索地区石油天然气的外输通道主要有两个方向：一是阿塞拜疆和哈萨克斯坦至俄罗斯黑海港口；二是阿塞拜疆至格鲁吉亚黑海港口。这两个方向的管道建于苏联时期，运输能力有限，而且更为重要的是，它们或者完全由俄罗斯控制或者部分由俄罗斯控制。在修建新的石油管道问题上，俄罗斯主张修建到达俄罗斯黑海港口的计划，而土耳其则极力主张到达土耳其港口的计划（即巴库—第比利斯—杰伊汉管线）。两国就管线的走向展开了激烈争夺。俄罗斯与土耳其的竞争不只是能源领域的经济角逐，更是两国对地区影响力的争夺。石油出口路线的选择不是经济问题而是一个政治问题。[④]

通过上文对冷战前后俄罗斯与土耳其关系发展历程的详细回顾，我们不难发现，除帝国时期俄土之间长期兵戎相见之外，一战之后的俄土关系在苏联时期和冷战后的 25 年里，尤其在双边事务中整体上呈现出合作的平

---

① Sergey Markedonov，“Russia-Turkey Relations and Security Issues in the Caucasus”, *Valdai Papers* #45. April 2016，p. 6；万青松：“大国政治的欧亚时刻——地缘政治经济视域下‘欧亚’认知的演进及其寓意”，《俄罗斯研究》2016 年第 1 期。

② 王树春、万青松：“试论普京欧亚新战略对中国的影响”，《战略决策研究》2013 年第 5 期，第 7 页。

③ Джеффри Манкофф о кавказских приоримемах США. 10. 02. 2014. http：//www. caucasustimes. com/article. asp? id = 21245；Fiona Hill，Kemal Kirişci and Moffatt Andrew，“Retracing the Caucasian Circle：Considerations and constraints for U. S.，EU，and Turkish engagement in the South Caucasus”，July，2015，http：//www. brookings. edu/research/reports/ 2015/07/south-caucasus-engagement.

④ Turkish Probe，June 17，1995，转引王亚栋：“里海能源开发中的俄土之争”，《国际观察》2000 年第 1 期，第 32 页。

稳发展态势，而在多边事务则更多地呈现出竞争态势。这种竞争态势在 2015 年俄罗斯军事干预叙利亚后达到顶峰。土耳其与俄罗斯的关系处于近乎军事冲突的边缘。

从冷战后俄土关系发展的历程来看，两国关系在双边与多边发展走向方面存在显著差异。两国在经济和安全上存在合作的需要，苏联解体至 2015 年两国的经济和安全合作持续发展。然而，两国在地区事务中却矛盾不断。两国关系为何会出现这种皆然不同的趋势？笔者将从三个方面来探讨其原因，并尝试以此来解答土耳其冒险击落俄罗斯军机的深层次原因所在。

四、俄土关系剧烈波动的主要原因

（一）两国实力的变化

实力是一个综合的概念，它不仅包括了一个国家的经济、军事实力，还包括了它在地缘上的重要性。这里，实力只是一个相对意义上的概念，远非精确。事实上，准确衡量一个国家的实力大小是一件极为困难的事情。因为就实力的概念而言，它不但要考虑国家的现实实力，而且还要考虑它的潜在实力，例如人口的规模、资源的富裕程度等等。下文并不打算对俄罗斯和土耳其的实力进行准确测量，而仅从经济和军事层面对两国实力变化进行一个大体的评估。

2001 年前后，土耳其与俄罗斯分别迎来了主导各自国家发展的政治强人——埃尔多安和普京。埃尔多安自 2001 年至今连续执政，普京则在 2000 年赢得总统选举后先后出任俄罗斯总统和政府总理。俄罗斯在普京的领导下，实力快速增长。2000 年俄罗斯国内生产总值（GDP）为 2597 亿美元，2014 则达到 18606 亿美元，增长了 7 倍多。国内生产总值的世界排名由 2000 年的第 19 位前进到 2014 年第 10 位。2000 年，俄罗斯的军费开支为 288 亿美元，2014 年为 947 亿美元，军费开支的世界排名由 2000 年的第 8 位升为 2014 年的第 3 位。土耳其的国内生产总值从 2001 年的 1960 亿美元到 2014 年的 7995 亿美元，增长了 4 倍多。国内生产总值的世界排名由 2001 第 24 跃进到第 18 位。土耳其在军费开支上变化相对稳定。2001 年，土耳其的军事开支为 184 亿美元，2014 年为 178 亿美元，军费开支的世界排名由2001年的世界第14位下降为第17位。[①] 2014年土耳其军费开支的世界排名虽然略有下降，但它仍然是地区军事大国。因为土耳其是北约的成员国，其军事实力相对于其周边，特别是中亚和高加索国家具有优势。

就经济和军事实力而言，俄罗斯和土耳其在冷战后，特别是进入21世纪后均获得了发展。经济上，两国都成了二十国集团成员。军事上，两国都是地区军事大国，具有相对于周边其他国家的军事优势。在现实主义国际关系理论中，国家实力地位的改变，必然会引起国家对外行为的变化。[②] 实力是国家制定对外战略的重要依据，实现对外目标的重要手段。[③] 冷战后，俄罗斯和土耳其的经济和军事实力都获得了较快发展。实力的提升使两国相对于周边邻国的优势进一步加强。实力的增长为它们影响力的扩展、实现大国目标提供了可能。在经济和军事实力不断增长的情况下，两个国家都试图恢复其历史上大国地位，并视中亚和高加索国家为自己势力扩展的潜在对象。

（二）对大国地位的追求

在历史上，中亚和高加索地区国家长期是沙皇俄国和苏联的一部分。苏联解体后，俄罗斯与这些地区国家均获得独立。但是，它们之间仍然存在难以割裂的政治、经济、军事和文化等方面联系。独立后，这些国家都面临着新的道路选择——是追随西方还是独立自强。俄罗斯在经过短暂的忽视之后，重新重视与这些国家的整合。自1995年起，独联体开始成为俄

---

① 俄罗斯与土耳其的国内生产总值（现价美元）数据源自世界银行数据库世界发展指标，数据更新日期：2016年5月29日，http：//data. worldbank. org. cn/indicator/NY. GDP. MKTP. CD/ countries/1W？display = graph；各国军费开支数据源自斯德哥尔摩国际和平研究所（Stockholm International Peace Research Institute），http：//www. sipri. org/research/armamen ts/milex/milex_ database。

② Kenneth N. Waltz，*Theory of international politics*，Long Grove：Waveland Press，2010，pp. 79 – 128；秦亚青：《国际关系理论：反思与重构》，北京大学出版社2012年版，第122页。

③ 冯特君、宋新宁：《国际政治概论》，北京大学出版社1992年版，第128页。

罗斯对外政策的最优先方向。① 特别是 2000 年普京担任俄罗斯总统后，加强了与独联体国家的关系，启动了与独联体国家的经济和军事一体化进程。2000 年至今，俄罗斯颁布的《俄罗斯联邦国家安全构想》与《俄罗斯联邦对外政策构想》中，独联体一直是俄罗斯外交的重点。② 2011 年，俄罗斯提出了建立欧亚联盟的新战略。该战略试图把独联体打造成一个类似欧盟的超国家联合体，使其成为未来世界格局中的一极，并成为连接欧洲和亚太地区的桥梁。俄罗斯 2013 年的《俄罗斯联邦对外政策构想》中，强调了欧亚联盟是俄罗斯的优先方向和任务。这意味着普京将在其任期内竭力推动欧亚联盟，振兴俄罗斯民族，使俄罗斯在未来的国际战略格局中成为一支不可轻视的战略力量，进而成为促进世界多极化与新型国际关系的一支重要力量。③ 这一战略实施的对象主要是中亚和高加索地区国家。

而在美国看来，欧亚联盟是俄罗斯重回苏联的一种企图。2012 年，时任美国国务卿希拉里就表示，俄罗斯推动前苏联国家的一体化是要重建苏联，而美国应予以阻止。④ 在中亚和高加索地区，除了美国外，俄罗斯还要面临着来自欧盟、伊朗、土耳其等国的竞争。俄罗斯与中亚和高加索地区国家的一体化前景不但取决于俄罗斯自身实力发展，而且还受到其他竞争者的影响。

就地缘、民族、宗教和文化而言，土耳其与中亚和高加索国家最为相似。而且，土耳其也试图加强与这些国家的联系，实现土耳其的大国梦。“作为奥斯曼帝国的政治遗产，土耳其一直难以摆脱帝国情结，也在孜孜不

---

① 独联体是除波罗的海三国（拉脱维亚、爱沙尼亚和立陶宛）外，由其他前苏联加盟共和国所建立的国际组织。2005 年和 2008 年，土库曼斯坦与格鲁吉亚先后退出了独联体。1995 年，俄罗斯总统的叶利钦表示，俄罗斯在独联体地区的主要目标是建立一个能在国际社会占有相应位置的政治、经济一体化的国家联盟，以巩固俄在原苏联地区的政治经济新体系中的领导地位，参见：Стратегический курс России сгосударс-твами- участниками СНГ：Утв. Указом Президента РФ № 940 от 14 сент. 1995// Российская газета. 1995. 23 Сент。

② 陈新明：《十八世纪以来俄罗斯对外政策（下卷）》，中共中央党校出版社 2012 年版，第 852 页。

③ 王树春、万青松：“试论普京欧亚新战略对中国的影响”，《战略决策研究》2013 年第 5 期，第 5 页。

④ “希拉里发誓阻挠俄罗斯‘重建苏联’”，新华网，2012 年 12 月 8 日，http：//news. xinhuanet. com/world/2012—12/08/c_ 124065617_ 2. htm。

倦地谋求地区大国的地位。”① 2001 年，埃尔多安领导的土耳其正义与发展党取得政权，一直执政至今。正义与发展党被认为是“新奥斯曼主义”政党。②“新奥斯曼主义”出现于20 世纪 90 年代，它强调通过共同的突厥文化和血缘关系，与其他国家建立一个强大的具有伊斯兰特性的大突厥国家集团。③ 埃尔多安执政后，推动“新奥斯曼主义”进一步发展，以期借助伊斯兰宗教和奥斯曼民族，扩大土耳其在穆斯林世界的影响，实现其地区性大国的战略目标。④ 冷战后，土耳其经济持续发展，实力逐渐增强。重要地缘位置以及北约成员国身份，使土耳其大国意识渐长。土耳其实力的快速发展，极大地激发了它的地区大国梦。⑤ 土耳其支持阿塞拜疆在纳卡争端中的立场。在能源管道问题上，土耳其反对俄罗斯方案，竭力使中亚和高加索国家摆脱对俄罗斯的能源通道依赖，同时提高土耳其在能源供应中的地位。土耳其还利用其经济优势，向高加索和中亚国家提供援助，并传授社会经济发展经验。仅 2002 年，土耳其就向中亚投资了 30 多亿美元，并建立了 1200 多家企业。⑥ 多条连接中亚、高加索和土耳其的能源管道，进一步加强它们之间的经济联系。安全方面，土耳其与这些地区国家在反恐和打击毒品走私问题上展开了合作，并向这些国家提供援助。2002—2004 年土耳其向乌兹别克斯坦提供了 33 亿美元的军事援助，并增加了对土库曼斯坦、吉尔吉斯斯坦的军事援助。⑦ 文化方面，土耳其与这些地区国家开展留学项目合作，接收突厥语国家的留学生，并提供奖学金。此外，

---

① 黄民兴：“历史的轮回与帝国情节：战后土耳其外交的三次转型与‘阿拉伯之春’”，《西北大学学报（哲学社会科学版）》2014 年第 1 期，第 5 页。

② 参见 Onar Fisher Nora，“Neo-Ottomanism”，*Historical Legacies and Turkey Foreign Policy*，Discussion Paper Series，March 2009，German Marshall Fund，p. 126。

③ 关于“新奥斯曼主义”的论述，参见 Knklolu Suat，“The Return of Ottomanis”，*Today's Zaman*，March 27，2007；Criss Nur Bilge，“It's Environs in Eurasia and the Middle East”，*Turkish Foreign and Security Policy*，Madrid：UNISCI，2006。

④ Cagaptay Soner，“Turkey's Turn from the West”，February 2，2009，http：//www. cagaptay. com/3408/turkey-turn-from-the-west；Carlo Frappi，“Central Asia's Place in Turkey's Foreign Policy”，Analysis，ISPI，No. 225，December，2013，p. 3.

⑤ See John Feffer，“Turkey：Stealth superpower”，*Asia Times Online*，June 15，2010.

⑥ 孙壮志：《中亚安全与阿富汗问题》，世界知识出版社 2003 年版，第 203 页。

⑦ Larrabbe F. Stephen，Iane O. Lesser，“Turkish Foreign Policy in an Age of Uncertainty”，*Rand Corporation*，2003，p. 30.

土耳其还通过合办学术会议、论坛、文艺演出等方式加强它们之间的文化交流。埃尔多安执政后，在中东事务上，土耳其一改以往不介入的政策，开始积极参与中东事务。2008 年，时任总理的埃尔多安在达沃斯论坛上公开谴责以色列入侵加沙，并取消与以色列的军事演习。同时，2008 年土耳其开始举办土耳其—阿拉伯国家合作论坛，加强与阿拉伯国家之间的关系。此外，土耳其还积极介入巴以和谈和叙利亚问题。

（三）融入西方文明大家庭的挫折

土耳其与俄罗斯都曾试图融入西方文明大家庭，成为西方社会的一员。苏联解体后，俄罗斯实施了“倒向西方”的政策，以图融入欧洲。不论从历史还是从文化上，俄罗斯一直都自认是欧洲国家。独立后的俄罗斯在政治、经济上向西方学习，建立西方式的民主政治制度和市场经济。对外政策上，俄罗斯追随西方，并视独联体其他国家为负担。但是，随着北约的不断东扩，俄罗斯与西方的关系逐渐恶化。俄罗斯开始重新重视和联合独联体国家，以抵抗北约的东扩。但即便如此，俄罗斯也没有放弃与欧洲一体化的努力。2000 年 5 月，普京在当选俄罗斯总统后向欧盟领导人表示，从地理、文化和经济统一的观点来讲，俄罗斯与以往一样是欧洲的一员，与欧洲的关系今后仍将是其外交的重点。① 2004 年 4 月，普京进一步表示，对于欧洲一体化，俄罗斯以加入欧盟为自己的长远目标。② 但是，2004 年乌克兰“颜色革命”后，俄罗斯与欧洲的关系再次恶化。2005 年，俄罗斯总统普京在《国情咨文》中表示，俄罗斯不再以加入欧盟为目标，而是要与欧洲建立平等的伙伴关系。同一时期，俄罗斯外长拉夫罗夫也表示，俄罗斯不追求加入北约和欧盟。③ 俄罗斯放弃融入西方后，开始加快推进同独联体国家的一体化。2015 年正式建立了俄罗斯主导的欧亚联盟。

---

① 日本《读卖新闻》2000 年 5 月 30 日，转引自王兵银：《俄罗斯经济与东北亚区域经济一体化研究》，社会科学文献出版社 2013 年版，第 157 页。

② 王兵银：《俄罗斯经济与东北亚区域经济一体化研究》，社会科学文献出版社 2013 年版，第 157—158 页。

③ Лавров: Россия не стремится вступать в ЕС и НАТО// РИА “Новости”, 11. 10. 2005；顾志红：“评俄罗斯的新独联体政策”，《俄罗斯中亚东欧研究》2006 年第 2 期，第 29 页。

同样，土耳其也一直试图加入欧洲。20 世纪 20 年代，土耳其就确立了融入西方的国策。土耳其的国父凯末尔认为土耳其只有融入西方体系，才能实现国富民强。① 自此以后，土耳其不断加强与欧洲和美国的政治、经济和军事联系。冷战期间，土耳其作为北约的成员国，长期追随西方。在中东问题特别是巴以冲突上，土耳其置身事外，很少认为自己也是中东国家。② 即使在因塞浦路斯问题与西方国家关系恶化，并与苏联关系改善的情况下，土耳其也并未退出北约而投向苏联。土耳其加入欧盟的道路并不顺利。1963 年，土耳其就在创建欧盟的协议上签字，成为欧盟的潜在成员国。但是，1999 年土耳其才获得欧盟的候选国资格。2005 年与欧盟启动入盟谈判，但并无实质性进展。法国反对土耳其加入欧盟，主张土耳其为“享有特权的伙伴国”。此后，土耳其加入欧盟的前景更趋黯淡。入盟受挫使土耳其加入欧盟的意愿开始减弱。2002 年，有 70% 的土耳其民众支持加入欧盟，到了 2010 年仅有 50% 。③ 在加入欧盟受挫的情况下，土耳其开始调整对外战略，更加重视与地区国家之间的关系。对周边国家实行“零问题”政策，并积极拓展与其他地区国家的关系。④ 土耳其战略重心从西方开始转向东方，从“脱亚入欧”向“新奥斯曼主义”转变。

结论

作为上合组织的参与国，虽然俄罗斯与土耳其之间拥有 500 多年的关系发展史，但在长达 350 年的时间里，两国多数时间在政治军事领域的相互定位是竞争对手，多次发生大规模的军事冲突或战争，而在经贸领域的定位则更多的是伙伴关系。第一次世界大战后至今，两个昔日的对手不再

---

① ［英］伯纳德·刘易斯著，范中廉译：《现代土耳其的兴起》，商务印书馆 1982 年版，第 307 页；田文林：“土耳其战略转型及其局限”，《现代国际关系》2010 年第 9 期，第 14 页。

② Philip Robins, *Turkey and the Middle East*, London: Pinter Publishers Ltd, pp. 48 – 66.

③ John Feffer, “Turkey: Stealth superpower”, *Asia Times Online*, June15, 2010; International Crisis Group, “Turkey and The Middle East: Ambitions and Constraints”, *Crisis Group Europe Report*, 2010, No. 203

④ 邓红英：“土耳其外交转型析论”，《现代国际关系》2010 年第 10 期，第 21 页。

兵戎相见，在帝国的废墟之上重新建立友好与合作的国家间关系。两国即使在部分问题上仍然存在不少分歧，且在实施对外政策上有诸多差异，也尽力不允许相互关系出现剧烈的波动，致力于让两国关系保持平稳的发展态势。

冷战后，俄罗斯与土耳其在双边问题上也更多地表现为积极发展合作关系。即使存在分歧，两国也能相互妥协，达成谅解。然而，两国在地区问题上，特别是中亚和高加索地区问题上却存在长期的竞争。两国的这种竞争最终影响了两国关系的发展。同时，由于土耳其并不是上合组织的成员国，两国在中亚和高加索问题上未能够利用好现有的合作平台和机制。通过回顾两国关系的发展历程，我们发现，两国存在相同的地缘战略目标，即加强与周边国家在经济、安全和文化的融合，成就自己的大国地位。

同时，两国在地缘上临近，又存在重叠的地缘区域，造成了两国在地区事务上的竞争关系。俄罗斯与土耳其在冷战后实力普遍增长，而融入西方文明大家庭均受挫是造成两国地缘战略目标重合进而产生竞争的主要原因。未来，在两国融入西方无望的情况下，实力成为决定两国关系的关键性因素。

报告十二

上海合作组织发展现状及面临的问题

A. 阿姆列巴耶夫*

【内容提要】在新形势下，上合组织发展处于新的历史转折点，需调整自身定位，以便适应国际形势瞬息万变的需要。一方面，应向更多地代表每个成员国的利益方向转变，积极进行相互对话，寻求互惠互利合作；另一方面，应与其他区域发展范式开展协作，打破意识形态上的条条框框、政治制度的结构化以及经济上的限制。上合组织应更具灵活性、开放性，并致力于为全球发展面临的诸多难题提供更具现实意义的创新理念。目前，上合组织这一角色定位的转变面临不少困难与挑战。解决这些问题的最好办法不是回避，而是要把这些问题看做是世界形势发展对上合组织提出的新要求。为此，中俄两个全球大国和本组织其他成员国需要共同提出解决方案，推动组织各领域继续向前发展，确保本组织具有强大的生命力。

【关键词】上合组织定位　制度与功能转型　中国　俄罗斯　美国　印度

在当前形势下，上合组织面临相当复杂的机制与功能转型，这一进程与各成员国的潜力变化、自身在国际关系体系中的定位，以及世界政治和经济危机相联系。建立上合组织的初衷，旨在解决与欧亚大陆中部地区发展相关的安全保障、边境发展以及打击“三股势力”等问题。当前本组织的发展已远远超出这一使命范围，成为当今世界发展的潜在国际积极因素之一。

可控性低成为当今世界发展的特点之一，这是因为还存在一系列破坏

---

* A. 阿姆列巴耶夫（A. M. Амребаев），哈萨克斯坦总统基金会世界经济与政治研究所首任总统与国内政策中心主任。

国际体系完整性的非建设性的发展趋势。世界发展越来越不平衡，需要对其进行建构，即使不基于全球层面，也应在不同的微观层面，譬如，在地区层面，抑或是有着相似的发展模式和不同发展水平的国家之间。上海合作组织成员国主要涵盖了那些在政治发展上实行“家长式”作风的国家，其在发展过程中往往国家机制的作用显著，拥有不发达的经济体系，且市场环境受制于国家的调控。这成为上合组织框架内各国彼此接近的制度基础。此外，上述的现实问题也将上合组织成员国联合在一起（包括最初的5个创始成员国，以及随后加入的乌兹别克斯坦）。将上合组织初始成员国联系到一起的是，这些国家都在发展自己的国家建设模式，这种模式是基于民族认同以及有选择的发展西方民主和自由化市场模式的特点，也即在发展模式上，这些国家在某种程度上有别于西方发展模式。由于美国单边主义的单极模式正面临危机，上合组织国家的这一发展特点在当下更加凸显。多极化的理念在当今世界受到欢迎，同时赋予了各国选择不同发展模式的机会。这种“非西方”的指向以及在解决中亚地区安全问题过程中对国家间相互协作问题的聚焦，保证了上合组织在将近十五年发展中做到功能统一。

正如上面所指出的，现在上合组织正面临制度和功能的变化期。当然，甚至在上合组织建立之时，参与国家的发展水平就大不相同，这点尤为明显。俄罗斯和中国是推动上合组织发展的主要动力，中亚国家则得益于上合组织获得国际主体性。因此，上合组织发展的推动力主要来自中俄两国以及它们的全球影响力和发展资源。最初，正是中俄的国际追求确保了上合组织的国际定位，现今两国再次引领该组织的发展方向。有意思的是，曾经对这两个国家产生不同影响的世界格局变化，今天直接影响着它们所参与的组织未来发展的形式及内容。特别是，俄罗斯在苏联解体后继续保持全球政治影响力的企图，最终体现在其努力在后苏联空间和世界其他地区的原苏联从属国中建立具有排他影响力的特殊区域。但这一战略今天遭到了西方的强烈反对。因此，这种危机状况在以下地区国家的合作领域中十分明显：俄罗斯与格鲁吉亚、摩尔多瓦、吉尔吉斯斯坦、乌克兰等新兴独立国家的合作，还有在中东的叙利亚、西亚的土耳其、波罗的海国家。俄罗斯还试图在亚太地区的朝鲜、越南等国建立“势力范围”，在南亚地区拉拢印度和巴基斯坦与其进行军事合作等，都表现出一种极具“侵略性”的姿态。当前俄罗斯遭受制裁的背景下，俄罗斯更加迫切地试图通过其参加的所有组织——联合国安理会、集体安全条约组织、上海合作组织，以强化安全合作。此外，通过扩员方式吸收南亚大国——印度和巴基斯坦壮大上合组织规模，俄罗斯试图在旧有世界秩序被打破的条件下，强化非西方因素在构建国际新秩序中的作用。

中国在欧亚大陆提出构建“丝绸之路经济带”倡议之后，试图利用现有国际合作机制来推动这一倡议的落实。众所周知，中国领导人特别指出，不会组建一系列新组织来建设“丝绸之路经济带”。因此，中国领导人的努力方向就是推动上合组织在经济领域的发展。中国努力提升上合组织成员国对经济合作的关注，大大地改变了上合组织最初的形式和职能（安全问题）。这种倾向在《上海合作组织至2025年发展战略》中得到强化。这样，中国通过上合组织同时完成了两大战略任务：其一，扩大了上合组织的“经济篮子”，同时还为中国提升对外和周边影响力创造了新机会；其二，强化了中国在全球政治影响中所占比重，同时由于几个有分量的新成员国的加入，上合组织的潜力得到进一步释放。众所周知，中国的经济和政治影响力呈现不平衡发展特征，中国在政治上所占权重远远地落后于其经济的发展程度。现今中国面临的一项任务是提升与其经济发展相匹配的政治影响力。中国可以通过强化在联合国安理会、上海合作组织、亚洲相互协作与信任措施会议等国际组织中的作用来完成这一任务。

中亚地区大多数国家的发展仍然受到俄罗斯的影响。特别是欧亚经济联盟的成员国——哈萨克斯坦、吉尔吉斯斯坦。与此同时，需要指出的是，中亚地区国家的经济发展对中国有着较大的依赖性，特别是在投资上的依赖性较强。最近在交通物流方面，又增加了对中国这个有太平洋入海口国家所建立的走廊的依赖性，这对内陆的中亚国家来说非常重要。并且这条走廊还通往欧盟富足的高科技市场，也使正在进行经济现代化的中亚国家非常感兴趣。鉴此，上海合作组织的制度和职能的变化对中亚国家来说非常重要。

但需要说明的是，印度、巴基斯坦以及潜在的候选国伊朗加入上合组织，将给本组织平衡和可持续发展带来不小的风险。问题在于，即使每个潜在的新成员国愿意接受本组织的活动条件、规章，客观上它们多少也会夹杂进去一些自身的问题、国际诉求和义务。这势必会改变现状，并且也不一定总是有利于上合组织影响力的加强。譬如，印度和巴基斯坦在一系列问题上的冲突，会破坏上合组织的稳定性。而这两个国家领导人在战略层面积极与美国政府开展的外交和政治、军事接触，也会对上合组织未来的意识形态变化产生负面影响。伊朗在中亚地区有着自己的地缘政治影响，吸收其加入上合组织，总的来说会打破地区格局的平衡，并使上合组织的决策过程更加复杂化。我们认为，已经启动的上合组织扩员进程，会引发许多难以预料的问题，这要求上合组织的初始成员国相互协调，并清楚上合组织发展面临的主要威胁。面对这种形势，解决办法之一，就是制定一份接纳上合组织新成员国的专门的“路线图”，要预先制定非常严格的条件和要求，防止不稳定因素的出现。与此同时，或许应事先规定好新成员国加入的补充条件。例如，吸收这些国家参与上合组织的某些项目中去，这作为对新成员要求的条件或“使用期”，最后根据其表现来决定新成员国是否可以最终加入到上合组织。例如，可以加入上合组织能源俱乐部、上合组织大学、上合组织实业家委员会、上合组织银行联合体，构建上合组织经济带，建立欧亚大陆自由贸易区等区域发展项目。

当前上合组织发展亟待解决的另外一个问题是本组织活动的金融支撑。建立上合组织发展银行，是中国前任领导人提出的，但这个想法并没有完全实现。众所周知，中国提出了“一带一路”倡议，得到了诸如拥有400亿美元的丝绸之路基金会和1000亿美金的亚洲基础设施投资银行等组织的融资支持。这些主要由中国发起的机制，已经比较顺利地开始运作，成为推动多边经济合作，包括上合组织成员国参与的经贸合作的主要工具。此外，建立上合组织发展银行的倡议，并没有解决本组织的经济来源、组织结构和多方项目组合的问题。上合组织发展银行也不能像亚投行那样，确定其投资重点，即支持亚洲基础设施发展。这样，就存在设立上合组织发展银行的合理性问题。我们认为，当时没有得到支持的项目，现在需要对其进行调整，并且要考虑到上合组织成员国自身所出现的经济危机，可以集中支持它们实施反危机的措施，控制贬值的过程，在上合组织框架内、以成员国本国货币为基础开展多边贸易。当然，这些措施的实施需要上合组织所有成员国的经济支持，而在现有的金融和微观经济危机条件下显得非常复杂，特别是在上合组织成员国中实施。这样，上合组织的多边经济项目，目前都是由其他的经济来源（丝绸之路基金会和亚投行）支持，同时考虑到“一带一路”构想的现实性，包括对上海合作组织所有成员国的迫切性。

在当前世界经贸发展混乱的条件下，必须要以独特的方式来优化那些类似组织和项目的资源基础，如上合组织、欧亚经济联盟、金砖国家组织，还要构建“丝绸之路经济带”，召开亚洲相互协作与信任措施会议。要知道，这些国际组织和项目本身的目的，就是希望促进大欧亚地区的现代化以及社会经济和社会政治的安全发展。在西方对俄罗斯进行制裁的情况下，俄罗斯总统弗拉基米尔·普京提出的“大欧亚”理念，是促进欧亚大陆国际关系和谐发展所迈出的重要一步。我们认为，需要对这个理念仔细研究，并结合各种项目分析细节问题。现在我们在观察欧亚大陆所有国家（大国、小国）各种利益的变化过程，它们也可以提出不同的合作理念。属于这种情况的有，前苏联国家参与的欧亚经济联盟，还有中国领导人提出的“丝绸之路经济带”倡议项目。很明显，这些项目会引起那些参与到其他国际组织中的国家的兴趣。比如，既是东南亚国家联盟成员国，又是欧亚经济联盟自由贸易区伙伴国的越南，会起到什么作用，这让人非常好奇。这是在大欧亚空间内各国以各种形式应对的典型范例。有意思的还有土耳其的例子，它既是北约成员国，同时又与那些在中亚地区占优势的突厥语国家以及俄罗斯和中国保持着非常紧密的伙伴关系。众所周知，土耳其现在处于其地缘政治定位的全新时期。土耳其多年试图加入欧盟的想法最终未果，制定模棱两可的“新奥斯曼主义”地区战略，与俄罗斯的双边关系时好时坏，可以从直接冲突到友好合作。例如，在俄土双边协议“土耳其流”框架内，一些领导人表示可能考虑吸纳土耳其加入上合组织，① 这些都需要认真考虑和规划，因为这可能会对欧亚大陆的地缘政治形势产生巨大影响。

上合组织扩员进程，就是对现今产生的冲去原有民族间文明、区域和国家界限这一趋势所做出的回应。在这种情况下，这些问题并没有失去理论基础和实践性，例如，像印度这样大的参与者，② 可能在不久的将来成为世界第三大经济体，做出有利于上合组织和金砖国家组织的地缘政治选择的问题。尽管这是印度的内政问题，但印度积极参与到上合组织的活动中来，同时印度与最大的伊斯兰国家巴基斯坦的关系非常复杂，这会使得

---

① Хасан Селим Озертем. В Брюсселе обсуждается отказ от принятия Турции в ЕС” . 22 ноября2016г. http：//eurasia. expert/v-bryussele-obsuzhdaetsya-otkaz-ot-prinyatiya-turtsii-v-es/.

② Наталья Еремина. Индия между БРИКС и Содружеством наций. Что выберет Нью-Дели?”, 28 ноября 2016 г. , http：//eurasia. expert/indiya-mezhdu-briks-i-sodruzhe-stvom- natsiy-chto-vyberet-nyu-deli/.

上合组织的发展变得非常不协调。尤其，在阿富汗边境形势不稳定的情况下，中亚国家的对外政策将面临被“边缘化”的风险。

这样，上合组织要么由于本组织积极的行动而处于世界分裂的中心位置，要么变成“外交委曲求全的平台”，其活动能力和现实的政治经济影响以及中亚国家所期待的对未来的结构规划将无果而终。

最近世界政治重要的发展趋势是在解决现实问题情况下，全球化过程中出现了民族孤立主义和参与边缘化的复兴。属于这种趋势的有，例如英国退出欧盟，被称为“脱欧”，其结果可能会破坏欧洲一体化坚如磐石的结构和共有的价值观；还有欧洲政治版图上右翼和中间偏右势力的力量大增，结果就是加速本地区政策的碎片化。在这种趋势的发展轨道上，还应当考虑，正如美国日裔政治学家弗朗西斯·福山所说的那样，① 那些在最近美国大选中公开反对当权派控制的“中产阶级革命”。对于上合组织架构中的主体——俄罗斯和中国来说，非常重要的是要适应美国新政府——唐纳德·特朗普政府的政策。显然，其结果是上合组织要根据俄罗斯总统或者中国国家主席与美国新总统之间的关系来修正其国际定位，甚至还要等待美国新总统在中亚地区“物色”出新的地区领袖并明确美国在本地区的利益。美国前国务卿约翰·克里提出“中亚5+1”机制，是为了强化美国与中亚地区国家合作的平台。对于这个机制的存废问题，中亚国家很关注。因此，对中亚国家同时也是上合组织成员国来说，保留这个起着积极作用的国际平台，可以将本地区国家的利益提升到世界政治的高度。

与诸如欧亚经济联盟和东南亚国家联盟②等对地区进程和全球发展的前景起到质的影响的、快速发展的一体化联盟进行合作，以独特的方式“改变”这种利益，是上合组织推动世界发展的新机遇。其中，研究上合组织国家领导提出的关于在世界经济和政治秩序不稳定的情况下融合国家、地区和全球利益的想法，是非常有现实意义和迫切的。比如，普京提出的引起国际关注的大欧亚的概念、建立欧亚经济联盟和上合组织国家参与的

---

① Новый глобальный порядок. Фрэнсис Фукуяма – о настоящих последствиях победы Трампа для всего мира”, 22 ноября 2016 г. http：//nv. ua/recommends/tramp-istskaja-amerika -i-novyj-globalnyj-porjadok-284531. html.

② Aidar Amrebayev, “Eurasia's Economic Union and ASEAN：Why Interaction Is Important?”, 21 September 2016, http：//www. rsis. edu. sg/wp-content/uploads/2016/09/CO162 33. pdf.

自由贸易区，还有哈萨克斯坦总统纳扎尔巴耶夫提出的深化与东南亚国家联盟的合作等理念，都为国家间结构性合作，使国际社会摆脱全球秩序危机提供了广阔的前景。

与此同时应当指出的是，在上合组织积极走上世界舞台的同时，中亚地区保留自我认同的重要性。本地区国家有着自己的发展逻辑和历史轨迹，这可以并应当对上合组织的重新定位产生一定影响。比如，对于任何一个国家来说，权力的更替过程都是个复杂的问题，既会给国家的内部力量也会给其对外政策和影响力带来一些不稳定因素。目前，摆在我们眼前的就是，这整个地区正在适应乌兹别克斯坦第一任总统伊斯兰·卡里莫夫去世后的权力交接过程。确定这个国家的对外政策没有变化、仍同意履行现有的条约、在保留战略路线的同时做出一定的战略调整，是上合组织对外政策重新定位能够具有可持续性的和灵活性的重要条件。

对国家与地区发展模式的重新定位，更侧重于国家优先发展方向，这不仅是社会思潮中保守主义的例证，而且也反映了对国家间、地区和全球现有治理形式的不满。显然，像上合组织和欧亚经济联盟这样的一体化国际组织，一方面，应该向更多地代表每个成员国的利益方向转变，另一方面，应当与其他范式开展协调合作并变得更具开放性。打破意识形态上的条条框框、政治制度的结构化以及经济上的限制，追求更大的灵活性和相互关联性，积极进行相关对话，寻求互惠互利的妥协，是当前全球和区域国际组织、项目转型的必然前景。

在笔者看来，当前上合组织正处于一个转型阶段，即从一个对内要维持欧亚大陆国家现状、保证成员国间边境稳定与安全的组织，转变成一个对外推广自己的价值观和建构国际规则的新型组织。很显然，这一时期内随着新成员国数量的增加，上合组织的受欢迎程度继续提升，其合作内容进一步深化和多样化，譬如，打造“丝绸之路经济带”的经济平台来推动经贸合作。其中，原则性问题仍然是保持组织框架内协商一致的“上海精神”，吸收可以接受组织原则和目标的新成员国，并且要求新成员国不能建立与组织相悖、相冲突的国际架构，例如“非西方或反西方的”国家共识。我认为，某些政治领导人和专家们宣称过去两极化国际关系体系是稳定的，这种看法并不合时宜，需要对此持批评态度，并且要基于对国际关系新现实的考虑做出修正。

总结2016年上合组织的发展状况，应该指出，本组织仍然面临着很多无法预料到的国际大事件。传统上，上海合作组织亦逐步形成了可应对处理当前发展中一系列现实问题的成熟经验。但在当下如此快速发展的时期，要求上合组织有很强的机动性，还要适应并时刻准备提出具有现实意义的政治经济创新思想，并做出结构上以及综合性的决定，这些决定可以使局势向好的方面转化。比如，把一些存在已久的、根深蒂固的老问题变成发展的机遇。在这种意义上，国际危机数量的增加，可以看做是促进发展的财富。这方面典型的例子是，“危机”在中文里是两个字，有两层含义，一个字的意思是“危险”，第二字的意思是“机会”。问题不是需要克服的事情，而是可利用的机遇。解决问题的最好办法，不是回避问题，而是要把问题看做是世界形势发展的需要。

（班　婕　译　万青松　校）

总　结

新形势下上合组织未来发展的理念求诉*

冯绍雷　万青松**

【内容提要】上合组织的建立被认为是一个历史性创举，成为政学两界热议的话题。而扩员后的上合组织不仅要求人们对国际、地区局势和未来态势做出明智判断，而且要求人们对更深层次的国际关系进程，以及在其背后发挥作用的复杂因素提出更为理性而具远见的分析。本文力图从国际政治经济学、空间理论以及世界历史多样化进程下的主体性观念建构等维度，详细探讨上合组织未来发展的理念构建问题。只有在健全而活跃的学术与思想的支持与引领下，本组织才更具生命力，才能在今后的发展中立于不败之地。

【关键词】上合组织　理念构建　中国外交

上海合作组织迄今已走过十六个年头，它的建立被认为是一个历史性创举。从成立至今，上合组织总体上稳步发展，国际影响力和国际地位不断提高。尤其是在刚刚结束的2017年上合组织国家元首阿斯塔纳峰会上，印度和巴基斯坦成为上合组织正式成员之后，本组织成员国、观察员、对话伙伴国基本上已经涵盖欧亚内陆的核心区域，具有广泛的代

---

* 本文的部分内容已经发表于冯绍雷教授主编的《让梦想照进现实："一带一路"的愿景与行动》（上海：上海人民出版社，2016年，第3—39页）。经过大幅度修改之后，发表于此。

** 冯绍雷，教育部人文社会科学重点研究基地华东师范大学俄罗斯研究中心主任、上海市高校智库—周边合作与发展协同创新中心主任；万青松，华东师范大学国际关系与地区发展研究院、教育部人文社会科学重点研究基地华东师范大学俄罗斯研究中心副研究员。

表性。据统计，扩容后的上合组织所覆盖的领土面积约占世界陆地总面积的23%，人口数占世界总人数的45%，成员国的GDP占世界总量的25%。① 可以预见，未来，上合组织在欧亚地区合作进程中将继续扮演重要角色。

阿斯塔纳峰会后，中方正式接任2018年上合组织轮值主席国并将主办峰会。习近平主席在本次阿斯塔纳峰会上已对上合组织未来发展做出明确阐述：不忘初心，与时俱进。“不忘初心”意味要继续坚持和弘扬“上海精神”；“与时俱进”是要八个成员国团结在一起，不断适应国际与地区形势发展的新需要，不断开辟上合组织发展的新局面。② 对中方而言，新形势下如何利用扩员后的机遇进一步推动上合组织的未来发展，如何进一步强化上合组织安全与经济功能，并就本组织发展面临的挑战提出中国解决方案，正成为当前需深入研究的现实问题。

一、当前上海合作组织发展面临的新形势

当今国际和地区形势正发生巨大变化，世界经济增长需要新动力，发展需要更加普惠平衡，贫富差距鸿沟有待弥合，地区热点持续动荡，恐怖主义蔓延肆虐。我们正处在一个挑战频发的世界，和平赤字、发展赤字、治理赤字是摆在全人类面前的严峻挑战。③ 作为一个地区性国际组织，错综复杂的国际和地区形势要求上合组织在本地区发挥更为巨大的作用，同时也注定其未来发展道路不会一帆风顺，对其今后的发展前景设置了重重考验。总体上说，无论是当前国际关系发展的宏观国际环境，还是上合组织成员国内部发展与改革进程的演进，都是推动上合组织继续发展的重要内外背景。

---

① Ушаков: лидеры стран ШОС примут на саммите заявление о совместной борьбе с терроризмом, 7 июня 2017, ТАСС, http://tass.ru/politika/4320957.

② “王毅外长在‘上海合作组织日’招待会上的致辞（全文）”，中国外交部官网，2017年6月15日，http://www.fmprc.gov.cn/web/wjbzhd/t1470516.shtml。

③ “携手推进‘一带一路’建设——习近平在‘一带一路’国际合作高峰论坛开幕式上的演讲”，中国外交部官网，2017年5月14日，http://www.fmprc.gov.cn/web/zyxw/t14613 94.shtml。

（一）从国际层面来看，当前国际关系政治、经济、安全等领域发生的深刻变化，将对上合组织的未来发展产生重大影响

其一，冷战结束后整个二十多年国际关系的演进，大体以2008年国际金融危机为界，分为两个阶段。自冷战后至2008年国际金融危机之前可称为冷战后国际关系的第一阶段，2008年至今为国际关系新阶段。新阶段较于第一阶段出现很多结构性变化。从外部变化看，2008年国际金融风暴发生后，欧美主导下的世界经济无力监控危机；G20集团出现，金砖国家加强合作，新兴国家影响力在艰难挑战中上升。在欧亚地区、中东北非等地区，一系列“革命”引起巨大动荡，即使不提今天遍布欧洲的难民潮，仅就英国脱欧而言，也充分表现出西方国家有心推动“革命”，却无力掌控“革命后”局势的难堪局面。这一连串变化表明冷战后的格局已从西方高歌猛进、垄断国际事务的局面逐渐衰退。一个更加多元化的世界正在出现。可以说，当前上合组织的发展正面临顺应这一历史潮流的变化。

其二，全球层面正在出现急剧变化，全球化过程面临抵制、抗争，陷入一个复杂局面。这主要体现在：（1）WTO等全球多边贸易和金融体制在多年来推动发展之后，除个别领域有所进展之外，总体上陷于停滞不前状态。与前三十年的情况正好相反，目前全球贸易增长罕见地落后于GDP的增长，全球自由贸易正变为保护主义大行其道的所谓“公平贸易”。（2）信息革命取得巨大进展，却在如何平衡传统管理模式和超越国界、超越法权、超越个人隐私的巨大信息流量冲击的这两者之间，发生着尖锐的碰撞。（3）大众商品和资源能源价格的起落，既表明商品与资源的输出国与输入国之间越来越紧密关联，全球经济互不可分，但需求的跌落也充分显示出深刻的结构性矛盾。（4）全球化带来经济增长的同时，贫富差距不断扩大，正越来越引起横跨东西方的普遍不满，从而成为一系列动荡的根源。当前全球化遭遇的诸多挑战，也对上合组织及其成员国的发展产生新影响。与此同时，在严峻挑战面前，也需要各成员国继续为推进全球化提供交往的通道与动力。

其三，全球层面的竞争与合作正转入地区，地区层面的态势正在成为大国博弈的一个聚焦点。当前，地区层面的政治、安全关系呈现矛盾多发、不稳定因素增多等特点。地区经济关系也经历着新的变化。金融危机后的世界经济发展并没有完全走出困境，复苏充满了曲折和艰难，传统的贸易保护主义也有所抬头。在亚太地区，美国强化美日、美韩、美澳军事同盟，积极拉拢印度，利用南海问题极力挑唆东盟国家和崛起国中国的矛盾，鼓动一些与中国有岛礁或领海争议的国家向中国发起挑衅和激化矛盾。在欧亚地区，乌克兰危机引发美俄新一轮博弈，美俄关系的持续紧张对欧亚地区的稳定与和平造成诸多不利影响。在中东地区，虽然奥巴马一度调整战略，从伊拉克和阿富汗战场撤军，但这些举措并未使这一多年持续动荡的地区转危为安。2015 年 10 月以来，俄罗斯出兵在叙利亚开展军事行动，深度介入中东地区事务。欧亚大陆周边地区的矛盾再次错综交叉，彰显短时难以缓解的态势。与此同时，美国试图改写多边投资贸易规则，大力推动“跨太平洋伙伴关系协定”和“跨大西洋贸易与投资伙伴关系协定”（TTIP）谈判进程，制定新一轮的国际投资贸易规则，企图排挤以中国和俄罗斯为首的新兴国家。

因此，上合组织有必要探索以一种全新姿态介入地区和跨地区经济过程，期待通过互联互通，贯通欧亚，连接大洋，为地区或跨地区合作提供一种新的思路。

（二）从内部发展进程来看，目前上合组织成员国的内部事务面临新的艰难“改革”与“转型”，正进入一个新的发展阶段

冷战结束后，上合作组织成员国的内部体制转型，不约而同地大体上经过三个相似阶段。20 世纪 80 年代前后，上合组织成员国开始改革的第一阶段，这是一个以学习欧美国家为主流的自由主义导向的转型过程，以市场和民主为切入点，主要是取法西方体制，推进现代化建设和体制改革，其中包括人们所熟悉的私有化、市场化、政治民主化等内容。在这一阶段，各国的转型与发展经历了严峻考验。

第二个阶段，大体从新世纪初前后开始，随着世界经济形势的变化和国力的提升，到了对前一阶段的自由主义路线所带来的结果进行调整和修正的阶段。上合组织大部分成员国都出现相类似的走向：随经济发展而来的国家实力增长、国有部门在国民经济中作用的抬升、在内外事务中国家主体性的凸显等，还包括本国经济在海外的不同程度扩展。与前一阶段相比，国家和政府的主导作用得到加强。

从2008年金融危机开始，到后来的乌克兰危机，全球和地区层面都发生了一系列重大变化，中国和其他欧亚转型国家有可能不同程度上开始进入一个新的转型阶段：一方面，坚持加强国家宏观主导和调控作用。事实证明，若无强大国家和真正有效治理能力的支撑，无论是改革还是现代化进程都难以为继；另一个重要方面还在于，对真正改革的要求正在重新凸显。无论有多大困难，改革的大势正在一步步迫近。

因此，既加强国家调控，又发挥市场和社会力量，要同时在这两方面推进，远不是一件容易的事。除了各国内部发展战略的协调和均衡外，其中非常必要的一步，乃是相关国家之间的相互合作，营造良好国际环境，以避免体制改革过程中的"问题外溢"。而且，要力争以"开放式的倒逼"——不仅向西方国家开放，也向发展中和转型中国家开放；不仅向亚太大洋地区开放，也向欧亚大陆纵深地带开放——来推动进一步的改革。虽然任何改革的真正起步都绝非易事，但显然，上合组织成员国国内进程的客观逻辑内涵和所面临的挑战具有很大的相似性，这是上合组织继续发展的又一个重要背景。

上述新的内外背景，要求上合组织及其成员国在今后一段时期内必须以改革和发展并重、以本土原则和对外开放相结合、坚持以学习先进和尊重多样化文明为基本取向，这才有可能保持本组织持续推进的生命力。为此，有必要借重人文社会科学各领域的已有积累，使得上合组织的未来发展能够得到当代严肃的思想学术成果的强劲辅佐。目前问题可能在于，怎样的一种知识结构才能与上合组织未来发展相匹配，有哪一些学科互相组合才能够成为本组织发展的理论与学术基础？这些是下文讨论的问题。

二、国际政治经济思想视野下的上合组织合作前瞻

目前流行的国际政治经济学，主要是二战后西方、特别是美国学界，从政治与经济相结合的角度来观察国际社会和各个行为体的。这一学科门类有相当丰富深刻的学术积累，但是门派很多，所主张的学理和结构框架往往大相径庭，即使像吉尔平、斯特兰奇等学者那样被流传得很广的作品，也主要是对于各个流派的集大成之作，还较少被普遍认可的学科自主性构建。因此，本文拟从一个更为广泛的国际经济政治思想的视角，来讨论上合组织未来合作重点，而不拘泥于某一特定学科流派。

（一）以基础设施建设和产能合作作为上合组织未来合作的重点方向

20世纪60年代以后，世界银行等发展组织曾一度在发展中国家和地区推行发展重工业和基础设施建设。但是，当时冷战氛围主导了整个国际议程，这一类发展计划也难免打上冷战烙印。此外，在广大发展中地区还并不具备西方式工业化道路的历史前提条件之下，这一推广虽有所成就，但效果有限。

在冷战终结前后的20世纪80—90年代，西方主要通过“华盛顿共识”模式，推行大规模政治经济体制转型，希望以自己市场经济和民主体制模式的推广，来改造发展中国家、前社会主义国家。这是又一波席卷全球的大潮。实事求是地说，当时只是在中东欧、东南欧一些国家取得部分成功，而在国情复杂、离欧洲较远的国家，如上合组织成员国就很难奏效。

除了这两个阶段西方以工业化与体制转型的方式扩展影响外，弗兰西斯·福山还总结道，近些年来，美国和欧洲对新兴和贫穷国家的发展策略一直侧重于大规模投资公共卫生、妇女权利、扶持全球公民社会以及反腐败措施等领域。他说：“这些目标固然令人称道，但是，迄今没有任何国家仅凭这些领域的投资走向富裕。公共卫生的确是持续增长的重要背景条件，但是如果一个诊所没有可靠的电力供应和清洁的水源，或者没有良好的交通条件，也不会发挥多大作用。”福山相当肯定地说：“中国以基础设施建设为基础的策略在中国身上已经显现非凡的效果，这也是日本、韩国和新加坡等东亚国家过去推行战略的重要组成部分。”① 可以认为，这是对以基础设施建设带动区域合作的一个实事求是的评价。基于此，上合组织成员国可将基础设施建设作为未来重点合作方向，以便助推本国其他领域的发展。

产能合作是共建“一带一路”的主要内容，也成为政府工作的重点内容和社会关注的热点话题。虽然目前中国“一带一路”产能合作取得积极进展，但是在推进国际产能合作的问题上并非没有争议。就目前发展水平

① “出口中国模式‘一带一路’影响世界格局”，中评网，2015年12月31日，http：//www.crntt.com/doc/1040/6/6/3/104066312.html？coluid = 93&kindid = 12330&docid = 104066312&mdate = 1231111515。

来看，中国促进产能合作的体制机制不够健全，支持服务体系也显得较为落后；包括上合组织成员国在内的多数“一带一路”沿线国家的制度环境与技术标准差异大，中国企业应对准备还没有非常充分。“走出去”的企业相互之间还远远没有形成合力，国际化的能力还相对较弱；经常可以听得到中方企业在海外反映，欧亚内陆国家一般而言主权信用度较低，长期存在着各类风险。对于这样一些产能合作中的综合性、紧迫性问题，必须高度关注。

总之，对国际产能合作中的这类实际问题，恐怕还鲜有现成的国际经验，需要更多的积累与摸索、知识与学术的支撑。在面临尖锐国际政治经济的竞争条件，对象国经济政策的高度多样性，转型中、发展中国家商业与安全环境普遍较差，以及国内企业尚欠推进国际化的充分准备等种种外部条件时，正确国际合作战略的选择与实施，还有待于更为宽广视野的国际政治经济学的支撑。这是未来上合组织框架内高效合作能否实现的关键之所在。目前中国已经同哈萨克斯坦签署产能合作有关文件，并积极加以推进落实。下一步，中方可以当前与哈国之间产能合作进展，来推进与上合其他成员国之间的合作，把产能合作纳入机制化轨道，与上合组织伙伴国家对接规划和项目，共同为各国企业间合作穿针引线、铺路架桥。

（二）进一步塑造上合组织成员国之间均衡互利的包容性合作

上合组织自成立以来就大力主张包容性合作，主张不同体制、不同文明背景、不同发展水平的大小国家一律平等地参与合作，这些都是“上海精神”的核心内容。对于上合组织的未来发展，需要成员国之间更加务实互利的合作；上合成员国也有以合作求稳定、以共存求发展的期待。

那么，到底如何推进上合组织各成员国之间的务实互利合作呢？利益与意愿的重组和交换，打破时空界限的前瞻性合作，可能是重要运作途径。比如，中国与上合组织伙伴国家推进合作，不能不以合情合理地进一步开放本国市场作为前提，同时也以伙伴国提供更为开放的资源和基础设施安排为交换。以中、蒙、俄三边合作为例，如果没有中国沿海地区的港口便利条件向内陆国家开放使用，如果没有内陆国家也同时局部地改用宽轨铁路等基础设施和资源利用条件与之连接呼应，中、蒙、俄之间的三边合作不可能这样顺利地推进。从长远的角度看，以各方接受的多边方式，大大加强中国对俄罗斯的远东与西伯利亚地区的合作与投入，是一项非常重要的安排。不仅通过对远东西伯利亚的合作与投入表明中国的合作诚意与决心，同时也通过实践使得各方、特别是俄罗斯方面能够体验到：中亚地区的合作与开放能使各方受益，并真正形成中、俄、中亚三边之间的均衡持续发展。稍做回顾的话就不难发现，中国、俄罗斯、中亚三方之间并非没有这种互联互通的成功合作经验。三方天然气管道的合作就是一个证明。当然，实现这样的一种多边合作格局，远不是一件容易的事。仅仅以目前在远东西伯利亚地区对于中国合作前景的民意表现来看，支持与依然持疑虑态度的统计数据大体相当，这也是中方在这一领域谨慎推进的原因之所在。

按照国际政治经济学的一条原则，国际经济合作必须由国家间、特别是大国间的政治合作做保障，这是至关重要的一个方面。但扩员后的上合组织涉及到那么多国情复杂、地缘政治环境各不相同的国家之间的多边合作，这样的合作如何有效落实，其中有两个关键问题：一是，决策运筹急需研究解决合作的先后次序问题，显然，不同的优先次序就意味着不同的战略决策后果；二是，新时期国际政治经济合作需要高质量的均衡，也即，不只是简单的数量关系和力量格局的平衡，而是包含着复杂动态平衡的、具有更高层次要求的平衡。值得注意的是，国际政治中均衡战略的大师基辛格一直强调一个原则：均衡原则同样是包含着伦理道德要求的基准，①他在 90 高龄撰写新著《论世界秩序》时，所使用的“均衡”一词多为“equilibrium”，而不是国际政治论述中一般所使用的“balance”。② 换言之，基辛格提倡的是在国际合作进程中，追求一种更为讲究内在质量、更注重内涵、更富有思想历史含义，并追求“均衡”的运作。上述所言表明，随着上合组织从粗放型向集约型阶段发展，也即对本组织的合作质量提出较高要求的同时，对国际政治经济学的研究也提出了新的紧迫要求。

---

① ［美］基辛格著，顾淑馨等译：《大外交》，海南出版社 1997 年版，第 772 页。

② ［美］基辛格著：《论世界秩序》，中信出版社 2015 年版。上海国际问题研究院院长陈东晓曾经向笔者提供了关于这一问题的信息和理解；华东师范大学童世骏教授向本人进一步提供了有关这一英文词汇的不同翻译和解释，特在此向两位学者表示衷心感谢。

（三）以“一带一路”倡议中的互联互通为主要方式对接上合组织成员国

2013 年 9 月，习主席在哈萨克斯坦阿斯塔纳第一次提出“一带一路”构想时，强调的一个重点，就是以商品流通、道路畅通、货币融通、技术互通、人心相通这样的“互联互通”作为“一带一路”的主要运作方式。从学理角度看，人们似可以将之界定为自由贸易原则的充分体现。同时，“一带一路”强调以政府推动的大规模基础设施建设为引领，实现跨国、跨区域合作，显然又使人联想起汉密尔顿与李斯特，以及上世纪之交成功修建西伯利亚大铁路的俄国总理维特的国民经济学的理论特质。事实上，像“一带一路”这样一类宏大战略，很难以某种单一理论学说来概括。有点类似“供应侧”经济战略的推进，这里既不是对传统供应学派的重复，但也不是简单复制凯恩斯主义的有效需求理论，而是一个兼顾多面、又针对现实的战略与政策选择。

如果只是强调单一的自由主义贸易原则，只顾一味推进超越国界的商品、资金、技术与人员自由流通，那么竞争力相对不足的国家，尤其是处于欧亚大陆内部的大部分上合组织成员国，就会非常担心市场受到冲击，本国产业竞争力被杀伤殆尽。实证研究的结果表明，2000—2014 年贸易结构的恶化正在对俄罗斯国内的产业结构状况产生负面影响。① 同样，片面强调区域合作中的所谓“市场经济”立场，一味追求政府的不作为，忽略大企业应该具有的依托、支撑与引领作用，听任中小企业在海外市场经受风险，也是有问题的。实际上，20 世纪 90 年代初期，在中国与欧亚内陆国家经贸交往中的一度放任自流，已经有了这方面的深刻教训。因此，问题的关键在于如何将各种复杂的、甚至很多是相互矛盾的需求相互匹配。从深层次上说，也包含着如何将各自矛盾的各种理论学说融会贯通、加以运用的问题。值得注意的是，最近以来，不光中方对于“一带一路”如何与俄罗斯“对接”采取了不少切合实际的务实措施，俄罗斯方面也做出了不少表示。比如，俄罗斯央行加大对人民币开放力度，远东西伯利亚地区

---

① 廖雅珍、许民慧：“俄罗斯贸易结构与产业结构的错位研究（2000—2014）”，《欧亚经济》2016 年第 1 期。

对华引资环境有所改进，俄方同意远东通往珲春段的铁路改为欧洲式窄轨（这并不意味着俄罗斯境内的宽轨全面改制），特别是愿意在上合组织基础上对华商谈自贸区协定等等，这些可视为俄方在一度犹豫之后，表现出的与中国推进“对接”的积极意愿之所在。

概括地讲，从国际政治经济思想这个角度至少可以在以下方面思考上合组织的未来合作：其一，如苏珊·斯特兰奇所言：国际政治经济学乃是从结构关系的角度体现不同价值与利益的制度安排与战略相互关系的一门学问，因此上合组织的未来合作需要从结构角度，深化对于来自不同价值与利益背景的合作与竞争关系的认知水平，也即不局限于一时一事，而是着眼于长远结构关系的稳定，兼收并蓄，多样包容，循序渐进。其二，作为国际进程基本面的经济、政治与安全三者之间的相互关系，如何在推进上合组织成员国深度合作过程中运筹调处。换言之，不光是考虑不同价值与利益之间的国际社会间的结构性关系，而且考量不同战略选项的优先次序问题：先解决发展问题，还是先实现价值目标；先建立起互信、稳定伙伴关系，还是以实现商业目标、追求单向度突破为优先。各类优先秩序的运筹安排，显然是一件具有丰富内涵并需要精心处置的问题。其三，国际政治经济学的现有知识框架中，无论是其总体的经济发展思想的变化、国际政治经济社会演进的逻辑、国际秩序构建中的更替，还是涉及金融、贸易、资源、环境等具体领域的知识范畴，都有着大量的积累，如何既发掘知识潜能，又加以创新运用，将面临很多问题。比如，上合组织框架内的一体化进程是否需要以欧盟式的自由贸易区—关税同盟—货币同盟这样的“经典模式”的时序，能否有所超越或者倒转？但是为什么在有些国家与地区，自贸区谈判推进顺利，而在上合组织成员国内则停滞不前。是否在推进一般的“标准”自贸区建设的同时，还有根据当地特点不断加以创新发展，以适应当地的可能。总之，上合组织未来合作与国际政治经济思想和理论本身的发展丰富，这两者之间有着天然的密切关联，值得继续花功夫研究。

三、空间认知与扩员后的上合组织

上合组织的未来发展包含着相当开阔的空间想象力。随着本组织扩员进程的一步步推进，其空间生产力也将进一步参与形塑社会与经济生活，最终影响对地域空间的认知。历史地看，空间理论中的许多遗产今天依然在激起回响。

（一）地缘政治学说的旧桃新符

上合组织目前所在的广阔区域，实际上早已在早期地缘政治学家的著作中涉及。比如，20 世纪初，地缘政治理论的先驱——英国著名地缘政治学家麦金德（Halford Mackinder）在其论文《历史的地理枢纽》中提出“心脏地带”（heartland）的论点，认为随着陆上交通工具的快速发展，欧亚大陆的“心脏地带”成为最重要的战略地区。在此之后，他有关“心脏地带”的相关论述，被概括为迄今广为流传的经典名言：“谁统治东欧，谁就能控制大陆心脏地带；谁控制大陆心脏地带，谁就能控制世界岛；谁控制世界岛，谁就能控制整个世界。”① 在这句话中，世界岛即欧亚大陆，被视为这个世界上最具权力潜质的场所，而位于欧亚大陆中心地带的一片广袤的内陆区域（即“心脏地带”）则是统治整个欧亚大陆的关键。② 已故美国著名的政治家、战略家布热津斯基（Z. Brzezinski）在其名著《大棋局》中也明确指出，欧亚大陆不仅仅是全球面积最大的地缘政治中轴，还是美国最重要的地缘政治目标。主宰欧亚大陆的国家将能够控制世界最先进和经济最发达的三个地区中的两个。美国能否持久、有效地保持这种地位，将直接影响美国对全球事务的支配。③

虽然麦金德和布热津斯基都不约而同地强调欧亚大陆极为重要的地缘战略地位，且难免有所拔高，但是麦金德所提出的，欧亚大陆凭借现代技术力量的机动性，具有海洋机动性不可替代优势的观点，至少在经济发展的意义上依然是有其价值的。④ 空间生产力的发掘，可以提供欧亚大陆国家发展和交往的巨大动力，未来需要高度关注的是，如何在推进基础设施和交通运输能力建设的同时，规避大国之间的空间冲撞。

---

① ［英］麦金德，武原译：《民主的理想与现实》，商务印书馆 1965 年版，第 134 页。

② ［英］麦金德，武原译：《民主的理想与现实》，商务印书馆 1965 年版，第 14、70、104 页。

③ ［美］兹比格纽·布热津斯基，中国国际问题研究所译：《大棋局——美国的首要地位及其地缘战略》，上海人民出版社 1998 年版，第 26—27 页。

④ ［英］麦金德著，林尔蔚等译：《历史的地理枢纽》，商务印书馆 2007 年版。

就上合组织成员国而言，中国与俄罗斯和中亚等欧亚大陆国家的能源与基础设施建设发挥着极其重要的影响力。在中国国家发改委担任过领导工作很多年的张国宝先生在为美国能源权威专家丹尼尔·耶金所著的新书《能源重塑世界》写中文版序言时，虽然对此书给予高度评价，但还是相当直率地提出以下批评，也即，耶金并没有提到“中俄原油管道、中哈原油管道、中亚天然气管道、中缅油气管道等涉及中国，也影响区域或世界能源格局的大项目、大事件”。[①] 显然，借重于欧亚大陆比邻国家的地缘便利条件，已大规模推进的能源管道建设，包括而后将会启动的交通运输等方面的互联互通项目，不仅大大地改变着欧亚大陆纵深地带的地缘经济状况，而且显然已经深刻影响着全球的能源、贸易等方面的交往格局。因此，有必要对政治经济地理研究中诸多学术遗产加以梳理，去伪存真，去芜存菁，以有利于从宏观思路上深化对上合组织未来发展的认识。

（二）以宏大地域为背景的跨区域合作的新挑战

目前上合组织成员国和伙伴国所涉及的自然地域空间越来越广大，涵盖欧亚内陆的大部分区域，包括中亚，欧亚北部、西部、东部，西亚和南亚。显然，上合组织国家之间的合作已经开始成为一项史所罕见的跨国、跨地域合作的宏大规划。自然而然地，这一种状况必然影响到人们原本习以为常的传统经济学原理的许多考量。作为有代表性的自由主义经济学家，克鲁格曼曾经提出：“为什么空间问题仍然是经济学界的一个重点呢？这不是历史偶然，空间经济学本身的某些特征，使得它本质上就成为主流经济学家掌握的那些建模技术无法处理的领域。”[②] 遗憾的是，关于空间因素与古典经济理论在紧密交互以后，将会形成怎样的新结论与新阐述，还没有见到很多有系统的、有分量的创见。而问题恰恰在于，上合组织成员国，像中国、俄罗斯、哈萨克斯坦等超大型疆域的大陆比邻国家，它们所面临的合作空间与难度既前所未有，同时该项合作中所释放的经济能量也将是

---

① ［美］丹尼尔·耶金，朱玉犇等译：《能源重塑世界》，石油工业出版社 2012 年版，序言部分。

② ［美］保罗·克鲁格曼，蔡荣译：《发展、地理学与经济理论》，北京大学出版社 2000 年版，第 37 页。

史所未见的。因此，以上合组织成员国为代表的新兴经济体崛起所伴随的地理空间变化正在形成对于传统经济理论的挑战，这是一部还有待书写的宏大篇章。有专家者提出：克鲁格曼所指的“某些特征”，即“存在收益递增时的市场结构问题”，也是传统国际贸易理论中所没有考虑到的规模经济问题。显然，规模报酬、运输成本和流动要素这些以往未被充分注意的要素，正在促进经济结构中空间要素的凸显。① 正如世界银行的2009年度报告所指出的：空间密度的合理调整、通过交通基础设施以缩短距离，以及通过推进一体化克服地域分割，正在产生着巨大的为传统贸易理论所忽略的经济效应。② 总之，地理与经济理论之间的相互关联性问题正在重新被提上日程，上合组织成员国过去的发展在这方面所提供的宝贵经验和扩员之后未来的发展规划，都急需学界在理论上进一步加以提炼。

（三）乌克兰危机的教训：两败俱伤的空间博弈

对于上合组织未来发展而言，有必要提及乌克兰危机，因为这场危机的发生确实提供了不少关于当代条件下如何避免和规制冲突的经验与教训，尤其是考虑到上合组织所在的区域存在不少同时角逐同一块地域（中亚地区）的地区性国际组织，且它们的成员国组成部分重叠、功能相似、主导国相同、机制设置大同小异。如何避免和规制潜在的冲突，将是推进上合组织区域合作过程中需要认真考虑的结构性因素，因此有必要分析乌克兰危机的教训。

从欧洲本身一体化和欧盟东扩过程来看，原本具有其经济、政治的合理性。而对俄罗斯、白俄罗斯、哈萨克斯坦为主要角色的欧亚经济联盟来说，通过整合原苏联地区各国之间的企业格局、基础设施、社会网络，乃至人文背景下尚存的共同基础，提升当地的市场竞争水平，争取整合之后的更多发展机会，也未尝不是合情合理的安排。但是，明明是这样两个在原本意义上都具有合理、合法性的过程，却在种种内外原因的推波助澜之

---

① 工志远：“后苏联空间与丝绸之路经济带：一个分析框架”，《俄罗斯研究》2016年第1期，第72页。

② 胡光宇：“重塑世界经济地理——2009年世界发展报告概述”，《城市与区域规划研究》2009年第2期。

下，最终导致了一场血腥的冲突——乌克兰危机。

这一案例带来多方面的教训。第一，凡事皆有度，原本合理的过程，一旦超越界限，会使情况顿时复杂。对于利益空间的博弈更是如此。第二，乌克兰作为一个处于东西方文明复杂交织最前沿，也最西端的国家，有其在对外发展上自主选择的权力。但是，当本国利益集团和外部环境之间的寻租和争斗，深度干扰着这一选择的自主决定时，所需要的不仅是自主选择，也包括各利益相关方的协调。第三，在危机条件下判定是非的标准，不可能仅仰仗血腥的地缘政治的空间博弈，还必须诉诸文明历史条件，以及在客观公正意义下的国际法规范。只有地缘政治实力、国际法规范、历史文明条件这样的相互结合的“三位一体式”的衡量评判，才有可能真正维持稳定与公正。最后，乌克兰危机不仅事发于不同的战略利益、不同的意识形态背景，而且看来也深深地关系到区域合作推进过程中的技术处理过程。这样就使得本来还是有可能兼容东西方因素的乌克兰，却在历史突然转折的关头发生倾覆，反而变成一种“对抗性的伙伴关系”。[①] 由此可见，乌克兰危机的发生，给上合组织框架内的国家间合作，以及处理好与区域内其他组织之间的竞争与合作关系留下的深刻教训是多方面的。

从空间认知角度来思考扩员后上合组织的未来发展问题，涉及以下几方面：第一，传统地缘政治学所强调的“大国力量如何进行空间配置”这一基本命题依然是当今世界无法回避的重大问题。资源环境、领土边界、运输通道、国家、地区、全球治理构架等传统地缘政治学所提出的大国间合作与竞争问题，都可能在上合组织扩员后遭遇，需要学会规避大国的空间冲撞。第二，在推进上合组织合作过程中，空间广大与多样性特征正在挑战传统的经济学说，自由主义立场的经济学家克鲁格曼对此的最新阐述，透露出古典经济理论对于人类经济活动中空间要素的忽略。第三，乌克兰危机作为一个尚未离席的反面教材，提醒人们关注传统区域一体化理论已被一般化、凝固化趋势的危害性；特别是在同一地域上的方向相反而重叠出现的不同区域一体化进程，很可能导致地区重大冲突和危机，这是上合组织在推进合作进程和处理好与地区其他组织关系中需要重点考虑的因素。

---

① 冯绍雷：“欧盟与俄罗斯：缘何从合作走向对立——论围绕乌克兰‘东—西’取向的三边博弈”，《欧洲研究》2015 年第 4 期。

四、世界历史多样化进程中的主体性观念构建与上合组织新定位

世界历史进程的视角之下，上合组织发展所体现的一个重要内涵乃在于，它是多样性历史文明进程的一个鲜明体现。从比较角度来看，20 世纪以来的大国影响力的伸展，大凡都经历了这样几种形式，或者是欧美文明引领之下的西方市场与民主制度的扩展，或者是苏联共产主义意识形态下的全球延伸。就这些历史过程大体而言，都是在普世主义语境之下的扩张进程。但是，全球化进程中新兴经济体的崛起，特别是中国、俄罗斯、印度作为其代表性力量的成长，体现着世界历史进程中的文明多样化发展的深刻含义。上合组织的未来发展不仅仅是一个行动纲领，或仅是一种战略构想，而是势所必然地被要求汇聚成为更加明晰、更加具有穿透力的主体性观念形态。

从新世纪初的思想潮流变化来看，既有着方法论与理论工具的更新，也有着对于西方中心主义思潮的反思，更有着 20 世纪以来学术精华的积淀。这一些深层次的变化，都推动着新世纪背景下上合组织成员国主体意识的形成。而这样一种新的主体意识和主体观念的形成，无疑成为推进上合组织发展的思想与理论动力。早在新世纪之初，中国就率先与其他成员国共同提出“互信、互利、平等、协商、尊重多样文明、谋求共同发展”的“上海精神”，为冷战后国家间关系的发展树立了合作共赢的新型国际关系典范。其中，尊重多样文明、谋求共同发展就是世界历史多样化的真实写照。

（一）世界历史进程多样化与主体性观念的构建

从几百年来国际关系秩序的更替过程来看，历史越来越走向多样化的发展，这似乎是一个既定方向。1648 年的威斯特法利亚体系，用亨利·基辛格的话说，实现了“欧洲内部的多样化”。1814—1815 年的维也纳体系使得欧洲开辟了一个由英国、普鲁士、奥匈帝国、奥斯曼帝国和俄国共同治理的多头均衡的历史时期，俄国一度还发挥过主导作用。1945 年的雅尔塔体系，同样是对西方一家主导的国际秩序的否定。而冷战后国际秩序从当时的向西方一边倒，逐渐转向最近的慕尼黑安全峰会，以“后西方”一

词来命名当下的国际格局。可见，大凡是世界历史上较为持续稳定的国际秩序的每一次形成，几乎都曾是，或正是这样一个越来越走向国际主体多样化的历史过程。

与此同时，历史上以西方为主导的历次大规模的结盟扩张过程，也都与国际秩序的演进相呼应，对多元化的趋势推波助澜。例如，自 12—13 世纪的十字军东征、18 世纪末—19 世纪初法国大革命后的拿破仑军事扩张、包括今天我们正在目睹的已经延续了 20 年的北约东扩，都是以一元化的价值观（或宗教）作为扩张的精神支柱。而以一元化为起点的国际进程，最终也都促使着国际多样化发展的结局。

世界历史的发展告诉我们，一个历史文明多样化、综合实力多极化、社会制度取向多元化、全球治理多层次化的新世界，正一步步趋于形成。但是，多样化的现代性，并不意味着已经解决了普世性和多样性这两个概念何者更为重要的问题。只要这个问题未被解决，那么国际社会在多样化和大一统之间的竞争就不会被停止。西方谋求主导和新兴国家寻求自主性这两者之间的竞争和合作，始终还会呈现出非常复杂、长期、曲折的状态。目前所面临的国际局势，也许就是这样一个长期历史过程的当下反映。以中国、俄罗斯、印度为代表的上合组织成员国，正是在世界历史进程多样性背景下，积极寻求新的主体性观念的构建，力求取得“安全”、“公平”、“自由”、“效益”相叠加的这样一种综合新路径和新观念，进而从根本上来解决在现代化进程中所面临的内外发展与改革难题。显然，对于上合组织成员国而言，这是一项很不容易的尝试。

（二）西方中心主义与多元历史观之间的较量

上合组织所在的欧亚大陆是世界诸多古老民族、文明的摇篮和发祥地。这里曾经是中华帝国、波斯帝国、蒙古—元帝国、匈奴帝国、突厥帝国、阿拉伯帝国、亚历山大帝国、土耳其帝国和沙俄帝国等文明交汇之地。正如美国当代著名历史学家 L·S. 斯塔夫里阿诺斯（Leften Stavros Stavrianos）所言：“正是欧亚大陆，构成了世界历史的‘中心地带’。它是人类最早、最先进的文明的发源地。1500 年以前的世界历史实质上正是欧亚大陆的历史。只有欧亚大陆，才存在各民族、各文明之间巨大的、持续的相互影响。”① 由此可见，欧亚大陆在人类文明发展史中占据着重要地位。

中国和俄罗斯是欧亚大陆两个最大的文明载体。位于“东西方文明结合部”② 的俄罗斯更多的是欧洲文明的自然延伸，中国则是作为世界四大文明的华夏文明。对西方而言，俄罗斯依然是西方文明的一部分，与中国所代表的东方文明存在很大差别，因此西方文明总是比东方文明更优越。比如，冷战结束之后不久，美国当代政治学家萨缪尔·亨廷顿，一方面强调国际冲突的根源是文化和文明的冲突，另一方面也指出，美苏冷战是“西方内战”，与非西方（中国）的博弈才是持久的。③ 由此可见，长期以来，西方刻意将中国与俄罗斯区分开来，并上升到文明冲突的层面，这是典型的西方中心主义论。

（三）“年鉴学派”的启示

20世纪中叶以来一直到现在为止国际学界最具影响力的历史研究学派——“年鉴学派”，其主要代表性人物法国的费尔南·布罗代尔提出的关于“长时段史”的史学方法，为今人留下启示。布鲁代尔认为：历史无非是三种时段之间的辩证关系。在这三种时段中，起长期、决定性作用的是长时段的“结构”，即长期不变或者变化极慢，但在历史上起经常、深刻作用的一些因素；而“中时段”的历史即“局势”，对历史进程起直接的重要作用，但人力无法控制；“短时段”则是指“事件”，其只不过是深层震荡中泛起的浪花而已，对历史不起重大作用。④

布鲁代尔在对欧洲资本主义形成过程的历史研究中提出，这400年的历史可分为三个层次：第一层即最基层，涉及人们最基本的物质生活（衣、

---

① ［美］斯塔夫里阿诺斯，吴象婴、梁赤民译：《全球通史》，上海社会科学院出版社1999年版，正文第4页。

② 冯绍雷：“东西方文明结合部：俄国研究的一个基本分析范畴”，《俄罗斯研究》2012年第6期。

③ Samuel Huntington, “The Clash of Civilizations?”, *Foreign Affairs*, 1993, Vol. 72, №. 3, pp. 22 – 49.

④ ［法］费尔南·布罗代尔，顾良等译：《15世纪至18世纪的物质文明、经济和资本主义》，三联书店1993年版，第8—18页。

食、住、行)，称之为“物质文明”。第二层是市场经济，即生产与交换的机制，这些机制与农村活动、摊贩、店铺、作坊、交易所、银行、集市、市场紧密相连，这里的市场意味着解放和开放，是与另一个世界接近的媒介，但市场经济不一定是资本主义性质的，它有时甚至是反“资本主义”经济的。第三层是资本主义，这是一种由少数商人组成的垄断经济，不仅控制国内外市场，而且往往对市场经济起阻碍、破坏作用。①

从布鲁代尔的扼要叙述中，不光可以感受到马克思主义历史观的深刻影响，而且他关于市场经济与资本主义相区分的理论，显然与大部分上合成员国改革开放的内涵与过程有着关联。对上合组织成员国而言，本组织的发展不是针对西方的权宜之计，而是各国发展对外关系的一个长期原则和路径选择。因此，上合组织的未来发展需要得到这样的宏观历史观的启示，特别是布鲁代尔“长时段史”中对于“长、中、短”三种历史时间向度的刻画，非常有助于我们在当今扑朔迷离、眼花缭乱的诸多“事件”中不被浮云遮蔽，也使我们能够在对“局势”的把握中顺应潮流、主动选择，做出冷静客观的选择，更使我们基于长时段的“结构”基础之上，认清历史文化一脉相承的长期延续、具有顽强生命力，也认清各国推进上合组织均衡互利合作乃是历史性的选择，从而提振信心，稳健推进本组织继续前行。

总之，21 世纪之交是世界历史多样化进程有所凸显的一个阶段：过去几十年的国际学界，以对于中国历史的研究学界为代表，对西方中心主义的反思，在对华认知的问题上出现突破，从而进一步推动着世界历史的多样化进程，这是中国构建主体性观念的一个重要铺垫。“年鉴学派”的启示则在于：以中国、俄罗斯、印度为代表的上合组织成员国在推进本组织未来发展进程中，通过形成工作范式，脚踏实地，理性均衡，一步一步地构建起真正属于上合组织成员国自己的，但同时也属于世界的叙事系统。

结　语

今后一两年，上合组织将会是来自各方的政治家和专家学者们共同热

---

① ［法］费尔南・布罗代尔，顾良等译：《15 世纪至 18 世纪的物质文明、经济和资本主义》，三联书店 1993 年版，第 8—18 页。

议的话题。事实上，目前这样的讨论已经展开。[①] 扩员后的上合组织未来发展，不光要求人们对于国际和地区局势中所蕴涵和将会出现的态势做出明智的判断，而且也要求人们对更深层次的全球、区域、国别进程，以及在其背后发挥作用的复杂因素提出更为理性、富有远见的分析。除了国际政治经济学、空间认知理论、主体性观念等学科和理论的探讨之外，还需要动员更多的学科领域介入，进行一场更深层次的学术大讨论。只有在健全而活跃的学术与思想的支持与引领下，以严肃认真的学术和理论考量作为上合组织未来发展的铺垫，这样的组织才更具生命力，才能在今后的发展中立于不败之地。

---

① Муратбек Иманалиев. ШОС нуждается в новой концепции развития. 2017. 6. 16. Международный дискуссионный клуб《Валдай》. http：//ru. valdaiclub. com/a/highlights/ shos – novaya – kontseptsiya – razvitiya/；Сергей Караганов. От поворота на Восток к Большой Евразии// Международная жизнь. 2017. №. 5. С. 6 – 18；Александр Габуев. Больше，да хуже. Как Россия превратила ШОС в клуб без интересов// Московский Центр Карнеги. 13. 06. 2017. http：//carnegie. ru/commentary/71212.

图书在版编目（CIP）数据

上海合作组织发展报告．2016/贝文力主编．—北京：时事出版社，2017.8

ISBN 978-7-5195-0112-9

Ⅰ.①上…　Ⅱ.①贝…　Ⅲ.①上海合作组织—研究报告—2016　Ⅳ.①D814.1②F114.46

中国版本图书馆 CIP 数据核字（2017）第 108672 号

出 版 发 行：时事出版社
地　　　址：北京市海淀区万寿寺甲 2 号
邮　　　编：100081
发 行 热 线：（010）88547590　88547591
读者服务部：（010）88547595
传　　　真：（010）88547592
电 子 邮 箱：shishichubanshe@sina.com
网　　　址：www.shishishe.com
印　　　刷：北京市昌平百善印刷厂

开本：787×1092　1/16　印张：22.75　字数：375 千字
2017 年 8 月第 1 版　2017 年 8 月第 1 次印刷
定价：98.00 元
（如有印装质量问题，请与本社发行部联系调换）